NEUFUNDLÄNDER HEUTE

Hedd & Del Richards

KYNOS VERLAG

Englische Originalausgabe:
© Ringpress Books Ltd.
Lydney, Gloucestershire

Aus dem Englischen übertragen von Doris Wippermann-Amsbeck

© 2000 KYNOS VERLAG
Dr. Dieter Fleig GmbH
Am Remelsbach 30
D-54570 Mürlenbach/Eifel
Telefon: 06594/653
Telefax: 06594/452
Internet: http://www.kynos-verlag.de

Gesamtherstellung: Ringpress Books Ltd., Lydney, Gloucestershire

ISBN 3-933228-12-3

Buchvorderseite: Swanpool Lancaster Bomber of Sheridel.
Besitzer: Hedd und Del Richards
Buchrückseite: Attimore Nab Tower, ein ausgezeichneter Arbeitshund,
und erfolgreich als Ausstellungshund. Foto; Pete Gudmunsen.

INHALTSVERZEICHNIS

Vorwort

Jeder Hundeliebhaber, erst recht jeder Neufundländer-Freund, wird dieses vom Kynos-Verlag jetzt in deutscher Übersetzung herausgebrachte, zunächst in Großbritannien erschienene Buch mit Freude, wenn nicht mit Begeisterung lesen. Und zwar nicht nur wegen der vielen, ausdrucksvollen Fotos und gelungenen Zeichnungen, sondern auch wegen des überaus informativen und anschaulich geschriebenen Textes. Die Verfasser spannen einen weiten Bogen, ausgehend von den Ursprüngen der Rasse bis hin zu dem Neufundländer heutigen Typs mit seinen verschiedenen Farbvarietäten. Wir lernen Neufundländer bei der Wasser- und Zugarbeit wie auch im Ausstellungsring kennen und erfahren alles, was man über die Zucht, Aufzucht und Haltung dieser edlen Hunderasse wissen möchte.

Zusätzlichen Wert gewinnt das Buch aber auch dadurch, dass es dem kontinentalen Neufundländer-Freund einen Überblick über die Entwicklung der Rasse aus britischer Sicht gewährt. Denn bekanntlich hat die europäische Neufundländer-Zucht Ende des 19. Jahrhunderts ihren Ausgang in Großbritannien genommen und von dort aus 1893 zur Gründung eines »Spezialklubs nach dem Vorbild des englischen Newfoundland-Clubs« in Deutschland geführt, nämlich des »Neufundländer-Clubs für den Kontinent«, dem Vorläufer des heutigen »Deutschen Neufundländer-Klubs« mit Sitz in München.

Den Verfassern ist es mit dem vorliegenden Buch gelungen, den bereits kundigen Neufundländer-Liebhaber wie auch denjenigen, der sich erste Informationen über Neufundländer verschaffen will, gleichermaßen und bestens zu bedienen. Dem Kynos-Verlag ist besonders zu danken, dass er dieses umfassend angelegte Werk zu einem sehr akzeptablen Preis herausbringt und damit einen zusätzlichen Anreiz schafft, den Neufundländer kennen zu lernen.

Und nicht zuletzt wird es vielen Lesern so wie mir gehen; sie werden das Buch nicht nur einmal lesen, sondern immer wieder zur Hand nehmen, und wenn es auch nur wegen der vielen, schönen Fotos ist.

Wulf Gewert
1. Vorsitzender des Deutschen Neufundländer-Klubs e.V.
(ehemals Neufundländer Klub für
den Kontinent - gegr. 1893)

Gewidmet unseren Hunden -
in Vergangenheit und Gegenwart

DANKSAGUNG

Vielen Dank den folgenden aufgeführten Personen:

Judy Oriani, mit der zusammen das Kapitel Pflege geschrieben wurde; Alan Farrar, der zum Kapitel Wasserarbeit beigetragen hat; Gareth B. Williams, Autor des Kapitels über Zugarbeit; Nigel Gregory, unser Tierarzt, der das Kapitel über Erkrankungen überprüft hat; Fay Green (Kanada) für ihre Hilfe beim Kapitel über Nordamerika; Donna Overman für ihre Detektivarbeit, Züchter aufzuspüren; Lou Lomax, die durch ihre unermüdliche Arbeit, Kontakt zu amerikanischen Zwingern aufzunehmen, eine gute Freundin wurde.

Im Kapitel »Neufundländer weltweit« großen Dank an die Vielzahl von Korrespondenten und Co-Autoren: Joan Wilkins (Südafrika); Lee Wales (Australien); Anne Rogers (Neuseeland), die ebenfalls viele der Fotos zur Verfügung gestellt hat; Sören Wesseltoft (Dänemark); Knut Berglie (Norwegen); unsere Freundin Lena Pettersson (Schweden); Eric Prunier (Frankreich); Karin Brönnecke (Deutschland); Beatrice Schiatti (Italien); und unser Neffe Christopher Meyrick, für seine Hilfe bei den Übersetzungen.

Letztendlich danken wir Viv Rainsbury für ihre hervorragenden Zeichnungen, Richard Firstbrook, Christine Foley, Di Sellers, Chris und Paul Tedder und all denen, die zu diesem Buch beigetragen haben.

Kapitel 1

DER NEUFUNDLÄNDER: EINE EINFÜHRUNG

Die Abstammung des Neufundländers ist ziemlich unklar. Die Rasse mag zurückgehen auf die Bärenhunde, die Leif Ericson im Jahr 1000 v. Chr. herüberbrachte, oder es ist möglich, dass der Tibetmastiff auf seiner möglichen Reise über den asiatischen Kontinent an der Entwicklung des Neufundländers teilhatte.

Wie dem auch sei, es ist allgemein anerkannt, dass der Neufundländer, wie wir ihn heute kennen, wahrscheinlich nicht von der Insel mit selbigem Namen stammt. Aufzeichnungen belegen, dass die ersten bekannten Hunde auf der Insel kleiner und vom Spitztyp, mit Stehohren und Ringelrute, waren. Entdeckungsreisende und Kaufleute, die mit Neufundland Handel trieben, haben möglicherweise Schiffshunde mitgebracht und durch Verpaaren mit den heimischen Hunden zur Entwicklung eines anderen Typs beigetragen. Viele Rassen sind mutmaßlich für die unterschiedlichen Eigenschaften des Neufundländers verantwortlich - Portugiesische Wasserhunde, Pyrenäen Berghunde, Collies, Setter und Spaniel werden genannt. Weil man aber nichts mit Bestimmtheit sagen kann, sollte man der Sache offen gegenüberstehen. Mehrere Rassen könnten von den einheimischen Beothuk Indianern benutzt worden sein, um ihnen beim Fischen zu helfen.

Es ist eine amüsante Tatsache, dass jemand, der an einer anderen großen Rasse interessiert ist, die Ursprünge des Neufundländers nennen kann, während die, die mit der Rasse zu tun haben, seine im Dunkeln liegende Vergangenheit zugeben und oft nicht in der Lage sind, sich für eine Version zu entscheiden.

Im 17. Jahrhundert wurde in Nordamerika eine Rasse gehandelt, deren Beschreibung große Ähnlichkeit mit dem Neufundländer aufweist. Das Ansehen der Rasse stieg so hoch, dass sie in vielen großen Landhäusern als Wahrzeichen des Wohlstandes betrachtet wurde.

Um diese Zeit tauchte der Neufundländer in Großbritannien in einer ähnlichen Rolle auf, obwohl es einige Hinweise darauf gibt, dass die Rasse schon vor diesem Zeitpunkt importiert worden war. Die Rasse wurde sowohl als Wach- und Begleithund der Kinder reicher Familien als auch von Händlern benutzt, die die Hunde vor Karren spannten. Man setzte die Hunde zum Transport der unterschiedlichsten Güter über lange Distanzen ein, und ohne Zweifel litten viele von ihnen sehr, starben sogar durch Überanstrengung, bevor ein Gesetz diese Art des Transports verbot.

Im späten 19. Jahrhundert feierte der Neufundländer sein Debüt im Ausstellungsring. Der erste britische Neufundländer-Champion war ein weiß-schwarzer Neufundländer namens Ch. Dick im Eigentum von Mr. Evans. Züchter und Aussteller dieser Zeit bemühten, sich Hunde zu züchten, die den Apportier- und Schwimminstinkt des ursprünglichen Neufundlandhundes bewahrten. Wie zu erwarten war, traten Meinungsverschiedenheiten auf, als einige Halter einen sehr großen Hund anstrebten und in der Umsetzung dieses Zieles die gewünschte Masse und Kraft verloren - ein Argument, das bis heute gilt.

BEKANNTE NAMEN IN GROSSBRITANNIEN

Am Anfang des 20. Jahrhunderts war Großbritannien zu einer Hochburg der Rasse geworden, aber sie unterlag in Nordamerika einem leichten Rückgang. Einige bedeutende britische Hunde dieser Zeit

Der Neufundländer wird weltweit bewundert. Der multi BIS-Gewinner NZ Grand Ch. Wellfont Ironside, im Besitz des Sealcove-Zwingers in Neuseeland.

waren Mrs. Wetwan's Ch. Shelton Viking und sein berühmter Sohn Ch. Gipsy Duke, der mit 20 Championaten zum Zuchtrekordhalter wurde (ein Rekord, der von 1910 bis 1986 gehalten wurde, als er von Ch. und Irish Ch. Wellfont Admiral übertroffen wurde). Ein anderer von Mrs. Wetwans Hunden, Ch. Shelton King, war der Vater von Ch. Siki, der großen Einfluss auf die Geschichte des Neufundländers hatte. Siki war der Vater vieler Champions wie Can. Ch. Shelton Cabin Boy, Can. Ch. Shelton Baron und Am. Ch. Harlingen Neptune. Diese drei, die nach Nordamerika exportiert wurden, waren wichtige neue Blutlinien für die bestehende Zucht, die durch den Zweiten Weltkrieg geschwächt war (es wird behauptet, dass jeder während der 50er Jahre in Amerika gezüchtete Champion auf diese drei Importe zurückzuführen war). Abkömmlinge dieser Hunde, verpaart mit amerikanischen Blutlinien, wurden später in Gestalt von Harlingen Waseeka's Ocean Spray (weiß-schwarz) und Harlingen Waseeka's Black Gold wieder eingeführt. Dieses geschah kurz vor und nach dem Zweiten Weltkrieg, als britische Neufundländer neues Blut benötigten.

Der Harlingen Zwinger von May Roberts in England fand durch das Hervorbringen vieler Champions (schwarz und weiß-schwarz) dankbare Anerkennung von Neufundländerzüchtern in der ganzen Welt. Black Golds wertvoller Beitrag zur Rasse bestand darin, dass sie in den späten 40ern die Mutter der einzigen Neufundländer-Champions in Großbritannien, namens Ch. H. Brigantine und Ch. H. Pirate, war. Viele Importe und Exporte in und aus dem Harlingen Zwinger stellten sicher, dass die Rasse in einer schweren Zeit konstant blieb. Ein anderer britischer Zwinger in dieser Periode war der Fairwater-Zwinger von Mr. und Mrs. Handley, der Champions nicht nur aus ihrer eigenen Zucht, sondern auch durch ihre Deckrüden bei anderen Liebhabern der Rasse hervorbrachten. Für heutige Züchter, die ihr Futter in großen Mengen bestellen und einen spezifischen Inhalt verlangen, ist die Einstellung eines Mr. Handley schwer vorstellbar, der, wie uns erzählt wurde, während der Widrigkeiten des Zweiten Weltkrieges mit dem Fahrrad meilenweit fuhr, um übergebliebenes Fleisch für seine Hunde einzusammeln, und dies am Ende eines arbeitsreichen Tages.

Die Rate der heute jährlich ins Zuchtbuch eingetragenen Neufundländerwelpen ist hoch genug und gibt keinen Anlass zur Sorge, aber in den 50ern zum Beispiel gab es in England nur 38 Eintragungen. Siebzehn davon unter dem Zwingernamen Perryhow von Mona Bennett, einer anderen Züchterin, die ihre Bemühungen darauf konzentrierte, die ehemalige Beliebtheit der Rasse wiederherzustellen. Mrs. Bennetts Exporte nach und Importe aus Holland stellten einen vielfältigen Genpool sicher. (Der anhaltende Import führte zu der Situation, dass Mrs. Bennetts weiß-schwarzer Neufundländer Aurora of Perryhow, einer von nur zwei englisch gezogenen, lebenden Neufundländern dieser Zeit war. Sie hatte

Der Neufundländer wird immer noch zur Wasserarbeit ausgebildet - der Aufgabe, für die er ursprünglich gezüchtet wurde.

den Ruf, im Ausstellungsring ungeschlagen zu sein, obwohl es in dieser Aera keine Challenge Certificates (im weiteren Text CCs) gab.

In den späten 50ern, als CCs wieder an Neufundländer vergeben wurden, züchteten Mr. und Mrs. Aberdeen (Sparry), ein anderes Paar, das sich der Rasse widmete, insgesamt 59 Welpen innerhalb von zwei Jahren, um die notwendige Anzahl an fortlaufenden Ausstellungssiegen zu gewährleisten. Sie wurden drei Jahre später zweifellos dafür belohnt, als jede über einen Zeitraum von achtzehn Monaten gewonnene Champion-Anwartschaft an Sparry-gezogene Rüden ging. Etliche Sparry-Hündinnen errangen ebenfalls höchste Preise!

Seitdem wurden viele neue Zwinger gegründet und ausgesuchte Hunde in unterschiedliche Länder, wie die USA, Finnland, Holland und Deutschland importiert. Seit den 60er Jahren entstanden Zwinger wie Bachalaos, Barlight, Bonnybay, Clywoods, Esmeduna, Harratons (bekannt für seine herrlich gezeichneten Weiß-Schwarzen), Laphroaig, Littlecreek, Littlegrange, Mapleopal, Orovales, Ragtime, Roydsrook, Sigroc, Sukiln, Tarnhill und Uskrail, brachten zusammen 50 Champions hervor. Es gab auch noch andere Zwinger, aber viele von den oben genannten besitzen immer noch Neufundländer und haben großes Interesse an der Rasse, obwohl sie heute nicht mehr aktiv züchten. Jene, die Interesse an der Geschichte des Neufundländers haben, sollten das Buch »The Newfoundland«, herausgegeben von Carol Cooper, lesen.

EINFLUSSREICHE AMERIKANISCHE NEUFUNDLÄNDER

In den USA ist Elisabeth Powers Waseeka Zwinger ein wichtiger Name. Im Jahre 1928 baute Mrs. Power aus importierten Hunden eine wertvolle Kombination von Blutlinien auf, die bis 1940 in 30 Champions resultierte. Mrs. Powers Verbindungen mit der Newfoundland Club of America Speciality-Ausstellung ist legendär. Waseeka-Hunde gewannen in den ersten zehn Jahren, in denen sie stattfand, sechsmal entweder BOB (Best of Breed) oder BOS (Best of Opposite Sex). Es ist kaum überraschend, dass ihr züchterisches Können anerkannt wurde, nachdem Waseeka-Hunde fast ein Jahrzehnt lang BOB in Westminster gewannen und sie 1959 eingeladen wurde, auf der Spezialausstellung zu richten.

Der sehr bekannte Dryad Zwinger, der ebenfalls Ende der 20er Jahre gegründet wurde, hatte gewaltigen Einfluss auf die Rasse und war der Ursprung für andere bemerkenswerte Zwinger wie Coastwise, Edenglen, Oquaga und Seawards. Major und Mrs. Godsol (Coastwise), die den ersten Neufundländer besaßen, der *Best in Show* gewann, wurden ebenfalls zu respektierten Richtern. Zusammen amtierten sie viermal auf der NCA Speciality-Schau.

Bill und Helena Linns Edenglens-Linie war ein großer Erfolg für sie, aber noch wichtiger als Grundlage für andere große Zwinger. Einige, wie Britannia, Newton-Ark, Pooh Bear, Riptide, Shadybrook und Tuckamore, sind heute noch aktiv. Nicht nur für die Edenglens-Hunde fand Bill Linn Anerkennung, er bleibt auch Neufundländerliebhabern auf der ganzen Welt in liebevoller Erinnerung.

Theodora und Clifford Hartz (Oquaga) züchteten fast zwanzig Jahre Neufundländer und waren selbst verantwortlich für die Gründung einer Reihe anerkannter Zwinger.

Der Seawards Zwinger war ein weiterer, der über eine Generation Bestand hatte - beginnend mit Elinor Ayers Jameson und fortgeführt von ihrer Tochter Nell Ayers. Ein importierter Bestand war ebenso für diesen Zwinger von Nutzen, der bekannteste war wahrscheinlich der englisch gezogene weiß-schwarze Neufundländer Ch. Eaglebay Domino.

Seit den 40ern bis zum Ende der 60er Jahre tauchten dutzende berühmter Namen auf, wie z. B. Bandom, Ganshlom, Harobed, Hilvigs, Indigo, Kuhaia, Little Bear, Minnemato, Nine Mile, Sojowase und Tranquilus und leisteten ihren individuellen Beitrag zur Rasse.

CHARAKTERISTIKA

Der Neufundländer kann als Tausendsassa in der Hundewelt beschrieben werden - nicht so schnell und behände wie ein Collie, aber in der Lage und willens, seine Arbeit auszuführen, egal ob sie in den Hütebereich oder in den Wettbewerb Unterordnung und Agility fällt. Es fehlt ihm die Reserviertheit und Wachsamkeit eines Wachhundes,

Der Neufundländer sollte ein liebevolles und verlässliches Wesen haben.

doch sollte es notwendig sein, beschützt er die Kinder seines Besitzers. Er besitzt zwar nicht die Wendigkeit und Arbeitsfreude eines Jagdhundes, ist aber weichmäulig und mit Apportiervermögen ausgestattet. Neufundländer führen freudig jede Aufgabe aus, um ihren Besitzer zu erfreuen, wenn sie auch nicht unübertroffen sind, ist es eine Freude, ihnen zuzusehen. Das Kennzeichen der Rasse sollte jedoch ein lieber, verlässlicher Charakter sein.

Ungeachtet ihres Allround-Talentes haben Neufundländer sehr eindeutige Marotten. »Lachen« war früher in der Rasse sehr verbreitet. Sogar heute zeigen viele noch dieses unterwürfige Grinsen, indem sie ihre Zähne und das Zahnfleisch zeigen, besonders wenn sie »in Ungnade« gefallen sind (unerfahrene Halter können dieses fälschlicherweise als aggressives Verhalten deuten.)

Der Rettungs- und Zuginstinkt kann sich manchmal darin zeigen, dass sie sanft die Hand halten und daran ziehen. Menschen, die an der Wasserarbeit interessiert sind, fördern dieses Verhalten manchmal, aber auch dies ist eine andere Verhaltensweise, die missverstanden werden kann.

Ein Neufundländer, der beachtet werden möchte, wird die erwählte Person unmissverständlich auf sich aufmerksam machen, indem er sie mit seiner Pfote anstubst oder kratzt. Wenn man auf einer Ausstellung zwischen zwei Boxenreihen durchgeht, kann es aussehen, als ob man durch eine bizarre »Neufi-Ehrengarde« geht, zahlreiche Pfoten schlagen durch die Luft im Bemühen, die Aufmerksamkeit auf sich zu lenken.

Es gibt sehr wenige Neufundländer, die nicht eine angeborene Liebe zum Wasser haben. Sogar Tiere, die aufwuchsen ohne je einen See oder das Meer gesehen zu haben, können ihre Besitzer überraschen, wenn sie ans Wasser kommen. Selbst Regen kann ein Vergnügen sein, und viele Halter sind

Trotz seiner Größe ist der Neufundländer ein wundervoller Familienhund.

damit vertraut, dass sie ihre Hunde hereinrufen müssen, wenn es regnet. Ersthundebesitzer können sehr besorgt sein, wenn sie sehen, dass ihr Liebling ausgestreckt im strömenden Regen liegt!

Neufundländer haben keine Vorstellung von ihrer Größe. Der überraschte Blick und der Ausdruck »wie hat sie/er mich nur entdeckt« ist köstlich, wenn ein Neufundländer hinter einer Katze aufmarschiert, die natürlich prompt wegläuft sobald ein großer, schwarzer Schatten auf sie fällt. Der gekränkte Blick ist unmissverständlich, wenn ein Neufi versucht, unter Schmerzensschreien und den Rufen »Geh runter!«, auf den Schoß seines Menschen zu steigen. Vor kleinen Katzen- oder Hundekörbchen anderer Tiere im Haushalt hat der Neufi keinerlei Respekt. Er wird wie ein übergroßes Soufflé zufrieden darin liegen, davon überzeugt, dass es sehr komfortabel für ihn ist.

Neufundländer erkennen ihre eigene Rasse (sogar wenn sie alleine im Haushalt leben) und sind im Allgemeinen nicht streitsüchtig - ein Grund vielleicht, warum sehr viele Neufi-Liebhaber mehr als einen Hund gleichzeitig halten. Die Lieblingsgesellschaft eines Neufundländers ist sein Besitzer und daher ist es nicht verwunderlich, dass diese ihrem Liebling geradezu menschliche Qualitäten bescheinigen. Dies ist keine Modeerscheinung heutiger Sentimentalisten, sondern ein Phänomen, das mit der Geschichte des Neufundländers verbunden ist. Sammler von Neufundländer-Erinnerungsstücken haben die Qual der Wahl aufgrund des großen Angebotes an Dingen. Seit Sir Edwin Landseer sein berühmtes Gemälde »*A Distinguished Member of the Humane Society*« (Ein vornehmes Mitglied der menschlichen Gesellschaft) gemalt hat, gab es zahlreiche Ehrungen der Rasse in Form von Portraits, Denkmälern, Gedichten und Geschichten. Besonders bedeutungsvoll für uns ist die Gedenktafel mit der Aufschrift: »Errichtet im Gedenken an Swansea Jack«, der 1937 in Swansea, Südwales, 27 Menschen vor dem Ertrinken rettete und uns zum Engagement für die Rasse anregte.

LORD BYRONS »BOATSWAIN«

Kein Buch über Neufundländer wäre vollständig ohne die Erwähnung Lord Byrons, dessen Begleithund Boatswain den Poeten dazu brachte, die wohl ergreifendste Grabinschrift zu schreiben, als er im Alter von fünf Jahren starb. Boatswain wurde in der Familiengruft in Newstead Abbey beigesetzt und ein angemessenes Denkmal errichtet, eingemeißelt sind die Grabinschrift und ein Gedicht, das den Schmerz seines Besitzers beschreibt.

Inschrift auf dem Monument eines Neufundlandhundes

Newstead Abbey, 1808

Sobald ein stolzer Mensch zur Erde kehrt,
Erhaben durch Geburt, sonst arm an Wert,
Erschöpft des Bildners Kunst den Pomp der Trauer,
Die Urne leiht dem Namen ihre Dauer,
Und auf dem Leichenstein steht zu lesen,
Was einer soll, nicht was er gewesen.

Der arme Hund, der beste Freund der Welt,
Beim Willkommen zärtlich und beim Kampf ein Held,
Dess' treues Herz, von keiner Not gedämpft,
Nur für den Herrn lebt, atmet, keucht und kämpft,
Sinkt ungeehrt ins Grab - ein Himmel fehlt
Der Seele, die auf Erden ihn beseelt,
Weil ja der Mensch, der eitle Wurm, die Welt
Der Sphären sich ausschließlich vorbehält.

O Mensch! Du Schwächling mit der Stundenpacht,
Entehrt durch Knechtschaft und verderbt durch Macht.
Wer recht dich kennt der flieht vor Ekels schon,
Missratner Klumpen von belebtem Ton!

Wolllust ist deine Liebe, Freundschaft Lug,
Dein Lächeln Heuchelei, dein Wort Betrug!
Gemeine Art, mit Namen stolz verbrämt,
Erröte, vom verwandten Vieh beschämt!

Ihr die ihr diese schlichte Urne seht,
Sie ehret nichts, was ihr betrauert - geht!
Von einem Freund erzählt das Denkmal mir,
*Ich kenne **einen** bloß - und der liegt hier.*

Der Charakter des Neufundländer ist derartig, dass jeder Neufi-Liebhaber sich in dieses Gedicht hineinversetzen kann.

Kapitel 2

DER WELPENKAUF

So, Sie wollen also einen Neufundländer.... Sie haben gerade das erste Mal einen Neufundländer gesehen, ein enormes, prachtvolles Geschöpf, das sich vorbildlich benahm, tadellos gepflegt war und das Ihnen Sekunden nach der Begrüßung seine Pfote gab. Zu seiner gesamten Anziehungskraft kommt noch, dass dieser sanfte Riese seinen Teddybären in der Schnauze trug. Sie wollen einen Neufundländer und das am besten schon gestern!

Sie mögen überrascht sein zu hören, dass dies das Szenario ist, aufgrund dessen die meisten Menschen anfangen herumzutelefonieren, um einen Züchter zu finden, der Welpen zu verkaufen hat. Sie werden sicherlich staunen, wenn Sie erfahren, dass der größte Teil dieser Leute nie einen Hund bekommen wird. Wenn ein verantwortungsbewusster Züchter Ihnen das ganze Bild gezeigt hat, erkennen Sie, dass das, was Sie gesehen haben, nur ein Teil dessen ist, was es heißt, einen Neufundländer sein Eigen zu nennen.

So wunderbar wie sie sind, ein Neufundländer ist kein Hund für jedermann. Trotzdem werden auch Fehler gemacht, und in Großbritannien wird etwa jeder achte aufgezogene Welpe irgendwann in seinem Leben von seinem Besitzer wieder abgegeben. Deshalb ist es sinnvoll, sicherzustellen, dass der Hund hundertprozentig von allen Mitgliedern des Haushaltes gewollt ist, bevor der Kaufvertrag gemacht wird.

SIND SIE EIN PASSENDER HALTER?

Obwohl verantwortungsvolle Züchter zukünftige Halter gründlich befragen, bevor sie damit einverstanden sind, ihnen einen Welpen zu verkaufen, kann Sie jedoch nichts wirklich auf den Einfluss vorbereiten, den ein Neufundländer auf Ihr Leben haben wird.

Die Vergrößerung des Haushaltes um irgendeinen Hund bringt immer eine Veränderung des normalen Familienlebens mit sich. In vielerlei Hinsicht ist es dem ähnlich, ein Kind zu haben. Sie können nicht aus dem Stehgreif entscheiden, die Nacht nicht zu Hause zu verbringen oder die Gelegenheit eines Last Minute-Urlaubs zu nutzen. Es entstehen sowohl die Kosten für den Kauf als auch die fortlaufenden Kosten für Futter, Tierarzt, Beitragsgebühren für den Rassehundeverband und notwendige Extras wie z. B. Halsbänder, Liegedecken und dem Markenzeichen eines jeden Neufi-Besitzers, einen Kombi. Dies alles sind Dinge, die Sie mehr kosten werden, als wenn Sie sich für einen Chihuahua oder einen Pommeranian entschieden hätten.

Der Neufundländer ist eine sehr liebenswerte Rasse - aber erwägen Sie alles gründlich, bevor Sie einen Welpen zu sich nehmen.

Sind Sie sehr ordentlich und penibel, was Ihre Wohnung angeht? Wenn ja, gibt es nichts, was Sie in derart tiefe Verzweiflung stürzen könnte - weil sogar ein sauberer und trockener Neufundländer doch ständig etwas haart. Haarlose Mahlzeiten sind eine Seltenheit in einem Neufi-Haushalt und Sie werden immer wieder überrascht sein, wo sich seine Haare wiederfinden! Sie köpfen Ihr gekochtes Ei und finden als Garnitur ein schwarzes Haar. Sie werden sich genötigt sehen, sich in dunklen Farben zu kleiden, so dass die Hundehaare nicht so leicht auffallen (die einzige Ausnahme sind die Besitzer von weiß-schwarzen Neufundländern, die besser unbekleidet gehen, da es keine Tarnfarben für weiße und schwarze Haare gibt.)

Ähnlich sollten Teppiche und Möbel in Bezug auf Hundehaare ausgewählt werden. Ebenso müssen Filter von Waschmaschine und Wäschetrockner öfter gesäubert werden. Und dies sind erst die guten Neuigkeiten! Ein nasser und verschmutzter Neufundländer kann Sie an den Rand des Wahnsinns treiben. Ein Hund, der draußen im Regen war, trägt eine große Menge Wasser mit herein und verteilt sie auf einer großen Fläche. Sie werden selbst sehen, wie unmittelbar er es auf die Wände und Möbel verteilt, wenn er sich, gerade von draußen hereingekommen, schüttelt. Diese mit Schwimmhäuten versehenen Pfoten ähneln Schwämmen, wenn ihr Neufi durch Pfützen gelaufen ist. Sie können es sich nicht vorstellen, wie gründlich vier Pfoten einen ganzen Fußboden nass machen können.

Kinder und Hunde passen gut zusammen, aber stellen Sie sicher, dass Sie genügend Zeit haben sich einer großen Rasse zu widmen.

Wenn Sie nun im Hinterkopf haben, an nassen Tagen nicht so ausgiebig spazieren zu gehen, bedenken Sie, dass regnerisches Wetter auch tagelang anhalten kann. Die meisten Neufundländer lieben Wasser und werden auf ihren Spaziergängen aktiv danach suchen. Für einen Neufi ist ein Spaziergang nichts wert, wenn er nicht wenigstens einmal durch eine Pfütze gelaufen ist. Wenn er draußen kein Wasser findet, wird er einen Kompromiss schließen, indem er zu Hause seine Wasserschüssel umschmeißt und mit Begeisterung in der Wasserlache liegt!

Viele Neufundländer sabbern, besonders bei heißem Wetter. Trinken vergrößert nur die Menge des Speichels und Ihr Hund hat ständig eine nasse, schleimige Brust. Speichelstränge, die aus den Mundwinkeln des Hundes hängen, sind - bis er seinen Kopf schüttelt und sie an Decken, Wänden, Menschen, eben an allem, was sich gerade in der Nähe befindet, sogar auf Ihrem Essen, verteilt - keine Seltenheit.

Wie schon erwähnt, haben Neufis einen beträchtlichen Appetit (besonders, wenn sie wachsen) und entsprechend hoch sind die Futterkosten. Ein großer Hund, der eine Menge frisst, wird auch mehr Arbeit bei der Beseitigung seiner »Hinterlassenschaften« machen. Wird nicht zweimal am Tag sauber gemacht, wird Ihr Garten bald einem Minenfeld gleichen. Sie werden eine beträchtliche Zeit damit verbringen müssen, Ihren Hund zu pflegen, um ihn filz- und geruchfrei zu halten.

Es ist außerordentlich wichtig für Ihren Neufundländer, Teil der Familie zu sein, er kann nicht zehn Stunden am Tag alleine gelassen werden, während alle zur Arbeit und in der Schule sind. Es wäre eine nie endende Herausforderung zu versuchen, Ihren Welpen stubenrein zu bekommen, wenn er für lange Zeiträume alleine gelassen wird. Ähnlich wird sich ein alleingelassener Welpe oder ein älterer Hund, der keine menschliche Gesellschaft hat, bald langweilen und im Versuch, sich die Zeit zu vertreiben, damit beginnen, Stuhlbeine, Türen und Teppiche anzunagen.

Haben Sie die Zeit, einen großen Hund zu bewegen und zu trainieren? Ein gesunder Neufundländer genießt seine Spaziergänge oftmals mehr als sein Futter. Obwohl er, wenn einmal ein Gang ausfällt, nicht so quengelig wie Hunde anderer Rassen ist, ist doch die Zeit, die er mit seinem Halter verbringt, neue Düfte zu erkunden und neue Menschen und Hunde zu treffen, sehr wichtig für ihn. Eine gewisse Grundausbildung ist ebenfalls nötig, um zu verhindern, von einem Hund herumgezerrt zu werden, der eventuell mehr wiegt als Sie und überall Ärger erregt.

Sind Sie eine junge Familie? Viele potenzielle Hunde-Erstbesitzer sind gerade verheiratete Paare, deren erster Schritt in die Häuslichkeit ist, sich einen Hund anzuschaffen. Ein logischer Zug ist die Gründung einer Familie und es ist nicht überraschend, dass die Kombination aus einem ungestümen Hund im Teenie-Alter und einem Säugling oder Kleinkind in der Statistik einer der häufigsten Gründe für die Abgabe von Hunden ist. Die meisten Neufundländer lieben Kinder, da sie dem geistigen Entwicklungsstand des Hundes näher stehen. Jedoch lieben nicht alle Kinder Neufundländer. Es ist wohl auch nicht fair, sie dem ständigen Besabbert- und Umgeworfenwerden auszusetzen, und das von einer Kreatur, die für sie die Größe eines Pferdes hat. Für alle Beteiligten wäre es dann sicher eine glücklichere Lösung, ein paar Jahre mit der Anschaffung eines Hundes zu warten.

Vielleicht hatten Sie früher einen Neufundländer, sind nun über den Verlust Ihres alten Freundes hinweg und suchen wieder einen Welpen. In diesem Fall sollten Züchter und Käufer versuchen, einen gewissen Abstand zu gewinnen.

Man geht sehr leicht davon aus, dass, wenn man einmal sein Leben mit einem Neufi geteilt hat, nun auch wieder bereit ist für den nächsten. Wenn Sie einen zehn oder zwölf Jahre alten Hund verloren haben, werden die Erinnerungen der letzten Jahre die an einen ruhigen, anspruchslosen Hund sein, der sich an Ihren Alltag angepasst hatte und nie etwas Falsches tat. Ein fortgeschrittenes Alter kann bedeuten, dass Sie der harten Arbeit und dem Rowdytum, das ein junger Hund oft mit sich bringt, nicht mehr gewachsen sind. In diesem Fall kann es besser sein, einen älteren oder einen in Not geratenen Hund aufzunehmen.

Leben Sie in einer Hochhauswohnung oder -appartement? Sogar in diesem Fall mögen Sie Ihrem Hund die Liebe und Aufmerksamkeit geben die er braucht, aber es ist unwahrscheinlich, dass er so glücklich sein wird wie ein Neufi, der freien Zutritt zu einem schattigen Garten hat. Und da wir gerade davon sprechen... ist Ihr Garten eine Augenweide aus gepflegtem Rasen und Blumenbeeten? Falls ja, fotografieren Sie die Pracht und lassen Sie das Bild rahmen, weil Sie sie so nie wieder sehen werden. Ein Neufi, dem es zu warm ist, gräbt Löcher, um sich in die kühlere Erde zu legen. Noch viel mehr Freude macht es ihm, einen Busch oder Strauch zu finden, der den Geruch seines Herrchens trägt. Er wird bewusst ausgegraben und im Hausbereich abgeliefert. Der Busch wird wieder eingepflanzt (der menschliche Geruch erneuert), und einige Tage später ist er wieder im Haus. Das alles ist um so viel unterhaltsamer als eine Frisbee-Scheibe.

Sogar besonnenere, ältere Hunde können ein Chaos verursachen. Sprechen Sie einen gerade ins Zimmer gekommenen, erwachsenen Hund freundlich an und erleben Sie die Verwüstung, wenn seine freudig wedelnde Rute die Dekoration aus dem Regal und Kaffeetassen vom Tisch fegt!

Sollten Sie jetzt immer noch in diesem Buch lesen und nicht auf der Suche nach einem anderen Haustier, z. B. einem Hamster, sein, herzlichen Glückwunsch! Sie haben gerade die erste Hürde überwunden. Nun müssen Sie nur noch einen Züchter überzeugen, dass Sie ein geeigneter, zukünftiger Neufi-Halter sind. Behalten Sie im Gedächtnis, dass Züchter Befragungstechniken haben, die das FBI vor Neid erblassen lassen. Ihre größte Aufgabe steht Ihnen noch bevor.

DER WELPENKAUF

WO KAUFT MAN EINEN WELPEN?

Lassen Sie sich nicht dazu verführen, einen Neufi im Zooladen, bei einem kommerziellen Händler oder auf einer »Welpenfarm« zu kaufen. Diese sind nur an einem Maximum an Profit zu einem Minimum an Einsatz interessiert. In anderen Worten, die Eltern Ihres Welpen werden wahrscheinlich nicht auf gesundheitliche Defekte untersucht worden sein. Mangelnde Sozialisierung in kommerziellen Zwingern bedeutet oft auch geringes Wissen über das Wesen der Welpen. Wo Sie auch kaufen, Sie werden einen in etwa gleichen Kaufpreis zahlen, also ist es sinnvoll, sich an solche Züchter zu wenden, die alles nur Mögliche getan haben, um gesunde, gut geprägte Neufundländer zu züchten.

Genauso sollten Sie nicht sofort auf die erstbeste Anzeige losfahren und einen Welpen kaufen. Verantwortungsvolle Züchter haben es nur selten nötig zu annoncieren und haben gewöhnlich eine Warteliste für ihre Welpen. Auch wenn Sie keine Welpen abzugeben haben, können Sie einen anderen, weniger bekannten Züchter empfehlen, der vielleicht zum Decken bei Ihrem Rüden war.

Die wirksamste Methode um zum Verkauf stehende Welpen zu finden ist über die Leitung eines Rassehundeklubs (Ihr nationaler Rassehunde-Zuchtverband, in Deutschland der Verband für das Deutsche Hundewesen e.V. in Dortmund, hat Kontakt-Adressen von diesen Klubs). Wenn Sie »nur« nach einem Liebhabertier suchen (in dieser Rolle ist der Neufundländer unübertroffen), werden Sie sich auf die Züchter der Welpenliste beschränken wollen, die in Ihrer Nähe sind. Wenn Sie aber nach einer bestimmten Blutlinie für den Ausstellungsring oder z. B. für die Wasserarbeit suchen, werden Sie weiter fahren müssen.

Was immer Sie sich vorgestellt haben, jetzt ist es an der Zeit, sich für die Farbe, das Geschlecht und die Eigenschaften des Hundes, den Sie wollen, zu entscheiden. Ihr Neufundländer wird Sie hoffentlich die nächsten zwölf Jahre begleiten, so sollten Sie auch nicht so eilig den Erstbesten kaufen, nur weil er gerade angeboten wird. Ideal ist es, den Kontakt mit dem Züchter aufzunehmen, bevor seine Hündin gedeckt ist. Je früher Sie sich für einen Welpen anmelden, umso weiter oben stehen Sie auf seiner Warteliste. Für jemanden, der seinen Neufi ausstellen will, ist es eindeutig sinnvoller, sich als Zweiter einen Welpen aus dem Wurf auszusuchen denn als Achter! Sehr häufig suchen sich der Züchter und der Deckrüdenbesitzer als Erste einen Welpen aus und dann können die anderen Käufer frei wählen. Lassen Sie sich davon nicht entmutigen. Einen Welpen auszusuchen ist keine exakte Wissenschaft, Sie können nachher den Besten oder den Schlechtesten aus dem Wurf haben. Wenn die Welpen ziemlich einheitlich sind, wird selbst der »Schlechteste« eine hohe Qualität aufweisen. Wenn Sie Ihre Absicht, den Hund auszustellen, mitgeteilt haben, wird kein ehrlicher Züchter, der einen guten Ruf hat, Ihnen vorsätzlich einen Welpen mit einem offensichtlichen Fehler verkaufen. Auf lange Sicht wird es jedem Züchter schaden, wenn ein Hund nicht so hoher Qualität aus seiner Zucht regelmäßig ausgestellt wird.

Manchmal ist es möglich, einen Welpen mit einem »Zuchtrecht« zu bekommen, das heißt, dass ein weiblicher Welpe unter der Bedingung, dass der Züchter das ganze oder teilweise Recht hat, mit dieser Hündin ab dem entsprechenden Zuchtalter zu züchten, kostenlos abgegeben wird. Dies ist kaum eine Ideallösung und lässt, auch mit einem schriftlichen Vertrag, viele Fragen offen. Obwohl ein Zuchtrecht unter bestimmten Umständen eine hilfreiche Sache sein kann, sollte man, unseres Erachtens, so einen Vertrag nicht unüberlegt abschließen.

EINEN WELPEN AUSSUCHEN

Sie haben alle Tests bestanden, alle Fragen beantwortet und sind bereit für Ihren Welpen. Der große Tag, an dem Sie sich Ihren Neufundländer aussuchen, nähert sich. Aller Wahrscheinlichkeit nach warten Sie auf diesen Tag, seitdem Ihr Züchter Ihnen mitteilte, dass die Welpen geboren sind. Möglicherweise haben Sie sich den Wurf, seit er zwei Wochen alt war, regelmäßig angesehen und haben gefühlsmäßig schon Ihre Wahl getroffen. Viele Welpenkäufer können es gar nicht abwarten »ihren« Welpen auszusuchen und verstehen nicht, warum der Züchter sie bis zum letzten Moment warten lässt.

Aus unserer eigenen Erfahrung können wir sagen, dass die Auswahl eines Welpen sehr viel mit Glück zu tun hat, aber je älter die Welpen sind, umso besser kann man darauf schließen, wie er oder

DIE FARBEN DES NEUFUNDLÄNDERS

OBEN: Schwarz - die häufigste Farbe. Ch. Topsy's Oliver Twist, der BIS auf der Ausstellung der Working Breeds Association of Wales gewann.
Foto: Soren Wesseltoft.

UNTEN RECHTS: Braun - die Farbe ist eine Sache des persönlichen Geschmacks.
Ch. Merrybear Q'pid of Truesparta.

UNTEN LINKS: Weiß-schwarz - ein weißer Hund mit schwarzen Platten. Int. und It. Ch. Geminorum Gomeisa, die ebenso Ch.-Titel in Deutschland, Finnland, der Schweiz, Luxemburg und den USA gewann.

sie ausgewachsen aussehen wird. Aus diesem Grund wählen wir keinen Welpen aus, bevor der Welpe nicht sechs Wochen alt ist. Auch wenn wir uns den Wurf eines anderen Züchters oder die Nachzucht eines unserer Deckrüden ansehen, ziehen wir es vor, sie uns im Alter von ca. sieben Wochen anzuschauen. Das ist nicht immer machbar, aber wir haben einen großen Unterschied zwischen Welpen, die gerade noch unter sechs Wochen alt sind und denen, die nur einige Tage älter sind, festgestellt.

Viele Züchter, wie wir selbst, lassen den Wurf mit sechs Wochen von einem Tierarzt untersuchen, und es wäre sehr bestürzend für einen potentiellen Besitzer, zu erfahren, dass der ausgewählte Welpe aufgrund eines schweren Herzfehlers eingeschläfert werden musste. Seien Sie also geduldig wenn der Züchter Sie einige Wochen warten lässt - es kann durchaus zu Ihrem Vorteil sein.

WORAUF MAN ACHTEN MUSS

Noch einmal - denken Sie daran, dass die Wahl des Welpen davon abhängt, welche Pläne Sie in der Zukunft mit ihm haben. Wenn Sie ein Liebhabertier durch und durch wollen, suchen Sie einen selbstsicheren, aber nicht »draufgängerischen« Welpen aus. In dem Fall, dass einige Welpen gleich selbstsicher sein sollten, können Sie Ihren persönlichen Vorlieben nachgeben und den mit dem niedlichsten Gesicht, mit einem großen weißen Brustfleck oder mit irgendeinem anderen Merkmal auswählen.

Falls Sie Ihren Hund zur Arbeit ausbilden wollen, sollten Sie sich von dem Ergebnis eines Welpen-Geschicklichkeitstests leiten lassen (falls der Züchter diesen hat durchführen lassen).

Sollten Sie planen, Ihren Welpen auszustellen, wollen Sie einen Welpen, der dem Rassestandard so nahe wie möglich kommt. Dafür müssen Sie Ihren Welpen Punkt für Punkt bewerten, zuerst auf einem Tisch und dann auf dem Boden, um sein Gangwerk zu beurteilen. Jemand hat uns einmal erzählt: »Welpen werden so nahe der Perfektion geboren wie sie nur sein können - nur wenn sie wachsen, wachsen ihre Fehler mit ihnen!«

Während der Welpe auf dem Tisch steht, achten Sie auf einen quadratischen, gedrungenen Körper. Der ganze Welpe sollte harmonisch wirken, d. h., ohne Übertreibung, keinen zu kleinen Kopf oder zu lange Beine haben. Der Welpenkopf sollte bis herunter zum Fang in etwa quadratisch und tief sein. Ein flacher, spitzer Fang wird noch flacher und spitzer, wenn der Welpe älter wird. Sogar Rassen wie der Deutsche Schäferhund haben als Babys quadratische Fänge, also suchen Sie einen Welpen, dessen Kopf ein stumpfes Aussehen hat. Die Ohren sollten ein wenig zu groß aussehen, aber vermeiden Sie herabhängende cockerspanielartige Behänge, weil sie immer zu groß bleiben werden. Die Augenfarbe in diesem Alter ist blau (oder hellbraun bei braunen Welpen), aber es ist ziemlich einfach, die eventuelle Farbe vorherzusagen, da dunkelblau zu dunkelbraun wird, während hellblaue Augen gelb oder hellbraun werden. Da dunkelbraun die gewünschte Farbe ist, sollten Sie besser ein dunkles Blau wählen. Der Augenrand sollte dem Auge, ohne Lockerheit und ohne die Bindehaut zu zeigen, eng anliegen. »Lose« Augen sind ein häufiger Fehler im Ausstellungsring und beeinträchtigen den Ausdruck des Hundes, also vermeiden Sie jeden Welpen, der mehr als ein winziges rosa Dreieck in der Mitte des unteren Lides zeigt.

Sie müssen sich auch die Zähne des Welpen ansehen, um das Gebiss zu beurteilen. Es ist besser, den Züchter zu bitten, Ihnen das Gebiss zu zeigen, so vermeiden Sie es, dem Welpen Gewalt anzutun und mögliche zukünftige Ängste aufzubauen. Es gibt nichts, was einen freundlich gestimmten Züchter eher dazu bringt, sich in einen »beschützenden Elternteil« zu verwandeln, als zu sehen wie ihr/sein Baby falsch oder grob behandelt wird!

Die Zähne sollten sich zur Schere schließen - das heißt, der Oberkiefer greift dicht über den Unterkiefer. Es gibt viele Rassen, die als Welpen einen Vorbiss (die unteren vorderen Zähne ragen über die im Oberkiefer heraus) haben können, sich aber später »auswachsen«. Wie auch immer, Neufis gehören nicht dazu. Wenn der Welpe in diesem Alter einen Vorbiss hat, wird sich dieser Zustand im Wachstum nicht verbessern, auch nicht, wenn die bleibenden Zähne durchwachsen. Ähnlich ist es, wenn der Welpe einen Rückbiss hat (der Oberkiefer steht deutlich über den Unterkiefer hinaus, so dass sich bei geschlossenem Fang zwischen den beiden Zahnreihen eine Lücke ergibt), dann ist es unwahrscheinlich, dass er gut genug für den Ausstellungsring sein wird.

Die Welpen sollten sauber und gepflegt aussehen.
Foto: Keith Allison.

Aufgrund der Tatsache, dass der Neufundländer in Bewegung große Strecken zurücklegen kann, ist es (lebens)notwendig, dass er eine gut gewinkelte Vor- und Hinterhand hat. Auch dies kann leicht beurteilt werden, indem man den Zeigefinger auf die Schulter legt (dies ist eine Erhöhung am Widerrist nahe dem Ende des Halses). Folgen Sie der festen Linie des Knochens nach unten und leicht nach vorne bis Sie die Erhöhung des nächsten Knochens spüren (es ist die Spitze des Schulterblattes). Von hier folgen Sie der Linie des Knochens nach unten und hinten in Richtung des Ellenbogens des Welpen (dies ist ein anderer markanter Punkt am oberen Ende des Vorderbeins). Nun sollten Sie einen Winkel vor Ihrem geistigen Auge haben. Dies ist die Winkelung der Vorhand. Je stärker der Winkel an der Spitze des Schulterblattes ist, umso besser wird der Hund gewinkelt sein. Welpen tendieren dazu, besser gewinkelt zu sein, aber strecken sich mit dem Wachstum.

Also noch einmal: Es ist besser, sich für eine gute als für eine mäßige Winkelung zu entscheiden. Idealerweise, sowie auch die Winkelung der Schulter, sollte diese »Rücklage« (die Entfernung vom Widerrist bis zur Spitze des Schulterblattes) mit der Länge des Oberarmes (die Entfernung vom Ellenbogen zur Spitze des Schulterblattes) übereinstimmen. Dies kann ebenfalls sehr leicht überprüft werden.

Die Hinterhandwinkelung verläuft nach einem ähnlichen Muster wie die der Vorhand. An der Hüfte beginnend verläuft der Knochen nach unten und vorne zum Kniegelenk (dort, wo der Bauch endet) und läuft weiter nach unten und leicht nach hinten zum Hinterfußwurzelgelenk. Da man den Oberschenkelknochen nicht so gut fühlen kann wie die Schulter, gibt es eine effektivere Möglichkeit, die Hinterhandwinkelung zu bewerten. Man platziert den Hinterlauf so, dass die Hinterfußwurzel und der Unterschenkel einen rechten Winkel zum Boden bilden. Der obere Teil des Laufs (von der Hinterfußwurzel zum Knie) sollte nun schräg liegen und von der Seite betrachtet, mehr nach vorne als nach oben zeigen.

Falls der vordere Rand des Laufs nun den Eindruck einer geraden Linie zwischen Knie und Fuß, mit einem kaum wahrnehmbaren Knick an der Hinterfußwurzel, macht, wird der Welpe wenig Winkelung haben und wird nicht so viel »Boden gut machen« wie sein besser gewinkelter Bruder.

Sehen Sie sich die Oberlinie des Welpen von der Seite an. Sie sollten alle schwachen Oberlinien, die wie bei einem alten Pferd durchhängen, meiden. In unserer eigenen Linie haben wir festgestellt, dass ein Welpe mit einem aufgewölbten Rücken in diesem Alter gewöhnlich zu einem erwachsenen Tier mit einer wunderbar geraden Oberlinie wird, während jene, die gerade sind, die Tendenz haben leicht nachzugeben wenn sie älter werden.

Der Brustkorb sollte wohl gerundet sein, wobei man bedenken muss, dass er sich im Laufe des Wachstums »begradigen« wird. Ein schmalbrüstiger Neufundländer ist eine Enttäuschung im Ausstellungsring, er sieht in den Außenlinien sehr ausdrucksvoll aus, ist aber nicht substanzvoller als eine Pappfigur wenn der Richter ihn näher betrachtet.

Sehr wichtig ist es, den Umfang der Vorderläufe zu fühlen. Ein Neufundländer sollte kräftige, dickknochige Läufe und große Pfoten haben. Suchen Sie nach einem Welpen, dessen Pfoten und Läufe viel zu groß für ihn erscheinen, um einer »Verfeinerung«, die mit dem Wachstum auftritt Raum zu lassen.

Tasten Sie die gesamte Länge der Rute ab. Sie sollte bis zur Hinterfußwurzel reichen und keine Knicke aufweisen (es fühlt sich wie eine Verdickung oder ein Bruch an). Es ist unnötig zu erwähnen, dass Sie, wenn Sie einen Rüden kaufen sicherstellen, dass er zwei abgestiegene Hoden im Hodensack hat, da er ansonsten nicht ausgestellt werden kann, falls ihm hier etwas fehlt.

Als Nächstes stellen Sie den Welpen auf den Boden und beobachten Sie ihn in seinen natürlichen Bewegungen (falls er sich setzt, soll er mit einem Spielzeug an einem Faden gelockt werden). Obwohl die Pfoten ein wenig schwer aussehen mögen, soll er sich doch behände bewegen. Er sollte weite, raumgreifende und keine engen

Achten Sie auf das Wesen der Mutter - es ist ein guter Anhaltspunkt dafür, wie die Welpen sich entwickeln können.

Foto: Keith Allison.

Schritte machen. Beobachten Sie, wie weit seine hinteren Fußballen auseinander liegen. Ein Welpe, der sich jetzt eng bewegt, wird ausgewachsen seine Läufe fast wie eine Grille aneinander reiben! Bewegungen, die ein wenig ungelenk erscheinen können in diesem Alter verziehen werden, aber jede anhaltende Lahmheit darf nicht ignoriert werden.

Geben Sie dem Welpen ein Spielzeug zu tragen und schauen Sie, wie er seine Rute trägt. Die meisten Welpen tragen ihre Rute lustig erhoben wenn sie spielen, aber der Rutenansatz sollte etwas unterhalb der Rückenlinie liegen. Während der Welpe sein Spielzeug herumträgt wird man eine schlecht getragene Rute ganz einfach erkennen können, da sie dann himmelwärts zeigt. Eine gut getragene Rute wird, während der Welpe spielt, erst einen Bogen nach unten machen und dann mit dem Ende nach oben zeigen.

Schauen Sie dem Welpen auf die Pfoten wenn er stehen bleibt. Stehen sie gerade nach vorne (wie es sein sollte) oder drehen sie sich nach außen? Achten Sie ebenfalls auf die Ellenbogen. sie sollten sich dicht an den Brustkorb anschmiegen und nicht nach außen ragend eine merkliche Lücke lassen. Wenn sie jedoch zu eng unter den Rippen stehen, wird er zu eng in der Vorhand sein mit wenig Abstand zwischen den beiden Vorderläufen.

Nun, zum Schluss, suchen Sie nach einem Welpen mit einem guten Wesen. Während Sie die Welpen beurteilen, werden sie gelangweilt, müde, schelmisch oder auch ein wenig hungrig sein und dies mitteilen, indem sie einschlafen oder versuchen, ihre Geschwister »aufzumischen«. All das ist normales Verhalten für einen Neufundländerwelpen, aber lassen Sie sich nicht von einem Welpen in Versuchung führen, der sich aufregt wenn Sie ihn anfassen und der bei jeder Gelegenheit wegrennt, um sich in seiner Welpenkiste zu verstecken. Wie prächtig er auch aussehen mag, wenn er nicht ein gutes Wesen hat, bekommen Sie keinen wirklichen Neufundländer.

AUFZUCHT DES WELPEN

Während Sie dies Häufchen Elend (höchstwahrscheinlich ist ihm übel von der Fahrt) auf ihrem Schoße heimfahren, denken Sie daran, dass Sie einen Welpen nach Hause bringen, der nach den besten Möglichkeiten des Züchters aufgezogen worden ist. Versprechen Sie sich selbst, nicht jahrelange

Sollten Sie einen Ausstellungshund suchen, wird der Züchter Ihnen helfen, die Welpen zu beurteilen.

Foto: Keith Allison.

Erfahrungen in den Wind zu schreiben, indem Sie Fütterungs- und Auslaufempfehlungen ignorieren. Es gibt etliche Dinge, die sich, da sie genetisch festgelegt und daher unvermeidbar sind, an Ihrem Welpen nicht korrekt entwickeln können. Verschlimmern Sie nicht diese möglichen Probleme dadurch, dass Sie die guten, in der Regel schriftlichen Ratschläge Ihres Züchters missachten.

ZU HAUSE ANGEKOMMEN

Wenn Sie mit Ihrem Welpen zu Hause sind, werden Sie ihm ein paar grundsätzliche Regeln beibringen wollen. Zuerst werden Sie ihm den Platz zeigen, an dem er sich versäubern kann. Die Tatsache, dass er sich jetzt lösen muss, ist absolut sicher, also wird der erste Ort, den Sie mit ihm aufsuchen, der Garten sein. Tragen Sie ihn nicht an einen Platz in 20 Metern Entfernung, er braucht eine Stelle, die für ihn leicht zu erreichen ist wenn er aus dem Haus kommt. Welpen, die im Sommer aufwachsen, werden sehr schnell stubenrein, da man ja die Tür zum Garten den ganzen Tag aufstehen lassen kann. Vergessen Sie nicht im Haus Zeitungen auf den Boden zu legen. Die meisten Welpen werden in mit Zeitungspapier ausgelegten Bereichen aufgezogen, so wird es für sie eine wohl bekannte Toilette bedeuten, bis sie lernen, immer nach draußen zu gehen. Alle neu ins Haus gekommenen Welpen werden das eine oder andere Mal den Teppich oder den Boden beschmutzen. Wie oft, hängt von Ihrer Aufmerksamkeit ab. Vergessen Sie nicht, jedes Mal wenn er wach wird, nach jedem Füttern oder nachdem er getrunken hat, sofort mit ihm nach draußen zu gehen. Wenn jeder Gang nach draußen durch ein passendes Kommando wie »mach« oder »geh pillern« begleitet wird, und wenn er, nachdem er sein Geschäft erledigt hat, ausgiebig gelobt wird, wird es nicht lange dauern, bis er sauber ist. Es wird immer noch einmal einen gelegentlichen nächtlichen »Unfall« geben, da es unrealistisch wäre von dem Welpen zu erwarten, dass er sieben oder mehr Stunden aushalten kann, ohne seine Blase zu entleeren.

Die ersten Nächte mögen Sie auf eine harte Probe stellen, da der Welpe traurig jammern wird, wenn alle ins Bett gegangen sind. Es ist nicht zu empfehlen, jedes Mal wenn er weint zu ihm zu gehen, da er sonst zu einem Hund heranwächst, der nicht alleine gelassen werden kann. So schlimm es auch für ihn ist, vergessen Sie nicht, dass Ihr Neufi darüber hinweg sein wird sobald er merkt, dass morgens alle wiederkommen und er nicht alleingelassen wurde!

DIE FÜTTERUNG

Suchen Sie einen Platz aus, an dem der Welpe gefüttert werden soll und lassen Sie dort immer einen Napf mit Wasser stehen. Diesen Napf wieder aufzufüllen wird Ihnen bestimmt bald zur Gewohnheit werden, da der Welpe ihn entweder umschmeißt oder versucht hineinzusteigen. Am besten ist ein

Geben Sie dem Welpen die Möglichkeit, den Garten zu erkunden und ermutigen Sie ihn dabei kräftig. Foto: Keith Allison.

rutschfester Plastiknapf, da Keramiktöpfe auf Fliesen sehr schnell zerbrechen, sobald Ihr Welpe herausgefunden hat, wie er ihn mit der Pfote umkippen kann.

Es gibt nur wenige Welpen, die die ersten Tage in ihrem neuen Heim ihr Futter vollständig auffressen. Dies ist der Grund für die meisten besorgten Anrufe beim Züchter. Das Wichtigste, das Sie nicht vergessen dürfen ist, dass der Welpe von sich aus nicht hungern wird! Wahrscheinlich ist Ihnen empfohlen worden, Ihren Welpen innerhalb der ersten 24 Stunden, die er bei Ihnen ist, einem Tierarzt vorzustellen. Am besten befolgen Sie diesen Rat. Wenn Sie erst einmal sicher sind, dass Ihr Welpe nicht an etwas Schrecklichem leidet, können Sie ruhigen Gewissens seine Hungerphase ignorieren.

Es ist verständlich, dass ein Welpe das Fressen am ersten Tag im neuen Heim verweigert. Er wird seine Wurfgeschwister vermissen und seine alltägliche Routine wird sich verändern. Bieten Sie ihm Futter zu seinen gewohnten Zeiten an, aber stellen Sie sicher, dass er nicht vom Spielen übermüdet ist, bevor Sie ihm seine Mahlzeit hinstellen. Im Allgemeinen ist es so, dass der Welpe in der ersten Woche normalerweise vier Mahlzeiten frisst und dann regelmäßig ein oder zwei Mahlzeiten auslässt. Das könnte daran liegen, dass ihm Futter angeboten wird wenn er zu müde ist (Welpen brauchen sehr viel Ruhe), die Abstände zwischen den Fütterungen nicht ausreichend sind oder die Menge der vorherigen Mahlzeit zu groß war. Sofern er nicht ernsthaft krank ist, wird Ihr Welpe sein Futter nicht verweigern, es sei denn, er hat es nicht nötig. Sogar gierige Welpen sind irgendwann satt!

Der Fehler liegt gewöhnlich beim Besitzer, der bei dem Versuch, einen großen Neufundländer aufzuziehen, dem Welpen zu große Futtermengen gibt, frei nach dem Motto: »Wenn 170 g ihn wachsen lassen, lassen 225 g ihn noch größer werden.«

Sehr oft werden dem Welpen noch Leckereien zwischen den Mahlzeiten gegeben, die ihn weniger hungrig machen. Wir raten unseren Welpenkäufern, keine Leckereien zu geben bis sich ein regelmäßiges Fütterungsmuster eingespielt hat. Ein kleiner Brocken von seinem Futter kann dazu benutzt werden um ihm das Kommen, wenn er gerufen wird, oder andere grundsätzliche Übungen beizubringen.

Das Futter, das Sie Ihrem Welpen geben, wird vom Rat Ihres Züchters abhängen. Falls Ihnen eine bestimmte Futtermarke empfohlen wurde, sollten Sie am besten dabei bleiben. Einige Züchter ziehen es vor, die altmodische Methode Fleisch und Flocken mit unterschiedlichen Zusätzen für eine ausgewogene Mahlzeit zu füttern. Wenn dies der Fall sein sollte, müssen Sie besonders sorgfältig mit den Mengen sein die Sie benötigen. Eine Prise hiervon und ein wenig davon ist nicht genau genug, um Vorsorge für die Ernährung Ihres Welpen zu treffen. Die älteren Züchter wussten genau, wie viel von jeder Zutat zuzugeben war. Auch hatten sie das Bewusstsein zu erkennen, dass zu viel der Zusätze dazugegeben, ebenso schädlich war, wie gar keine, und nur sehr wenige hatten die gesundheitlichen Probleme, die wir heute bei unseren Hunden kennen.

Einige Halter ziehen es vor, Fleisch und Flocken zu füttern einfach weil der Hund es bevorzugt, aber dies kann im ungünstigsten Fall auf eine fast reine Fleischration schrumpfen. Nur fleischliche Kost alleine ist aber keine ausreichende Nahrung für Ihren Hund. Kinder ziehen den Geschmack von Hamburgern und Schokolade vor, aber das kann kein ausreichender Grund sein, ihren Launen so weit nachzugeben, ihnen keine ausgewogene Nahrung anzubieten.

Aber Fütterungsmethoden sind eine Sache der persönlichen Einstellung, und für uns, wie auch für eine wachsende Zahl von Hundeleuten, bieten die Komplettfuttermittel eine entsprechende Palette von Angeboten die jedem Lebensabschnitt des Hundes angepasst ist. Hundefutterhersteller haben sich in den letzten Jahren sehr stark entwickelt und es ist möglich, wenigstens eine Futtersorte zu finden, die Ihrem Hund zusagt. Jedes Futter hat Fütterungsrichtlinien auf den Tüten abgedruckt, so kann man mit ein wenig gesundem Menschenverstand nichts verkehrt machen. Jedes Komplettfutter guter Qualität wird eine ausreichende Ernährung für Ihren Neufi bieten, obwohl wir persönlich von Futtersorten, die wie Müsli aussehen, Abstand nehmen, da sie manchmal im Magen gären können (siehe Magendrehung, Kapital 9: Erkrankungen).

Ihr Welpe sollte bis zu einem Alter von ca. zwölf Wochen vier Mahlzeiten täglich bekommen, dann wird bis zu einem Alter von ca. sechs Monaten auf drei Mahlzeiten reduziert. Die dann folgenden zwei Mahlzeiten können sein Leben lang so beibehalten werden, oder wenn Sie es vorziehen, mit 18 Monaten auf einmal täglich reduziert werden. Ausgesprochen wichtig ist es, Ihren jungen Neufi nicht zu dick werden zu lassen. Sie wären entsetzt, wenn Sie zusehen müssten, dass jemand einem Welpen einen voll gepackten Rucksack auf den Rücken schnallen würde und ihn dort beließe. Aber Sie würden einem Welpen einen ähnlichen Schaden zufügen, wenn er übergewichtig ist und diese unnötigen Pfunde mit sich herumtragen muss.

Eine Reihe der Hundevollkostsorten werden in Wasser eingeweicht gefüttert. Aber auch die, die einem erwachsenen Hund trocken gefüttert werden sollen, müssen für Ihren Welpen eingeweicht werden. Bedenken Sie, dass er, wenn er älter wird, etwas Festeres zum Kauen braucht, etwa in Form von nicht eingeweichtem Fertigfutter oder einem Hundekuchen zur Nachtruhe.

Knochen können einen Neufundländer stundenlang beschäftigen, vorausgesetzt, dass es große, rohe Markknochen sind. Sie sollten aber nicht zu oft gegeben werden, da sie Verstopfungen verursachen können. Kommen Sie nie in die Versuchung, Ihrem Hund kleine, gekochte Knochen zu geben. Sie können nicht immer verdaut werden und eine Verstopfung im Magen zur Folge haben. Neufundländer werden mit dieser Theorie nicht einverstanden sein und bereitwillig jeden gekochten Knochen verschlingen, also achten Sie darauf, Essensreste nicht so aufzubewahren, dass Ihr Hund sie finden kann.

AUSLAUF

Dies ist ein Thema, über das sich viele Neufundländerbesitzer nicht einig sind. Die Menge an Bewegung, die ein junger Hund haben sollte, basiert auf den eigenen Erfahrungen des jeweiligen Züchters. Zuallererst sollten Sie den Rat Ihres Züchters befolgen. Wenn Sie nach Anleitungen fragen, erwarten Sie vom Züchter Ihres Welpen nicht, freundlich behandelt zu werden, wenn Sie alle Regeln, die sie oder er Ihnen an die Hand gegeben hat, gebrochen haben!

Es sollte für jeden offensichtlich sein, dass ein Welpe, ebenso wie ein Kleinkind, nicht kilometerweit die Straße entlang laufen sollte. Aber es bedeutet auch nicht, dass der Welpe die ersten sechs Monate nicht aus seinem Garten herauskommt. Junge Tiere haben kurze Aktivitätsphasen, gefolgt von langen Ruheperioden und dieses Muster muss sich in der Art des Auslaufes widerspiegeln.

Unsere Welpen werden in keiner Weise eingeschränkt, wenn sie den Drang haben, herumzugaloppieren zu müssen, dürfen sie das so viel und so lange sie wollen. Ein Welpe, der nicht daran gehindert wird, uneingeschränkt frei zu laufen, lernt dabei sein eigenes Tempo zu bestimmen. Auf einen kurzen

Galopp auf dem Rasen wird ein kurzes, vielleicht dreisekundiges Liegen folgen, um dann wieder aufzuspringen und weiterzurennen, das Tempo und die Richtung wechselnd, so wie er es möchte, während der Halter im Kreis herumgeht. Sobald der Besitzer ruft und sich entschlossen vor ihm wegbewegt, wird der Welpe ihn bald eingeholt haben (besonders wenn Sie von einem älteren Hund begleitet werden) und kann dann für den kurzen 100-m-Gang nach Hause angeleint werden. Vergleichen Sie dieses mit einem Welpen, der an der Leine in einem immer gleichen Tempo über den Bürgersteig laufen muss und Sie werden in der Lage sein, zu verstehen, warum die vorherige Methode dem Körperbau eines Welpen viel mehr entspricht.

Es wäre einfach, eine bestimmte Distanz anzugeben, die Welpen fähig sind zu laufen, aber es ist sinnvoll, jeden Hund als ein Individuum zu behandeln. Wenn Ihr Welpe Ihnen nach einem Spaziergang sehr müde oder steif erscheint, ist es wahrscheinlich das Beste, die Distanz zu verkürzen (jede anhaltende Lahmheit sollte vom Tierarzt behandelt und die Bewegung auf ein Minimum beschränkt werden).

Ein großer Teil des Auslaufes Ihres Welpen besteht aus Spielen. Das wird seinen Verstand sowie seinen Körper trainieren. Es gibt nichts Langweiligeres für einen neugierigen Welpen als an einer Leine vor sich hin zu trotten, ohne die Gelegenheit zu haben, neue Gerüche zu untersuchen. Bringspiele sind ein großer Spaß und lehren Ihren Welpen sehr grundsätzliche Gehorsamsübungen, nur sollten die Richtung und die Distanz des geworfenen Objekts ständig verändert werden, um ihn nicht zu langweilen.

Wir haben es uns zur Angewohnheit gemacht, unseren Welpen ein kurzes Stück vorauslaufen zu lassen und uns dann zu verstecken. Sie lernen daraus, sich nicht zu weit von uns zu entfernen und zu kommen, wenn sie gerufen werden. Diese Methode funktioniert allerdings nur mit einem einzelnen Welpen (oder bei einem von älteren Hunden begleiteten). Zwei fünf Monate alte Wurfgeschwister werden wahrscheinlich zusammen in Richtung Horizont verschwinden, alle Taktiken, die Sie anwenden, ignorierend!

Viele Züchter empfehlen, den Welpen auf relativ flachem Terrain auszuführen, um zu vermeiden, dass er Treppen rauf oder runter laufen muss. Es ist offensichtlich, dass dies eine schädigende Betätigung ist, wenn er den ganzen Tag treppauf und treppab läuft. Ihr Neufundländer muss gelegentlich auch Treppen und andere ungewöhnliche Gehwege kennen lernen, wenn er ein wohlerzogenes Familienmitglied werden soll. Es wird jedoch zum Vorteil des Welpen sein zu vermeiden, dass er auf rutschigen Fliesen oder ähnlichen Bodenbelägen laufen muss.

Da wir aber im hügeligen Wales leben, ist es für uns unvermeidlich, unsere Welpen auf steilen und abschüssigen Hängen auszuführen, da es sehr schwer wäre, uns auf ebene Flächen einzuschränken. Bis heute haben unsere Welpen aber auch keine krankhaften Anzeichen aufgrund dieser Art des Auslaufes gezeigt. Der Auslauf ist jedoch ein Thema, das durch den gesunden Menschenverstand geleitet werden muss, also versuchen Sie, den Welpen nicht zu überfordern. Einer der ansprechendsten Aspekte des Wesens eines Neufundländers ist sein Wunsch, seinem Besitzer zu gefallen, also ist es nicht sehr schwer, sie dazu zu bringen weiter zu laufen, als sie es von sich aus tun würden.

GRUNDTRAINING

Ein wohlerzogener Hund wird ein glücklicheres Mitglied Ihres »Familienrudels« sein als einer, der nicht erzogen wurde und sich seiner Stellung innerhalb seines heimischen Bereichs nicht bewusst ist. Ein Neufundländer ist zu groß, um ihm zu erlauben, vor seinem Besitzer durch die Tür zu stürzen oder am Mittagstisch zu betteln, also sind einige Grundregeln wichtig. Ein Hund, dem am Tisch nie eine Leckerei gegeben wird, wird auch nicht kommen und sie erwarten. Aber wenige Essensreste seinem Futter beigemischt, sind angenehm und Sie werden nie in die Verlegenheit kommen, die Sabberschnauze Ihres Hundes vom Schoß Ihrer Essensgäste entfernen zu müssen. Ähnlich wird ein Hund, der sofort aus sich öffnenden Auto- oder Haustüren springt, schnell lernen, dass die Tür sich immer vor seiner Nase schließt, wenn er sie passieren will, ohne aufgefordert zu sein.

Es ist kein Vergnügen mit einem Neufi spazieren zu gehen, der ständig an der Leine zerrt. Als Konsequenz daraus werden die Gänge dann immer seltener, weil es immer unerträglicher wird. Die Aussicht auf einen Spaziergang ist natürlich aufregend für einen Hund, aber nach einigen Metern sollte er doch ruhiger werden. Da Sie den Kampf gegen die Kraft eines Neufundländers verlieren werden, ist es effektiver, kluge Lehrmethoden einzusetzen. Wenn unser Hund zieht, bleiben wir stehen. Ein intelligenter Hund versteht schnell, dass Ziehen eher den Verlauf verlangsamt als beschleunigt. Wenn die schlechte Angewohnheit zu sehr eingefleischt ist, kann ein Halti (ein Kopfhalfter, das über den Fang geht) benutzt werden um das Ziehen zu kontrollieren.

Grundsätzliche Übungskommandos wie »Komm«, »Sitz«, »Platz« und »Bleib« können nicht früh genug geübt werden - nicht in Form einer festen Übungsstunde, aber als Teil der täglichen Routine. In ähnlicher Weise werden Sie Ihrem Neufi ebenfalls beibringen, nicht auf Möbel zu klettern oder Sie oder Ihre Kleidung zu bekauen. Sie werden viel Liebe und Aufmerksamkeit zeigen, aber er wird ebenso erfahren, dass Sie der Boss sind! Hunde, die einem Kommando gehorchen weil es angenehme Konsequenzen hat, sind weitaus einfacher zu trainieren als solche, die nur aufgrund von Zwang oder Angst reagieren. Ständiges Belohnen (entweder mit einem Leckerchen oder durch Streicheln) für gutes Benehmen ist viel befriedigender für Hund und Halter, als für schlechtes Benehmen zu strafen. Ihn in einem Begleithundkurs anzumelden ist sinnvoll angelegtes Geld. Vermeiden Sie, wenn möglich, Kurse, die auf Gehorsamkeitswettbewerbe vorbereiten. Diese Kurse werden (in England) vornehmlich von Border Collies beherrscht und der langsamere Fortschritt Ihres Neufis ist für alle Teilnehmer frustrierend. (Denken Sie nun nicht, dass Neufundländer ungeeignet für Wettbewerbe in Gehorsamkeit sind. Wir besaßen einen, der Border Collies durchaus gewachsen war und wir haben seitdem von vielen anderen gehört. Aber ehrlich gesagt, solche Neufis sind eher selten!)

»Gib!« ist ein anderes wichtiges Kommando das geübt werden muss, wenn Sie Ihrem Neufi etwas aus dem Fang nehmen wollen. Dies kann lebensrettend sein, falls er einen gekochten Knochen oder etwas Giftiges aufgehoben hat. Jeder Neufi sollte auf Kommando freudig seinen Knochen, seine Futterschüssel oder sein Spielzeug hergeben und jedes Knurren und Schnappen sind Zeichen eines fragwürdigen Charakters. Wenn dem Welpen »Gib!« beigebracht wird, ist es wichtig ihm immer etwas anderes als Belohnung zu geben - ein anderes Spielzeug, ein kleines Stück Käse oder etwas anderes Schmackhaftes. Ihr Neufi wird bald lernen, dass »Gib!« immer mit etwas Angenehmem verbunden ist und Sie werden sicher sein können, dass Sie einen Hund haben, der sein Futter und sein Spielzeug nicht gegen Sie verteidigt.

ZUM GUTEN SCHLUSS...

Ihr Hund wird ca. fünf Jahre alt sein, bevor sich Ihr Wunsch, einen ausgewachsenen, relativ gut erzogenen und wunderschönen Neufundländer zu besitzen, erfüllt hat. Trotzdem haben Sie wahrscheinlich auch ein Stadium erlebt, in dem Ihr Hund Ihre Autorität »getestet« hat, indem er sich Ihrem Kommando widersetzte. Viele Hunde passieren diese Phase, wenn sie versuchen, einen höheren sozialen Rang innerhalb des »Familienrudels« einzunehmen. Ein Neufundländer versucht dies gewöhnlich ohne Böswilligkeit und es sollte nicht mit der Rassecharakteristik des »Lachens« verwechselt werden, wenn er seine Zähne und seine Lefzen in einer harmlosen, schmeichlerischen Weise zeigt.

Einen Neufi aufzuziehen ist ein langer Prozess, und ein großer Teil seines Charakters wird von Ihrem Verhalten bestimmt werden. Dessen ungeachtet wird er gelegentlich in sein ehemaliges »Peter Pan«-Verhalten zurückfallen und Sie werden sich fragen, ob alle Ihre Anstrengungen ihn zu erziehen vergebens waren. Seien Sie versichert, dass diese Unfähigkeit erwachsen zu werden eine typische Neufi-Eigenschaft ist und jede Teufelei wieder gut gemacht wird durch die Treue, die er Ihnen entgegenbringt.

Autoaufkleber auf der ganzen Welt resümieren es wunderschön wenn sie kundtun: »Wenn es kein Neufundländer ist, ist es nur ein Hund!«

Kapitel 3

DIE PFLEGE

Jede langhaarige Rasse braucht regelmäßige Pflege, um Haut und Haar des Hundes gesund und sauber zu halten. Der Neufundländer ist da keine Ausnahme. Er besitzt ein doppeltes Haarkleid, bestehend aus einer Deckschicht mit grobem, langem Haar und einer weichen, dichten, kürzeren Unterwolle, die ölig ist und Nässe abstößt. Sie taugt außerdem sehr gut, um extreme Kälte und Hitze abzuhalten.

Als der Originalstandard des Neufundländers festgeschrieben wurde, hieß es, das Fell solle ein mattes Schwarz haben. Es gibt heute allerdings keinen Zweifel, dass ein sauberer (das heißt ein gewaschener) Neufundländer ein glänzendes Fell besitzt. Der ältere Neufundländer hat manchmal ein matteres Fell, denn aufgrund des weniger häufigen Umhaarens altert das Haar und wird durch Umwelteinflüsse bleicher und trockener. Das Deckhaar mit seinen langen, harschen, glänzenden Haaren hat im Alter die Tendenz sich auszudünnen, während die matte Unterwolle weiter wächst, was einen allgemein weicheren, matteren Eindruck hervorruft.

Der Welpe durchläuft verschiedene Stadien von Fellwachstum, bis mit etwa achtzehn Monaten das neue, komplette Erwachsenenfell durchwächst. Schwarze Welpen haben einen gräulichen oder bräunlichen Anflug in ihrem kurzen, weichen Fell. Mit etwa vier Monaten beginnt ein schmaler Streifen glänzendes, eher harsches Leit- oder Grannenhaar entlang der Wirbelsäule und die Rute herunter durchzuwachsen. Das kurze Haar an den Beinen, Pfoten und im Gesicht wächst ebenfalls in dieser Zeit, was manchem Welpen ein ulkiges Aussehen verleiht. Diese fortlaufenden Veränderungen halten während des ersten Jahres an. Das erste erwachsenenartige Fell des Welpen wird insgesamt weicher und kürzer sein als das richtige Erwachsenenhaarkleid mit seiner sehr dichten Unterwolle. Oft ist die Befederung bei der Mehrzahl im ersten Jahr ziemlich kurz, in der Tat existiert sie fast nicht. Aber dann wird sie sich im zweiten, dritten und in den folgenden Jahren allmählich verlängern und verdicken. Das wirkliche Fell wächst dann nach der ersten kompletten Umhaarung im zweiten Jahr. Dies kann variieren von glatt oder wellig bis lockig über den Rumpf, Rücken oder an den Ohren. Die Textur kann recht grob oder weich sein und die Länge am Körper kann variieren von 2,5 cm bis ca. 7,5 cm entlang des Rückgrats. Die Flanken, Hüfte und Brust herunter wächst es länger. Es ist von der Art des Fells abhängig, ob Sie jeden Tag ein wenig oder einmal wöchentlich intensiver bürsten möchten.

DAS BÜRSTEN

Bevor Sie mit der Fellpflege anfangen, müssen Sie entscheiden, wo Sie dies tun wollen. Eine Art Pflegetisch ist ein Muss, wenn Sie Rückenschmerzen vorbeugen wollen, und es wird Ihnen helfen, Ihren Hund ruhig zu halten, während Sie Ihre Arbeit ausführen. Wählen Sie einen Zeitpunkt, zu dem Ihr Hund nicht aktiv ist. Einen Hund bürsten zu wollen, der aufgeregt oder darauf erpicht ist spazieren zu gehen, ist, als ob man versucht einen Tintenfisch zu bürsten! Weiß er einmal was ihn erwartet, wird ein Neufi die Gelegenheit nutzen, um ein kleines Nickerchen zu machen während er gebürstet wird.

Bei so vielen Varianten in der Textur und Länge des Fells ist es wichtig, die richtigen Pflegetechniken anzuwenden. Neufundländer haben die Tendenz, ständig einige Haare zu verlieren und durch neue zu ersetzen, aber bei starkem Fellwechsel neigt das Fell am ganzen Hund dazu zu verfilzen. Während der folgenden Tage oder sogar ein oder zwei Wochen wird sich die Unterwolle und einiges Deckhaar lösen und beginnen auszufallen. Zu dieser Zeit können sich Filzmatten bilden - besonders da, wo das Haar am längsten ist.

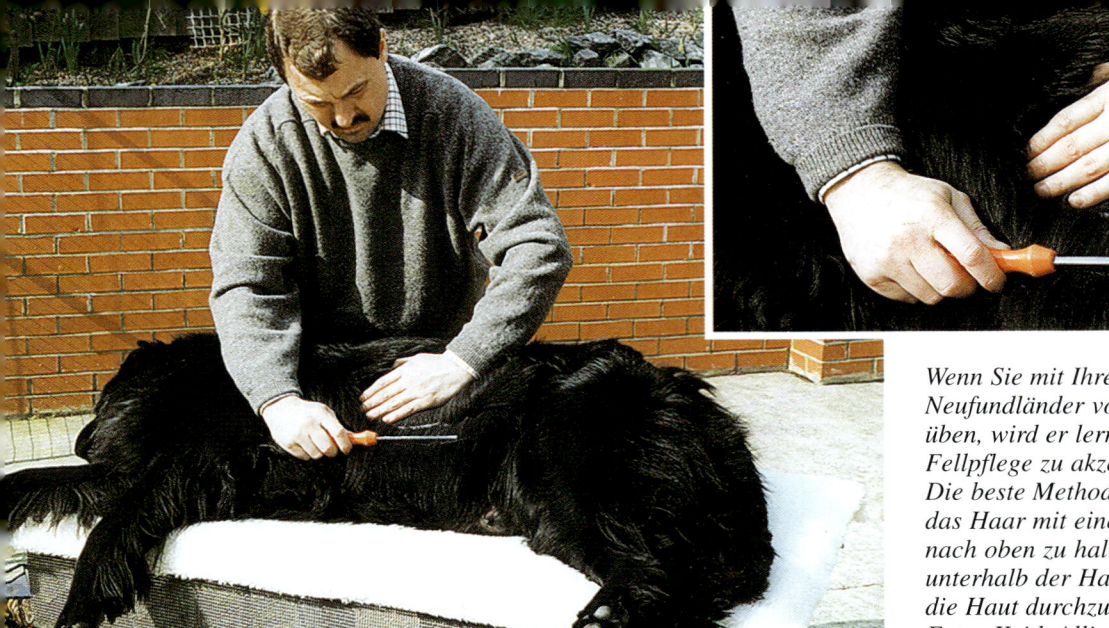

Wenn Sie mit Ihrem Neufundländer von klein auf üben, wird er lernen die Fellpflege zu akzeptieren. Die beste Methode ist es, das Haar mit einer Hand nach oben zu halten und es unterhalb der Hand bis auf die Haut durchzukämmen. Foto: Keith Allison.

Ein Kamm von mittlerer Größe und ein Striegel sind notwendig, um die losen Haare herauszukämmen. Benutzen Sie den Striegel, um über den ganzen Hund zu bürsten, indem Sie das Haar energisch nach hinten bürsten. Sprühen Sie dann das Fell mit einer nicht auszuwaschenden Pflegespülung oder einfach mit Wasser ein, um einer statischen Aufladung vorzubeugen (ebenfalls sinnvoll, wenn das Fell sehr trocken ist). Als Nächstes benutzen Sie den Kamm. Heben Sie das Fell mit einer Hand nach oben und kämmen Sie das Haar unterhalb Ihrer Hand bis auf die Haut durch. Arbeiten Sie eine Linie nach der anderen, bis Sie sich schließlich vom einen Ende des Hundes zum anderen durchgearbeitet haben. Üben Sie eine gewisse Routine ein, so dass Sie nicht etwa einige Stellen auslassen. Zum Beispiel ziehe ich es vor, den Hund von vorne nach hinten durchzubürsten. Lassen Sie den Hund sich legen, um den Bauch und die Innenseiten der Läufe zu bürsten. (Unter den Achseln und zwischen den Hinterläufen sind Bereiche, in denen sich besonders gerne Knoten bilden.) Die Befederung der Läufe und die Rute werden mit dem Striegel gemacht, indem man in Schichten gegen den Strich arbeitet. Seien Sie besonders sorgsam, wenn Sie im Bereich der Vulva, des Afters oder der Hoden bürsten, um die empfindliche Haut im Genitalbereich nicht zu verletzen.

Falls der Hund stark verfilzt ist, kann ein spezieller Filzkamm mit scharfen Schneiden davor bewahren, große Fellklumpen herauszuschneiden und er kann ebenso benutzt werden, um sehr buschiges Fell auszudünnen. Badet man einen verfilzten Hund, wird sein Fell dadurch nicht schwerer kämmbar - im Gegenteil, es beseitigt dreckigen Schmier und löst herausfallende Haare. In diesem verfilzten Stadium zu baden wird ebenso den Fellwechsel beschleunigen, und einmal ausgebürstet, wird das neue Fell schneller durchwachsen und die Haut gesünder bleiben. Also haben Sie keine Bedenken, einen vernachlässigten Hund zu baden. Es wird die Pflege für ihn und für Sie angenehmer machen.

DAS BADEN

Normalerweise ist es für Haustiere, die regelmäßig gepflegt werden, nicht nötig, öfter als zwei- bis viermal im Jahr gebadet zu werden. Aber falls Sie Ihren Hund ausstellen, werden Sie ihn in der Hochsaison fast jede Woche baden müssen und Sie müssen wissen, wie lange sein Fell danach wie aufgeplustert aussieht. Bei einigen sieht es schon nach 24 Stunden normal aus, während andere einige Tage brauchen, damit sich das Fell wieder legt. Wie lange vor einer Schau Sie Ihren Hund baden, hängt auch von seiner Lebensweise ab. Falls Sie auf einem Bauernhof leben und Sie Ihrem Hund nicht trauen können, sich für einige Tage nicht in etwas Ekelhaftem zu wälzen, dann wird der Tag vorher wohl ein Muss sein. Aus der Erfahrung werden Sie lernen, wann das Fell Ihres Hundes am besten aussieht.

DIE PFLEGE

Einen Neufundländer badet man am besten draußen mit einem Gartenschlauch, wenn Sie kein speziell angelegtes Hundebad besitzen. Machen Sie Ihren Hund durch und durch nass. Vermeiden Sie es, dass Wasser oder Shampoo in die Ohren gelangt. Verdünnen Sie ein gutes Hundeshampoo halb und halb mit lauwarmem Wasser und seifen Sie ihn überall damit ein, bis sich ordentlich Schaum gebildet hat. (Ein nicht augenreizendes Baby-Shampoo ist das Beste für das Gesicht und um die Augen.) Duschen Sie den Hund gründlich, bis nur noch klares Wasser aus dem Fell läuft. Seifen Sie ihn nochmals ein, diesmal mit einer speziellen antiparasitären oder fungiziden Handelsmarke und befolgen Sie die Gebrauchsanweisung auf der Verpackung für Verdünnung und Einwirkzeit. Das letzte Spülen muss sehr gründlich sein, mit besonderer Aufmerksamkeit für Bereiche, in denen das Fell am dicksten ist und wo viele Hautfalten sind. Eine Cremespülung kann nun aufgetragen werden, die mit warmem Wasser verdünnt gut ins Fell eingerieben wird. Gründlich spülen. Rubbeln Sie den Hund gut mit trockenen Tüchern durch oder föhnen Sie ihn trocken, wenn Sie einen Hundeföhn haben.

Wenn der Hund ganz trocken ist (möglicherweise am nächsten Tag), bürsten Sie sein Fell mit einem Striegel nach hinten, dann kämmen Sie sein Fell mit dem Strich, bis alle losen Haare heraus sind. Widerspenstige Knoten müssen, um dem Hund nicht weh zu tun, sehr vorsichtig entfernt werden. Halten Sie den Knoten fest in der Hand und beginnen Sie ihn von den Haarspitzen an bis zum Ansatz durchzukämmen. Falls dies nicht möglich ist weil der Filzklumpen zu dicht oder zu groß ist, schneiden Sie ihn längs mit einem Filzkamm oder einer Schere ein und kämmen Sie ihn wie vorstehend aus. Seien Sie sehr vorsichtig, wenn Sie widerspenstige Filzplatten herausschneiden um nicht die Haut des Hundes zu verletzen. Am besten schneidet man die Platte zu zwei Dritteln heraus und kämmt den Rest des Filzes mit dem Kamm heraus.

DAS TRIMMEN

Der beste Zeitpunkt, um das Fell zu trimmen ist, wenn es sauber ist. Ein Föhn wird alle verbliebenen losen Haare und Schuppen beseitigen. Diese Föhne oder Gebläse erzeugen einen kalten Luftstrom von hoher Geschwindigkeit um das Fell »durchzublasen«. Das Prinzip ist das eines Haarföhns, nur ohne Wärme und wesentlich stärker. Der Hund muss vorsichtig an das Gebläse gewöhnt werden, da der Luftstrom und die Geräusche des Motors zuerst sehr Furcht erregend sein können. Gebläse müssen im Bereich der Augen und Ohren mit Vorsicht benutzt werden. Sie sind ohne Zweifel eines der hilfreichsten Werkzeuge zur Hundepflege seit der Erfindung des Kammes. Sie können ebenso eingesetzt werden, um einen nassen, verschmutzten Hund nach einem Spaziergang »sauber zu föhnen«, oder wöchentlich, um Schmutz und lose Haare zu entfernen. Sie können am besten vor und nach dem Bürsten benutzt werden, aber seien Sie gewarnt - setzen Sie das Gebläse draußen ein oder Sie werden haarige Wände und Zimmerdecken haben.

Bei der Vorbereitung zum Trimmen wird das Gebläse in der niedrigsten Geschwindigkeitsstufe benutzt, um eine Spülung oder ein mildes Desinfektionsmittel in das Fell zu sprühen (verdünnen Sie 1:20 mit Wasser). Es wird in Richtung Haut gehalten, wo der Luftstrom das Haar teilt. Wenn der ganze Hund so behandelt ist, hilft es die Haut gesund zu halten. Er wird ebenso die Haare, vorbereitend fürs Trimmen, heben und teilen.

DAS BADEN
Fotos: Keith Allison.

Es ist ratsam, die Ohren des Neufundländers vor dem Baden mit Watte auszustopfen.

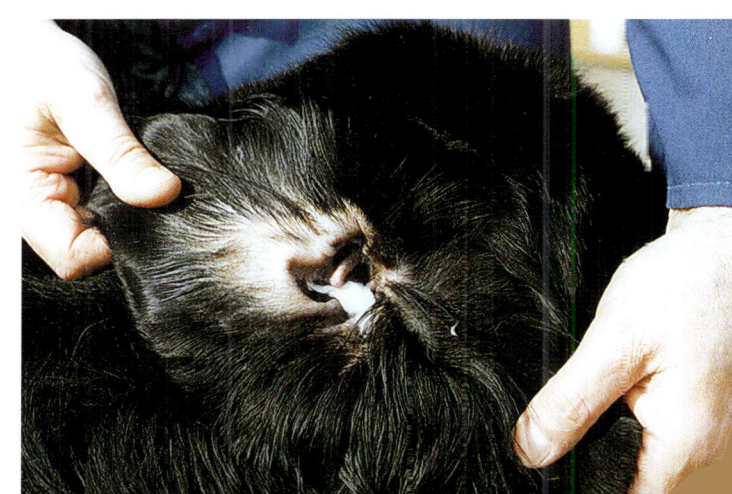

Durchnässen Sie das Fell des Hundes gründlich. Haben Sie keine Hundedusche, können Sie es auch draußen mit dem Gartenschlauch machen.

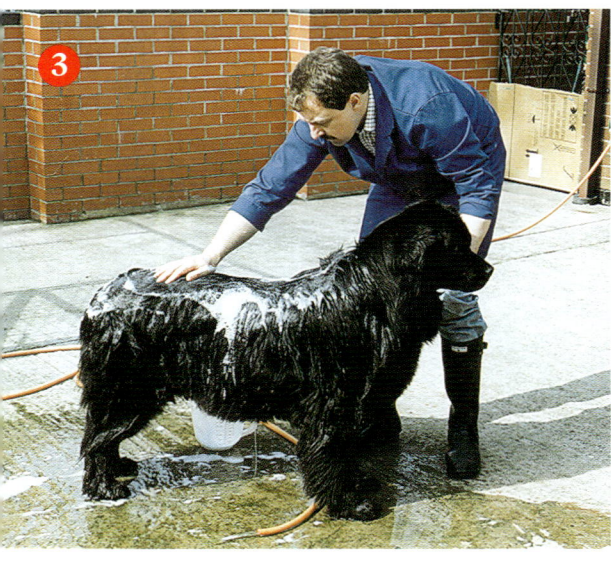

Verdünnen Sie das Shampoo und verteilen Sie es über das Fell des Hundes.

Arbeiten Sie das Shampoo ein, bis es kräftig schäumt (links).

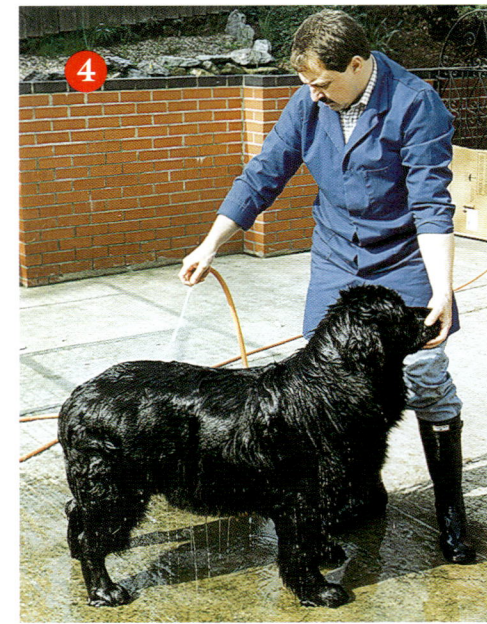

Spülen Sie das Fell gründlich, bis das Shampoo ganz ausgewaschen ist (rechts).

Kein Hund kann dem widerstehen, sich nach einem Bad kräftig zu schütteln (unten).

Benutzen Sie einen Föhn, um das Fell zu trocknen.

DIE PFLEGE

Das Maß des notwendigen Trimmens hängt vom Fell Ihres Hundes ab und davon ob Sie ihn ausstellen, mit ihm arbeiten oder ihn nur als Haustier halten. Viele Neufundländer haben ein relativ kurzes Fell am Körper mit üppiger Befederung. Mit diesen Hunden lässt es sich gut leben, aber sie sind nicht so schillernd im Ausstellungsring, daraus folgt die Tendenz dichteres, längeres Fell einzuzüchten, dass man modellieren kann.

Die meisten Haustiere, die nicht regelmäßig schwimmen, können an den Ohren, Pfoten und Sprunggelenken getrimmt werden, während das restliche Fell wachsen darf. Aber ein Hund mit langem, dichtem Fell kann ein Alptraum sein, wenn er im Haus lebt und vor dem Bett schläft! Es gibt keinen Grund, warum Sie nicht die längsten Haare mit einer Effilierschere auf ein vernünftiges Maß zurücktrimmen sollten. Der Hund wird attraktiv aussehen und weit weniger Feuchtigkeit und Schmutz hereinbringen.

Trimmen Sie mit einer Effilierschere gegen den Strich des Fells indem Sie, immer der Kontur des Körpers folgend, ein wenig herausschneiden. Lassen Sie mindestens ca. 10 cm vom längsten Fell stehen. Am besten ist es, erst einmal nur halb so viel zu kürzen wie Sie eigentlich wollen und dann abzuwägen, ob Sie mehr schneiden. Übung macht den Meister. Wenn Sie einen Züchter oder Aussteller kennen, bitten Sie ihn, es Ihnen zu zeigen. Tausende von Worten können das Trimmen nicht so gut beschreiben wie einmal Zusehen.

Ein Neufundländer sollte niemals geschoren werden, es sei denn, es gibt einen medizinischen Grund. Das Fell isoliert gegen Wärme und Kälte, und nackte Haut kann in der Sonne verbrennen. Ich habe nie einen noch so verfilzten Hund geschoren. Ein Beruhigungsmittel kann nötig sein, wenn ein Hund sehr vernachlässigt und nicht an Fellpflege gewöhnt ist. Die meisten Neufundländer haben aber einen so guten Charakter, dass ein wenig Geduld und Sorgfalt Ihrerseits genügen werden, um die Sache in den Griff zu bekommen. Einen stark verfilzten Hund kann man über mehrere Tage bürsten, stundenweise, mit sanfter Überredung und noch einmal, viel Geduld. Sollten Sie aber einen alten oder kranken Hund haben, der sich nicht pflegen lassen will, ist es besser, an weniger erreichbaren Stellen die Haare zu schneiden als Unbehagen zu verursachen.

Falls Ihr Hund Wasserarbeit macht, wird übermäßiges Fell eine Behinderung sein, da es einen höheren Wasserwiderstand ergibt. Er wird ebenso viel mehr Wasser mit ins Boot bringen. Hüten Sie sich vor zu viel Baden oder übermäßigem Ausdünnen der Unterwolle, da das Fett und das weiche Haar notwendig für die Isolation und den Auftrieb sind. Das Haustiertrimmen wie oben beschrieben ist die ideale Lösung für einen dicht behaarten Hund, der im Wasser arbeiten soll.

Es ist eine sinnvolle Maßnahme für jeden Neufundländer, um die Ohren herum getrimmt zu werden. Es verbessert die Luftzirkulation um die Ohren und ist hilfreich zur Prävention von Infektionen des Gehörgangs - ein Umstand, der durch die schweren Ohrbehänge nicht erleichtert wird. Trimmen Sie mit einer Effilierschere gegen den Strich des Fells vom Ende des Ohrenlappens aufwärts in Richtung Ohrwurzel. Schneiden Sie jedes Mal ein wenig ab, bis die Haare so kurz sind, dass sie nicht mehr über die Ohrränder hinausreichen. Lassen Sie die Haare nach oben hin länger werden, so dass am Übergang der Ohren zum Schädel keine »Stufe« entsteht. Trimmen Sie vorsichtig den Ohrrand und die Innenseite des Ohres - auch hier ist es lohnend, es sich von einem Aussteller zeigen zu lassen.

Die Sprunggelenke und Pfoten sollte man wegen des besseren Aussehens trimmen. Die Haare können hier stark gekürzt oder in Form geschnitten werden, so wie Sie es vorziehen. Bürsten Sie das Fell zwischen den Zehen sorgfältig aufwärts und trimmen Sie die Büschel. Kürzen Sie um den Rand der Pfote und schneiden Sie die langen Haare zwischen den Ballen. Die Befederung wird nach Geschmack gekürzt und die Seiten abgerundet, so dass eine ordentliche Form entsteht.

Schlussendlich sollten die Ohren einmal monatlich mit Watte und einem speziellen Ohrreiniger sauber gemacht werden, um Ohrerkrankungen vorzubeugen. Die Zähne können mit einer Bürste und einer Zahncreme für Hunde geputzt werden oder es kann ein Sand- oder Kauknochen gegeben werden, um die Zähne zu polieren und zahnsteinfrei zu halten. Die Nägel müssen regelmäßig nachgeschaut und falls sie zu lang werden, mit einer speziellen Zange bis kurz unterhalb des Lebens gekürzt

DAS TRIMMEN
Fotos: Keith Allison.

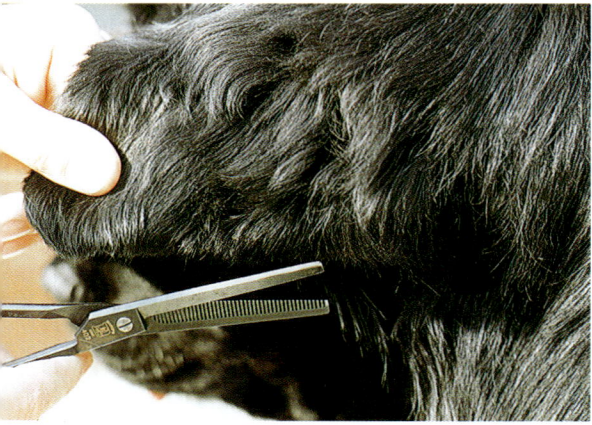

Benutzen Sie eine Modellierschere, um die Ohren in Form zu bringen.

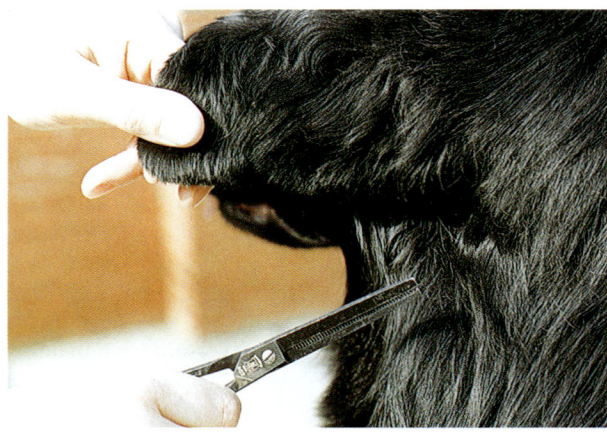

Trimmen Sie das Haar immer nur ein wenig, bis es nicht mehr über die Ohrränder hinaussteht.

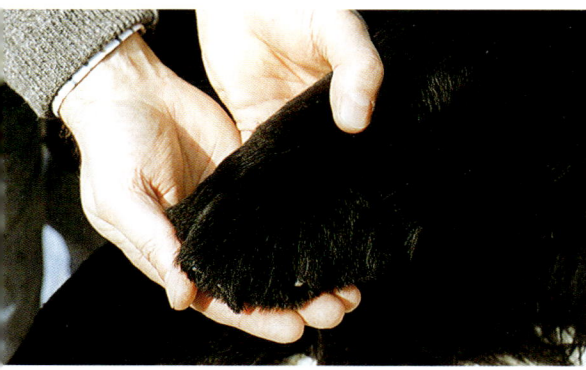

Das Haar an den Pfoten muss getrimmt werden.

Heben Sie die Haare zwischen den Zehen an.

Beschneiden Sie es mit einer Modellierschere von unten nach oben.

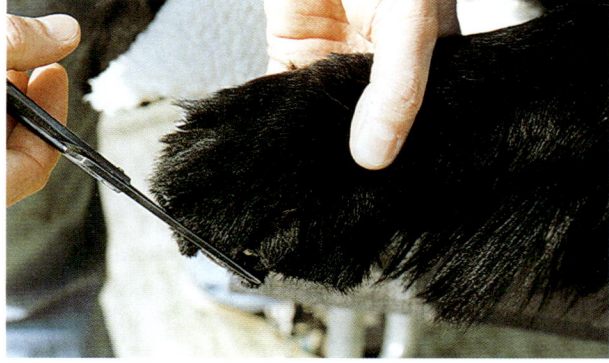

Trimmen Sie um die Pfoten, so dass Sie eine ordentliche, runde Form erhalten.

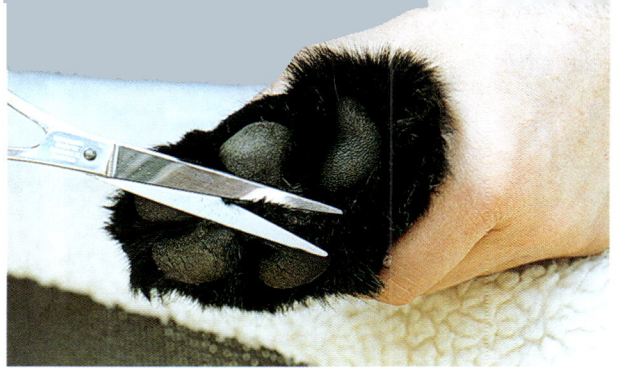
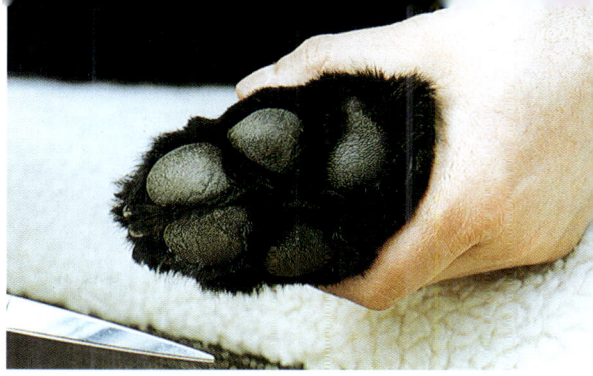

Trimmen Sie die Haare zwischen den Ballen.   *Das Endergebnis.*

werden. Schneiden Sie an den Enden, quer zum Nagel, immer nur jeweils kleine »Scheiben« ab. Schwarze Nägel sind schwer zu kürzen, da man das Leben nicht sehen kann. Sie haben einen grauen Kern, schneidet man zu weit, zeigt sich das Leben als schwarzer, glänzender Mittelpunkt des Kerns. Am besten ist es, man hat ein blutstillendes Mittel zur Hand, falls Blut fließt.

DAS SCHAUTRIMMEN

Wenn der Hund für eine Ausstellung zurecht gemacht wird, sollten Sie immer die Körpermaße des Neufundländers berücksichtigen. Getrimmt wird, um eine korrekte Außenlinie zu verbessern und zu schaffen, aber es sollte nicht vergessen werden, dass ein kompetenter Richter sich nicht durch geschicktes Trimmen hinters Licht führen lässt. Ist der Hund nicht korrekt gebaut, lassen sich auch mit einer Schere keine Wunder bewirken.

Es nimmt Stunden harter Arbeit in Anspruch, einen Hund für den Ausstellungsring vorzubereiten, dazu kommt noch, dass Sie schon die zuvor beschriebene Grundpflege durchgeführt haben - und mehr! Fall Sie eine Pflegespülung und Sprays benutzen, ist es wichtig, alle Rückstände dieser Vorbereitung aus dem Fell zu entfernen. Die Regeln des britischen Kennel Clubs verbieten den Gebrauch jedweder Substanzen, die die natürliche Farbe, die Textur und die Substanz des Fells verändern. In anderen Ländern ist das Herrichten des Fells ebenso nicht gestattet, aber bis heute gibt es keine Mittel, um das Haarkleid auf illegale Substanzen zu testen. In den USA indes darf ein Richter »nachsichtig« sein mit einem Ausstellungstier, das offensichtliche Zeichen verbotener Fellaufbereitung zeigt.

Das effektivste Werkzeug für das Schautrimmen ist eine Trimmschere. Sie sieht aus wie eine gewöhnliche Schere, hat aber auf der einen Seite eine normale Schneide und dutzende von Schneidezähnen auf der anderen. Stellen Sie den gebürsteten Hund auf einen Tisch und schauen Sie, wo Ihr Hund verbessert werden sollte. Wächst das Haar auf dem Schädel in einem spitz zulaufenden Büschel? Falls ja, müssen Sie die Haare auf gleiche Länge schneiden, um zu vermeiden, dass das Cranium schmal wirkt.

Hat Ihr Hund eine übermäßige Mähne, die vor seiner Brust hängt, wird Ihnen auffallen, dass es ihn frontlastig aussehen lässt. Oder falls der Körper Ihres Hundes etwas länger aussieht als Sie es mögen, wird die Mähne vor seiner Brust ihn noch länger aussehen lassen. Schneiden Sie das Übermaß heraus, indem Sie mit der Haarrichtung trimmen, um eine glatte, ungebrochene Außenlinie zu schaffen.

Ähnlich wird übermäßig langes Haar an den Seiten und unter dem Bauch einen Hund im Körper zu lang und in den Beinen zu kurz erscheinen lassen. Das Haar unter dem Bauch kann horizontal, der leichten Kurve des Körpers folgend, geschnitten werden, während man die Seiten leicht nach unten hin mit dem Strich trimmt, so wird sich eine natürliche Form ergeben.

Zu starke Befederung an den Vorderläufen ruft den Eindruck fehlender Knochenstärke hervor, da das Haar seitlich über den Lauf heraussteht. Geben Sie dem hinteren Rand der Läufe ein ordentliches Aussehen, indem Sie alle Unebenheiten und langen Strähnen zurückschneiden, dann schneiden Sie horizontal, verbinden Sie den Lauf und die Befederung zu einer Einheit und formen Sie sie zu einer massiv aussehenden Gliedmaße. Ein Hund, der die Ellbogen ausdreht, muss in diesem Bereich stärker getrimmt werden als einer, der korrekt gebaut ist. Am unteren Ende des Vorderlaufes (hinter den

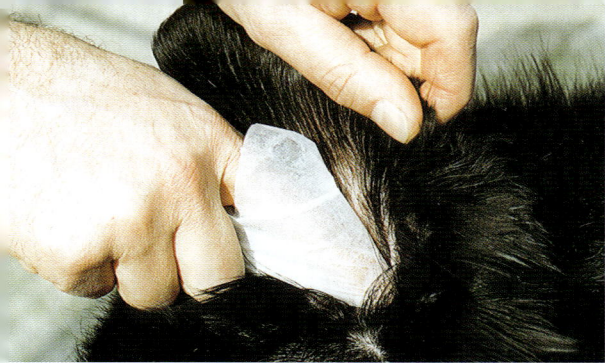

Reinigen Sie die Ohren einmal im Monat. Achten Sie darauf, dass Sie nicht zu tief in den Gehörgang eindringen.

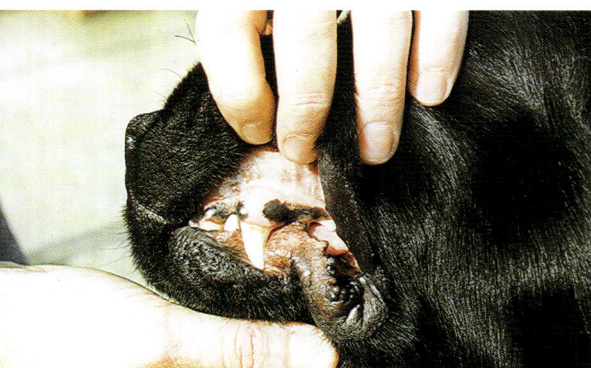

Zahnstein bildet sich an der Zahnbasis.

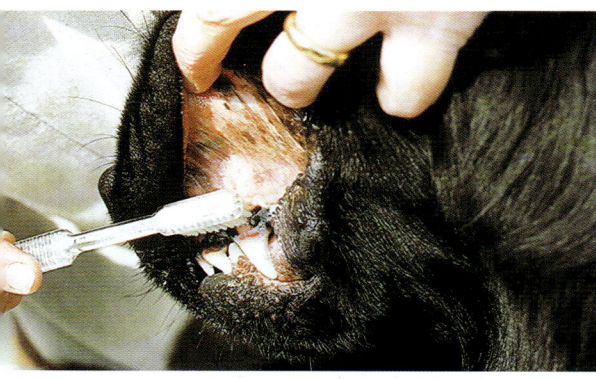

OBEN: Er sollte mit einer Zahnbürste und einer Zahnpasta für Hunde entfernt werden.
UNTEN: Beim Krallenkürzen schneiden Sie die Spitzen quer zum Nagel.

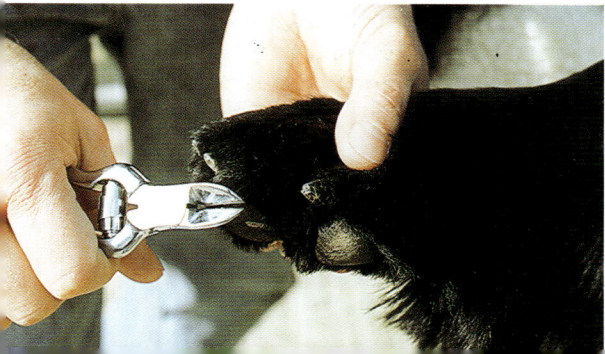

Fesseln) muss sehr vorsichtig gearbeitet werden, um den Eindruck weicher Vorderfußwurzelgelenke zu vermeiden. Man trimmt in einem ausgedehnten Bogen vom hinteren Rand des Laufes zur Unterseite der Pfote, was meistens den gewünschten Effekt hat, aber das ist etwas, das eher gezeigt als aus einem Buch gelernt werden sollte.

Die Hinterläufe werden normalerweise nur unterhalb der Sprunggelenke getrimmt und auch nur, um fransiges und überlanges Haar zu entfernen. Dies kann man tun, indem man das Haar zwischen Zeige- und Mittelfinger der linken Hand wie in einer Schere hält (Ihre Finger zeigen dabei zum Boden) und dann mit der Schere in der rechten Hand das Haar, das über die Finger hinaussteht, in Richtung Boden abschneidet. Der untere Teil wird wie bei den Vorderläufen beschrieben behandelt, endet in einem weiten, stumpfen Bogen zur Unterseite der Pfote (dies kann man einfacher machen, indem man die hinteren Pfoten mit den Zehenspitzen auf den Rand des Tisches stellt). Hat der Hund eine große Menge Haar entlang des Sprunggelenkes, kann es aussehen, als ob seine Hinterläufe in der Bewegung aneinander reiben, also werden Sie einige dieser Haare zwischen den unteren Hinterläufen ausdünnen müssen.

Im Gegensatz zum allgemeinen Denken kann Trimmen für einen abgehaarten Hund sehr Gewinn bringend sein. Viele Halter scheuen es zur Schere zu greifen, wenn Ihr Hund durch den Haarwechsel schon so viel Fell verloren hat! Wenn man am Ring steht gibt es nichts, was das Abgehaartsein deutlicher zeigt als dünne, strähnige Haarbüschel, die an unterschiedlichen Stellen seines Körpers herausragen. So barbarisch es sich anhören mag, alles Haar zu schneiden, durch das das Licht fällt, wird das Aussehen eines abhaarenden Hundes sehr verbessern, also haben Sie keine Angst, der Schere freundlich gesonnen zu sein.

DIE AUSRÜSTUNG

Die Ausrüstung, die hier erwähnt wird, ist im Zoofachhandel, in Hundesalons, bei Tierärzten und an Verkaufsständen auf Ausstellungen erhältlich. Die anfänglichen Kosten machen sich schnell bezahlt. Wenn möglich, nehmen Sie einen erfahrenen Neufi-Besitzer mit, um sicher zu gehen, dass Sie die richtigen Werkzeuge erstehen.

Sie werden als allgemeine Richtlinie das Folgende benötigen:
• Striegel (flach oder gebogen). Er ist ebenso vorzüglich geeignet, Hundehaare vom Teppich zu entfernen.
• Mittlerer Kamm.
• Weitgezahnter Kamm.

32

Es braucht viele Stunden, einen Neufundländer für den Schauring vorzubereiten. Am. Can. Ch. Jolly Roger's Tumblin' Dicce, der BIS auf der Orangeville KC Ausstellung gewann. Foto: Alex Smith.

• Borstenbürste (für den Schauring). Einige Leute haben noch eine Nadelbürste in ihrem Pflegekoffer. Sie hat die Form einer Bürste mit Borsten, aber die Borsten sind abgerundete Metallstifte. Meiden Sie diejenigen, die kleine Plastikblasen an den Enden haben, da sie zu viel Fell ausreißen können.

• Trimmschere.

• Ausdünnschere.

• Filzmesser.

• Eine passende Tasche oder einen Koffer zur Aufbewahrung.

Pflege, mit Liebe und Geduld regelmäßig ausgeführt, wird helfen, ein Band des Vertrauens und der Liebe zwischen Ihnen und Ihrem Neufundländer zu knüpfen und Sie werden einen Gefährten haben, auf den Sie stolz sein können.

Kapitel 4

DIE RASSESTANDARDS DES NEUFUNDLÄNDERS

Der offizielle Standard jedweder Rasse gibt dem Züchter einen Entwurf des idealen Hundes, der angestrebt werden soll. In diesem Kapitel werden wir uns die drei Standards des Neufundländers ansehen: Den britischen Standard, der weltweit anerkannt wird, nachdem er im 19. Jahrhundert erstellt wurde; den Standard des Amerikanischen Kennel Clubs, der mehr erklärt, als die gewünschten Punkte einzeln aufzuführen, und der neue FCI Standard, der 1996 herausgegeben wurde (vor 1996 war der FCI-Standard identisch mit dem britischen).

DER STANDARD DES BRITISCHEN KENNEL CLUBS VOM MÄRZ 1994

Der Standard wurde vom britischen Neufundländer-Klub in den 80er Jahren des letzten Jahrhunderts aufgestellt und wird nun von Neufundländer-Klubs weltweit anerkannt.

ALLGEMEINES ERSCHEINUNGSBILD: Gut ausgewogen, beeindruckend durch Kraft und große Aktivität. Massive Knochen, die jedoch nicht den Eindruck von Schwerfälligkeit erwecken. Edel, majestätisch und kraftvoll.

CHARAKTERISTIKA: Großer Zug- und Wasserhund mit angeborenem Instinkt Leben zu retten, ergebener Gefährte.

WESEN: Außergewöhnlich liebenswürdig und gelehrig.

Der Rassestandard gibt eine Beschreibung des idealen Hundes, Ch. Ir. Ch. Sheridel Crawford. Britischer Rasse-Rekordhalter und Gewinner mehrerer BIS-Auszeichnungen. Foto: David Dalton.

DER RASSESTANDARD DES NEUFUNDLÄNDERS

KOPF UND SCHÄDEL: Breiter, massiver Kopf, gut entwickeltes Hinterhauptbein, ohne ausgeprägten Stop. Kurzer Fang, der ebenmäßig geschnitten und sehr quadratisch ist, er ist mit kurzem, feinem Haar bedeckt.

AUGEN: Klein, dunkelbraun, ziemlich tief gebettet und ziemlich weit auseinander liegend, Bindehaut nicht sichtbar.

FANG: Weich (sanft), gut von den Lefzen bedeckt. Scherengebiss bevorzugt, wobei die obere Schneidezahnreihe ohne Zwischenraum über die untere greift und die Zähne senkrecht im Kiefer stehen. Zangengebiss erlaubt.

HALS: Stark, gut auf den Schultern aufgesetzt.

VORHAND: Vorderläufe völlig gerade, gut bemuskelt. Die Ellbogen liegen gut an den Seiten an und sind tiefstehend.

KÖRPER: Gut aufgerippt, breiter Rücken mit ebener Rückenlinie, kräftige, muskulöse Lendenpartie. Tiefe, ziemlich breite Brust.

HINTERHAND: Kräftig und sehr gut gebaut. Schlaffheit der Lenden und Kuhhessigkeit höchst unerwünscht. Wolfskrallen sollten entfernt sein.

PFOTEN: Groß, mit deutlich ausgebildeten Zwischenzehenhäuten, gut geformt. Gespreizte Zehen oder nach außen gedrehte Pfoten sind höchst unerwünscht.

RUTE: Mäßig lang, geringfügig bis unterhalb des Sprunggelenks reichend. Gut dick und reichlich mit Haar bedeckt, jedoch bildet sie keine Fahne. Im Stand hängt sie mit einem kleinen Bogen am Ende gerade herab. In der Bewegung wird sie leicht angehoben, in erregtem Zustand wird sie waagerecht mit einer geringfügigen Biegung an der Rutenspitze getragen. Knickruten oder über den Rücken gerollte Ruten sind höchst unerwünscht.

GANGART/BEWEGUNG: Frei, leicht rollende Gangart. In der Bewegung ist ein geringfügiges Einwärtsdrehen der Vorderpfoten statthaft.

HAARKLEID: Doppeltes Haarkleid, glatt und dicht. Von grober Struktur und öliger Beschaffenheit, Wasser abweisend. Gegen den Strich gebürstet, fällt das Haar von allein in seine ursprüngliche Lage zurück. Vorderläufe leicht befedert. Körper gut behaart, das Haar an der Brust formt jedoch keine Mähne.

FARBE: Die einzigen zugelassenen Farben sind:
Schwarz: Sattes, mattglänzendes Tiefschwarz, wobei ein Bronzeschimmer gestattet ist. Geringer weißer Brustfleck, sowie etwas Weiß an den Zehenspitzen und an der Rutenspitze sind erlaubt.
Braun: Kann schokoladen- oder bronzefarben sein. Ansonsten unterscheidet sie sich, mit Ausnahme der Farbe nicht von den Schwarzen. Geringer weißer Brustfleck, sowie etwas Weiß an den Zehenspitzen und an der Rutenspitze sind erlaubt.
Weiß-Schwarz (Anglo-Amerikanischer Landseer): Weiß, ausschließlich mit schwarzen Markierungen. Zu bevorzugen ist ein schwarzer Kopf mit schmaler, weißer Blesse, gleichmäßig ausgebildete Sattelmarkierung, die schwarze Markierung der Kruppe geht harmonisch zur Rute über. Der Schönheit der Abzeichen muss große Aufmerksamkeit geschenkt werden. Rußflecken sind ein unerwünschtes Merkmal.

GRÖSSE: Durchschnittliche Schulterhöhe: Rüden: 71 cm; Hündinnen: 66 cm. Durchschnittliches Gewicht: Rüden: 54 bis 69 kg; Hündinnen: 50 bis 55 kg. Die Symmetrie muss trotz der Wichtigkeit von Größe und Gewicht gewahrt bleiben.

FEHLER: Jede Abweichung von den vorgenannten Punkten sollte als Fehler angesehen werden, dessen Bewertung im genauen Verhältnis zum Grad der Abweichung stehen sollte.

ANMERKUNG: Rüden sollten zwei offensichtlich normal entwickelte Hoden aufweisen, die sich vollständig im Skrotum befinden.

AMERICAN KENNEL CLUB (AKC) STANDARD VOM MAI 1990

ALLGEMEINES ERSCHEINUNGSBILD: Der Neufundländer ist ein Hund mit exzellentem Charakter, der sich niemals schwerfällig oder übellaunig verhält. Er ist ein treuer Kamerad. Als vielseitiger Hund, an Land und im Wasser zu Hause, ist der Neufundländer zu Zugarbeiten fähig und besitzt natürliche Lebensrettungsfähigkeiten. Der Neufundländer ist ein großer, stark behaarter, ausgewogener Hund mit mächtigem Körperbau, starkknochig, muskulös und kräftig. Ein typisches Exemplar der Rasse hat Würde und eine stolze Kopfhaltung.

Die folgende Beschreibung ist die eines idealen Neufundländers. Jede Abweichung von diesem Ideal muss in dem Ausmaß ihrer Abweichung negativ bewertet werden. Fehler im Körperbau und in der Bewegung, die in allen Arbeitsrassen vorkommen, sind beim Neufundländer ebenso unerwünscht wie in jeder anderen Rasse, auch wenn sie im Nachstehenden nicht speziell erwähnt werden.

GRÖSSE, PROPORTIONEN, KÖRPERMASSE: Die Durchschnittshöhe für ausgewachsene Rüden beträgt 71 cm, für ausgewachsene Hündinnen 66 cm. Das ungefähre Gewicht des ausgewachsenen Rüden liegt zwischen 59 und 68 kg, das ausgewachsener Hündinnen zwischen 45 und 54 kg. Das Erscheinungsbild des Rüden ist durchwegs kräftiger als das der Hündin. Eine stattliche Größe ist wünschenswert, aber niemals auf Kosten von Ausgewogenheit, Körperbau und korrekten Gängen. Der Neufundländer ist etwas länger als hoch, wenn man von der Spitze der Schulter zur Spitze des Gesäßes und vom Widerrist zum Boden misst. Er ist ein Hund von beträchtlicher Substanz, die durch die Rippenwölbung, starke Muskeln und schweren Knochenbau bestimmt wird.

KOPF: Der Kopf ist wuchtig mit breitem Schädel, leicht gewölbtem Scheitel und kräftig entwickeltem Hinterhauptbein. Die Wangen sind gut entwickelt. Die Augen sind dunkelbraun. (Braune und Graue können hellere Augen haben und sollten nur insoweit einen Punktabzug erhalten, wie die Farbe die Ausdruckskraft der Augen beeinträchtigt.) Sie sind relativ klein, tief und weit auseinander liegend. Die Augenlider liegen eng an ohne Umstülpung. Die Ohren sind verhältnismäßig klein und dreieckig mit abgerundeter Spitze. Sie sind in Höhe der Brauen oder etwas darüber angesetzt und liegen eng am Kopf an. Wird das Ohr nach vorne gelegt, reicht es bis zum inneren Augenwinkel auf der selben Seite. Der Ausdruck ist gutmütig und spiegelt die Hauptmerkmale der Rasse wider: Güte, Intelligenz und Würde.

Stirn und Fangpartie sind eben, ohne Falten. Die Neigung des Stops ist mäßig, kann aber von der Seite aufgrund der gut entwickelten Augenbrauen abrupt erscheinen. Der Fang ist klar umrissen, über seine ganze Länge breit und tief. Tiefe und Breite sind in etwa gleich, die Länge von der Nasenspitze zum Stop beträgt etwas weniger als vom Stop zum Hinterhaupt.

Das obere Fangende ist gerundet und die Überleitung im Profil gerade oder nur leicht gewölbt. Die Zähne schließen zur Schere oder Zange. Vorfallende untere Schneidezähne in einem ansonsten normalen Gebiss stellen keine Anzeichen einer Anomalie im Knochenbau dar und sollten nur als geringe Abweichung gesehen werden.

DER RASSESTANDARD DES NEUFUNDLÄNDERS

HALS, RÜCKENLINIE, KÖRPER: Der Hals ist kräftig, gut auf den Schultern aufgesetzt und lang genug für eine stolze Kopfhaltung. Der Rücken ist kräftig, breit, muskulös und kurz hinter dem Widerrist bis zur Kruppe gerade. Die Brust ist kräftig und tief und mit dem unteren Ende mindestens bis zum Ellbogen reichend. Die Rippen sind gut gewölbt, wobei sich das vordere Drittel verjüngt, um Ellbogenfreiheit zu gewährleisten. Die Flanken sind tief. Die Kruppe ist breit mit leichter Neigung.

RUTE: Der Rutenansatz folgt der natürlichen Linie der Kruppe. Die Rute ist breit an der Basis und kräftig. Sie hat keine Knicke und reicht bis zum Sprunggelenk. Steht der Hund entspannt, hängt seine Rute gerade oder mit einer leichten Biegung am Ende herunter. Ist der Hund in Bewegung oder aufgeregt, wird die Rute gerade abstehend getragen, aber ringelt sich nicht über den Rücken.

VORHAND: Die Schultern sind muskulös und gut nach hinten gelagert. Die Ellbogen liegen direkt unterhalb des höchsten Punktes des Widerrists. Die Vorderläufe sind muskulös, starkknochig und stehen gerade und parallel zueinander und die Ellbogen zeigen gerade nach hinten. Der Abstand der Ellbogen zum Boden entspricht in etwa der Hälfte der Gesamthöhe des Hundes. Die Vorderfußwurzelgelenke sind kräftig und leicht geneigt. Die Pfoten stehen im Verhältnis zur Körpergröße, haben Zwischenzehenhäute und die Form von Katzenpfoten. Wolfskrallen können entfernt werden.

HINTERHAND: Die Hinterhand ist kraftvoll, muskulös und hat kräftige Knochen. Von hinten betrachtet stehen die Läufe gerade und parallel zueinander. Von der Seite betrachtet sind die Schenkel breit und recht lang. Knie- und Sprunggelenke sind gut gewinkelt und die Linie vom Sprunggelenk zum Boden ist senkrecht. Die Sprunggelenke stehen tief. Die Hinterpfoten sind ähnlich den Vorderpfoten. Afterkrallen sollten entfernt werden.

HAARKLEID: Der erwachsene Neufundländer hat ein anliegendes, Wasser abweisendes Doppelfell, das dazu neigt, gegen den Strich gebürstet, wieder in die ursprünglich Lage zurückzufallen. Das Deckhaar ist grob, mäßig lang und voll, entweder glatt oder leicht gewellt. Die Unterwolle ist weich und dicht, obwohl sie während der Sommermonate oder in wärmeren Klimabereichen weniger dicht sein kann.

Das Haar am Kopf ist kurz und fein. Die Hinterseiten der Läufe sind über die gesamte Länge befedert. Die Rute ist mit langem, dichtem Haar bedeckt. Übermäßiges Fell kann, wegen des gepflegteren Aussehens, getrimmt werden. Schnurrhaare benötigen kein Trimmen.

FARBE: Die Farbe ist zweitrangig in Bezug auf Typ, Körperbau und Gesamterscheinung. Anerkannte Farben des Neufundländers sind Schwarz, Braun, Grau und Weiß-Schwarz.

Einheitliche Farben - Schwarze, Braune und Graue können in einheitlicher Farbe oder einheitlich gefärbt mit weiß an einer, einigen oder allen der nachfolgenden Bereiche in Erscheinung treten: Kinn, Brust, Zehen und Rutenspitze. Jedes Ausmaß an Weiß an diesen Stellen ist typisch und darf nicht zur Abwertung führen. Ebenso ist eine leichte Bronzetönung bei schwarzem oder grauem Haarkleid und hellere Schattierungen bei braunem oder grauem Fell typisch.

Landseer (Weiß-Schwarz) - Weißes Grundfell und schwarze Abzeichen. Typisch ist ein einheitlich schwarzer Kopf oder Schwarz mit Weiß am Fang, mit oder ohne Blesse. Erwünscht ist ein schwarzer, separater Sattel und Schwarz auf der Kruppe, das sich in die weiße Rute erstreckt.

Die Abzeichen bei einheitlich Gefärbten oder Landseern können beträchtlich von den hier beschriebenen abweichen und sollten nur bis zum Grad der Abweichung in Abzug gebracht werden. Klares Weiß oder Weiß mit minimalen Rußflecken wird bevorzugt.

Die Schönheit der Abzeichen sollte nur berücksichtigt werden, wenn Hunde mit vergleichbaren

Qualitätsmerkmalen miteinander verglichen werden und niemals auf Kosten des Typs, des Körperbaus und der Gesamterscheinung.

Disqualifikationen: Jede Farbe oder Farbkombination die nicht ausdrücklich beschrieben wurde ist zu disqualifizieren.

GANGART: Der Neufundländer hat in der Bewegung einen guten Vortritt, starken Schub und vermittelt den Eindruck müheloser Kraft. Sein Gang ist reibungslos und rhythmisch und deckt dabei eine maximale Fläche mit einem Minimum an Schritten ab.

Die Vorder- und Hinterläufe bewegen sich gerade vorwärts. Legt der Hund an Geschwindigkeit zu, tendieren die Läufe zur Einspurigkeit. In der Bewegung ist ein leichtes Rollen der Haut charakteristisch für die Rasse. Die Ausgewogenheit im korrekten Aufbau der Vor- und Hinterhand ist Voraussetzung für einen guten Bewegungsablauf.

WESEN: Sanftmütigkeit ist das Kennzeichen des Neufundländers und das wichtigste Einzelmerkmal der Rasse.

FÉDÉRATION CYNOLOGIQUE INTERNATIONALE, STANDARD 1996

VERWENDUNG: Schlittenhund für schwere Lasten, Wasserhund.

KLASSIFIKATION FCI:
Gruppe 2:   Pinscher und Schnauzer, Molosser und Schweizer Sennenhunde.
Sektion 2.2: Molosser, Berghunde, ohne Arbeitsprüfung.

KURZER GESCHICHTLICHER ABRISS: Diese Rasse stammt von der Insel Neufundland und entstand aus einheimischen Hunden und dem großen schwarzen Bärenhund, den nach dem Jahre 1100 die Wikinger dort eingeführt hatten. Nach dem Eintreffen europäischer Fischerleute wirkten verschiedene Rassen mit, aber die wichtigsten Eigenschaften blieben bestehen. Als im Jahre 1610 die Kolonisation der Insel begann, war der Neufundländer bereits im Besitz seiner arteigenen Morphologie und seiner angeborenen Charakterzüge.
Diese Eigenschaften haben ihm gestattet, an Land beim Ziehen von schweren Lasten die extrem strengen klimatischen Bedingungen zu ertragen und als Wasser- und Rettungshund den Gefahren des Meeres zu trotzen.

ALLGEMEINES ERSCHEINUNGSBILD: Der Neufundländer ist massiv und hat einen kräftigen, gut bemuskelten Körper; der Ablauf seiner Bewegungen ist gut koordiniert.

WICHTIGE PROPORTIONEN: Die Länge des Körpers, vom Buggelenk zum Sitzbeinhöcker gemessen, ist größer als die Widerristhöhe. Der Körper ist kompakt. Der Körper der Hündin kann etwas länger sein und ist weniger massiv als der des Rüden. Der Abstand vom Widerrist bis zur Unterseite der Brust ist nur wenig größer als der Abstand von der Unterseite der Brust zum Boden.

VERHALTEN UND CHARAKTER (WESEN): Der Neufundländer drückt in seiner Erscheinung Wohlwollen und Milde aus. Majestätisch, fröhlich und unternehmungslustig ist er für seine stete Liebenswürdigkeit und Gelassenheit bekannt.

KOPF: Massiv. Der Kopf der Hündin entspricht in seiner Gesamterscheinung dem des Rüden, ist aber etwas weniger massiv.

DER RASSESTANDARD DES NEUFUNDLÄNDERS

OBERKOPF: *Schädel:* Breit, mit leicht gewölbtem Scheitel und kräftig entwickeltem Hinterhauptbein. *Stop:* Klar ausgeprägt, aber nicht abrupt.

GESICHTSSCHÄDEL: *Nase:* Groß, gut pigmentiert, mit gut entwickelten Nasenflügeln. Farbe: Schwarz bei schwarzem und bei weiß-schwarzem Haarkleid, Braun bei braunem Haarkleid.
Fang: Ausgesprochen quadratisch, tief und mäßig kurz; mit kurzem, feinem Haar bedeckt; ohne Falten. Mundwinkel klar abgezeichnet, aber nicht zu stark ausgeprägt.
Lefzen: Weich.
Gebiss: Scheren- oder Zangengebiss.
Augen: Verhältnismäßig klein und tief eingesetzt: sie liegen weit auseinander und es ist keine rote Bindehaut sichtbar. Farbe: dunkelbraun bei schwarzem und weiß-schwarzem Haarkleid; bei braunem Haarkleid ist ein hellerer Farbton zulässig.
Ohren: Verhältnismäßig klein, dreieckig mit abgerundeter Spitze, gut hinten und seitlich am Oberkopf angesetzt, gut anliegend. Wenn beim erwachsenen Hund das Ohr nach vorne gelegt wird, reicht es bis zum inneren Augenwinkel derselben Seite.

HALS: Kräftig, muskulös, gut auf den Schultern aufgesetzt; lang genug um eine würdevolle Haltung des Kopfes zu erlauben. Der Hals sollte keine übertriebene Wamme aufweisen.

KÖRPER: Knochenstruktur überall massiv. Von der Seite gesehen ist der Körper tief und kräftig.
Oberlinie: Vom Widerrist zur Kruppe horizontal und fest.
Rücken: Breit.
Lenden: Kräftig und gut bemuskelt.
Kruppe: Breit, in einem Winkel von ca. 30° abfallend.
Brust: Breit, geräumig und tief; gut gerundeter Rippenkorb.
Unterlinie und Bauch: Fast horizontal, nie aufgezogen.

GLIEDMASSEN
VORDERHAND: Die Vorderläufe sind gerade und parallel, auch im Schritt und im langsamen Trab.
Schultern: Sehr gut bemuskelt, in einem Winkel von ca. 45° zur Horizontalen schräg nach hinten gelagert.
Ellenbogen: Gut an der Brust anliegend.
Vordermittelfuß: Leicht schräg gestellt.
Vorderpfoten: Groß und harmonisch zum Körper passend; gut gerundet mit eng aneinander liegenden, festen und kompakten Zehen; eine Zwischenzehenhaut ist vorhanden.

HINTERHAND: Da der Schub zum Ziehen schwerer Lasten, zum Schwimmen und für einen zugkräftigen, raumgreifenden Schritt in großem Maße von der Hinterhand abhängt, ist die Beschaffenheit der Hinterhand beim Neufundländer von höchster Bedeutung. Das Becken soll kräftig, breit und lang sein.
Oberschenkel: Breit und muskulös.
Knie: Gut gewinkelt, aber nicht so stark, dass der Hund zusammengekauert aussieht
Unterschenkel: Kräftig und recht lang.
Hintermittelfuß: Verhältnismäßig kurz, gut tief angesetzt; beidseitig parallel und weit voneinander gestellt; weder nach innen noch nach außen gedreht.
Hinterpfoten: Kräftig und kompakt. Farbe der Krallen wie an den Vorderpfoten. Wenn vorhanden, sollten Wolfskrallen entfernt sein.

RUTE: Wenn der Neufundländer schwimmt, wirkt die Rute wie ein Steuerruder, daher ist sie kräftig und breit an ihrem Ansatz. Im Stand hängt sie gerade herab, allenfalls mit einem kleinen Bogen am Ende. Sie reicht bis zum Sprunggelenk oder geringfügig darunter. In der Bewegung oder wenn der Hund erregt ist, wird sie gerade und waagerecht mit, an der Spitze, einer geringfügigen Biegung nach oben getragen: nie über den Rücken gerollt oder zwischen die Hinterläufe geklemmt.

GANGWERK: Beim Neufundländer zeigt der Bewegungsablauf einen guten Vortritt der Vorderläufe und einen starken Schub aus der Hinterhand; er vermittelt den Eindruck von Mühelosigkeit und Kraft. Ein leichtes Rollen des Rückens ist natürlich. Wenn die Geschwindigkeit zunimmt, zeigen die Läufe die Tendenz sich der mittleren Schwerpunktlinie des Körpers zu nähern, wobei die Rückenlinie horizontal bleibt.

HAARKLEID

HAAR: Der Neufundländer hat ein wasserundurchlässiges Stockhaar. Das Deckhaar ist mäßig lang und gerade, nicht gelockt. Eine leichte Wellenbewegung ist erlaubt. Die Unterwolle ist weich und dicht, dichter im Winter als im Sommer, aber auf der Kruppe und an der Brust immer bis zu einem gewissen Grad vorhanden. Am Kopf, am Fang und an den Ohren ist das Haar kurz und fein. Vorder- und Hinterläufe sind befedert. Die Rute ist vollständig von langem, dichtem Haar bedeckt, welches jedoch keine Fahne bilden sollte. Trimmen und Scheren sind nicht zu empfehlen.

FARBE: Schwarz, Weiß-Schwarz und Braun.
Schwarz: Die herkömmliche Farbe des Neufundländer ist schwarz. Der Farbton soll so einheitlich wie möglich sein, aber ein Schimmer wie von Sonnenbrand ist zulässig. Weiße Abzeichen an der Brust, an den Zehen und/oder an der Spitze der Rute sind erlaubt.
Weiß-schwarz: Diese Varietät ist für die Rasse von historischer Bedeutung. Zu bevorzugen sind ein schwarzer Kopf mit weißer Blesse, die sich bis zum Fang hin erstreckt, ein schwarzer Sattel mit gleichmäßigen Abzeichen und eine schwarze Kruppe mit schwarzer Oberseite an der Rute. Alles Übrige muss weiß sein und darf ein Minimum an Tüpfelung aufweisen.
Braun: Diese Farbe geht von schokoladenfarben bis zu bronzefarben. Weiße Abzeichen sind an der Brust, auf den Zehen und/oder an der Spitze der Rute zulässig.
Weiß-schwarze und braune Hunde sind bei den Ausstellungen in derselben Klasse wie die Schwarzen zu beurteilen.

GRÖSSE UND GEWICHT:

Die Widerristhöhe beträgt im Durchschnitt für erwachsene Rüden 71 cm
für erwachsene Hündinnen 66 cm
Das Gewicht beträgt im Durchschnitt ca. 68 kg für Rüden
ca. 54 kg für Hündinnen
Eine große Widerristhöhe ist erwünscht, aber die Größe ist gegenüber Symmetrie, allgemeinem Gesundheitszustand, kräftiger Konstitution und einwandfreiem Bewegungsablauf nicht zu bevorzugen.

FEHLER: Jede Abweichung von den vorgenannten Punkten muss als Fehler angesehen werden, dessen Bedeutung in genauem Verhältnis zum Grad der Abweichung stehen sollte.
Allgemeines Erscheinungsbild: Hochbeinig, Mangel an Substanz. *Allgemeine Struktur des Knochengerüstes:* Schwerfällig in seinem Aussehen, dünne Knochen. *Charakter:* Aggressivität, Scheuheit. *Kopf:* Schmal. *Fang:* Zugespitzt oder lang. *Lefzen:* Betont. *Augen:* Rund, vorstehend; gelbe Augen, rote Bindehaut klar sichtbar. *Rücken:* Karpfenrücken, weicher oder Sattelrücken. *Vorderhand:* Vordermittelfuß durchgetreten; gespreizte Zehen, nach außen oder nach innen abgedrehte Pfoten; Fehlen der Zwischenzehenhäute. *Hinterhand:* Steil gewinkelte Kniegelenke; kuhhessig, fassbeinig; nach innen gedrehte Pfoten. *Rute:* Kurz, lang, Knickrute, Spitze eingerollt. *Gangwerk:* Trippelnder,

schleppender, krebsartig seitlich verschobener Gang, Bewegung eng oder strickend. Überkreuzen der Vorderläufe, zehenweiter oder eindeutig zehenenger Bewegungsablauf der Vorderläufe; steppender Gang, Passgang. *Haarkleid:* Spärlich. Fehlen der Unterwolle.

AUSSCHLIESSENDE FEHLER: Schlechte Charaktereigenschaften. Vorbiss, Rückbiss, Kreuzbiss. Kurzes oder flach anliegendes Haarkleid. Abzeichen von irgendeiner anderen Farbe als Weiß bei schwarzem oder braunem Hund. Jede andere Farbe als Schwarz, Weiß-Schwarz oder Braun.

N.B.: Rüden müssen zwei offensichtlich normal entwickelte Hoden aufweisen, die sich vollständig im Hodensack befinden.

INTERPRETATION DER STANDARDS

Bittet man verschiedene Menschen den Zuchtstandard irgendeiner Rasse zu beschreiben und zu erklären, ist es als ob man Stille Post spielt. Jeder Einzelne hat eine etwas unterschiedliche Vorstellung von dem, was das geschriebene Wort bedeutet. Der folgende Leitfaden ist eine persönliche Interpretation, wie wir es aus der Sicht eines Richters und Ausstellers sehen.

ALLGEMEINES ERSCHEINUNGSBILD: »Gut ausgewogen« sind hier die Schlüsselworte. Es soll kein übertriebenes Merkmal geben, alles soll harmonisch zusammenpassen mit keinem Merkmal, das die anderen deutlich überragt.

»Kraft und große Aktivität...« Die Rasse Neufundländer hat den Ruf ein wenig »lahm« zu sein, aber seien Sie sich bewusst, dass er nicht trotten oder schläfrig sein sollte, wenn er gefordert wird sich zu bewegen.

»Massive Knochen«. Es sollte einem Mann schwer fallen, seine Hand um den Vorderlauf eines ausgewachsenen männlichen Neufundländers zu schließen. Hündinnen, die kleiner sind, haben natürlicherweise einen feineren Knochenbau. Ein Richter sollte immer die Knochenstärke fühlen, da übermäßig behaarte oder abgehaarte Hunde einen falschen Eindruck hervorrufen können. Ein großer Hund sollte entsprechend kräftigere Knochen haben als ein mittelgroßer.

CHARAKTERISTIKA: Beide, der britische und amerikanische Standard erwähnen »angeborenes Verhalten Leben zu retten« als ein Rassemerkmal, während der neue FCI-Standard »Wasser- und Lebensrettungshund« besagt, aber diese Ausdrücke machen für einen Richter keinen Sinn. Nur in dem Fall, dass er ein Hellseher wäre, könnte er sagen ob ein Hund ein angeborenes Verhalten Leben zu retten hat. Einige Richter unterdessen sind sich des Unterschiedes in der Ausbildung der Muskulatur bei arbeitenden und nicht arbeitenden Hunden bewusst.

WESEN: Das Wort »sanft« wird in beiden, im britischen und im neuen FCI-Standard angegeben, und der amerikanische Standard beschreibt es als »sanftmütig«. »Sanft« ist sicher nicht die Beschreibung die jemandem, der von einem Aufmerksamkeit suchenden Neufundländer mit den Pfoten bearbeitet wurde, in den Sinn kommt! Die einzige rettende Beschreibung ist, dass der Hund *versucht*, sanft und liebevoll zu sein. Ein Neufundländer sollte Menschen lieben, und jedes Knurren und nervöse Verhalten, während man sich mit ihm beschäftigt sollte schwer bestraft werden. Jungen Rüden, die untereinander ein gewisses Macho-Verhalten an den Tag legen, kann zeitweise vergeben werden, aber ein Neufi, der keinen anderen Hund duldet, ist ein armseliges Beispiel für das Wesen.

KOPF UND SCHÄDEL: Der Kopf ist das Hauptmerkmal an dem die Halter ihre Hunde erkennen. Es ist der Teil des Hundes, mit dem man hauptsächlich lebt und kommuniziert. Aber hüten Sie sich, es ist keine »Kopfrasse«. Bei einigen Hunden, zum Beispiel Boxern, Französischen Bulldoggen und

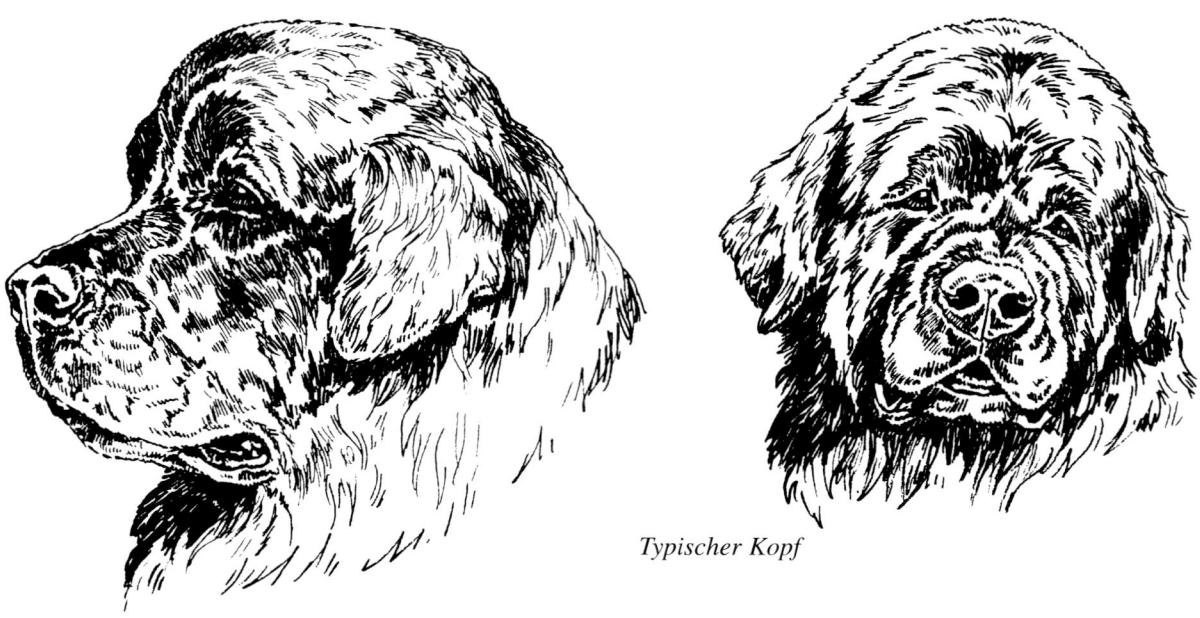

Typischer Kopf

Shih Tzus beinhaltet der Standard lange, präzise Beschreibungen des Kopfes. Richter und Züchter vergeben viele Fehler, wenn der Kopf typisch ist. Ein Neufundländer kann den schönsten aller Köpfe haben, aber er muss ebenso solide in den Gliedmaßen und im Wesen sein. »Breiter, massiver Kopf« Um die angestrebte Ausgewogenheit zu erreichen, sollte der Kopf nicht so breit und massiv sein, dass er nicht zum Körper passt. Auch sollte er nicht so klein sein, dass es aussieht wie der Kopf Davids auf den Schultern Goliaths.

Das Hinterhauptbein ist in den Standards hervorgehoben. Dieses Merkmal ist ein Knochenfortsatz, der sich am hinteren Schädelknochen befindet. Der Ausdruck »kein ausgeprägter Stop« bedeutet, dass nicht der Eindruck einer »Treppenstufe« am Übergang des Schädelknochens herunter zum Nasenbein entstehen soll. Ideal ist eine sanfte Neigung, obwohl im Profil, durch das leichte Hervortreten des Augenhöhlenknochens, optisch eine stärkere Biegung entstehen kann. Der Fang sollte keine exzessive Lefzenbildung aufweisen und ein allgemein quadratisches Aussehen haben. Ein sehr kräftiger Kopf wird eine vermehrte Neigung zu einer verstärkten Lefzenbildung zeigen als ein leichter Kopf. So sollten beide Fehler im Verhältnis zu ihrer Schwere berücksichtigt werden. Das Gesicht sollte »mit kurzem, feinem Haar bedeckt sein«. Das Gesicht des Neufundländers sollte keinen Bart, Schnäuzer oder Augenbrauen haben wie sie bei den Briards oder Irischen Wolfshunden zu finden sind.

AUGEN: Der Standard gibt eine klare Beschreibung des gewünschten Auges eines erwachsenen Neufundländers. Eine ein wenig sichtbare Bindehaut (Lockerheit des Lidrandes) kann bei einem jungen Neufi vergeben werden, da sie sich mit dem Alter festigt. Die Augenform wird in keinem Stan-

Nicht korrekt: Übertriebener, exzessiver Stop, offene Augen, große Ohren.

Nicht korrekt: Schwacher, spitzer Fang, große, runde Augen, die Ohren sind zu hoch angesetzt.

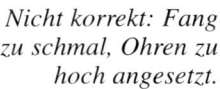

Nicht korrekt: Die Ohren sind zu hoch angesetzt.

Nicht korrekt: Fang zu schmal, Ohren zu hoch angesetzt.

dard erwähnt, aber allgemein wird anerkannt, dass ein mandelförmiges Auge dem Ausdruck des Hundes zuträglich ist. Runde Augen sind sehr verbreitet, können aber manchmal einen harten, starren Ausdruck hervorrufen, was uns zu der Frage bringt: »Was ist Ausdruck?«

Unglücklicherweise ist dies ein sehr vager Begriff, der von Richtern beim Schreiben ihrer Berichte benutzt wird, wenn sie keine anderen Worte finden - »guter Ausdruck, schöne Farbe!« Wir meinen, dass der Ausdruck eines Neufis zusammengefasst werden kann mit dem, was wir als »Aah-Faktor« bezeichnen. Das bedeutet, dass jeder Hundeliebhaber, der in das Gesicht eines Neufundländers schaut, das Gefühl hat, ihn umarmen zu müssen. Sicherlich ist es, vom Arbeitsstandpunkt her, wahrscheinlicher, dass eine ertrinkende Person eher ihr Heil in den Wellen sucht, als etwas, das einem Säbelzahntiger ähnlich sieht, näher kommen zu lassen! Konformationsrichter werden es wahrscheinlich ebenfalls vorziehen, ein freundliches Neufi-Gesicht auf sich zukommen zu sehen als eines mit einem leeren, argwöhnischen Ausdruck. Es kann für sie, während der Hund im Ring ist, der einzige Hinweis auf das Wesen sein.

OHREN: Der Standard verlangt »kleine« und »relativ kleine« Ohren. Tatsächlich werden heutzutage wenig kleine Ohren gesehen, obwohl jeder Hund mit außerordentlich großen Ohren immer auch so beschrieben wird. Ohren, die in etwa die gleiche Größe wie die von Retrievern oder Rottweilern haben, sind höchst akzeptabel. Der amerikanische und der australische Standard beschreiben »Ohren ohne Fransen«. In der Tat aber hätte *jeder* Neufi Fransen wie ein Saluki, wenn die Ohren nicht getrimmt würden. Ohren sollten so aussehen als ob sie kein Trimmen nötig hätten und nicht als ob sie gerade zurechtgemacht worden wären. Da dieser Fehler der Ignoranz des Halters zuzuschreiben ist, sollte der Hund keinen Abzug bekommen wenn er ansonsten ein schönes Exemplar ist.

FANG: Der neue FCI-Standard verlangt ein Scheren- oder Zangengebiss, während der britische Standard besagt, dass, obwohl ein Scherengebiss bevorzugt wird, eine Zange »toleriert« wird. Dies bedeutet, dass die oberen und unteren Zähne aufeinander beißen. Es ist sehr verbreitet, dass Neufundländer »vorfallende Zähne« haben, wie sie im amerikanischen Standard erwähnt werden, d. h. die beiden mittleren Incisivi im Unterkiefer ragen aus der Linie der anderen Zähne heraus. Rüden von vier Jahren und darüber zeigen eine deutliche Neigung zu diesem Merkmal, und es wird innerhalb der Rasse als akzeptabel betrachtet. Indem man aber Abweichungen vom Standard duldet, öffnet man anderen Widersprüchlichkeiten unglücklicherweise Tür und Tor, und es ist möglich, Champion-

Scherengebiss (bevorzugt).

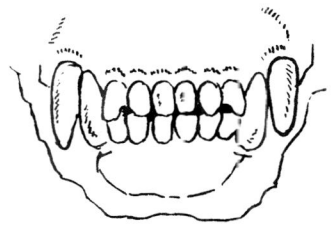

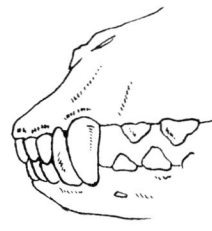
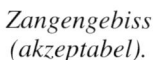
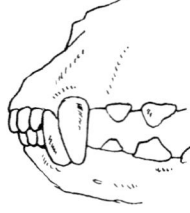
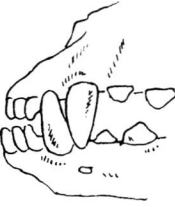

Zangengebiss (akzeptabel).   *Nicht korrekt: Rückbiss.*   *Nicht korrekt: Vorbiss.*

Neufundländer zu finden, die - offen gesagt - einen Vorbiss haben. Ein Fehler im Fang muss, wie jeder andere Fehler auch, nur in Beziehung zum Rest des Hundes betrachtet werden.

HALS: Dies ist recht leicht zu verstehen, und so lange der Hund einen Hals zu haben scheint (mit anderen Worten, nicht wie gestaucht aussieht) ist dies ein Merkmal, dass kaum fehlerhaft sein wird.

VORHAND: Die Vorhand trägt den größten Teil des Körpergewichts des Hundes, also ist es wichtig, dass ihre Konstruktion so solide ist wie im Standard beschrieben. In einfachen Worten - ein Richter wird auf die korrekte Winkelung achten, ebenfalls wird er sich, den Hund von vorne betrachtend, zwei gerade Linien vorstellen, die von der Schulter des Neufis herab zu den Ellbogen und den Pfoten verlaufen. Um den Eindruck von Kraft zu unterstreichen, sollten die Vorderläufe nicht zu eng zusammenstehen und unter dem Brustkorb ein Abstand von einer guten Handbreite zwischen ihnen liegen.

KÖRPER: Der Ausdruck »gut aufgerippt« ist nur eine andere Redewendung dafür, dass die Rippen entlang des Körpers weit nach hinten reichen um eine kürzere, kräftigere Lende zu bilden. »Brust tief und ziemlich breit« ist eine Forderung der Standards. Eine tiefe Brust reicht bis zu den Ellbogen des Hundes, aber erwarten Sie nicht, dass Welpen dieses Kriterium erfüllen. Es sollte ein mittlerer Rippenbogen (das Maß der Wölbung der Rippen vom Rückgrat herunter) vorhanden sein. Eine sehr tonnenförmige Brust (zu starke Wölbung der Rippen) sieht immer unausgewogen oder sogar dick aus, während ein schmalbrüstiger Hund (zu wenig Wölbung der Rippen) mangelnde Substanz und Kraft zeigt.

Eine »gerade Rückenlinie« kann man sehr leicht sehen, obschon ein Richter es berücksichtigen muss, wenn ein Hund bergab steht. Einige Welpen und Junghunde können wachstumsbedingt hinten höher oder überbaut sein, aber sie gleichen dies aus, wenn sie älter werden.

Ein Hund mit »aufgewölbtem Rücken« kann im Stand eine gerade Rückenlinie haben, aber die konvexe Kurve in den Lenden wird sich bald in der Bewegung zeigen. Gelegentlich kann ein sehr seidiges Haarkleid während der Bewegung über den Lenden hoch wehen und es kann im ersten Moment, wenn nicht näher nachgeschaut wird, wie eine fehlerhafte Rückenlinie erscheinen.

Ein gelocktes oder gewelltes Haarkleid kann die Rückenlinie komplett verzerrt darstellen, also ist es sehr wichtig, dass nicht nur allein nach sichtbaren Kriterien gerichtet wird.

HINTERHAND: Um Ausgewogenheit zu erhalten ist es wichtig, dass die Hinterhand genauso stark und solide ist wie die Vorhand. Ein ähnlicher Grad der Winkelung und der Knochenstärke wird sicherstellen, dass die Proportionen gut über den Körper verteilt sind. Von hinten sollte der Richter wieder nach zwei imaginären Geraden schauen, die von den Hüften herunter durch die Sprunggelenke zu den Pfoten verlaufen. Wie bei der Vorhand sollten die Hinterläufe nicht zu nahe aneinander stehen. Von der Seite sollte die Winkelung gut genug, aber nicht überwinkelt sein. Durch eine sehr steile Hinterhandwinkelung sieht die Bewegung gestelzt aus, da es keine wahrnehmbare »Biegung« des Laufes gibt. Überwinkelung kann sehr bestechend aussehen, da der Hund seine Läufe bewegt wie ein

DER RASSESTANDARD DES NEUFUNDLÄNDERS

Uhrwerk. Gleichwohl ist es ebenfalls ein Zeichen von drohender Schwäche. (Denken Sie an den schiefen Turm von Pisa, gerade so viel sieht phantastisch aus, ein wenig mehr und alles bricht zusammen.)

PFOTEN: Gute Pfoten sehen aus wie geballte Fäuste und sollen eine beträchtliche Tiefe aufweisen, um einen Neufi effektiv zu tragen. Frank Cassidy (Littlecreek) erzählte uns einmal, dass er in über 30 Jahren nie einen Neufundländer ohne »Schwimmhäute« an den Füßen gesehen hat. Dies ist wohl kaum überraschend, da viele andere Hunderassen ebenfalls Zwischenzehenhäute besitzen. Allgemeinrichter, die neu sind, überprüfen oft das Vorhandensein von Zwischenzehenhäuten. Es ist wahrscheinlich ein nutzloses Unterfangen, aber es ist gut zu wissen, dass sie den Standard gelesen haben!

GANGART/BEWEGUNG: Da das Wort »leicht« in beiden, britischem und neuem FCI-Standard, auftaucht und der AKC von einem »leichten Rollen der Haut« spricht, stellt dies den Versuch dar, Übertreibungen auszumerzen.

Die Formulierung »leicht rollender Gang« bezeichnet die lose Haut, die man im und gegen den Uhrzeigersinn um den Brustkorb schwingen sieht, wenn der Hund sich bewegt. Hunde, die dick sind, einen tonnenförmigen Brustkorb oder eine Fülle loser Haut haben, können wie lebende Tombolas aussehen und lenken den Blick des Richters von der restlichen Bewegung ab.

Der neue FCI-Standard listet einen »ausgeprägten Bärentritt vorne« als Fehler auf, während der britische Standard sich damit zufrieden gibt, dass ein »leichter Bärentritt vorn« akzeptabel ist. Viele Begründungen, von bizarr bis lächerlich, sind für die Aufnahme dieser Klausel gegeben worden und Neufi-Liebhaber überall haben eine andere Theorie dafür und dagegen. Nichtsdestotrotz ist sie Bestandteil der Standards und wird es bleiben. Deshalb müssen Richter dies akzeptieren und es nicht als Fehler ahnden, während Züchter einsehen müssen, dass es nur »akzeptabel« ist und sich bemühen sollten, einen Bestand zu züchten, der sich ohne Bärentritt bewegen kann.

Gute Bewegungen bedeuten für jeden Richter etwas anderes, aber jeder, der mit Pferden lebt oder

LINKS: Korrekt: Gute Front, parallel stehende Läufe, die eine gerade Linie durch die Schultern, Ellbogen und Vorderfußwurzelgelenke bilden.

RECHTS: Korrekt: Annäherung an eine Grundlinie in der Bewegung.

Nicht korrekt: Lose Ellbogen, zur Kompensation werden die Pfoten eingedreht.

Nicht korrekt: Schmale Brust, eng stehende Ellbogen, zur Kompensation werden die Pfoten ausgedreht.

sie beurteilt, oder sich mit Rassen wie dem Sibirischen Husky auskennt, wird wahrscheinlich damit konform gehen, dass ein leistungsfähiges Gangwerk bedeutet, mit einem minimalen Aufwand eine maximale Fortbewegung zu erreichen. Abgesehen vom ästhetischen Standpunkt verursacht ein müheloser Gang weniger Beanspruchung und Zug auf die Gelenke. Kombinieren Sie dies mit der korrekten Winkelung für größere Schritte und den parallelen Linien der Gliedmaßen wie sie vor- und zurückschwingen und Sie erkennen leicht, warum *gute* Bewegungen damit vergleichbar sind, ein ökonomisches Auto zu fahren; Sie erzielen eine höhere Kilometerleistung mit weniger Unterhaltungskosten.

Bei langsamen Geschwindigkeiten hinterlässt der Neufundländer eine relativ breite Doppelspur, aber bei höheren Geschwindigkeiten kann sie, wie im AKC- und dem neuen FCI-Standard erwähnt wird, zu einer einzigen Spur zusammenlaufen und dies sollte nicht als Fehler gewertet oder mit »hinten eng« in der Bewegung verwechselt werden - ein Ausdruck, den einige benutzen, wenn sie »kuhhessig« meinen. Andere benutzen ihn, wenn sie einen schmal gebauten Hund sehen, dessen Hinterhand von oben bis zu den Pfoten »eng« geht. Einige Richter vergeben einem sich mangelhaft bewegenden Neufundländer, da sie glauben, man könne von einer Riesenrasse nicht erwarten, sich aktiv und effizient zu bewegen. Wir persönlich meinen, dass, wenn ein schweres Pferd wie der Welsh Cob oder ein schweres Jagdpferd sich sogar mit einer leichten Abweichung des Körperbaus gut bewegen kann, ein Neufundländer sich ebenfalls eindrucksvoll bewegen kann.

Aber verwechseln Sie gute Bewegungen nicht mit dem hohen und tretenden Gang des Hackney-Pferdes; erwartet man solche Abweichungen von den sauberen, geraden Linien von einem Neufi, würde es in einer unnötigen Abnutzung der Gelenke resultieren während die zusätzlich aufgewendete Energie besser für die Vorwärtsbewegung gebraucht werden könnte.

Die Bewegung des Hundes vom Richter weg kann manchmal durch ein überreichliches Haarkleid verdeckt werden. Der Bewegungsablauf des Hundelaufes wird nicht zuletzt von der Position des Fußballen, von hinten gesehen, bestimmt. Wenn der Ballen nicht den richtigen Winkel zum Boden aufweist, bewegt sich der Lauf nicht in einer geraden Linie vorwärts (es sei denn, der Hund bewegt sich nach links oder rechts, wenn der betreffende Lauf sich in Erwartung der Wendung ebenfalls in einem gewissen Winkel neigt).

RUTE: Die Rute ist, bis auf den Ansatz (der im Allgemeinen nicht zu hoch noch zu tief sein sollte), genau beschrieben. Der amerikanische Standard beinhaltet einen Rutenansatz, der »der natürlichen Linie der Kruppe folgt«.

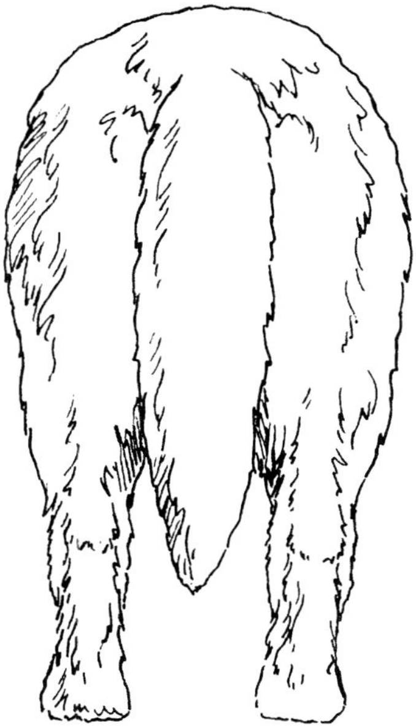

*Annäherung an eine
Grundlinie in der Bewegung.*

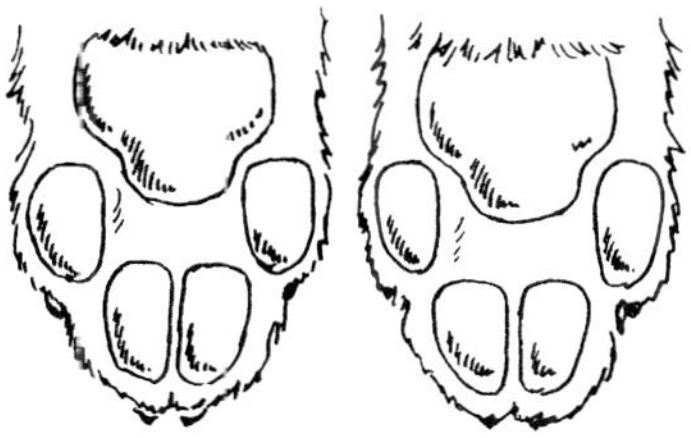

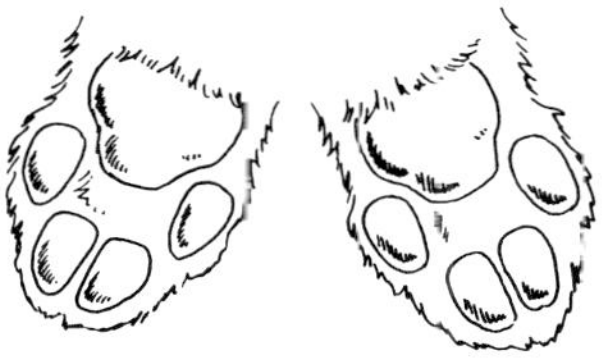

*Nicht korrekt: Hackenenge
(kann ebenfalls beim
Bergablaufen vorkommen).*

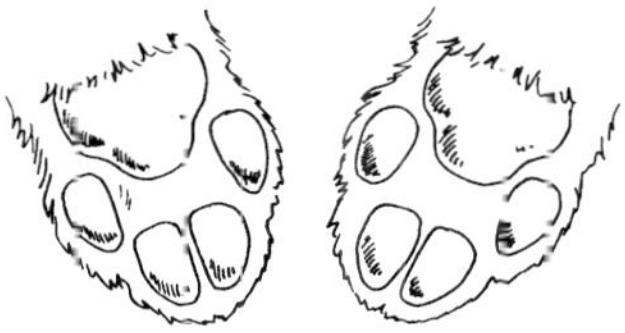

*Nicht korrekt:
Fassbeinigkeit.*

*Nicht korrekt: Eindrehen
eines Hinterfußwurzelge-
lenkes wie in Erwartung
einer Linksdrehung.*

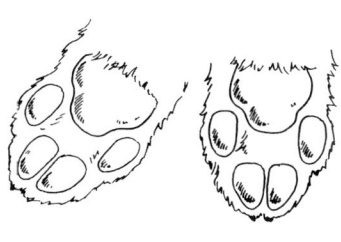

47

Eine Rute mit »einem Knick« oder eine, die »über den Rücken gebogen ist«, ist unerwünscht. Eine Knickrute kann leicht ertastet werden und wird einer Verdickung oder einem schlecht verheilten Bruch gleichen. Eine über dem Rücken getragene Rute wird ebenso deutlich zu erkennen sein - nicht nur für den Richter, sondern für alle am Ring stehenden. Eine »lustig getragene« Rute ist manchmal ein momentanes Zeichen rüdenhafter Dominanz und es ist möglich, zwölf- bis achtzehnmonatige Rüden, die gerade herausgefunden haben zu welchem Geschlecht sie gehören, an der Art wie sie ihre Rute tragen zu erkennen. Eine Knickrute ist, dem britischen Standard entsprechend, »höchst unerwünscht«, aber das bedeutet nicht, dass es ein schlimmerer Fehler als irgend ein anderer wäre. Es kann sein, dass ein Richter zwischen zwei Hunden zu entscheiden hat und abwägen muss, ob eine Knickrute ein ernsterer Fehler als zum Beispiel Kuhhessigkeit oder ein schmaler Schädel ist.

HAARKLEID: Das ideale Haarkleid ist glatt, aber man sollte bedenken, dass ein Hund, der normalerweise ein glattes Fell hat, am Tag der Ausstellung aufgrund der Tatsache, dass ein ungeübter Halter ihn trocken geföhnt hat, Locken oder Wellen hat. Aber ein Richter muss einen Hund bewerten wie er ihn sieht, also, sofern er erfahren genug ist zu wissen, ob ein Fell falsch getrocknet wurde, muss der Fehler entsprechend mit Punktabzug bewertet werden.

Ein »harsches und öliges« Haarkleid wird verlangt. Durch die Mode, die Hunde unmittelbar vor der Ausstellung zu baden, ist es ungewöhnlich geworden, harsches und öliges Fell vorzufinden. Die Ausstellungshunde, die auch an Wasserarbeitswettbewerben teilnehmen, haben ein öligeres Fell und, falls dieser Test ein oder zwei Tage vor der Schau stattgefunden hat, riechen ein wenig mehr nach Hund. Vorausgesetzt, das Fell ist nicht dreckig (es zeigt sich an den Händen des Richters), sollte dies nicht als Fehler angesehen werden.

Gelegentlich wird schon einmal ein dreckiger oder staubiger Hund ausgestellt. Dies ist unerfreulich und eine Beleidigung für den Richter, aber kein Grund, den Hund in der Bewertung herabzustufen oder ihn gar nicht zu bewerten, wenn er korrekt aufgebaut und fehlerfrei ist. Ein wunderschön hergerichtetes, nach Parfüm duftendes Haarkleid, das nur eine kastenförmige, dünnknochige und langschnauzige Kreatur überdeckt, wird sich wunderbar anfühlen, aber es wird der Rasse nicht zuträglich sein, wenn sie ihren Titel gewinnt und mit ihr gezüchtet wird. Hat der Hund ein unsauberes Fell, ist es die Schuld des Halters und sie oder er sollte nach dem Richten ins Gebet genommen werden.

FARBE: Obwohl ein mattes Schwarz verlangt wird, wird jedoch ein glänzendes, gebadetes Haarkleid gleichwohl weitestgehend akzeptiert. Ein »weißer Tupfen« öffnet die Tür zu Fehlinterpretationen und es scheint, dass ein weißer Brustfleck jeder Größe akzeptiert wird, während Weiß an »Zehen und Rutenspitze« stärker beschränkt wird. Ein brauner Schimmer über einem schwarzen Haarkleid ist durchaus korrekt, obwohl es in Großbritannien heute seltener zu sehen ist. In wärmeren Ländern indes finden sich mehr Hunde mit einem sonnengebleichten Schimmer. Die Abstufung von Braun, die bevorzugt wird, ist dem persönlichen Geschmack überlassen. Der kupferne Farbton scheint von nicht so vielen Menschen bevorzugt zu werden, aber er kann ebenso attraktiv sein, wie ein sattes, dunkles Schokoladenbraun. Es ist wichtig zu wissen, dass Braun im genetischen Sprachgebrauch Leberfarben ist, und es ist damit für den Hund unmöglich, dunkelbraune Augen und ebenso wenig einen schwarzen Nasenspiegel haben zu können. Die Augenfarbe eines braunen Hundes wird sich immer von der eines schwarzen oder eines weiß-schwarzen Hundes unterscheiden und das Tier sollte nicht als fehlerhaft bewertet werden, weil es hellere Augen hat, wenn sie korrekt zur Fellfarbe passen. Braune, im Fellwechsel oder im Wachstum, haben hellere Farbtöne hinter den Ohren, an den Seiten und an ihren »Hosen«. Während ein einheitlicher Farbton das Ideal ist, ist dies wiederum ein kosmetischer, zeitweiliger Fehler und sollte als solcher gesehen werden.

Ein Weiß-Schwarzer ist ein weißer Hund mit schwarzen Abzeichen und nicht anders herum. Obwohl das Muster in einigen Details beschrieben ist, ist es eher selten, einen klassisch gezeichneten Weiß-Schwarzen ohne »Ticking« (schwarze Tupfen in den weißen Bereichen) zu finden.

FARBEN

1. NL und Int. Ch. Sita: Der Standard schreibt ein mattglänzendes Schwarz vor.

2. Aust. Ch. Mekong Rustic Warrior: Ein brauner Neufundländer kann schokoladen- oder bronzefarben sein.

3. Am. Ch. Nomex De Nashau-Auke: In den USA ist Grau eine anerkannte Farbe im Ausstellungsring.

4. Ein gut harmonierendes Paar weiß-schwarzer italienischer Champions: Die Farbgebung ist weiß mit schwarzen Platten.

OPTISCHE ERSCHEINUNGSBILDER

Ein Weiß-Schwarzer mit guter Farbverteilung.

Ein wenig gezeichneter Hund ruft den Eindruck eines zu kleinen Kopfes hervor.

Einseitige Farbverteilung kann die Rückenlinie schwach aussehen lassen.

Eine durchgehende schwarze Decke kann den Eindruck eines zu langen Körpers hervorrufen.

Zuallererst sollte der Hund aber als Neufundländer bewertet werden, die Farbe ist erst in zweiter Linie zu berücksichtigen. In einer Klasse nur mit weiß-schwarzen Neufundländern wird sicherlich die Schönheit der Zeichnung verglichen, aber wenn Hunde aller drei Farben im Ring stehen, sollte der Richter nach guten Neufundländern suchen, nicht nach der Farbe. Die Farbverteilung der Weiß-Schwarzen kann manchmal eine optische Täuschung hervorrufen, also ist es wichtig, den Körperbau des Hundes korrekt zu bewerten.

»Graue« sind im amerikanischen Standard erlaubt und sie sollten einen gleichmäßigen Farbton aufweisen. Ebenso wie die Braunen können sie keine braunen Augen oder einen schwarzen Nasenspiegel haben, aber sollten in allem anderen dem Standard entsprechen. Ein Mangel an Fell um die Ohren kann ein farbspezifisches Problem der Grauen sein und damit ein Ansporn gute Graue zu züchten.

GRÖSSE: Da der Neufundländer zu den Riesenrassen zählt, ist es verständlich, dass er, je größer er ist, umso mehr beeindrucken wird - so lange er ausgewogen und harmonisch aussieht. Eine durchschnittliche Größe wird in allen drei Standards angegeben, was durchaus irreführend sein kann.

Wie ein Allgemeinrichter, der späte Mr. David Samuel, einmal sagte: »Wenn sechs Hunde im Ring sind, von denen drei sechsundfünfzig Zentimeter groß sind und die anderen drei sechsundachtzig Zentimeter hoch, dann ist der Durchschnitt korrekt einundsiebzig Zentimeter.« Seine Beobachtungen sind sehr wahr und deshalb ist es sinnvoller davon auszugehen, dass der Standard besagt, ein Neufundländerrüde sollte eine »ungefähre Schulterhöhe von 71 cm« haben. Wie immer seine Größe ist, die Masse eines Neufundländers sollte von seinen Knochen und Muskeln kommen, niemals von Fett.

FEHLER: Dies ist der Schlüssel zum Verständnis des Rassestandards. Kein Hund ist perfekt; sie haben alle Fehler. Es ist die Aufgabe des Richters, den Schweregrad dieser Fehler zu vergleichen als auch ihren Einfluss auf die Gesamtqualität des Hundes.

VERGLEICH DER STANDARDS

Eine Vielfalt an Meinungen ist eine gesunde Sache in allen Bereichen des Lebens und dies wird in den kleinen Abweichungen dieser Standards widergespiegelt. Abgesehen von den weniger Unterschieden, die Basisanforderungen sind die einer großen Hunderasse mit Lebensrettungseigenschaften, einem liebenswürdigen Wesen und aktiven Bewegungen. Neufundländer zu züchten und auszustellen ist heutzutage eine kosmopolitische Tätigkeit und Hunde hoher Qualität werden von nationalen wie internationalen Richtern leicht erkannt. Die späte Kitty Drury (Dryad Kennels, USA) konnte in jedem Land, das sie besuchte oder in dem sie richtete, einen guten Neufundländer finden.

Die Farbe des Neufundländers ist wahrscheinlich der offensichtlichste Unterschied. Der amerikanische Standard erlaubt graue Hunde, während nördlich der Grenze, der kanadische Standard (herausgegeben 1979, der etwas zwischen dem britischen und dem amerikanischen Format liegt) nur Schwarze und Weiß-Schwarze akzeptiert. Der Rest der Welt tendiert dazu, dass Graue nicht erwünscht sind, aber Braune vollkommen akzeptabel sind. Der Fang wird in jedem Standard mit leicht differenziertem Nachdruck betrachtet. Der AKC gibt die umfassendste Erklärung.

Das Vorhandensein der Zwischenzehenhäute und ein leichter Bärentritt sind im amerikanischen und neuseeländischen Standard (die in allen anderen Aspekten dem britischen Standard folgen) weggelassen. Während man Zwischenzehenhäute bei Neufundländern auf der ganzen Welt vorfindet haben viele australische und neuseeländische Hunde einen sehr guten Bewegungsablauf der Vorderläufe.

Kapitel 5

DER AUSSTELLUNGSRING

Vielen Haltern wird der Ausstellungsring durch die zufällige Bemerkung irgendeines Menschen näher gebracht, der erklärt, dass der Hund »Ausstellungsqualität« habe. Was dies tatsächlich bedeutet, hängt davon ab, wie ernsthaft der Eigentümer sich für seinen Hund einzusetzen bereit ist (und davon, wie qualifiziert der Kommentator war solch eine Bemerkung zu machen).

DAS NATURELL DES AUSSTELLERS

Dies ist ein wichtiger Faktor beim Ausstellen von Hunden. Als Halter sind wir alle ein wenig befangen, unseren eigenen Hund zu beurteilen. Genau wie wir Menschen können Hunde »schlechte Tage« haben und nicht immer gut aussehen. Wie auch immer, der Hund, auf den Sie am Morgen, als Sie das Haus verließen, große Hoffnungen gesetzt haben, wird derselbe sein, den Sie am Abend wieder mit nach Hause bringen, unabhängig davon, wie der Richter ihn bewertet hat. Das Wichtigste im Leben eines Neufundländers ist die Liebe seines Menschen, also zeigen Sie ihm nicht die kalte Schulter, nur weil er Ihnen Schwierigkeiten im Ring gemacht hat oder weil der Richter ihn nicht hoch genug platziert hat. Es gibt bessere Tage und andere Ausstellungen.

Ähnlich mögen Sie auf den »Hin-und-Wieder«-Richter treffen, der nur die Hunde seiner Freunde platziert, oder auf einen, der einfach inkompetent ist, der die Anwartschaften an die falschen Ausstellungshunde vergibt. In solchen Fällen werden Sie den Richter mit einigen unrühmlichen Bezeichnungen belegen wollen - vorausgesetzt, es spielt sich nur in Ihren Gedanken ab! Ein Neufundländer ist ein liebendes und verzeihendes Lebewesen und hat es nicht verdient, jemandem zu gehören, der sich immer nur beklagt und anderen die Schuld zuweist.

Wenn es Ihnen Spaß macht Ihren Hund auszustellen, gelegentlich eine hohe Anwartschaft zu gewinnen und einen angenehmen Tag mit anderen Neufi-Besitzern zu verbringen, dann haben Sie das richtige Naturell. Wenn Ausstellen nur all Ihre schlechten Seiten zutage bringt, ist es an der Zeit, sich nach einem anderen Hobby umzusehen.

PROBLEME

Was ist, wenn Ihr Hund abgehaart ist? Die Stärke des Fellwechsels eines Neufundländers variiert und hängt von vielen Faktoren ab. Ein Hund von fünfzehn Monaten kann während seiner ersten kompletten Umhaarung wie das Opfer einer Hungerkatastrophe aussehen (bis man den Körper abtastet) und es ist kaum wahrscheinlich, dass er höchste Ehren erringt. Sofern Sie nicht wissen, ob die Konkurrenz ebenfalls abgehaart ist, sparen Sie sich viel Zeit und Aufwand, indem Sie zu Hause bleiben.

Hündinnen, die in den vorausgegangenen 12 bis 14 Wochen einen Wurf hatten, befinden sich ebenso in einem Stadium des Abhaarens und sind nicht in Form, um in der Öffentlichkeit gezeigt zu werden. Insbesondere ihre Ruten haben oft Ähnlichkeit mit einem Stück schmuddeligem Strick, und dies ist ein unmissverständliches Zeichen für vorangegangene mütterliche Pflichten. Ein normaler Fellwechsel allerdings ist nicht extrem genug, um den Hund zu Hause zu behalten, und mit etwas Erfahrung werden Sie wissen, wann Ihr Hund deutlich unter Niveau aussieht!

Was ist, wenn Ihre Hündin läufig ist? Meldegebühren sind nicht billig, so kann es frustrierend sein, wenn Ihre Hündin vor einer Ausstellung läufig wird. Da es in England (in Deutschland ist es nicht erlaubt eine läufige Hündin auszustellen, Anmerkung der Übersetzerin) keine Regelungen gibt, die es verbieten, eine läufige Hündin auszustellen, wird die Entscheidung eine persönliche sein. Aber eine Hündin am dreizehnten Tag ihrer Läufigkeit auszustellen, ist ein wenig unverantwortlich und Rüdenbesitzer werden jeden Ihrer Schritte verfluchen. Der Beginn oder das Ende der Läufigkeit sollte allerdings nicht zu viele Probleme mit sich bringen, wenn der Halter gewissenhaft die »Hosen« mit Desinfektionstüchern abwischt. Einige Hündinnen riechen für Rüden immer interessant und auch solche können von dieser Behandlung profitieren.

Was ist, wenn Sie den Richter kennen? Die meisten Aussteller von Neufundländern kennen sich gegenseitig, so ist es ziemlich wahrscheinlich, dass Sie Ihren Hund unter einem Richter melden, den Sie regelmäßig sehen. Vorausgesetzt, es ist nicht gerade der erste Richtereinsatz Ihres besten Freundes, ist Ihren Hund zu melden das Schmeichelhafteste, was Sie tun können, da es zeigt, dass Sie Vertrauen in die Integrität und Kompetenz des Richters haben.

AUF DER AUSSTELLUNG

Falls Sie zu einer Championatsschau gemeldet haben, bekommen Sie eine Meldebestätigung mit dem Namen Ihres Hundes und seiner Ausstellungsnummer zugeschickt. Es können auch andere Informationen beinhaltet sein, wie zum Beispiel Nummer und Ort des Ringes Ihrer Rasse, der Zeitpunkt des Beginns des Richtens oder sogar Details über mögliche Verkehrsprobleme aufgrund von Straßenbaumaßnahmen in der Nähe des Ausstellungsgeländes. Lesen Sie den Inhalt sorgfältig, da er zur Bestimmung der Abfahrtszeit von zu Hause wichtig sein kann.

Sie sollten zeitig am Ausstellungsort eintreffen, so dass Ihr Hund die Möglichkeit hat seine Blase zu entleeren und sich entspannt auf seinem Platz niederlegen kann. Bieten Sie ihm Wasser an, aber lassen Sie die Schüssel nicht an seinem Platz, damit das Wasser nicht sein Fell durchnässt, falls er sie umkippt. Ein tropfnasser Neufundländer wird nicht gut vorgeführt wirken und der Richter wird kaum Gefallen daran finden, sich mit einem triefnassen Hund zu befassen.

Bürsten Sie Ihren Hund noch ein letztes Mal, kurz bevor Ihre Klasse aufgerufen wird und tauschen Sie sein Halsband gegen eine dünne, schwarze Vorführleine (falls es ein schwarzer Hund ist). Falls Sie an Ihrem Platz zwei identische Nummernkarten vorfinden, nehmen Sie eine und tragen Sie sie gut sichtbar am Arm oder vor der Brust. Falls nur ein einfacher Nummernsatz da ist, bedeutet das, dass Sie Ihre Nummer im Ring abholen müssen, woran Sie denken müssen, bevor Ihre Klasse aufgerufen wird.

Während Sie vor dem Ring warten, schauen Sie sich die Teilnehmer der vorangehenden Klasse an um zu sehen, was sie zu tun gebeten werden. Obwohl Sie an einigen Trainingsstunden teilgenommen haben sollten, bevor Sie zu einer Championats-Ausstellung melden, werden einige Richter sehr genaue Anweisungen für Sie haben und es ist beruhigend zu wissen, was erwartet wird. Halten Sie ebenfalls Ausschau nach Mulden im Boden oder nach abschüssigen Bereichen. Ein Neufundländer sieht selten gut aus wenn er mit dem Kopf bergab steht, also sollten Sie ein wenig wählerisch damit sein, wo Sie stehen.

IM RING

Zu guter Letzt wird Ihre Klasse in den Ring gerufen. Und los geht's! Sie werden »Schmetterlinge im Bauch« haben, aber machen Sie sich keine Sorgen - es geht allen anderen auch so, sogar den erfahrenen Ausstellern.

Auf einigen Veranstaltungen wird von den Ausstellern erwartet, in numerischer Reihenfolge Aufstellung zu nehmen und ein Ringhelfer wird sicherstellen, dass Sie an der richtigen Stelle stehen. Falls Sie sich jedoch nicht in einer bestimmten Reihenfolge aufstellen müssen, können Sie an beliebiger Stelle mitlaufen. Es zeugt von sehr schlechten Manieren, sich an die erste Stelle in der Aufstellung zu stürzen oder auch vor jemanden, der schon mit seinem/ihrem Hund einen Platz eingenommen hat.

Halten Sie Ihren Neufi an kurzer Leine, und seien Sie auf ein mögliches Fehlverhalten zwischen ihm und seinem nächsten Nachbarn vorbereitet. Es ist herrlich, zwei Hunden, die sich nie vorher gese-

Die britische Ausstellungs-Szene: Ch. Newfhouse Scandinavian Warrior for Merrybear, bester Arbeitshund des Jahres 1996 in Großbritannien.
Foto: Russell Fine Art.

BIS-Gewinner UK Ir. Ch. Leumasleiloc Penny Black - der erste irisch gezogene Doppelchampion.
Foto: Carol Ann Johnson.

Am. Can. Ch. Seawards Blackbeard, der einzige Neufundländer, der Best in Show in Westminster gewann.
Foto: Ashbey.

Südafrika: Sh. Ch. Carthew Born Free of Riverbears, Championats-Rekordhalterin der Hündinnen in Südafrika.

Schweden: BIS Ch. Qashiwas Big Bubble No Trouble.
Foto: Per Unden.

Australien: NZ Grand Ch. Waterbear Winchester, ein Multi-BIS-Sieger.

hen haben, beim Spielen und Toben zuzusehen - aber nicht im Ausstellungsring. Die beiden werden nicht nur sich selbst mit Staub, Gras oder Speichel bedecken, sondern auch die anderen Hunde im Ring ablenken. Als Führer des Hundes ist es Ihre Aufgabe, dem Richter Ihren Hund von seiner besten Seite zu zeigen. Das wird Ihnen unmöglich sein, wenn er, mit den Pfoten in der Luft, auf dem Rücken liegt.

Haben alle Hundeführer ihre Hunde im Ring aufgestellt und der Ringhelfer hat alle Abwesenden erfasst, wird der Richter sich die Hunde kurz anschauen, bevor er alle zusammen im Ring laufen lässt. Da viele Hunde eine unterschiedliche Größe und einen unterschiedlichen Fitnessgrad aufweisen werden, kann man erwarten, dass einige schneller laufen als andere. Falls Sie sich hinter einem schnell laufenden Neufi befinden und Ihr Hund Schwierigkeiten hat mitzuhalten, kürzen Sie einfach in den Ecken ab wenn Sie Ihre Runden laufen. Sollten Sie sich alternativ hinter einem langsamen Hund befinden, nutzen Sie die Ecken und den größtmöglichen Ringumfang aus. Seien Sie nie versucht, den Hund vor Ihnen zu überholen (es sei denn, der Hundeführer hält plötzlich an und bittet Sie weiterzugehen) und laufen Sie nicht zu dicht an ihn heran. Sogar ein gelassener Neufi kann es als unangenehm empfinden und es kann sein, dass er versucht, sich gegen Ihren Hund zu verteidigen.

Wenn Sie die Runde beendet haben, wird der Richter sich jeden Hund einzeln ansehen Sie haben beim Ringtraining geübt Ihren Hund hinzustellen, so wissen Sie schon, was Sie zu tun haben, wenn Sie an der Reihe sind. Führen Sie Ihren Hund in die Standposition während Sie die Leine kurz und ziemlich dicht hinter den Ohren halten (werden Sie nicht so nervös, dass Sie die Leine zu fest halten). Während Sie mit der einen Hand das Halsband der Leine halten, nutzen Sie die andere um die Läufe Ihres Hundes in die richtige Position zu bringen (nur, falls sie nicht schon exakt so stehen wie Sie es wollen). Die Vorderläufe sollten parallel zueinander stehen und die Pfoten sollten nach vorne weisen. Falls die Vorderläufe zu weit nach vorne gestellt werden, wird Ihr Neufi wie ein Schaukelpferd aussehen und wird wahrscheinlich in der Mitte »einsinken«. Wenn Sie die Läufe bewegen, halten Sie sie eher oben nahe den Ellenbogen als am Lauf oder am Vorderfußwurzelgelenk. Viele Neufundländer sind kitzelig an den Pfoten, und Sie werden merken, dass es viel einfacher ist oben am Lauf anzufassen. Sie können die Hinterhand in ziemlich derselben Weise in Position bringen, indem Sie den Lauf am Sprunggelenk leicht halten. Die Hinterläufe sollten ebenso parallel zueinander stehen und mit den Pfoten nach vorne weisen. Falls Ihr Hund leicht überbaut ist, müssen Sie die hinteren Läufe leicht spreizen, um die Höhe des Rumpfes ein wenig niedriger zu machen. Die Hinterläufe Ihres Hundes zu weit nach hinten oder vorne zu platzieren, wird die natürliche Außenlinie des Hundes zerstören, es bedeutet viel Übung es richtig zu machen. Juliet Leicester-Hope (Wanitopa) hat hier einen genialen Rat für Neulinge, die versuchen ihren Hund korrekt aufzustellen. Stellen Sie sich vor einem großen Fenster oder Spiegel auf, in dem man Fehler leicht erkennen kann!

Steht Ihr Hund nun richtig, unterstützen Sie sanft seinen Kopf, so dass er ihn hoch und stolz trägt. Der Richter wird ihn dann bewerten, indem er die Zähne, die Augenfarbe, den Aufbau und das Fell untersucht. Wenn Ihr Hund nun ständig zappelt oder nicht stillhalten will, kann es sein, dass Sie ihn in einer unnatürlichen Pose hingestellt haben, die für ihn unbequem ist. Ihn hinzustellen soll nur das, was vorhanden ist, unterstreichen, also versuchen Sie nicht, ihn so zu manipulieren, dass er in einer Haltung steht, von der Sie denken, dass sie dem Richter gefällt. Jeder kompetente Richter wird einen mangelhaften Körperbau erkennen sobald er den Hund untersucht.

Sie werden dann gebeten, den Hund zu bewegen. Einige Richter machen einfach eine vage Handbewegung in die Richtung, in die Sie laufen sollen, während andere klare Aussagen machen: »Ein Dreieck, bitte«, oder »Rauf und runter, zwei Mal«. Um welche Form auch immer gebeten wird, der Richter will die Bewegungen Ihres Hundes von hinten, von der Seite und im Profil sehen. Sie werden aus den Übungsstunden wissen, welche Geschwindigkeit für Ihren Hund die beste ist, so können Sie zuversichtlich in diesem Tempo starten. Halten Sie die Leine recht kurz, so dass Ihr Neufi nicht am Boden schnüffelt während er läuft, aber nicht mit so viel Zug, dass er einen gestelzten Gang entwickelt, der von Terrierliebhabern bevorzugt wird. Haben Sie den Hund zur Zufriedenheit des

KORREKTES VORFÜHREN

OBEN LINKS UND OBEN: Die Kunst guten Vorführens besteht darin, den Hund von seiner bestmöglichen Seite zu zeigen. Es sieht leicht aus, aber nur zu leicht kann das Erscheinungsbild des Hundes durch Vorführfehler verzerrt werden.

LINKS: Einen Hund an der losen Leine bewegen.

Richters laufen lassen, sollten Sie an das Ende der Reihe zurückkehren und warten, bis alle Hunde vom Richter geprüft sind. Neufundländer haben eine beträchtliche Geduld, aber nutzen Sie diese Gutmütigkeit nicht aus, indem Sie ihn beim ersten Mal während der ganzen Zeit, in der die anderen Hunde bewertet werden, stehen lassen. Lassen Sie ihn sitzen, bis der letzte Hund angeschaut ist, dann lassen Sie ihn aufstehen und bürsten Sie ihn, bevor Sie ihn in seine endgültige Stellung bringen.

Ob Sie in der Klasse platziert wurden oder nicht, Sie sollten Ihren Hund loben und schnell dem Gewinner gratulieren. Falls Sie das Glück hatten zu gewinnen, werden Sie, während der Richter einen Bericht schreibt, noch eine Minute in Position bleiben müssen. Dies ist nicht der Zeitpunkt dem Richter zu erzählen: »Dies ist meine erste Ausstellung und ich bin so froh, dass er gewonnen hat, ich habe ihn nämlich bei Top-Züchtern im Roverdog-Zwinger gekauft«. In der Tat ist es nicht notwendig mit dem Richter überhaupt Konversation zu betreiben, es sei denn, Sie werden etwas gefragt oder Sie bedanken sich, bevor Sie den Ring verlassen. Einige Aussteller, die es besser wissen sollten, hören nicht auf zu reden, solange sie sich in der Nähe des Richters befinden. Sie führen meistens eine vage Konversation mit ihren Hunden, so etwa in der Art: »Was für ein guter Junge. Mal sehen, ob du heute wieder deine Champion-Anwartschaft gewinnen kannst.« Da dies reine Zeitverschwendung ist (und nicht zu vergessen, sogar ein Bruch der Verbandsregeln in einigen Ländern), starten Sie Ihre Ausstellungskarriere besser, indem Sie diese besondere Praxis aus Ihrem Programm streichen.

PRÄSENTATION DES AUSSTELLERS

Sie haben nun Stunden damit verbracht, Ihren Hund für die Ausstellung vorzubereiten, da sollte es wohl einleuchten, dass Sie nicht wie ein Flüchtling aus einem Kriegsgebiet aussehen wollen. Ein gepflegter Hundeführer wird den Hund schmeichelhaft ergänzen. Es bedeutet keinen Unterschied für das Richten, aber es tut gut, ein gut zusammenpassendes Paar von Hund und Hundeführer zu sehen, die Wert auf ihr Erscheinungsbild legen. Ebenso wichtig - übertreiben Sie nicht. Lange, verspielte Ärmel oder Kragenschleifen enden wahrscheinlich in der Schnauze Ihres Neufis, wenn Sie sich herunterbeugen um die Läufe zu platzieren, und jeder, der einen Ringkampf mit einem neun Monate jungen Hund, der eben mal in Ihre Bluse beißen möchte, ausgetragen hat, wird danach immer in eleganter, aber nicht übertriebener Kleidung gesehen. Damen, die tiefe Dekolletés tragen und meterweise Bein zeigen, beeindrucken niemanden, es sei denn, sie spielten die Hauptrolle in der letzten Hollywood-Produktion.

Die Art, wie Sie sich auf der Ausstellung kleiden, sollte zum Ziel haben, Ihren Hund im besten Licht darzustellen. Tragen Sie keine schwarze Kleidung wenn Sie einen schwarzen Hund vorführen, seine Hals-Rückenlinie wird vor dieser Hintergrundfarbe untergehen. Eine helle, lichte Farbe aber wird seine Außenlinien unterstreichen. Ein Weiß-Schwarzer sieht besonders gut aus vor einem lebhaften Mittelblau, aber jede nicht zu dunkle oder zu helle Farbe wird hier passend sein. Braune heben sich ab vor einem schwarzen Hintergrund, aber grundsätzlich ist es eine Farbe, zu der man leicht einen Kontrast findet. Stellen Sie sicher, dass Sie geeignetes Schuhwerk tragen, in dem Sie bequem laufen können. Hohe Absätze oder glatte Sohlen sind eindeutig ein Risiko, hüten Sie sich ebenso vor bequemen, vorne offenen Sandalen. Sollte Ihr Neufi auf Ihrem Fuß stehen (ein Hobby dem sie nur zu gerne frönen), könnte es Ihnen möglicherweise passieren, dass Sie etwas Drastischeres als »aua« sagen.

NACH DER AUSSTELLUNG

Nachdem Sie an der ersten und zweiten Ausstellung teilgenommen haben (ganz besonders, wenn Sie sie gewonnen haben), wird Sie nun sehr wahrscheinlich das Ausstellungsfieber packen. Sie werden beladen mit Ankündigungen zukünftiger Ausstellungen nach Hause fahren, Sie werden die Richter beobachten welchen Typ sie bevorzugen, und Sie werden das Vorführen üben, bis Sie perfekt sind. Aber vergessen Sie nicht, dass Ausstellen nur ein kleiner Teil im Leben Ihres Hundes sein sollte und er wahrscheinlich nicht so begeistert davon sein wird wie Sie. Er wird seinen Teil im Ring dazu beitragen um Ihnen einen Gefallen zu tun, deshalb versuchen Sie den Gefallen zu erwidern, indem Sie ihn ein »normales« Leben führen lassen. Im Wald spazieren gehen, schwimmen und mit einem anderen Hund zu toben ist der Zeitvertreib, den er wirklich genießt, lassen Sie ihn also seinen Spaß haben ohne sich Sorgen zu machen, dass er sich sein Fell herausreißen oder seine Läufe verletzen könnte.

RICHTEN
DER BEGINN

Es ist fast unausweichlich, dass Aussteller, die Woche für Woche Richtern bei ihrer Tätigkeit zusehen, eventuell das Gefühl haben, dass auch sie diesen Job ähnlich gut (oder besser) ausführen könnten. Sie sind so ehrgeizig (anstelle eines anderen, weniger höflichen Wortes) zu denken, sie seien, nachdem sie zum Beispiel sechs Monate ausgestellt haben, kompetent genug zu richten.

Alle zukünftigen Richter werden gefragt: »Warum wollen Sie Neufundländer richten?« Eine Vielfalt an Gründen wird hier angegeben, aber in vielen Fällen dürfte der wahre Grund sein, dass diejenige Person in der Welt der Hunde mehr Ansehen genießen möchte. Jeder, der auf diese Art eine Massage für ihr/sein Ego braucht, sollte sich anderweitig umschauen. Hunde zu richten ist einfach ein Weg, Gute von nicht so Guten und die wirklich Vorzüglichen von den Gewöhnlichen zu trennen. Es ist der Weg zu beurteilen, welche Hunde gut genug sind um damit zu züchten und wer der Zukunft der Rasse am zuträglichsten ist. Richten hat nichts mit Selbstgefälligkeit oder, noch schlimmer, mit Rache zu tun.

Es kann auf lange Sicht verheerend für eine Rasse sein, wenn ein Richter inkompetent oder unehrlich ist. Obgleich Züchter einen Rüden nicht automatisch zum Decken einsetzen sollten, nur weil er gewinnt, wird es gewiss unwahrscheinlich sein, dass sie einen Hund einsetzen, der ständig »rausgeschmissen« wird. Daraus folgt ebenfalls, dass ein Aussteller, dessen Hündin nie beachtet wird, sich dazu entscheidet, nicht mit ihr zu züchten - eine weise Entscheidung, falls die Richter recht hatten, aber der Beginn des Untergangs der Rasse, falls sie töricht oder gewissenlos gewesen sein sollten.

ERLERNEN DER GRUNDLAGEN

Richten sieht leicht aus. Sie sehen sich jeden Hund an und suchen die besten vier oder fünf in absteigender Reihenfolge aus. Ein Freund, der seinen Hund mit in die Stadt genommen hatte, während seine Frau einkaufen ging, erzählte uns einmal eine amüsante Geschichte. Ein Mann, der aus einer Tür kam, blieb stehen und sagte: »Was für ein schöner Hund. Darf ich ihn streicheln?« Nachdem er die Erlaubnis bekommen hatte, kontrollierte der Mann unter Freudenausrufen vorsichtig das Gebiss, die Knochenstärke, die Vorderhandwinkelung und die Oberlinie. Unser Freund sah sich schon als Gruppengewinner und Best in Show (Bester Hund der Ausstellung) und sagte zögernd: »Offenkundig sind Sie Richter?« und versuchte sich zu erinnern, wer der Mann wohl sein könnte. »Oh nein« sagte der Möchtegernrichter, »aber ich habe die Crufts-Schau im Fernsehen gesehen!« Obwohl wir lachten, als wir die Geschichte hörten, illustriert sie, wie jeder die Bewegungen beim Richten von Hunden nachmachen kann, aber es ist ein sinnloses Unterfangen, wenn die Hände dem Verstand nichts mitteilen können.

Richten muss, wie die meisten anderen Fähigkeiten, erlernt werden, und es gibt heutzutage Gelegenheit dies zu tun wenn Sie bestimmte Voraussetzungen, die Sie beim Zuchtverband Ihrer Rasse erfragen können, erfüllen und über den Zuchtverband einen Antrag an den Dachverband auf die Zulassung zum Zuchtrichteranwärter stellen. Sie durchlaufen dann eine wahrscheinlich mehrere Jahre dauernde Ausbildung mit einer Abschlussprüfung. Ist einmal das generelle Fundament gelegt, lesen Sie immer wieder den Standard des Neufundländers und begutachten Sie so viele Neufundländer wie möglich. Aber ein Warnhinweis - behalten Sie Ihre Kommentare für sich. War ein Halter so entgegenkommend, Ihnen zu erlauben, seinen Hund zu begutachten, beleidigen Sie ihn nicht, indem Sie ihm (oder anderen!) erzählen, welche Fehler Sie gefunden haben, ansonsten werden Sie sich in der Situation wiederfinden, nicht genügend Hunde zum Üben zur Verfügung zu haben.

IM RING

Wenn Sie schließlich gebeten werden zum ersten Mal Neufundländer zu richten, wird es wahrscheinlich auf einer Spezialzuchtschau sein, und Sie können damit rechnen, dass vier oder fünf Zuchtklassen bereitstehen. Kurz vor dem Ausstellungstag wird Ihnen schriftlich mitgeteilt, wie viele Hunde in jeder Klasse gemeldet sind. (Welche es sind, wird für Sie selbstverständlich unbekannt bleiben, bis sie in den Ring kommen!) Da man von einem Richter erwartet, eine bestimmte Anzahl von Hunden in der Stunde zu beurteilen, können Sie darauf schließen, wie lange Sie brauchen werden, die Rasse zu Ende zu richten. Spezialzuchtschauen haben oft eine durchschnittliche Meldezahl von ca. 100 Hunden, die sich in der Regel auf zwei oder mehr Richter verteilen, so können Sie einschätzen, wie viel Zeit Sie benötigen.

Bedenken Sie ebenfalls, wie Sie im Ring aussehen werden. Eleganz ist wichtig, aber verspielte oder teure Kleidung wird eher ein Hindernis als eine Hilfe sein. Schmuddelige Kleidung ist heute, wo jeder ein Bügeleisen und eine Waschmaschine besitzt, ebenfalls unnötig. Wählen Sie bequeme Kleidung, da Sie während des gesamten Richtens auf den Beinen und in Bewegung sein werden. Es ist sinnvoll sich auf Materialien, die keine statische Aufladung hervorrufen, zu beschränken. Bedenken Sie, dass der erste Hund, den Sie sich anschauen, wahrscheinlich ein Junghund sein wird, den Sie sicher nicht durch ein »Kribbeln« verängstigen wollen, wenn Sie Kontakt mit ihm aufnehmen.

Bevor Sie mit dem Richten beginnen, wird es viele Gründe geben aus denen Sie, verständlicherweise, nervös sein werden. Sie mögen sich Gedanken darüber machen zu vergessen ein bestimmtes Merkmal zu kontrollieren, oder wahrscheinlicher werden Sie gehemmt sein bei dem Gedanken die Aussteller zu verärgern, indem Sie Ihre Hunde nicht platzieren. Wir werden uns immer an den Rat von Frances Warren (Littlegrange) erinnern, den er neuen Richtern gab: »Es gibt keine Menschen im Ring. Alles, was Sie tun müssen, ist den besten Hund herauszusuchen.« Sollten Sie einem Aussteller durch ehrliches Richten zu nahe treten, ist es Pech, aber er/sie hat die Wahl, den Hund erneut zu melden oder nicht, wenn Sie richten.

Es ist wahrscheinlich, dass Sie die Mehrheit der Hunde und Aussteller der Schau kennen, und so kann es schwierig sein, einen Hund, den Sie letzte Woche seine erste Champion-Anwartschaft gewinnen sahen, ehrlich zu beurteilen. Aber auch Hunde haben, wie wir schon vorher erwähnten, ihre schlechten Tage. Wenn ein wohl bekannter Gewinner abgehaart und lethargisch ist und nicht gut läuft, haben Sie keine Bedenken einen anderen, Ihrer Meinung nach gleich guten Hund, der sich lebendiger bewegt, vor ihm zu platzieren. Suchen Sie aber auf der anderen Seite nicht mit Absicht nach einem anderen Hund, nur um zu beweisen, dass auch ein Gewinner geschlagen werden kann.

Versuchen Sie sicherzustellen, dass jeder Hund eine faire Chance erhält seine Gänge zu zeigen. Falls ein Hund galoppiert oder herumspielt, bitten Sie, dass er noch einmal bewegt wird, bis er es richtig macht. Viele werden nach den ersten paar Versuchen ruhiger, aber falls nicht, bedenken Sie, dass die Zeit, die Sie brauchen, doch einigermaßen begrenzt ist.

Einige Hundeführer sind sehr gut darin die Fehler des Hundes zu tarnen, also müssen Sie das, was Sie sehen und was Ihre Hände ertasten, miteinander verbinden. Andere Vorführer können ein wenig ehrgeizig sein - sie stehen vor der Linie der anderen Teilnehmer oder behindern einen anderen Hund. Sollten Sie nicht alle Hunde gut sehen können, bitten Sie den vorstehenden Hundeführer sich anders hinzustellen. Falls es irgendeinen anderen Grund geben sollte, aus dem Sie keine gute Sicht auf die Hunde haben (zum Beispiel helles Sonnenlicht), dann lassen Sie sie herumgehen, bis Sie alle sehen können.

Wenn Sie alle Hunde taxiert haben, werden Sie sie im Unterbewusstsein der Reihe nach platzieren. Geraten Sie nicht in die Versuchung mangelhaft zu richten: »Den kann ich nicht platzieren, der hat helle Augen. Den kann ich nicht platzieren, der hat eine zu kurze Rute« usw. Es könnte mit einem Hund enden, der keine großartigen Fehler hat, aber auch keine großartigen Vorzüge!

Sie müssen für alle Hunde die Sie richten eine Beurteilung schreiben. Dies muss nicht gleich ein Aufsatz sein, sollte aber die guten und schlechten Punkte beinhalten. Nur weil ein bestimmter Hund Ihr Gewinner ist, bedeutet es nicht, dass er der Beste aller Zeiten ist - einfach der Beste in der Klasse an diesem Tag. Er könnte der Beste einer mittelmäßigen Gruppe oder der Beste aus eine Klasse zukünftiger Champions sein, aber Sie müssen erklären können, warum Sie ihn vor den anderen platziert haben. Es ist zweifelhaft, ob die Aussteller wirklich wissen wollen, wie scheußlich ihr Hund ist, also seien Sie nicht versucht, nur Mängel aufzulisten. Eine Beurteilung sollte freundlich, aber sachkundig sein. Ein Halter, der die Fehler seines Hundes liest, wird sie viel bereitwilliger akzeptieren, wenn sie oder er auch etwas über seine Vorzüge lesen kann. Der Schrecken jedes Richters ist der Aussteller (es gibt mindestens einen bei jeder Rasse), der den Richter aufsucht wenn das Richten beendet ist und zu wissen verlangt, warum er ihren oder seinen Hund nicht mag. Nur in extremen Fällen können Sie alles was Sie über das Richten gelernt haben vergessen und die unter diesen Umständen einzig mögliche, wenig überzeugende Erklärung anbieten: »Meine Dame (oder mein Herr), es ist nicht so, dass ich Ihren Hund nicht mag, ich bevorzugte nur den anderen!«

Kapitel 6

IM WASSER ARBEITENDE NEUFUNDLÄNDER

Der Neufundländer ist ein Arbeitshund. Sein Körperbau, sein Wesen, die Schwimmhäute an seinen Pfoten und seine natürlichen Fähigkeiten machen ihn außerordentlich geeignet für die Arbeit im Wasser. Ein gesunder Neufundländer ist ein kraftvoller Schwimmer, wahrlich im Wasser zu Hause, und einen Hund unter rauen Bedingungen arbeiten zu sehen ist sehr eindrucksvoll. Mit Neufundländern zu schwimmen und zu arbeiten ist ebenso eine enorme Freude und auch eine großartige Art und Weise, beide, Mensch und Hund, gesund und fit zu halten. Das Hochgefühl, das erste Mal von seinem eigenen Neufundländer im Wasser gezogen zu werden, sollten alle Liebhaber dieser Rasse einmal erleben.

AUSBILDUNG DES JUNGEN HUNDES

Je jünger der Hund, umso besser! Wenn es Ihnen ernst ist einen Hund zu trainieren und auf höchstem Niveau mit ihm zu arbeiten bedeutet dies, je jünger er anfängt, umso wahrscheinlicher wird es sein, dass er sein Potenzial voll ausschöpft. Alle unsere Hunde werden mit etwa 14 Wochen, nachdem das erste Impfprogramm abgeschlossen ist, an das Wasser herangeführt. Ich sehe ein, dass nicht jeder die Zeit und den nötigen Aufwand einsetzen will, um auf höchstem Niveau zu arbeiten, aber was immer Sie anstreben, Schwimmen ist ein gesundes und angenehmes Training für einen jungen Hund. Es soll Spaß bleiben und die Grundregel ist, in zu kurzer Zeit nicht zu viel zu erwarten. Die meisten Neufundländer sind rund zwei Jahre alt, bis sie wirklich in der Lage sind, auf höchstem Niveau ausdauernd zu arbeiten.

ERSTE SCHRITTE

Es gibt fast ebenso viele Vorstellungen darüber, wie man junge Hunde an die Wasserarbeit heranführt, wie es Trainer gibt. Aber der beste Rat ist, den Hund zu kennen, zu verstehen und herauszufinden, was ihn motiviert. Ist es Futter, ein Spielzeug oder einfach Ihre Gegenwart? Motivation ist der Schlüssel zu jedem Training. Die beste Person, einen jungen Hund das erste Mal ins Wasser zu locken, ist sein Besitzer - der Mensch, den er am besten kennt und dem er am meisten vertraut.

Es ist ebenso wichtig, dass Sie, solange es auch dauert, geduldig bleiben. Wenn eine Methode fehlschlägt, versuchen Sie eine andere. Benutzen Sie ein Lieblingsspielzeug oder einen Leckerbissen, gehen Sie am Ufer auf und ab und nach und nach gehen Sie beide ins Wasser.

Eine umstrittene Methode, von einigen Trainern angewandt, von anderen missbilligt, ist es, den Hund hochzunehmen, mit ihm ins Wasser zu waten und ihn dort abzusetzen. Dies sollte nie der erste Schritt sein. Ein nervöser Hund könnte einen Schock erleiden und folglich sein Vertrauen verlieren, welches dann in wochen- oder sogar monatelanger Arbeit wieder aufgebaut werden muss. Ungeachtet dessen bleibt es eine Möglichkeit, die, unter angemessenen Bedingungen, von vielen Trainern gebilligt wird.

In der Praxis gibt es einige Hunde, die im Wasser planschen und apportieren oder spielen, solange sie festen Boden unter den Füßen haben. Sie fühlen sich im Wasser sichtbar wohl, aber widerstehen allen Versuchen, sie zum Schwimmen zu bewegen. Was tun Sie jetzt? Sie können weiterhin versuchen, sie mit unterschiedlichen Mitteln zu locken, da Geduld in der Regel belohnt wird, besonders wenn der Besitzer mit ihm im Wasser ist. Eine Methode, die oft Erfolg bringt, ist es, andere Hunde mit ins Spiel einzubeziehen in der Hoffnung, dass, wenn die anderen losschwimmen um einen geworfenen Schwimmkörper zu apportieren, der Zögernde folgen wird. Bei einem Welpen ist seine Mutter oder ein

Der Neufundländer ist außergewöhnlich gut für die Wasserarbeit geeignet.

Wurfgeschwister oft ein großer Anreiz. Für einen älteren Rüden kann jede Hündin ein unwiderstehlicher Anreiz sein oder auch der Geruch einer läufigen Hündin (auf einen Tupfer aufgebracht) Aber bei einem Hund den Sie kennen und der eindeutig nicht nervös ist, gibt es einen Zeitpunkt, an dem ein wenig Hilfe, entweder durch einen leichten Ruck am Geschirr oder dadurch, dass man ihn ins tiefere Wasser trägt, alles ist, dessen es bedarf um Schwimmen zu lernen.

SCHWIMMEN LERNEN

Neufundländer sind geborene Schwimmer mit einem kraftvollen Schwimmvermögen. Dennoch gibt es manche, die besser sind als andere und tatsächlich gibt es eine kleine Minderheit, deren Schwimmbegabung sehr dürftig ist. Die korrekten Bewegungsabläufe - waagerecht im Wasser zu liegen und alle vier Läufe zu benutzen um sich durch das Wasser zu treiben - sind wichtige Voraussetzungen für einen guten Arbeitshund. Die Kraft des Hundes im Wasser, seine Fähigkeit, lange Strecken zu schwimmen und schwere Gegenstände zu ziehen, erwachsen aus dieser Begabung. Sie werden bemerkt haben, dass die meisten anderen Rassen eine senkrechtere Lage im Wasser einnehmen und dadurch einen sehr energieaufwendigen und weniger leistungsfähigen Schwimmstil haben; sie nutzen oft nur die Vorderläufe dazu, was allgemein als »Hundepaddeln« bezeichnet wird.

Einigen Neufundländerwelpen gefällt das Schwimmen von Anfang an, und sie haben wenig Probleme mit den Grundlagen. Andere brauchen etwas Hilfe um ihr Talent zu perfektionieren. Der häufigste Fehler ist das Versäumnis alle vier Läufe zu benutzen und die waagerechte Lage einzunehmen. Solche Welpen haben normalerweise einen hektischen und weniger leistungsfähigen Schwimmstil.

Wie überwinden wir dieses Problem bei jungen Hunden oder Neulingen? Wieder werden Sie nicht verwundert sein zu erfahren, dass zahlreiche Vorschläge existieren, aber nur wenige Beweise dafür, dass eine dieser Methoden langfristig die effektivste ist. Im Folgenden finden Sie Alternativen.

1. Wenn der Hund in so tiefem Wasser ist, dass er schwimmen muss, aber flach genug, dass der Hundeführer noch stehen kann, wird die Hinterhand mit den Händen von hinten angehoben, bis der Hund waagerecht im Wasser liegt. Die meisten werden dann alle vier Läufe zum Schwimmen benutzen. Der Hundeführer hält den Hund in dieser Position, so dass er alle Kraft, die ihm zur Verfügung steht, dazu verwenden muss, um vorwärts zu kommen. Dies ist überaus wirksam, wenn der Halter oder jemand anders den Hund vom Ufer aus ruft. Sobald der Hund die korrekte Schwimmhaltung einnimmt, gestattet man ihm das Vorwärtskommen. Das Ziel ist, dem Hund zu der Erkenntnis zu verhelfen, dass es, wenn er die richtige Schwimmlage einnimmt, ihm die Kraft gibt vorwärts zu kommen. (Vorsicht ist geboten um sicherzustellen, dass der Hundeführer nicht durch die Hinterpfoten des Hundes verletzt wird und dem Hund daraus kein Stress entsteht.)

2. Ein Hundeführer geht neben dem Hund her und hält seine Hinterhand hoch, während er durch das Wasser schwimmt.

3. Eine Art künstlicher Schwimmkörper oder Luftkissen kann angebracht werden und die Hilfe dann in

dem Maße reduziert werden, in der der Hund die richtige Lage im Wasser einnimmt.

4. Leinen können am Geschirr angebracht werden, die der Hundeführer halten und mit denen er dem Hund Widerstand geben kann, um ihn so zu zwingen, seine Anstrengungen zum Vorwärtskommen zu erhöhen und sich so hoffentlich einen zweckmäßigeren Schwimmstil anzueignen. Die Leinen können an einem Boot befestigt werden, aber Gewichte anzulegen ist geeigneter für ältere Hunde und ist nicht so angebracht bei Welpen.

Bei den meisten Hunden ist es ein temporäres Problem und sie entwickeln schließlich einen vernünftigen Schwimmstil. Dies gilt ganz besonders für Welpen. Aber für einen älteren Hund, der versäumte einen leistungsfähigen Schwimmstil zu entwickeln, kann es ein großes Problem werden, diesen Fehler zu überwinden. Der Kern all dieser unterschiedlichen Methoden ist der Versuch dem Hund beizubringen, dass die korrekte Bewegung die effizienteste ist und den kleinsten Aufwand erfordert. Es ist einfacher und wirkungsvoller, wenn der Hundeführer beim Schwimmunterricht stehen kann, während der Hund schwimmt. Wo dies nicht möglich ist, kann der Hundeführer alternativ ein Boot zu Hilfe nehmen.

GRUNDÜBUNGEN

Gestalten Sie die Übungen einfach und spielerisch! Ein vorausgehendes Training an Land ist hilfreich, wenn ein junger Hund das Wasser liebt. Wir geben unseren Welpen, sobald sie damit umgehen können, etwa ab einem Alter von 4 bis 5 Wochen, Stricke zum Spielen. Für einen Welpen der zu Hause einfache Kommandos (wie zum Beispiel »Sitz«, »Bleib«, »Nimm«, »Halte« und »Bring«) gelernt hat, ist das anfängliche Wassertraining viel einfacher. Ein Welpe, der im Spiel mit seinem Besitzer Stricke kennen gelernt hat, wird eher ein Tau im Wasser halten. Ein Welpe, der an Land Gegenstände bringt, wird meistens keine Probleme damit haben dieselbe Übung im Wasser auszuführen. Es ist ebenso wahr, dass ein Hund, dem der Umgang mit Fremden bekannt und vertraut ist, das Training als einfacher empfinden wird. Beginnen Sie immer damit dem Hund beizubringen, sicher an der Seite seines Hundeführers zu schwimmen. Waten Sie mit dem Welpen ins Wasser hinaus, aber erlauben Sie ihm niemals auf einen Menschen klettern zu wollen, nicht einmal im Spiel. Wenn er es versuchen sollte, üben Sie sanfte Beschränkung aus und geben Sie entschlossene Kommandos. Es ist verführerisch dieses Klettern als ein Zeichen von Zuneigung auszulegen und macht Spaß mit einem kleinen Welpen. Aber ein ähnliches Verhalten eines ausgewachsenen Hundes kann sehr gefährlich sein und zu ernsthaften Verletzungen führen. Was noch das Wenigste wäre, es ist der Grund für viele zerrissene Taucheranzüge, deren Reparaturen sehr teuer sind. Ein Riss in einem Neoprenanzug ist möglicherweise sehr viel schlimmer. Fehlverhalten, wie alle Formen des Hundeverhaltens, werden am besten dem jungen Hund abgewöhnt.

In dieser Phase sollten Sie versuchen, das natürliche Verhalten des Hundes, das heißt seine Liebe und sein Bestreben Ihnen zu gefallen, zu nutzen und zu entwickeln. Und nochmals, haben Sie Geduld. Setzen Sie sanfte Überzeugungskraft ein oder geben Sie einen Anreiz, vergessen Sie jedoch nicht, dass für Ihren Hund alles viel einfacher und stressfreier ist, wenn Sie selbst mit ins Wasser gehen. Andere können Ihnen helfen, indem sie Sie leiten und beraten, aber es gibt keinen Ersatz für den Besitzer, der draußen im Wasser seinen Hund zu sich ruft. Nach diesen ersten Schritten versuchen einige Trainer nun Fremde einzusetzen, die die Hunde aus der ersten Übungsphase kennen, um Probleme auf der höheren Ebene, in der der Hund zu Fremden schwimmen soll, zu erleichtern.

AUSBILDUNG DES ÄLTEREN HUNDES

Das Prinzip, nach dem Welpen ausgebildet werden, gilt auch für die Heranführung älterer Hunde an die Wasserarbeit, das Hauptproblem liegt darin, »alten Füchsen neue Tricks beizubringen«. Es ist schwerer einem älteren Hund etwas an- oder abzugewöhnen, aber die meisten lernen mit der Zeit und mit Geduld die Wasserarbeit zu genießen. Vielen gefällt es so gut, als ob sie ihr ganzes Leben schon geschwommen wären. Ich entsinne mich an einen in Pension gegangenen Ausstellungs-Champion, der sich innerhalb weniger Wochen regelmäßigen Trainings von lebhaftem Herumgeplansche zu bestandenen Prüfungen auf dem A- und B-Niveau steigerte.

IM WASSER ARBEITENDE NEUFUNDLÄNDER

APPORTIEREN

Wie bereits erwähnt, unterstützen Übungen zu Hause (getarnt als Spielstunden) das Training eines Hundes zum Apportieren eines Gegenstandes im Wasser. Aber es ist keine Garantie, da Wasser eine andere Umgebung ist und einige gute Apportierer scheuen vor dem erstmaligen Apportieren aus dem Wasser zurück. Es liegt wahrscheinlich darin begründet, dass, wenn sie ihren Fang öffnen um den Gegenstand zu packen, dabei Wasser aufnehmen, manchmal sogar beträchtliche Mengen. Für manche Hunde ist es ein anfängliches Problem. Ich beginne lieber mit einem Stück Tau oder einem Schwimmkörper. Aber sollten dem Hund diese Gegenstände unbekannt sein, ist es im Allgemeinen besser mit etwas zu beginnen, mit dem der Hund gerne spielt - normalerweise mit seinem Lieblingsspielzeug. Natürlich muss es schwimmen. Ich wundere mich heute nicht mehr über die Vielzahl der Artikel, die als Lieblingsapportierspielzeug präsentiert werden, und über die Jahre habe ich die meisten Dinge, die schwimmen (oder auch nicht), benutzt, um unseren Hunden das Apportieren beizubringen. Und nochmals, gestalten Sie alles spielerisch - begeistern Sie Ihren Hund und bringen Sie ihn dazu, den Apportiervorgang eifrig zu beenden.

Das Ziel des Apportierens ist, dass der Hund mit dem Gegenstand wieder an Land kommt, um ihn dem Hundeführer zu übergeben. Ein allgemeines Fehlverhalten der Hunde liegt darin, dass sie den Gegenstand fallen lassen, bevor sie aus dem Wasser kommen, gewöhnlich dann, wenn sie mit den Pfoten festen Boden erreichen. Dies ist weniger ein Problem bei Hunden, die das Apportieren und Übergeben des Gegenstandes in normalen Unterordnungskursen gelernt haben. Es gibt eine Vielzahl von Möglichkeiten dieses Problem zu lösen. Es ist wichtig, den Hund darin zu bestärken, den Gegenstand festzuhalten bis er die Anweisung bekommt, ihn dem Hundeführer zu überlassen, ohne ihm das Gefühl zu geben, die Übung falsch ausgeführt zu haben. Wenn der Hund das Apportieren korrekt ausgeführt hat, muss er lediglich lernen, die Übung in der richtigen Weise zu Ende zu führen. Dies wird ziemlich einfach durch eine der beiden folgenden Methoden erreicht.

1. Der Hundeführer geht rückwärts vom Wasserrand weg sowie sich der Hund nähert und bestärkt ihn darin, den Gegenstand zu halten.

2. Der Hundeführer geht ins Wasser bis etwa zu dem Punkt, an dem der Hund das Objekt fallen lassen will und ermutigt ihn dazu, es weiterhin zu »halten«, bis er mit dem Kommando »gib« angewiesen wird, es zu übergeben.

Der zweite häufige Fehler ist die Verweigerung des Hundes den Gegenstand abzugeben, wenn er dazu angewiesen wird. Ich halte es nicht für gut, einen Hund mit Gewalt unterzutauchen, um ihn dazu zu bringen, den Gegenstand loszulassen. Ich glaube, dass dies ein Unterordnungsproblem ist und am besten an Land angegangen wird.

AUF GRUNDLAGEN AUFBAUEN

Wassertests beinhalten einen Zugang in Form eines Baukastensystems, das praktische Trainingsmethoden widerspiegelt. Ob für junge Musiker oder Neufundländer, jede Ausbildung hat allgemeine Regeln und Grundsätze. Sie würden niemanden nach seiner ersten Musikstunde bitten ein Orchester zu dirigieren. Ebenso gibt es nicht nur einen einzigen richtigen Weg einem Hund etwas beizubringen. Man sollte das anwenden, was funktioniert. Als Beispiel möchte ich die Übung, aus einem Boot zu springen, nehmen. Es gibt Hunde, die freudig aus einem Boot herausspringen, während andere eine Menge Ermutigung und Aufwand benötigen, um sie dazu zu bringen.

AUS EINEM BOOT SPRINGEN

Ein im Wasser schwimmendes Boot ist viel instabiler als fester Boden, und viele Hunde zeigen eine anfängliche Abneigung aus einem solchen zu springen. Also, wie trainieren wir nun so einen unwilligen Hund aus einem Boot zu springen?

1. Beginnen Sie an Land und üben Sie mit dem Hund, auf Kommando in das Boot herein- und herauszusteigen.

Barney, der bestqualifizierte Wasserarbeitshund in Großbritannien, aus einem Boot springend.

2. Trainieren Sie den Hund auf Kommando zu springen. Dies war die Methode, die erfolgreich bei einem widerwilligen Hund angewandt wurde, der nach vielen Monaten des Übens lernte aus einem Boot zu springen. Ein großer Teil des Trainings erfolgte an Land.

3. Halten Sie das Boot im flachen Wasser und vergrößern Sie langsam den Abstand zum Land und damit die Wassertiefe. Viele Hunde werden an Land oder im flachen Wasser freudig aus dem Boot heraus- und wieder hereinspringen, aber weiter weg vom Ufer Widerstand leisten.

4. Falls der Halter im Wasser ist, werden die meisten Hunde versuchen zu ihm oder zu ihr zu gelangen und eventuell aus dem Boot springen.

5. Benutzen Sie ein Lieblingsspielzeug oder einen Belohnungshappen.

6. Nehmen Sie einen anderen Hund mit. Setzen sie beide ins Boot und werfen Sie einen beliebten Apportiergegenstand ins Wasser. Zusehen zu müssen, wie der andere Hund hinausspringt, um das geliebte Spielzeug zu stehlen reicht oft aus, um einen zögerlichen Hund anzuspornen.

7. Drehen Sie das Boot um. Einige Hunde sind anfangs vorsichtig, damit über die Reling des Bootes zu klettern.

8. Benutzen Sie ein flacheres Boot.

9. Rudern Sie mit dem Hund im Boot in den See hinaus während der Halter an Land bleibt.

Und nochmals, haben Sie Geduld und geben Sie nicht auf. Falls eine Methode versagt, setzen Sie eine andere ein. Eine gute Faustregel für alle Aspekte des Übens ist: Wenn Sie mit einer Methode fünfmal erfolglos waren, probieren Sie eine andere. Sie können ein anderes Mal immer wieder auf Ihre ursprüngliche Idee zurückkommen. Das Wichtigste ist aber, das Interesse des Hundes zu erhalten. Neufundländer sind nicht wie manche andere Rassen, wie zum Beispiel Deutsche Schäferhunde oder Border Collies. Sie brauchen Überredung und Belohnungen im Training. Die Übungen müssen ihnen Spaß machen. Es ist wichtig, ihr Interesse und ihre Aufmerksamkeit zu erhalten, da besonders junge Hunde bald abschweifen können. Sie lieben die Abwechslung und sie werden schnell müde dieselbe Übung zu wiederholen. Also, wechseln Sie die Übungen häufig - morgen ist auch noch ein Tag.

Es ist wichtig, das Interesse des Neufundländers an seiner Arbeit zu erhalten.

ARBEITEN MIT DEM BOOT

Lassen Sie uns die Grundübung des Hinausschwimmens zu einem Boot betrachten um zu sehen, wie man sie aufbauen könnte.

1. Der Halter oder Helfer steht im Wasser in geringem Abstand zum Ufer und spornt den Hund an herauszuschwimmen, indem er die Lockmethode anwendet, die sich in diesem Fall als Beste erweist. Sie können einfach den Namen rufen oder ein Spielzeug oder einen Leckerbissen hin- und herschwenken. Falls es funktioniert, wäre der beste Anreiz ein Stück Tau. Erreicht der Hund das Boot, wird er belohnt. Wenn die Belohnung das Tau ist, wird er ermutigt, es in den Fang zu nehmen und damit zurückzuschwimmen. Wird eine andere Belohnung gegeben, muss der Hund zu einem gewissen Zeitpunkt lernen, einen Strick zu nehmen und zu ziehen. Das kann man tun, indem man lange Taue im kontrollierten Spiel einsetzt und aufgewickelte Taue als Apportierobjekte im Wasser benutzt. Jedes Training ist viel einfacher, wenn der Hund die Grundlagen des Gehorsams gelernt hat. Wenn er Kommandos wie »Nimm« und »Halte« versteht und ihnen gehorcht, werden sich deutlich weniger Probleme ergeben, ihm das Apportieren und das Arbeiten mit einem Tau oder irgendeinem anderen Gegenstand beizubringen.

P. S. Verlangt man von Hunden lange Taue zu apportieren, muss man sich der Gefahr bewusst sein, dass sie irgendwo hängen bleiben können oder dass der Hund sich im lose aufgewickelten Tau verheddert. Seien Sie immer aufmerksam und beobachten Sie den Hund. Greifen Sie bei der geringsten Vermutung, er könnte sich in irgendeiner Schwierigkeit befinden, ein. In Prüfungen wird jeder Helfer angewiesen, selbständig die Initiative zu ergreifen, den Hund zu unterstützen, wann immer er ein Problem vermutet und nicht auf Anweisung zu warten.

2. Der Hundeführer kann neben dem Boot stehen und dem Hund ein Stück Tau, das am Boot befestigt ist, als Belohnung für das Zurückschwimmen geben.

3. Der Hundeführer kann im Boot sitzen und den Hund ermuntern hinauszuschwimmen und als Belohnung wird er angewiesen das Tau zu nehmen. Ist der Hund jung oder unwillig, schiebt ein Helfer das Boot von hinten, so dass der Hund nicht das ganze Gewicht zu spüren bekommt. Langsam wird dann die Hilfe beim Ziehen reduziert bis der Hund das Boot ohne Hilfe zieht.

4. Die Entfernung wird über einen gewissen Zeitraum allmählich gesteigert.

WEITER GEHT'S - EIN TAU ZUM BOOT BRINGEN

Führt ein Hund die oben beschriebenen Übungen freudig aus, können komplexere Übungen eingeführt werden. Ein Element von Wasserarbeitsprüfungen ist es, dass der Hund ein aufgewickeltes oder loses Tau zu einem Boot bringt und dem Helfer auf Kommando erlaubt, es zu nehmen. Daraufhin wird er mit einem zweiten Tau, das ihm vom Helfer gegeben wurde, an Land schwimmen, das Boot hinter sich her ziehend.

Trainiert man einen Hund darauf, mit einem Tau zu einem Boot herauszuschwimmen, kann großes

Vertrauen in das angeborene Apportierverhalten eines willigen Hundes und in die Freude, die ihm daraus erwächst, gesetzt werden. Aber Ihrem Hund beizubringen irgendeinen Gegenstand vom Ufer zu einer Person oder zu einem Boot zu bringen, ist etwas vollkommen anderes und es ergeben sich schwierige Probleme. In dieser Übung wird vom Hund verlangt, gegen sein angeborenes Verhalten zu apportieren und zurückzukehren, zu arbeiten. Hier wird von ihm verlangt, seinen Halter zu verlassen und etwas zu einem Fremden mit herauszunehmen, das für den Hund ein sehr interessanter Gegenstand wäre, um sich damit zu vergnügen und zu spielen. Was noch schlimmer ist, er muss den Gegenstand bei der Ankunft abgeben, wegschwimmen und in der Nähe geduldig auf das zweite Tau warten.

Auf höheren Stufen der Wasserarbeitsprüfungen sind regelmäßiges Training und Gehorsamsübungen wichtig. Ein Hund, der nicht willig auf Kommandos wie »Nimm«, »Halte«, »Gib« und »Warte« reagiert, wird einem Trainer auf diesem Niveau wirkliche Probleme bereiten.

»VERKETTEN«

Eine Art und Weise auf komplexere Tests hinzuarbeiten ist es, sie in ihre Komponenten zu zerlegen, jeden Teil separat zu üben und sie dann, wenn sie erlernt sind, zu einer komplexeren Übung zu verbinden. Dies wird als »Verketten« bezeichnet. In der vorangegangenen Prüfung, ein Tau zu einem Boot zu bringen, könnten die einzelnen Elemente sein:

1. »Nimm« und »Halte« das aufgewickelte Tau, »Schwimm« zum Boot und »Gib« das Tau auf Kommando an den Helfer.
2. Auf Kommando, »Schwimm« langsam um das Boot.
3. »Nimm« das zweite Tau in den Fang und kehre, das Boot ziehend, zum »Ufer« zurück.

Jedes Element kann separat geübt werden. Den ersten Teil kann man damit beginnen, den Hund dazu anzuhalten, ein aufgewickeltes Tau von einer Person über eine kurze Distanz zu einer anderen zu bringen. Dies sollte, entweder an Land oder zu Hause im Wohnzimmer, als spielerische Übung häufiger geübt werden. Im zweiten Teil ist es wichtig, dem Hund beizubringen, dicht am Boot oder rundherum zu schwimmen, ohne zu versuchen hineinzuklettern oder in irgendeiner anderen Weise sich selbst, das Boot oder seine Insassen in Gefahr zu bringen. Der dritte Teil ist der grundlegende Test ein Tau zu nehmen und ein Boot zu ziehen. Der Hund sollte bereits mit diesem Element vertraut sein, welches somit der leichteste Teil der »Kette« sein sollte.

TRAINING AN LAND

Wie ich bereits beschrieben habe, gibt es vieles, das an Land, zu Hause und im Spiel erreicht werden kann. Einige Trainer simulieren und üben sogar die gesamten komplexeren Übungen an Land. Aber es bleibt zweifelhaft, ob die Arbeit an Land den Hund adäquat darauf vorbereiten kann, eine komplexe

Die natürlichen Verhaltensweisen des Hundes werden genutzt, wenn die Tests schwieriger werden.

IM WASSER ARBEITENDE NEUFUNDLÄNDER

Übung im Wasser auszuführen. Während man großen Nutzen aus der Arbeit an Land ziehen kann, bleibt doch die regelmäßige Arbeit im Wasser unentbehrlich für den Erfolg.

MOTIVATION UND BELOHNUNG

Die meisten Neufundländer lieben das Wasser und erhalten ihre Belohnung dadurch, dass ihnen erlaubt wird zu schwimmen und mit ihren Besitzern zu spielen. Jedoch benötigen sie Motivation, wenn sie komplexe Übungen ausführen und perfektionieren sollen, und sie haben es verdient, für ihre Anstrengungen belohnt zu werden. Für einige ist Ihre Freude die einzige Belohnung die sie verlangen - ein begeistertes Umarmen und Klopfen nach einer korrekt ausgeführten Übung. Einer meiner Hunde ist allerdings ein Fall für sich. Als junger Hund liebte er die Arbeit, egal ob im Wasser oder während eines langen Spaziergangs durch die Moore. Seine einzige Belohnung war es, einfach dabei zu sein. Er verweigerte unterwegs, aus seiner Sicht »bei der Arbeit«, immer alles Fressbare. Sogar im hohen Alter ist er ein guter Arbeitshund geblieben, der in der Lage ist komplexe Aufgaben auszuführen, obwohl er nun doch am Ende einen Hundekuchen annimmt! Es ist jedoch Ihr großer Beitrag zum erfolgreichen Training anderer Hunde herauszufinden, was sie motiviert.

ZU EINEM FREMDEN SCHWIMMEN

Eine Methode ist es, sich das Unterordnungstraining zu Nutze zu machen und den Hund anzuweisen, zu einer Person im Wasser zu schwimmen. Alternativ dazu kann der Hund angewiesen werden, zu einem Fremden zu schwimmen, der den Hund beim Namen ruft oder (noch schwieriger) ihn mit einem neutralen Ruf lockt. Der Hundeführer kann mit dem Hund mitschwimmen, um ihn zu ermutigen und ihm die Richtung zu zeigen, um dann nach und nach die Strecke, die der Hund alleine schwimmt, zu vergrößern. Helfer können im Wasser stehen um sicherzustellen, dass der Hund weiter in Richtung der Person im Wasser schwimmt.

Wie viel einfacher wird dies alles, wenn der Hund es selber will! Für die meisten Neufundländer ist es eine große Freude neue Menschen zu treffen, und für einige ist dies genug Ansporn und die Übung wird nie zu einem richtigen Problem werden. Aber eine Reihe von Hunden verlässt ihre Besitzer nur sehr widerstrebend, und in der Regel hilft in solchen Fällen der Einsatz von Belohnungen als Ansporn.
1. Dem Hund wird die bevorzugte Belohnung von der fremden Person gezeigt, die dann ins Wasser hinauswatet, dann in kurzem Abstand stehen bleibt und den Hund mit der Belohnung lockt.
2. Der Hundeführer entlässt den Hund und weist ihn an, zu der Person im Wasser zu schwimmen. Einige benutzen dabei das Kommando »Fort«.
3. Der Hund erreicht die Person im Wasser, bekommt eine Belohnung und wird angewiesen zum Ufer zurückzuschwimmen.

Das Selbstvertrauen des Hundes muss aufgebaut werden, um zu einem Fremden herauszuschwimmen.

4. Der Helfer schwimmt mit dem Hund zurück zum Ufer und hält sich dabei, vorausgesetzt, dies bringt keine Aufregung mit sich, am Geschirr oder im Fell oberhalb der Rute fest.

5. Mit der Zeit wird die Entfernung vergrößert und die Übung so oft wie nötig wiederholt, bis der Hund für die Belohnung freudig mit der Person, oder vorzugsweise den Personen, zusammenarbeitet. Der Hund sollte denken: »Sie sind wirklich sehr nett, sie geben mir etwas ganz Besonderes und alles was ich dafür tun muss, ist sie zum Ufer zurückzuziehen. Eine meiner leichtesten Übungen, was für ein großartiges Leben ist das!«

6. Wenn der Hund seine Aufgabe auf einem durchschnittlichen Niveau erfüllt, wird die Belohnung einmal vorenthalten, das nächste Mal wieder gegeben. Ein Element der Ungewissheit wird so in die Gedanken des Hundes eingeführt, der denkt: »Werde ich eine oder werde ich keine Belohnung bekommen? Ich werde zu der Person gehen müssen, um es herauszufinden.«

7. Langsam wird die Häufigkeit des Gebens von Belohnungen reduziert, bis der Hund die Übung auch ohne Belohnung ausführt.

GOLDENE REGELN

Beenden Sie eine erfolgreich ausgeführte Übung immer mit einem begeisterten Klopfen und loben Sie mit »Gut gemacht!«. Lassen Sie den Hund spüren, wie zufrieden Sie sind, so dass die Belohnungen nicht mehr länger der Anreiz sind, aber der Spaß bleibt.

Hören Sie immer mit einer erfolgreich abgeschlossenen Übung auf. Falls der Hund beginnt, sich durch die Wiederholungen zu langweilen oder sich einfach weigert, eine bestimmte Übung auszuführen, lassen Sie ihn etwas tun, was ihm Spaß macht und belohnen Sie die Fügsamkeit mit einem großen »Gut gemacht!«. Vergessen Sie nicht, Neufundländer langweilen sich schnell durch Wiederholungen und es ist nicht ungewöhnlich, dass die Ausführungen mit jeder Wiederholung schlechter werden. Besonders junge Hunde ermüden schnell, also achten Sie auf ihre Kondition und ihre Gefühle.

SCHLUSSFOLGERUNGEN

1. Alle Hunde sind wie Menschen einzigartig. Sie besitzen unterschiedliche Fähigkeiten, sie arbeiten und lernen in ihrem eigenen Tempo. Die Schnelligkeit des Lernens und der Entwicklung wird entsprechend den Fähigkeiten von beiden, Ausbilder und Hund, variieren. Vergessen Sie nicht, dass das Verhältnis, in dem der Hund sich entwickelt, nicht direkt mit seinen Fähigkeiten in Relation steht. Ein langsam Lernender kann sich zu einem guten Arbeitshund entwickeln.

2. Belohnen Sie immer mit begeistertem Lob. Ihr Lob ist wahrscheinlich der wichtigste Faktor Ihren Hund zu motivieren.

3. Lassen Sie alles Spaß bleiben, und um das Interesse zu erhalten, vermeiden Sie zu viele Wiederholungen.

4. Regelmäßiges Üben ist unabdingbar um erfolgreich zu sein und um eine gute Ausführung der Übungen zu gewährleisten.

WASSERTESTS FÜR NEUFUNDLÄNDER

Ich habe nicht die Absicht ins Detail aller Teilbereiche eines jeden Wassertests zu gehen, da sie in den Regularien eingehend beschrieben sind. Dieses Regelwerk kann von den jeweiligen Stellen Ihres nationalen Klubs bezogen werden und es ist für jeden, der mit seinem Neufundländer an der Wasserarbeit bis zum Prüfungsniveau teilnehmen will, wichtig zu lesen.

DAS WASSERTRAINING IN GROSSBRITANNIEN

Seit vielen Jahren gibt es eine kleine Anzahl von Personen, die ihren Hund im Wasser trainieren. Die Ragley-Tests werden seit 1964 fortlaufend durchgeführt, aber vor den 80er Jahren gab es wenig organisierte Übungsgruppen. Der Northern Newfoundland Club war der erste Zuchtverband, der daran Interesse zeigte, 1989 ein Komitee für Wasserarbeit einrichtete und einige Ausrüstungsgenstände für die Arbeitsgruppe in Cheshire erwarb. Es muss noch gesagt werden, dass die große Mehrzahl der Personen,

Die ersten in Großbritannien abgehalte-nen Wassertests wurden von Darkpeak Aryan Mist bestanden, ebenfalls ein erfolgreicher Ausstellungshund.

die mit ihren Neufundländern arbeiten, Anhänger des wettbewerbslosen Prinzips sind. Ich denke, dass dies ein wichtiger Punkt ist, Freude und Kameradschaft zu erhalten und die unerfreulicheren »menschlichen« Aspekte, die manchmal in der Welt der Hundeausstellungen ans Tageslicht kommen, zu vermeiden. Die ersten formalen Wasserprüfungsregeln im Vereinigten Königreich wurden unter der Leitung von Paul und Christine Tedder zusammengestellt, und der Northern Club führte 1990 die ersten Tests auf dem A- und B-Niveau durch. Von diesem Zeitpunkt an entwickelte sich alles sehr schnell. Gruppen wurden in den meisten Bereichen des Landes gegründet und der Newfoundland Club bildete 1990 sein Arbeitskomitee. Beide Klubs halten nun jährlich drei oder mehr Wasserprüfungen ab. Die Wasserprüfungsordnungen wurden von einer vereinigten Arbeitskommission beider Vereine 1994 überarbeitet und die ersten Tests unter den neuen Regularien wurden 1995 durchgeführt.

DAS WASSERTRAINING IN DEN USA

In den USA ist die Wasserarbeit außerordentlich beliebt und der Kalender ist übersät mit vielen inoffiziellen und offiziellen Terminen. Der erfolgreich im Wasser arbeitende Hund kann als zusätzlichen Anreiz den Titel WRD-NCA (Wasserrettungshund - Newfoundland Club of America), seinem Namen zugesetzt, erringen. Diese Bezeichnung darf man nicht mit den Buchstaben WRD und WRDX, welche die Wasserarbeitstitel sind, die den Gewinnern der Junior- und Senior-Wasserhundprüfungen in Kanada verliehen werden, verwechseln.

Die amerikanischen Tests werden ebenfalls in Junior- und Seniorübungen unterteilt, bei denen Punkte für einzelne Teile, inklusive der Grundbeherrschung, verteilt werden. Die amerikanischen Tests scheinen sehr populär zu sein, und der dänische Neufundländer-Klub baut heute seine Wasserübungen auf den NCA-Übungen auf.

DIE INTERNATIONALE SZENE

In den meisten Ländern, in denen die Rasse populär ist, gibt es ein organisiertes Trainingsprogramm und viele Neufundländer-Klubs haben die eine oder andere Art von Prüfungen oder Tests. Internationale Wasserprüfungen finden regelmäßig auf dem europäischen Kontinent statt, und Hundeführer und Hunde aus vielen Ländern nehmen daran teil. Die Tollwutvorschriften verhindern die Teilnahme britischer Hunde, aber viele Trainer sind schon zum Zuschauen oder zur Teilnahme mit ausländischen Hunden angereist. Die französische Gruppe, ganz speziell die in Paris beheimatete TNS (Terre Neuve Sportif), ist allgemein auf diesem Gebiet führend anerkannt. Ihre Hilfe und Anleitung während der letzten zehn Jahre ist von unschätzbarem Wert. Die Besuche von französischen Trainern bei britischen Veranstaltungen sind nach wie vor beliebte Daten auf dem Arbeitskalender.

DEN RICHTIGEN WELPEN AUSSUCHEN

Wie sucht man den richtigen Welpen für die Wasserarbeit aus? Genau wie auf dem Bereich der Tra-

69

ningsmethoden gibt es auch hier sehr wahrscheinlich genau so viele Vorstellungen wie Halter. Aber hier einige grundsätzliche Hilfen:

1. Suchen Sie nach einem gesunden, zutraulichen, verspielten Welpen von guter Kondition.
2. Schauen Sie sich die Elterntiere an und wann immer es möglich sein sollte, bitten Sie darum, einen oder beide im Wasser sehen zu dürfen.
3. Sind sie gesund und in guter Form?
4. Haben beide gute HD-Auswertungsergebnisse?
5. Sind beide auf Herzerkrankungen untersucht und sind ihre Herzen als geräuschfrei attestiert?
6. Wenn Vater- und Muttertier gute Wasserarbeiter sind, gilt dies auch oft für die Welpen. Es gibt Belege dafür, dass bestimmte Linien bei Neufundländern gute Wasserarbeitshunde hervorbringen.
7. Sehen Sie sich Wasserprüfungen und Übungsgruppen an, wo Sie unterschiedliche Hunde bei der Arbeit sehen und Ratschläge von Besitzern und Trainern erhalten können.
8. Hören Sie nicht nur auf die Aussagen von Züchtern, versuchen Sie immer auch andere Meinungen zu hören.

Es ist wichtig, dass Sie niemals einen Welpen bei einem Händler oder bei irgendjemand anderem als bei einem auf Neufundländer spezialisierten Züchter kaufen. Es gibt von Tierschutzorganisationen veröffentlichte Belege, dass die gesündesten Hunde von Züchtern kommen, die nur wenige Würfe aufziehen. Fragen Sie immer nach Bescheinigungen über Herzuntersuchungen und Hüftgelenksauswertungen.

Ein erfahrener französischer Trainer warnte vor dem Trend, größere Hunde für den Ausstellungsring zu züchten und beschrieb sie eher als »Unterseeboote« denn als gute Schwimmer. Obwohl es aber Beweise dafür gibt, dass sehr große Hunde nicht so gute Schwimmer sind, habe ich den Verdacht, dass viele Ausstellungshunde einfach eine schlechte Kondition aufweisen und einige Wochen Training gute Arbeitshunde aus ihnen machen würden. Es ist sicherlich zu hoffen, dass wir es vermeiden, Ausstellungs- und Arbeitstypen zu entwickeln, wie es in anderen Rassen gemacht wurde. Ein Hund mit einem korrekten Körperbau, der sich im Schauring auszeichnet, sollte mit ein wenig Übung ebenso in der Lage sein auf höchstem Niveau zu arbeiten. Wenn dies nicht der Fall wäre, müsste der Rassestandard oder das Richten fehlerhaft sein.

WO GEARBEITET WIRD

Den Hauptteil der Übungen trainieren die meisten Leute an einem bestimmten Ort, der für sie oder ihre Gruppe am geeignetsten ist. Aber für Ihren Hund ist es von Vorteil Erfahrungen mit unterschiedlichen Arten von Gelände und Wasservorkommen zu machen. Ein Hund, der immer nur an einem Ort arbeitet, kann große Probleme haben, wenn er auf anderem Gelände oder unter ungewohnten Bedingungen geprüft wird. Ich habe Hunde gesehen, die weit unter ihren Möglichkeiten blieben, wenn sie in einem neuen Wasserabschnitt arbeiten sollten.

FLÜSSE

Flüsse müssen für Übungen oder Prüfungen geeignet sein. Meiden Sie solche mit unzureichender Breite und ungünstigen Strömungen. Solche Flüsse sind aber oft großartige Orte für Übungen oder um sich an heißen Sommertagen abzukühlen. Nehmen Sie sich vor starken Strömungen und Strudeln in Acht.

SEEN

Mit ein wenig Aufwand ist es sicher möglich, eine geeignete Stelle für das Wassertraining zu finden. Besorgen Sie sich eine anständige topographische Karte und suchen Sie darauf nach Wasser. Versuchen Sie bei Ihrer lokalen Verwaltung, zum Beispiel Wasseraufsichtsbehörden, Landschaftschutzämtern usw. Auskünfte zu bekommen. Alle diese Stellen können wertvolle Informationsquellen sein.

DAS MEER

Das Meer ist der Ort, an dem man Neufundländer so arbeiten sehen kann, wie die Natur es vorgesehen hat. Sogar die Stimmung widerwillig arbeitender Hunde scheint sich in der Gegenwart des Meeres zu heben. Einen Hund zu beobachten, der durch die sich brechenden Wellen schwimmt, um entschlossen ein Objekt zu verfolgen, das oft außer Sicht gerät, heißt, einen Neufundländer von seiner eindrucksvollsten Seite zu erleben. Viele Gruppen trainieren regelmäßig im Meer. Im Meer schwimmen und arbeiten bringt für Hundeführer und Übungsleiter unterschiedliche Probleme mit sich und macht die gute Zusammenarbeit in der Gruppe noch wichtiger.

Wechselnde Gezeiten machen die Prüfungen im Meer schwieriger und verlangen von den Richtern eine flexible Herangehensweise, aber es ist sicherlich praktikabel und ein großer Spaß für Hundeführer und Hunde. Das Meer und die Küste können aber auch sehr gefährliche Orte sein und müssen mit Respekt behandelt werden.

Befolgen Sie immer Ratschläge der Küstenwacht und missachten Sie niemals Schlechtwetterwarnungen. Hüten Sie sich vor gefährlichen Stränden, das heißt solchen mit Treibsand. Nehmen Sie sich ebenfalls vor Prielen und Unterwasserströmungen in Acht. In Großbritannien findet man die meisten ständigen Gefahrenbereiche wie Treibsand, militärische Übungsgelände usw. in den offiziellen Vermessungskarten (1:25 000) eingetragen. Nehmen Sie Ihr nationales Gegenstück oder die detaillierteste Karte, die Sie bekommen können.

TRAININGSGRUPPEN

Es ist immer besser sich einer Gruppe anzuschließen und es muss wohl nicht erwähnt werden, dass es sicherer ist und mehr Spaß macht. In den letzten Jahren sind formale Trainingsgruppen immer alltäglicher geworden. Wenn Sie mit Ihrem Hund schwimmen gehen wollen oder einfach nur mehr über Wasserarbeit wissen wollen, nehmen Sie Kontakt zu einer Gruppe in Ihrer Nähe auf und schauen Sie sich einmal alles an - die Gruppe wird sich freuen Sie begrüßen zu dürfen. Wenn Sie erfahren wollen, wo eine Gruppe in Ihrer Nähe ist, oder Rat suchen um eine neue Gruppe ins Leben zu rufen, fragen Sie Ihren nationalen Zuchtverband, dem ein Arbeitskomitee angeschlossen sein wird.

AUSRÜSTUNG

Am Anfang ist es nicht nötig ein Vermögen dafür auszugeben, und wenn Sie sich einer Gruppe anschließen, werden die Mitglieder sehr wahrscheinlich schon einen Beitrag gezahlt haben und ihn anteilig von Ihnen verlangen, um die meisten Dinge, die man braucht, zu beschaffen. Ich gründete mit meiner Frau und zwei weiteren Enthusiasten eine neue Arbeitsgruppe mit einem aufblasbaren Boot, verschiedenen Stricken und anderen unterschiedlichen schwimmenden Objekten. Sie benötigen einen Taucheranzug und eine Schwimmhilfe. Secondhand-Bootsverkäufe sind gute Stellen, um billige Ausrüstung zu bekommen.

BOOTE: Die besten Trainingsboote sind 3,5 bis 4,5 m lange Schlauchboote. Ein neues Boot kann für eine Person eine teure Angelegenheit sein, aber entsprechende Boote kann man gebraucht recht günstig erwerben. Benutzen Sie immer ein Boot mit abgerundeten Kanten.

AUSSENBOOTMOTOREN: Und wieder, informieren Sie sich in Bootsverkaufsangeboten. Ein Propellerschutz ist wünschenswert und ein automatischer Abschaltmechanismus ist wichtig.

SCHWIMMKÖRPER: Stellen Sie sicher, dass Sie keinen Draht oder andere metallene Verschlüsse enthalten. Moderne Schwimmringe werden leicht von Neufundländern zerlöchert und füllen sich dann mit Wasser.

APPORTIERGEGENSTÄNDE: Übungsdummis für Jagdhunde sind ideal. Plastik ist am besten, da die alten segeltuchummantelten sich mit Wasser vollsaugen und sinken können.

TAU: Stellen Sie sicher, dass es schwimmt.

RETTUNGSGESCHIRR: Es gibt viele Geschirrarten, die vom einfachen Suchhundgeschirr, das von vielen benutzt wird, zu weitaus kunstvolleren Ausführungen mit Handgriffen und Schwimmkörpern ausgerüstet, reicht. Ich empfehle, einen Hund immer mit einem Geschirr zu versehen, wenn er im Wasser arbeitet.

SCHWIMMHILFEN UND -WESTEN: Richtige Schwimmwesten sind für die Arbeit mit Hunden unangebracht, da sie zu sperrig sind und ernsthaft die Bewegungen einschränken. Schwimmhilfen aber gehören zur Sicherheitsgrundausstattung und sind in vielen Seen vorgeschrieben.

TAUCHER- UND NEOPRENANZÜGE: Beide Arten von Anzügen sind Hilfen für den Auftrieb: Taucheranzüge gestatten eine größere Beweglichkeit und es ist leichter damit zu schwimmen. Aber Neoprenanzüge sind wärmer - im Winter besonders wichtig. Die Hauptgefahr bei Neoprenanzügen liegt darin, dass sie mit Wasser volllaufen wenn sie ein Loch bekommen. Einige Trainer benutzen heute einen enger anliegenden Neoprenanzug.

GESUNDHEITS- UND SICHERHEITSVORSCHRIFTEN

Die Gesundheit und Sicherheit von beiden, Hund und Hundeführer, sollte immer oberstes Gebot sein. Sie sollten nie trainieren, wenn Sie sich nicht wohl fühlen. Ebenso wichtig ist es, dass Sie sich der Kondition Ihres Hundes bewusst sind und sensibel sind für alle Anzeichen einer schlechten Gesundheit. Wenn der Hund beispielsweise zögert ins Auto zu springen, ins Wasser zu gehen oder offensichtliche Verdauungsbeschwerden hat, lassen Sie es für diesen Tag sein.

JUNGE HUNDE: Bei allen Wasserprüfungen gibt es altersabhängige Qualifikationen, welche gute Richtlinien sind. Es wird viel Unsinn geredet wenn es darum geht, was man von einem jungen Neufundländer verlangen sollte, einige haben durch mangelnde Bewegung und Überfütterung und das daraus resultierende Übergewicht für ein unfertiges, wachsendes Skelett Schaden genommen. Schwimmen ist eine großartige Übung für einen Junghund. Der Körper wird trainiert, ohne die jungen Knochen und Gelenke zu belasten. Sie sollten einem Hund unter 12 Monaten aber niemals erlauben, in und aus einem Boot zu springen, da dies den Hüft-, Schulter- und Ellbogengelenken schaden kann. Denken Sie ebenso daran, dass nicht ausgewachsene Hunde, besonders in kaltem Wasser, leichter ermüden. Der junge Körper kann seine Temperatur nicht so gut regulieren, also beobachten Sie Junghunde sorgfältig bei allen Wetterlagen und trocknen Sie sie nach dem Schwimmen gründlich ab. Lassen Sie sie bei kaltem Wetter an einem warmen, trockenen Platz ausruhen und behalten Sie sie im Auge.

ÄLTERE HUNDE: Schwimmen ist für ältere Hunde gleichfalls eine großartige Bewegungsmöglichkeit mit ähnlichen Vorteilen für Knochen und Gelenke. Sogar Hunde mit schwerer Hüftgelenksdysplasie haben großen Nutzen aus dem Schwimmen gezogen. Aber zu viel Bewegung kann Hunde mit chronischen Erkrankungen wie Herzproblemen überanstrengen und die Anweisungen des Tierarztes sollten immer berücksichtigt werden. Abermals, seien Sie sensibel für das was Ihnen die Stimmung und das Verhalten Ihres Hundes sagen. Mein ältester Hund liebt es immer noch zu schwimmen und zu trainieren, aber er hat schlechte Hüften. In jüngeren Jahren sprang er fröhlich aus dem Boot. Er mag Bootsfahrten immer noch gerne, aber eines Tages widersetzte er sich dem Kommando herauszuspringen. Dies war seine Art mir mitzuteilen, dass seine Hüften ihm Probleme bereiteten. Ich könnte ihn dazu überreden es für mich zu tun, aber ich mag ihn zu sehr um das zu verlangen.

MENSCHEN: Benutzen Sie Ihren gesunden Menschenverstand und seien Sie sich Ihres Körpers bewusst! Bleiben Sie aus dem Wasser, wenn Sie sich unwohl fühlen. Wenn Sie mit anderen üben, denken Sie daran, dass sie, ebenso wie die Hunde, auf Sie angewiesen sind. Sollten sie in Schwierigkeiten geraten brauchen sie Sie zur Hilfe, was zu einem Problem werden könnte, wenn es Ihnen nicht gut geht. Ebenso sind sie da um Ihnen zu helfen, es ist jedoch dumm, das Risiko zu vergrößern, indem Sie trainieren, wenn Sie sich unwohl fühlen oder nicht fit sind.

Geben Sie aufeinander Acht, falls jemand erschöpft scheint, schlagen Sie vor, dass sie/er das Wasser verlässt. Menschen ermüden wie Hunde viel leichter in einem kalten Umfeld, also begrenzen Sie die Zeit, die in kaltem Wasser verbracht wird, und stehen Sie nicht in unfreundlichem Wetter in einem feuchten Taucheranzug herum. Ähnlich ist es bei heißen Temperaturen wichtig, sich abzukühlen und Flüssigkeit aufzunehmen, um Erschöpfungen und andere ernste Zustände zu vermeiden. Dies ist insbesondere ein Problem von Menschen in langen, dicken Taucheranzügen.

Schwimmen ist eine sehr effektive Art fit zu werden und zu bleiben, aber es ist auch hier wie bei anderen Übungen, übertreiben Sie es am Anfang nicht. Versuchen Sie nicht den ganzen See zu durchqueren wenn Sie das erste Mal seit zehn Jahren wieder ins Wasser gehen. Machen Sie es wie beim Lauftraining, langsam anfangen und dann stetig steigern. Wenn Sie sich nicht wohl fühlen oder an irgendeiner Krankheit leiden, suchen Sie ärztlichen Rat.

SICHERHEITSCHECKLISTE

Tragen Sie immer einen Taucher- oder Neoprenanzug.

Tragen Sie immer Schwimmhilfen.

Trainieren Sie nicht alleine. Es bedeutet immer ein erhöhtes Risiko für Hund und Hundeführer, allein zu schwimmen. Es ist auf jeden Fall gefährlich, alleine mit einem unerfahrenen Neufundländer schwimmen zu gehen. Idealerweise sollte eine Trainingsstunde immer mit mindestens drei Personen stattfinden, einem Hundeführer und zwei Helfern. Einen Hund zu lehren, im Wasser zu einem Menschen zu schwimmen, erfordert: Den Hundeführer, die Person, zu der der Hund schwimmen soll und einen Helfer/ Assistenten.

Für den Notfall machen Sie sich eine Notiz über die Koordinaten des Veranstaltungsortes und legen Sie sie zu Ihrem mobilen Telefon oder zu den Aufzeichnungen, wo der nächste funktionierende Münzfernsprecher zu finden ist.

Benutzen Sie nur sichere Ausrüstungen die Hund und Hundeführer nicht verletzen, das heißt, überprüfen Sie Baken und Schwimmkörper etc. nach Drähten, Klammern usw. Kontrollieren Sie den Arbeitsbereich immer gründlich, vor allen Dingen den Ein- und Ausgang. Entfernen Sie alle scharfen Gegenstände und Gefahren.

Suchen Sie immer nach Cyanobakterien (blau-grüne Algen). Falls sie vorhanden sind, gehen Sie nie ins Wasser.

Geben Sie Ihrem Hund nie das Kommando, einen Apport mit Stöcken oder kurzen Rudern usw. auszuführen. Der Hund kann sich ernsthaft verletzen wenn er stolpert, während er ein Ende des Stocks in seinem Fang hält. Bringen Sie Ihrem Hund immer bei, längere Ruder in der Mitte anzupacken.

Benutzen Sie das Wort »Hilfe« nicht als Ruf in Trainingssituationen, es sei denn, Sie stecken in wirklichen Schwierigkeiten.

Nehmen Sie Kenntnis von Strömungen, Unterwasserströmungen, Gezeiten usw. Seien Sie offen für die Bedürfnisse und Bedingungen der Hunde und der anderen Menschen, besonders im kalten Wasser Halten Sie einen Verbandskasten bereit. Lassen Sie Bootsmotoren nie in der Nähe von Hunden und Menschen laufen. Alle Motoren sollten über eine Abschaltautomatik verfügen. Stellen Sie beim Training den Motor ab, sobald eine Übung beginnt. Haben Sie immer eine Liste der örtlichen Tierarztpraxen bereit. Vor allen Dingen aber, haben Sie Freude und genießen Sie das einzigartige Band zwischen Neufundländern und Haltern.

Alan Farrar und seine Frau Kirsteen stellen Neufundländer aus und züchten sie gelegentlich unter dem Namen Darkpeak. Alan richtet regelmäßig Wasserwettbewerbe bis zum E-Niveau, welches das höchste in Großbritannien durchgeführte Niveau ist. Beide, er und Kirsteen, sind ebenfalls qualifizierte Zugtest-Richter.

Kapitel 7

ZUGARBEIT

Die Zugarbeit sollte Ihrem Hund leicht fallen. Seit es Aufzeichnungen über Neufundländer gibt, wurden diese zur Zugarbeit eingesetzt. Auf der Insel, deren Namen sie tragen, hat man sie zu verschiedenen Zugaufgaben benutzt, zum Beispiel, um gefällte Bäume aus den Wäldern zu ziehen (in Gruppen von bis zu 14 Hunden) und um Post und Proviant zu entlegenen Siedlungen zu bringen. Ebenso holten sie Fischernetze ein.

Im Vereinigten Königreich wurden Neufundländer nachweislich genutzt, um Ladungen Fisch und andere Handelswaren wie Milch, Brot, Gemüse und Früchte von Southampton oder anderen Häfen im Westen (besonders Poole in Dorset und Bristol) nach London zu transportieren. Transporte mit Hunden wurden 1837 im Bereich von London verboten, teilweise aufgrund der Tatsache, dass sie oft so schwer beladen waren, dass die Hunde kollabierten, wenn sie in London angekommen waren. Andere Gründe waren der Krach, den die eisenbeschlagenen Räder auf den mit Kopfsteinen gepflasterten Straßen machten oder das Ärgernis über Hunde, die sich gegenseitig verbellten, wenn sie frühmorgens Milch oder andere Güter auslieferten. Sie wurden durch Pferde ersetzt, die schwerere Lasten ziehen konnten und weniger Krach machten.

WESENTLICHE GRUNDSÄTZE

Ihrem Neufundländer wird diese Art »Arbeit« angeboren sein und gewöhnlich wird man ihm das Ziehen nicht beibringen müssen. Wenn der Welpe das erste Mal zu einem Spaziergang mitgenommen wird, läuft er normalerweise bis zum Ende der Leine und versucht dann weiterzulaufen. Wenn ihm nicht beigebracht wird, nicht zu ziehen, werden Sie, wenn er neun Monate alt ist, einen 40 kg schweren, unkontrollierten Hund haben. Dann haben Sie ein Problem. Jeder Gang beginnt damit, dass Sie versuchen, die Leine dem stattlichsten Menschen, dessen Sie habhaft werden können, in die Hand zu drücken, in vergeblicher Hoffnung, den Hund kontrollieren zu können!

Obwohl man sich dieses Verhalten bei der Zugarbeit zunutze macht, ist es ebenso wichtig, den Hund zu kontrollieren, besonders, wenn er Kinder befördern soll. Um für sichere Zugarbeit kontrollierbar zu sein, muss der Hund einiges lernen. Oft ziehen die Besitzer ihrem Hund einfach ein Geschirr über und dieser zieht freudig alles, was ihm gesagt wird. Obwohl damit der Zuginstinkt des Hundes genutzt wird, bedeutet doch der Mangel an Übung (Kontrolle), dass eine höhere Wahrscheinlichkeit besteht, dass etwas schief gehen kann, was zum Schaden des Hundes, des Karren, des Passagiers oder des Hundeführers führt.

Zugarbeit ist einzig dazu da, Spaß mit Ihrem Hund zu haben. Ist der Hund einmal kontrollierbar und die ersten Schritte gemacht, sind die Möglichkeiten vielfältig. Im Winter kann Ihr Hund helfen, den Schlitten für die Kinder den Hügel heraufzuziehen (entlastet Vaters Beine). Im Sommer kann der Hund das gemähte Gras zum Kompost transportieren, im Herbst kann er Blätter zum Kartoffelfeuer befördern.

In den USA, Kanada und Neuseeland nehmen die Menschen ihre Neufundländer mit, um für karitative Organisationen zu sammeln. Zum Beispiel bieten sie beim Tannenbaumschlagen an, den gerade ausgesuchten »perfekten« Baum gegen eine kleine, wohltätige Spende zum Familienauto zu transportieren. Die Zugarbeit gibt dem Hund ein größeres Verantwortungsbewusstsein. Die meisten Besitzer bemerken offensichtliche Anzeichen des Erwachsenwerdens an ihrem Hund, wenn er das erste

Mal Kinder ziehen darf. Die Hunde scheinen während der Arbeit ihr übliches unbekümmertes Verhalten abzulegen, um vorzugsweise zu einem verantwortungsbewussten (na ja, fast verantwortungsbewusst in manchen Fällen) Hund zu werden, der einen »ordentlichen« Job auszuführen hat. Ihr Neufundländer wird sein Bestes geben und nimmt seine Arbeit sehr ernst. Aber, einmal abgeschirrt, wird er sich wieder normal verhalten. Der größte Spaß kommt einfach daher, mit Ihrem Hund draußen zu sein und zusammen Dinge zu tun, die Freude machen und zu sehen, wie er lernt und sich vergnügt.

IM TEAM ARBEITEN

Die Zugarbeit ist reine Teamarbeit zwischen Hund und Hundeführer. Der größte Teil des Vergnügens entsteht daraus, auf neue Situationen und Probleme zu treffen (ein abgebrochener Ast, der quer über dem Weg liegt) und herauszufinden, wie Sie als Paar zu einer Lösung kommen. Die meisten Hunde arbeiten mit wedelnder Rute und einem »Lächeln«. Sie lieben es mit Ihnen draußen zu sein, neue Plätze kennen zu lernen und Ihnen zu »helfen«. Es ist wichtig, dem Hund während des Trainings die Freude an der Arbeit zu erhalten. »Unsinnige Arbeit« (in anderen Worten: vom Hund etwas zu verlangen, was in seinen Augen eine unnötige Aufgabe ist) wird Ihren Neufundländer schnell langweilen.

Zugtests sind in vielen Ländern, inklusive des Vereinigten Königreiches, für die Rasse eingerichtet worden. Diese Tests sollten nicht als das Non-Plus-Ultra der Zugarbeit angesehen werden. Sie geben Ihnen und anderen lediglich Anhaltspunkte für als Maß an Fortschritt der Zusammenarbeit von Hund und Hundeführer. Im Vereinigten Königreich ist es unglücklicherweise auf Straßen, Fußwegen und sogar auf Feldwegen nicht erlaubt, den Hund Karren, Wagen oder andere Zugapparate ziehen zu lassen. Hat ein Halter ein Gefühl dafür, welche Lasten der Hund bewältigen kann, kann es sein, dass die Polizei ein Auge zudrückt (speziell wenn es um karitative Zwecke geht). Es gibt aber andere Organisationen, die Klage gegen den Hundeführer und/oder Halter des Hundes erheben, sogar unter solchen Bedingungen. Sollte ein Hundeführer Probleme mit jemandem bekommen, der damit argumentiert, dass es grausam ist, einen Hund einen beladenen Karren oder Wagen ziehen zu lassen, sollte die Aufmerksamkeit auf das Benehmen des Hundes gerichtet werden (der Hund zieht mühelos, trägt dabei die Rute heftig wedelnd hoch), was oftmals dazu führt, dass er seine Meinung dahingehend ändert, dass dem Hund die Zugarbeit so viel Freude macht, dass es grausam wäre sie abzubrechen.

BEVOR MAN BEGINNT

Wenn der ausgewachsene Neufundländer auch ein sehr starker Hund ist, braucht es doch Zeit um Sehnen, Bänder und Muskulatur, die den Knochenbau unterstützen, aufzubauen. Wenn Sie Ihren Neufundländerwelpen heimbringen (gewöhnlich im Alter von acht bis zehn Wochen), ist er schon so groß wie einige andere ausgewachsene Hunde, aber seine Knochen sind noch sehr weich. Er wird lange Zeit brauchen, um körperlich zu reifen. Ihr Hund sollte mindestens ein Jahr alt sein, bevor er irgendetwas ziehen darf. Dies gibt Ihnen viel Zeit, die enge Beziehung und den Gehorsam, der für die Zugarbeit nötig ist, aufzubauen. Bei jeder Hunderasse (sei es Rassehund oder Mischling) sollte die Erziehung anfangen, sobald Sie Ihren Welpen zu Hause haben. Sie besteht aus der notwendigen Leinenführigkeit, dem sehr einfachen Bei-Fuß-Gehen und zu lernen Sitz zu machen. Wenn der Welpe seine vollständigen Grundimpfungen erhalten hat, nehmen Sie mit ihm an einem guten Unterordnungskurs teil (möglichst an einem wo der Übungsleiter nicht meint, ein Neufundländer sei nur ein größerer Border Collie). Dort wird Ihnen beigebracht, wie Sie ihn erziehen können und die Kurse werden dazu beitragen, ihn auf andere Hunde zu sozialisieren und mit neuen Situationen umgehen zu lernen.

Nach ein paar Wochen Teilnahme wird Ihr Hund in der Lage sein, sich auf Kommando zu setzen, zu stehen und sich hinzulegen und er sollte ruhig neben Ihnen gehen. All diese Fähigkeiten sind unerlässlich, wenn Sie die nötige Kontrolle erlangen wollen, die zum Wagenziehen benötigt wird.

Der Standard des Neufundländers ist aufgestellt worden, um solide Hunde hervorzubringen, die sehr wohl in der Lage sind einen Wagen zu ziehen. Unglücklicherweise gibt es eine Reihe von Krankheiten, die in der Rasse vorkommen und die Fähigkeiten des einzelnen Neufundländers, Zugarbeit zu leisten, einschränken. Hüftgelenksdysplasie (eine Abnormität im Aufbau der Gelenkpfanne und/oder des Femurkopfes des Hüftgelenks) ist wahrscheinlich das bekannteste dieser Leiden. Da die Muskulatur oft leichte Dysplasien kompensieren kann, sollte dies Ihren Hund nicht von der Zugarbeit ausschließen, aber es ist ratsam, dies mit Ihrem Tierarzt zu besprechen. Unter solchen Umständen sollten Ladungen und Entfernungen sorgfältig überwacht werden. Für Hunde mit schweren Dysplasien sollte Zugarbeit nicht in Betracht gezogen werden, weil sie eine ungerechtfertigte Belastung auf die Gelenke ausübt, da der Hund aber versucht, Ihnen den Gefallen zu tun, könnte er großen Schaden erleiden.

Ein anderes Leiden ist die Osteochondrose dissecans (OCD - bekannt als Ellbogendysplasie). In ihrer milden Form schließt eine OCD den Hund nicht von der Zugarbeit aus, aber tierärztlicher Rat sollte erst eingeholt werden. Bei schweren Fällen dieser Erkrankung sollte die Zugarbeit ausgeschlossen werden.

Sollte ein Hund Probleme mit überdehnten oder gerissenen Bändern (eine Knieverletzung) oder einer luxierenden Kniescheibe gehabt haben, sollte man mit der Zugarbeit sehr vorsichtig sein und nur mit tierärztlicher Erlaubnis weitermachen. Subaortenstenose (SAS) ist ein anderes Leiden, dass die Zugarbeit einschränkt. Sollte sich im Laufe des Hundelebens eine Form von Herzleiden zeigen, muss man gleichfalls tierärztlichen Rat einholen.

Wie schon vorher dargelegt, sollte man nicht mit der Zugarbeit beginnen, bis der Hund mindestens ein Jahr oder sogar älter ist, wenn es ein Welpe aus einer »Spätentwickler«-Linie sein sollte. Der Züchter kann Ihnen sagen, ob seine Linien physisch langsam reifen oder nicht. In diesem Alter (ein Jahr) sollten nur leichte Arbeiten über kurze Distanzen angegangen werden. In den USA und Kanada wird empfohlen, dass Lastenziehen, sogar kleine Kinder, nicht angefangen werden sollte, bevor der Hund zwei Jahre alt ist. Die Vorschriften über die Zugarbeit im Vereinigten Königreich besagen, dass der Hund mindestens fünfzehn Monate alt sein muss, bevor er die erste Stufe (Vorbereitung) in Angriff nehmen kann; achtzehn Monate, bevor er mit der zweiten Stufe (Bronze) beginnen kann; vierundzwanzig Monate bei Beginn der dritten Stufe (Silber) und 30 Monate, bevor er die vierte Stufe (Gold) in Angriff nehmen kann. Diese Bestimmungen wurden formuliert, um einem unerfahrenen Hundeführer Hilfen zu geben, so dass der Hund nicht mit aller Gewalt durch das Training gebracht wird. Für die Stufen drei und vier muss ein tierärztliches Gesundheitszeugnis vorgelegt werden, welches besagt, dass der Hund eine Kondition aufweist, die ihn in die Lage versetzt an Tests teilzunehmen. Dieses darf höchstens ein Jahr alt sein. Die Bestimmungen besagen ebenso, dass ein Hund über acht Jahre nicht mehr an Tests der Stufe vier teilnehmen kann. Das bedeutet nicht, dass diese Hunde keine Zugarbeit mehr leisten können, aber es gibt Hundeführern zu verstehen, dass sie Hunde dieses Alters sorgfältig auf Anzeichen von Überanstrengung beobachten müssen.

Die meisten Hunde lieben das Ziehen, und für die Zugarbeit ist es notwendig, die Grundinstinkte des Hundes beherrschen zu können. Schlittenhunde werden nur Kommandos zum Starten, Anhalten und zum links und rechts Abbiegen gegeben. Auf das Kommando »Lauf« wird von Ihnen erwartet, sofort anzuziehen und so stark zu ziehen und zu laufen wie möglich. Neufundländer sind generell nicht geeignet für die hohe Geschwindigkeit die man von Huskies, Malamuts oder ähnlichen Rassen erwartet. Sie sind dazu entwickelt gute Dauerleistungen mit akzeptabler Ladung zu erbringen. Obwohl ein geübtes Team Neufundländer an einem Langstreckenwettbewerb wie der Iditerod (1100 Meilen von Anchorage bis Nome in Alaska) teilnehmen könnte, kann man von ihnen nicht erwarten, ernsthaft mit Huskies, Malamuts oder anderen vergleichbaren Rassen zu konkurrieren. Auf der anderen Seite hätten Huskie- oder Malamut-Teams nicht die Lasten transportieren können, die Neufundländer-Teams in der Vergangenheit gezogen haben, ohne die Größe des Hundeteams signifikant vergrößern zu müssen.

Neufundländer bedürfen der gleichen Kommandos wie Huskies, Malamuts oder andere. Grundlegendes Unterordnungstraning lehrt den Hund, Befehlen des Hundeführers zu folgen. Bei der Zugarbeit der Neufundländer sind in den wichtigsten Kommandos jene, zu warten, während der Hundeführer Gegenstände »liefert« oder »bekommt« und zu warten, um »simulierte« Straßen zu überqueren, ebenfalls inbegriffen.

Da ein großer Teil der Zugarbeit, die von Neufundländer-Klubs organisiert wird, auf Forstwegen oder Feldern stattfindet, mögen einige argumentieren, dass exakte Kontrolle nicht erforderlich ist. Viele Hunde nehmen jedoch an Wohltätigkeitsveranstaltungen oder Vorführungen teil oder fahren sogar die Kinder in der Nachbarschaft. Wenn der Hund nur ansatzweise kontrollierbar ist und Kinder befördert, ist der Mangel an Erziehung das Erfolgsrezept für ein mögliches Desaster. Oftmals kommen die Leute glimpflich davon, aber wenn es nur einmal schief geht, ist es einmal zu viel! Je mehr Kontrolle ein Hundeführer über den Hund hat, umso besser wird er oder sie eine plötzlich eintretende Situation, die ein weniger gut trainiertes Tier in Panik versetzen kann, meistern. Man hat schon Hunde gesehen, die in Panik losrannten, ihre Zugapparate und Lasten mit sich ziehend. Oftmals enden sie umgekippt mit wild strampelnden Hunden, die versuchen, sich der Holme und des Geschirrs zu entledigen. Einen in Panik geratenen Hund zu beruhigen ist schwierig, es ist einfacher, wenn der Hund dem Hundeführer vertraut. Solch ein Vertrauen entsteht durch das gemeinsame Trainieren.

ERSTE SCHRITTE

Ist der Hund alt genug um die Zugarbeit zu beginnen, ist der erste Schritt, ihn an das Geschirr zu gewöhnen. Die Geschirre sind gewöhnlich aus Leder oder Nylongewebe gemacht, und es gibt zwei Grundtypen, entweder ein Brustgeschirr oder ein Siwash. Beide werden später besprochen.

Gehen Sie mit dem Geschirr in der Hand von vorne auf den Hund zu. Erlauben Sie dem Hund das Geschirr zu beriechen bevor Sie den Versuch unternehmen, es ihm anzulegen. Beobachten Sie die Augen des Hundes - sobald er entspannt ist, wird sich seine Aufmerksamkeit vom Geschirr abwenden. Das kann nur eine Sekunde oder sogar einige Minuten dauern, aber stellen Sie sicher, dass der Hund zufrieden ist bevor Sie fortfahren. Loben Sie den Hund und geben Sie ihm eine Belohnung. Ziehen Sie das Geschirr von vorne (so dass der Hund sehen kann, was passiert) langsam über den Kopf. Zeigt der Hund irgendwelche Zeichen von Beunruhigung, nehmen Sie das Geschirr ab und reden Sie sanft mit ihm. Ist er wieder ruhig, versuchen Sie es noch einmal. Es ist wichtig, dass der Hund sich auf das Geschirr freut, da er es für jede Art von Zugarbeit tragen wird. Um zögerliche Hunde an das Geschirr zu gewöhnen, lassen Sie es sie beim Fressen tragen. Da die meisten Neufundländer das Fressen genießen, bereiten Sie es vor seinen Augen zu. Legen Sie dann das Geschirr an und geben Sie ihm sein Futter. Nachdem Sie ihn einige Male auf diese Weise gefüttert haben, vergrößern Sie die Zeitspanne, die der Hund das Geschirr trägt, bevor Sie ihn füttern. Beginnen Sie dann damit, dem Hund das Geschirr anzulegen kurz bevor Sie mit ihm spazieren gehen, aber passen Sie auf, dass der Hund sich nicht darin verheddert.

Das Geschirr muss korrekt sitzen. Es darf nicht zu locker oder zu fest sein. Sollte es nicht richtig sitzen, kann es Ihren Hund verletzen. Wenn Sie ein Geschirr anprobieren, überprüfen sie genau, ob es passt und nicht zu eng ist. Der Hundeführer sollte in der Lage sein, an den Stellen, wo das Geschirr während der Arbeit am engsten anliegt, zwei Finger zwischen Gurte und Hund hineinzustecken, trotzdem sollte das Geschirr genug Freiheit haben, um den Hund nicht in der Bewegung zu behindern. Der Sitz sollte so sein, dass es sich nicht am Hals hochschieben kann und die Atmung des Hundes stört, noch sollte es herunterrutschen und die Läufe des Hundes behindern.

GESCHIRRARTEN

Während des Wachstums des Hundes muss das Geschirr vergrößert werden oder man benötigt ein neues. Idealerweise sollte jeder Hund sein eigenes, angepasstes Geschirr besitzen. Im Vereinigten Königreich sind die üblichen Wege ein Geschirr zu bekommen, entweder, mit einer Vorlage, nach der gearbeitet werden kann, zu einem örtlichen Sattler zu gehen oder alternativ, das Geschirr selbst anzufertigen. Diese hausgemachten Geschirre werden gewöhnlich aus Gurten mit Polsterungen aus synthetischem Material gemacht. Manche Menschen ziehen Ledergeschirre vor, aber ein ordentlich gemachtes Geschirr aus Leder kann teuer werden. Ein Gurtgeschirr kann man gewöhnlich für die Hälfte des Preises kaufen. Gurte mit synthetischer Polsterung haben auch den Vorteil, maschinenwaschbar zu sein. Es gibt spezialisierte Lieferanten in den USA, die entweder Brust- oder Siwash-Geschirre liefern, die aber unter Umständen einige Male zurückgeschickt werden müssen, bis sie richtig passen.

Das Brustgeschirr hat einen dick gepolsterten Gurt, der vorne um die Brust verläuft und die beiden Schultern kreuzt. Ein weiteres gepolstertes Band verläuft von jeder Seite des Brustbandes, die Schultern entlang, aufwärts über den Widerrist des Hundes, um das Gewicht der Deichsel aufzunehmen. Bei einigen Ausführungen gibt es zwei solcher Bänder. Jedoch muss der Hundeführer aufpassen, dass diese Gurte nicht Gewicht auf den Rücken des Hundes verlagern. Es ist der Brustgurt, an dem der »Zug« ansetzt, und die Bänder über den Widerrist unterstützen den Brustgurt, indem sie ihn in Position halten. Er sollte gerade oberhalb der Spitze des Sternums (Brustbein) liegen. Liegt der Gurt zu hoch, wird er die Atmung des Hundes beeinträchtigen, sitzt er zu tief, wird er die Bewegung der Läufe behindern. Ein weiteres Band (oder eine Fortsetzung des Bandes, das über den Widerrist verläuft) führt unter der Brust des Hundes entlang und besitzt eine Schnalle, die es erlaubt den Gurt so zu befestigen, dass er genau passend sitzt. Dieser Geschirrtyp ist denen ähnlich, die für Pferde benutzt werden, allerdings mit kleinen Abwandlungen, da der Knochenbau des Hundes nicht derselbe ist. Der Hunderücken ist proportional länger als der eines Pferdes. Das Hundegeschirr muss deshalb so entworfen sein, dass es vermeidet, Gewicht auf den Rücken des Hundes zu übertragen. Das ganze Gewicht der Deichsel muss auf dem Widerrist liegen. Dies gilt mehr für Karren (zwei Räder) als für Wagen (vier Räder). Der Karren muss über die Ladung ausbalanciert werden. Während des Beladens oder wenn die Ladung verrutscht, liegt das Gewicht jedoch oft auf der Deichsel. Bei einem Wagen ist die Deichsel gewöhnlich am Boden des Fahrzeuges eingehängt, somit ist das einzige Gewicht, das die Gurte über dem Rücken aufnehmen müssen, das Eigengewicht der Deichsel. Die Deichsel wird durch Leder- oder Gurtschlaufen gehalten, die an dem Gurt, der über den Widerrist verläuft, befestigt sind.

Das Siwash-Geschirr ist aus den Geschirrtypen entwickelt worden, die für Schlittenhunde benutzt werden. Es gibt eine Anzahl unterschiedlicher Arten, aber grundsätzlich ist das Geschirr aus Leder- oder Nylongewebeschlaufen. Sie sind derart miteinander verbunden, dass es eine gut gepolsterte Schlaufe gibt, die über den Kopf des Hundes gezogen wird. Diese ist mit einem anderen gut gepolsterten Band verbunden, dass in der Mitte der Brust nach unten und unter den Achseln durch verläuft. Dieses Band teilt sich in zwei einzelne Bänder, die jeweils auf einer Seite des Hundekörpers nach oben verlaufen. Vom hinteren Ende der Schlaufe, die über den Kopf des Hundes gezogen wird, führen Bänder nach unten die mit denen, die von unten zwischen den Läufen heraufführen, verbunden werden. Abhängig von der Art und dem Zweck des Geschirrs verlaufen unterschiedliche andere Bänder um den Hundekörper, darunter auch eines, dass um die Lenden herumführt und den D-Ring, an dem die Zugleine befestigt wird, an seinem Platz hält. Aus praktischen Gründen, für den Gebrauch von Karren und Wagen, liegt ein Gurt über dem Widerrist, der dicht hinter den Vorderläufen um den Brustkorb verläuft. Die Halterungen für die Deichsel sind an diesem Band befestigt. Die Kommentare zum Brustgeschirr (über den korrekten Sitz dieses Gurtes) gelten ebenso für das Siwash, wenn so ein Gurt daran angebracht ist. Bei den meisten Geschirren dieser Art kann dieses Band abgenommen werden, wenn das Geschirr für Fahrzeuge ohne Deichsel (zum Beispiel Schlitten oder Rodel) benutzt wird.

Es sind zahlreiche andere Ausführungen des Siwash-Geschirrs erhältlich, die davon abhängen, für welchen Zweck es gebraucht wird. Da diese Art von Geschirr die Bewegungen der Hundeschulter nicht beeinträchtigt, gilt es allgemein als effektiver als ein Brustgeschirr. Die Zugleinen sind die Mittel, durch die ein Karren oder Wagen tatsächlich gezogen wird. Sie sind direkt mit beiden, dem Geschirr und dem Karren/Wagen, verbunden und bestehen im Allgemeinen aus zwei Bändern, entweder aus Leder oder Gewebe mit Verbindungsgliedern, unterschiedlicher Art an beiden Enden. Sie haben oft eingearbeitete Schnallen, so dass sie verstellt und vielen unterschiedlichen Hunden angepasst werden können. Wenn man die Zugleinen für Karren und Wagen anpasst, ist es wichtig, dass sie die korrekte Länge haben. Sind sie zu kurz, wird der Hund mit seinen Pfoten an den Karren oder Wagen stoßen wenn er sich vorwärts bewegt. Sind sie zu lang, wird die Deichsel oft nicht in der richtigen Lage sein. Ebenso wird die Zugkraft, die vom Geschirr auf den Wagen übertragen wird, auf die Halterungen für die Deichsel verlagert. Während dies anfänglich kein Problem bedeutet, da kein Gewicht getragen wird, wird die Zugkraft über das Geschirr nicht befriedigend vom Hund auf den Wagen übertragen. Ist der Karren oder Wagen erst einmal beladen, kann der Zug, der auf den Halterungen lastet, dazu führen, dass der Druck unkorrekt übertragen wird.

ANSCHIRREN

Es gibt keinen »richtigen Weg« einem Hund etwas beizubringen. Solange die angewarten Methoden nicht hart sind und den Hund nicht plagen, sollte man darüber nachdenken, diese Methoden zu benutzen. Ein fröhlicher, sicherer Hund lernt schneller als ein ängstlicher, gestresster Hund. Ein selbstsicherer und entspannter Hundeführer wird dem Hund mehr Vertrauen geben und er wird so leichter lernen. Viele Menschen haben die Erfahrung gemacht, dass es im Allgemeinen besser funktioniert, einen Hund zu loben, wenn er etwas richtig gemacht hat, als Anschreien oder andere mehr physische Methoden. Die in diesem Kapitel aufgezeigten Techniken sind die Essenz aus vielen Erfahrungen Hunde zu trainieren, nicht nur für die Zugarbeit, sondern auch für Unterordnung, Wasserarbeit und die Erziehung zu guten Haushunden. Diese Techniken sollten bei den meisten Hunden funktionieren, aber andere Herangehensweisen können für einige Hunde besser sein, da nicht alle Trainingsarten für alle Hunde die richtigen sind. Sie sollten versuchen die Methode herauszufinden, die für beide, Sie und Ihren Hund, die Beste ist. Hören Sie auf das, was andere, die Sie beim Training mit Ihrem Hund sehen, darüber sagen. Andere Menschen können in der Lage sein, die Reaktionen Ihres Hundes auf eine unbewusste Aktion Ihrerseits zu sehen. Viele Menschen werden Ihnen erzählen wollen, was die »beste« Trainingsmethode für Ihren Hund ist. Hören Sie Ihnen zu und wägen Sie ab was sie sagen. Stellen Sie Fragen. Sollten Ihnen die Leute, die Ihnen gerade erzählt haben, dass »der einzige Weg Ihren Hund zu trainieren, ist..., auf die Frage »Warum?« keine Antwort geben können, wird Ihnen das einen Eindruck von der Brauchbarkeit der Methode geben. Seien Sie sich jederzeit darüber im Klaren, was Sie Ihren Hund anweisen zu tun und versuchen Sie vorauszusehen, was seine möglichen Reaktionen sein werden. Besteht die Möglichkeit, dass Ihr Hund sich beunruhigt fühlt, gehen Sie langsamer vor, greifen Sie auf etwas zurück, das Ihr Hund schon kann, und bauen Sie sein Vertrauen auf. Ein Hund kann nicht lernen, wenn er unter Stress steht. Versuchen Sie, die Trainingsstunde mit etwas enden zu lassen, das Ihrem Hund Freude macht und das er kann. Hat Ihrem Hund die Übungsstunde in Zugarbeit Spaß gemacht, wird er diese Erinnerungen mit der Zugarbeit verbinden. Wenn Sie mit der nächsten Stunde beginnen, wird Ihr Hund wahrscheinlich williger lernen.

Ein einfacher, vierrädriger Karren.

Ein zweirädriger Karren kann ebenso effektiv sein, aber das Gewicht der Ladung muss sorgfältig verteilt werden.

In einigen Gegenden können Räder ein Nachteil sein.

Fühlt sich der Hund erst einmal in seinem Geschirr wohl, kann damit begonnen werden, ihn an die Zuggeräte heranzuführen. Idealerweise sollte der Hund schon auf vielen Veranstaltungen gewesen sein und andere Hunde gesehen und gehört haben, die solche Geräte zogen. Anderen Hunden bei der Zugarbeit zugesehen zu haben, hilft jungen Hunden oft beim Lernen. Die Erfahrung hat gelehrt, dass es manchmal einfacher ist, mit einem Objekt zu beginnen das geschleppt wird, als mit einem mit einer Deichsel, da dies anfänglich Probleme bereiten kann. So ein »Schleppgegenstand« muss genügend Gewicht haben, um dem Hund beim Ziehen Widerstand zu geben und doch muss er so beschaffen sein, dass es nicht holpert. Er sollte nicht so schwer sein, dass der Hund sich überanstrengen muss, um ihn zu ziehen. Solche Gegenstände sind zum Beispiel ein kleiner Baumstamm (5 - 10 kg), ein Autoreifen normaler Größe, eine kurze Leiter oder gar eine Sprudelkiste mit Plastikflaschen die mit Sand oder Wasser gefüllt sind. Der Vorteil der Letzteren ist, dass man sie am Anfang nur teilweise füllt und die Ladung dann, wenn im Training Fortschritte gemacht werden, langsam erhöht werden kann. Bei jedem zu schleppenden Zuggerät ist es im Allgemeinen nötig, einen Holm zum Spreizen der Zugleinen zu benutzen, um zu verhindern, dass sie zusammenlaufen und die Läufe des Hundes sich darin verfangen. Dieser »Spreizholm« trägt ebenfalls dazu bei, den Zug auszugleichen wenn sich eine Seite des Hunde vorwärts bewegt.

Trägt ein Hund sein Geschirr, lassen Sie einen Assistenten das Gerät vor ihm her ziehen. Lassen Sie den Hund dahinter folgen um es beschnuppern, hören und beriechen zu können. Wenn der Hund zufrieden ist (beobachten Sie wieder die Augen des Hundes und seine Körperhaltung), reden Sie sanft und ermutigend mit ihm und spannen Sie ihn vor das Gerät. Einige Hunde brauchen für diese Phase nur einige Sekunden, bei anderen kann es deutlich länger dauern.

MIT DEM ZIEHEN BEGINNEN

Zu Beginn bitten Sie Ihren Hund vorwärts zu gehen und ein kurzes Stück (ca. 2 - 3 Meter) auf einer relativ ebenen Oberfläche, wie zum Beispiel Gras oder Schnee, zu ziehen. Auf diesen Arten von Terrain wird das Schleppen recht leise sein, wo hingegen es auf Beton oder Asphalt mehr Lärm machen wird. Den meisten Hunden wird dieses Geräusch kein Problem bereiten, aber für einige wird ein Geräusch, das immer hinter ihnen ist, Stress bedeuten. Wenn der Hund zufrieden ziehend neben Ihnen hergeht, versuchen Sie langsam zu laufen, aber passen Sie auf, dass er sich nicht in den Zugleinen verheddert. Schirren Sie den Hund ab und spielen Sie mit ihm. Halten Sie die Übungszeiten kurz und freudig. Bauen Sie das Ziehen auf, ca. 10 Meter in einer geraden Linie, schirren Sie ihn ab und spielen Sie mit ihm. Beginnen Sie langsam mit Wendungen und bauen Sie es langsam aus. Es ist leichter für den Hund zu wenden, wenn er den Hundeführer als Ausgangspunkt benutzen kann. Stehen Sie auf der rechten Seite Ihres Hundes, wenden Sie sich in einem großen Kreis nach rechts. Akzeptiert der Hund dies, wechseln Sie die Seite und probieren Sie einen großen Kreis nach links. Die Größe des Wendekreises kann nun langsam reduziert werden, aber achten Sie darauf, dass der Hund sich nicht in den Zugleinen verheddert.

Ist der Hund vertraut damit, in großen Bögen zu wenden, gehen Sie mit ihm auf einen anderen Bodenbelag, während Sie ermutigend mit ihm reden. Zeigt der Hund Anzeichen von Beunruhigung oder Stress, spannen Sie ihn ab, gehen Sie zurück auf das Gras oder in den Schnee und beginnen Sie noch einmal, aber geben Sie dem Hund mehr Zeit, sich an das Schleppen zu gewöhnen. Hat der Hund sich beruhigt, spannen Sie ab und lassen Sie jemanden die Schleppe vor dem Hund über den Beton oder Asphalt ziehen, so dass er sie sehen und den Lärm den sie macht hören kann. Gehen Sie mit dem Hund zu dem Gerät wenn es gezogen wird und daran vorbei, so dass der Hund nun davor geht (aber noch nicht selbst zieht). Achten Sie auf Anzeichen von Stress, gibt es keine, spannen Sie ihn ruhig wieder an und beginnen Sie von vorne. Halten Sie die Distanz kurz. Einige Hunde arbeiten gut nur für ein Lob, aber die meisten Neufundländer lieben Belohnungen und sie können als Trainingshilfen eingesetzt werden. Ist der Hund gestresst, wird er nichts Essbares annehmen. Sobald der Hund sich wieder beruhigt hat und zufrieden ist, versuchen Sie die Wendungen nochmals.

Lassen Sie sich Zeit. Es gibt Hunde, die all das vorher Beschriebene in einer Übungsstunde erlernen, andere brauchen viel mehr Zeit. Beobachten Sie den Hund, lassen Sie keinen Stress aufkommen. Achten Sie auf seine Augen und seine Rutenhaltung. Ist die Rute hoch und wedelt, macht dem Hund die Arbeit Freude! Ist die Rute unten und zwischen die Läufe geklemmt, brechen Sie ab. Gehen Sie zurück zu einem Punkt, an dem der Hund zufrieden war, und bauen Sie langsamer wieder auf.

AUF GRUNDLAGEN AUFBAUEN

Wenn der Hund eine Schleppe in gerader Linie oder in Wendungen ziehen kann, führen Sie ihn an einen Schlitten oder Rodel heran, wenn es das Wetter zulässt. Gewöhnen Sie ihn in derselben Weise daran wie an Baumstamm, Reifen, Leiter oder Plastikkiste. Lassen Sie jemanden das Gerät auf Gras oder Schnee vor ihm herziehen. Lassen Sie den Hund aufschließen, schnuppern und am Gerät vorbeigehen, bevor Sie ihn davor spannen. Verfahren Sie wie im Vorhergehenden, indem Sie ihn langsam daran gewöhnen, Stufe für Stufe zu neuen Ebenen. Seien Sie gewarnt, denn Rodel, die über Schotter gezogen werden, können schnell beschädigt werden.

Ist der Hund erst einmal damit glücklich, eine Schleppvorrichtung über jede Art von Untergrund zu ziehen, ist er bereit an ein Gerät mit Rädern herangeführt zu werden. Der Hauptunterschied zwischen einer Schleppe und »etwas mit Rädern« ist, dass das Gerät mit Rädern eine Deichsel hat. Anfänglich können Hunde dies als einengenden Schrecken empfinden. Ein Weg, dies zu umgehen, ist, eine Ausrüstung zu benutzen, an der ein Holm abgenommen werden kann.

Alternativ dazu kann man leicht eine Vorrichtung aus einer Holzplatte mit einem Handgriff und zwei abnehmbaren Holmen konstruieren. Machen Sie Ihren Hund damit bekannt, lassen Sie es den Hund anschauen und beriechen. Benutzen Sie dann anfangs nur einen einzelnen Holm. Eine Person steht an der Seite des Hundes, bereit ihn zu führen und zu halten und eine andere weiter hinten, die Holzplatte unterstützend. Führen Sie den Holm in die Halterungen an der Seite des Geschirrs, zwischen Hund und Hundeführer, ein. Zugleinen werden noch nicht gebraucht. Auf diese Weise wird der Hund sich nicht eingezwängt vorkommen, da er ja zu der offenen Seite »entkommen« kann. Gehen Sie nun langsam vorwärts. Die Person neben dem Hund sollte ihm ermutigend zureden. Der Helfer hinten sollte sicherstellen, dass nur leichter Druck vom Holm auf das Geschirr kommt. Der Holm sollte Gelegenheit haben, leicht gegen die Flanken des Hundes zu stoßen. Die Person, die neben dem Hund geht, muss ihn beruhigen, wenn das passiert. Als Nächstes probieren Sie langsame, sanfte Wendungen.

Akzeptiert der Hund dies, führen Sie ihn an den zweiten Holm heran. Beginnen Sie wieder, indem Sie geradeaus gehen. Seien Sie sehr vorsichtig, dass der Hund nicht aufgrund der Nähe des zweiten Holmes gestresst wird. Leckereien helfen oft, die Aufmerksamkeit des Hundes von den Holmen abzulenken. Bauen Sie langsam auf bis zu Wendungen und geben Sie den Holmen die Möglichkeit, sanft die Flanken des Hundes zu berühren. Ein langsamer Slalom ermöglicht es, dass die Holme im Wechsel die Seiten des Hundes berühren. Hat sich der Hund einmal daran gewöhnt und wird durch die Holme nicht gestört, ist er so weit, dass er vor einen Karren oder Wagen gespannt werden kann. Steht kein Trainingsfahrzeug mit abnehmbarer Deichsel zur Verfügung, sondern ein Wagen, bei dem nur ein Holm entfernt werden kann, ist der Einführungsablauf derselbe. Setzen Sie das Fahrzeug auf Gras oder einen anderen »leisen« Untergrund. Sollte die Deichsel derart konstruiert sein, dass sie nicht abgenommen werden kann oder das Fahrzeug ist ein Karren, lassen Sie den Hundeführer sich zwischen die Holme der Deichsel stellen, und zwar an den Platz, den der Hund schließlich einnehmen wird. Stellen Sie den Hund im Geschirr mit dem Hundeführer auf eine Höhe. Führen Sie einen Holm in die Halterung am Geschirr ein, und zwar auf der Seite des Hundes, die zwischen ihm und dem Hundeführer liegt, der dann das Gewicht der Deichsel trägt (um das Geschirr nicht aus der Balance zu bringen) und dabei langsam vorwärts geht, den Hund dabei beobachtend.

Sollte es möglich sein, die Deichsel vom Fahrzeug zu lösen, tut man dies am besten. Ist der Hund durch den Holm zwischen sich und dem Hundeführer nicht beunruhigt, hängen Sie das Fahrzeug an. Wenn der Hund, trotz der unmittelbaren Nähe des Gefährtes, nicht beunruhigt ist, sollte der Hundeführer ihn ein wenig das Gewicht der Deichsel über das Geschirr spüren lassen. Bringen Sie nun eine der Zugleinen an, so dass der Hund den Widerstand des Fahrzeugs spürt, beginnen Sie dann mit langsamen, sanften Wendungen und lassen Sie dabei, im Verlauf der Wendungen, die Schäfte leicht die Flanken des Hundes berühren.

Wenn möglich, benutzen Sie ein leichtes Vehikel, aber eins, das schwer genug ist, nicht hinter dem Hund herumzuholpern wenn er unebenen Boden überquert. Wie zuvor beschrieben, lassen Sie den Hund das Fahrzeug sehen, riechen und hören wenn es vor, neben und schließlich hinter ihm über den Untergrund gezogen wird. Hat er einmal die Geräusche des Fahrzeugs, das hinter ihm hergezogen wird, akzeptiert, lassen Sie den Hund stillstehen und bringen Sie es langsam zu ihm. Lassen Sie langsam die Holme der Deichsel über ihm herunter und befestigen Sie sie in den Halterungen. Befestigen Sie die Zugleinen am Ortscheit. Dies ist der Holm, der am Zentrum des Karrens oder Wagens eingehängt wird. Er wandelt die Seitenbewegungen, die durch die Schritte des Hundes entstehen, in gerade Zugkraft um. Ist so eine Vorrichtung an dem Gerät nicht vorhanden, werden dadurch, dass der Hund sich von Seite zu Seite abwechselnd nach vorne streckt, unregelmäßige Zugkräfte auf den Karren oder Wagen übertragen. Dies ist für den Hund unkomfortabler, da es die Zugkraft ungleichmäßig überträgt, und die Passagiere erleben eine ruckartige, holprige Fahrt.

Sind die Zugleinen angebracht, befehlen Sie dem Hund vorwärts zu gehen. Wieder ist es vorteilhafter zu zweit zu arbeiten; einer geht neben dem Hund her und ermutigt ihn, und der andere gibt auf

*Ein vierrädriger
Sulky ist ideal für den
erfahrenen Halter.*

den Karren oder den Wagen Acht. Sollten Probleme auftauchen, kann die Person, die neben dem Hund geht, versuchen ihn zu beruhigen, während die andere Person sich um den Karren oder Wagen kümmert und den Hund abschirrt. Wenn er sich freudig vorwärts bewegt, versuchen Sie einige weite Kurven. Beginnen Sie mit Halte- und Warteübungen, simulieren Sie das Warten auf vorbeifahrende Autos, um danach die Straße zu überqueren. Ist ein älterer, erfahrener Hund zugegen, lassen einige Trainer sie zusammen anspannen und der jüngere Hund erfährt so, wie der Ältere arbeitet. Dies kann ein Vorteil sein, da der jüngere Hund oft schneller lernt, aber auch von Nachteil, wenn er schlechte Angewohnheiten vom Älteren übernimmt. Es wird gesagt, dass Hunde zehn korrekte Wiederholungen brauchen um zu lernen, wie man etwas richtig macht, aber nur drei falsche, um zu lernen es nicht richtig zu machen!

Mittlerweile wird der Hund im Unterordnungstraining die Übung »Bleib!« gelernt haben, entweder mit dem Besitzer neben ihm oder außer Sicht. Während der Zugarbeit ist es manchmal nötig, die Route zu überprüfen oder einen Gegenstand zu bewegen. In einer lebensechten Situation, zum Beispiel während einer Auslieferung, kann es vorkommen, dass der Hundeführer für kurze Zeit außer Sichtweite ist. Konsequenterweise macht es aber wenig Sinn, den Hund abzuspannen. Einige Geräte erlauben es aber nicht, dass der Hund sich, noch angespannt, gefahrlos setzen oder legen kann, bei anderen ist es möglich. Gehört Ihr Fahrzeug zum erstgenannten Typ, müssen Sie Ihrem Hund beibringen, sich nicht hinzulegen oder hinzusetzen während er arbeitet. Hunden sollte nicht erlaubt werden, sich während der Arbeit zu versäubern. Sollte ein Rüde dies bei beladenem Wagen tun, kann es sein, dass er ihn umkippt. Sollte sich ein längerer Halt ergeben, erwägen Sie Ihren Hund abzuspannen.

Hunden muss beigebracht werden, dass sie, während sie arbeiten, nicht loslaufen können um an etwas verführerisch Duftendem zu riechen oder eine Katze zu jagen, die vor ihnen herläuft. Nun sollten während des Trainings künstliche Ablenkungen eingebaut werden, die alles beinhalten sollten, auf was der Hund möglicherweise treffen kann. Je unterschiedlicher die Erfahrungen des Hundes sind und je größer das Vertrauen in seine Bezugsperson ist, umso weniger wird er während der Zugarbeit Probleme mit unerwarteten Vorfällen haben. Solche Ablenkungen könnten spielende, Fahrrad fahrende, auf den Hund zurennende oder ein Picknick machende Kinder oder Geräusche von Kettensägen, Autos, Zügen, Musik, Radios, Ballons am Himmel, freilaufende Hunde oder Katzen sein. Jede Lernmöglichkeit sollte genutzt werden, denn je mehr Erfahrungen der Hund macht, umso sicherer wird er sein wenn er auf Unerwartetes trifft.

Es gibt viele Arten von Zuggeräten, vom einfachen Kastenwagen (mit zwei Rädern, einem Kasten und einer Deichsel) bis zu komplizierten »Modellen« wie Pferdekarren und -wagen. Es gibt ebenfalls unterschiedliche Arten von Schlitten und Rodeln, vom tablettähnlichen Kinderspielzeug zu Spezialausfertigungen für Lastentransporte, die in Gebieten der Erde eingesetzt werden, in denen die meiste Zeit des Jahres Schnee liegt. Im Vereinigten Königreich nicht so oft zu sehen sind Travois, bei denen eine leichte Last von zwei Stangen getragen wird. Vorne werden die Stangen am Geschirr des Hundes befestigt und die Enden schleifen über den Boden. Sie sind hilfreich beim Durchqueren von rauen Geländen, da sie erlauben, mehr Last zu ziehen als getragen werden kann, aber sie sind nicht so effizient wie Gefährte mit Rädern oder Schlitten und Rodel, wenn die Bedingungen den Einsatz solcher Fahrzeuge erlauben.

Viele der Wagen, die man im Vereinigten Königreich bei Zugveranstaltungen sieht, basieren auf europäischen Ziegenkarren (obwohl sie vier Räder besitzen). Sie sind für die Arbeit mit Hunden modifiziert oder als Basis für einen verbesserten Entwurf benutzt worden. Viele Menschen haben ihre eigenen Versionen aus Holz-, Metall- und entweder Fahrrad- oder Rollstuhlrädern gebaut. Einige Neufundländerhalter sind überzeugt, dass viel Freude dadurch entsteht, seinen Wagen selbst zu bauen und zu nutzen, während andere einen teureren wählen, den man sich »nur einmal im Leben« anschafft. Verschiedene Ausführungen von Ausrüstungsgegenständen sind im Handel erhältlich, und einige werben in der Zeitschrift *Newf Tide* des amerikanischen Neufundländer-Klubs. Alternativ sind Spezialanfertigungen im Vereinigten Königreich und über Postversand in den USA erhältlich.

Viele hochprämierte Karren oder Wagen werden zu Veranstaltungen, wie dem jährlichen Vergnügungstag des Neufundländer-Klubs in Ragley Hall, im Vereinigten Königreich vorgeführt. An diesen Gefährten zeigt sich der große Einfallsreichtum der Besitzer, und die Hunde erscheinen auch oft in Kostümen.

ERSTE HILFE

Zu diesem speziellen Thema sind schon viele Bücher geschrieben worden und es ist empfehlenswert, dass jeder, der die Zugarbeit in Angriff nimmt, Grundkenntnisse in erster Hilfe haben sollte. Ein Erste-Hilfe-Kasten sollte immer vorhanden sein, wenn Sie Zugarbeit machen. Leider tendieren einige Menschen dazu, Glasscherben einfach liegen zu lassen. Hunde schneiden sich leicht ihre Pfoten an solchen Scherben, die oft im Gras »versteckt« liegen. Konsequenterweise sollten Hundeführer Kenntnis im Umgang mit solchen Verletzungen haben.

Ein anderes Problem des Neufundländers ist das der Überhitzung oder sogar eines Hitzschlags. Dieses sollte vermieden werden, indem Sie den Hund ausruhen lassen, sobald er anfängt stark zu hecheln. Ist Wasser vorhanden, reichen Sie ihm in häufigen Intervallen kleine Mengen davon. Schirren Sie Ihren Hund an heißen Tagen ab und lassen Sie ihn schwimmen gehen. Die Symptome eines Hitzschlages sind heftiges Hecheln, Schwäche, Unsicherheit auf den Beinen, Muskelzittern, blauer Gaumen (Cyanose) aufgrund Sauerstoffmangels im Blut und übermäßiges Speicheln. Scheint ein Hund daran zu leiden, kühlen Sie ihn sofort und suchen Sie so schnell wie möglich einen Tierarzt auf. Vermeiden Sie Zugarbeiten während der heißen Tageszeiten, das Training kann am frühen Morgen oder in den späten Abendstunden stattfinden. Gehen Sie sicher, dass Sie genügend Licht haben um zu sehen und gesehen zu werden, wenn es dunkel wird.

Gehen Sie mit Ihrem Tierarzt durch, was in Ihrem Erste-Hilfe-Kasten enthalten sein sollte. Die folgenden Dinge sind als Grundausstattung empfohlen.

- Ein alter Socken oder ein speziell angefertigter Stiefel um Verbände zu schützen und alles so sauber und trocken wie möglich zu halten. Um die Socke vor Abnutzung zu schützen, kann sie mit wasserdichtem Klebeband oder Ähnlichem überklebt werden.
- 100 mm quadratische Gazekompressen als Wundauflagen.
- Watte ist hilfreich zum Polstern zwischen Kompressen, um Wundscheuern zu vermeiden, wenn der Fuß hoch gebunden wird.
- Klebeband, um Bandagen zu befestigen.
- Kreppbandagen.
- Antiseptische Puder, Cremes oder Lösungen zum Reinigen und als Wundschutz.
- Einwegrasierer, um das Fell um Wunden herum zu rasieren.
- Pinzette, um Fremdkörper zu entfernen.

ZUGARBEIT

ZUGTESTS

Wie ich bereits erwähnte, können Neufundländer in Großbritannien an einem Leistungsstandard, der den stufenweisen Fortschritt testet, gemessen werden. Es ist zu hoffen, dass der britische Zuchtverband endlich das Diplom als Qualifikation für ein Zughundchampionat anerkennt.

Der amerikanische Neufundländer-Klub erlaubt jedoch Besitzern, deren Hunde den US-Test bestanden haben, den Titel Zughund (Draft Dog, DD) mit dem Zwingernamen zu führen. Ähnlich, wenn der Hund als Teil eines Teams den Test besteht, kann der Titel Team-Zughund (Team Draft Dog, TDD) getragen werden. In Kanada gibt es Junior- und Seniortests, während in Neuseeland Zugtests in letzter Zeit im Norden der Insel eingerichtet werden, aber der neuseeländische Zuchtverband hat bis jetzt das Anfügen der Buchstaben DD oder DDX (Draft Dog Excellent) zum Kennelnamen noch nicht gestattet.

RÜCKENTRAGETASCHEN

Wie der Name sagt, sind Rückentragetaschen für Hunde entwickelt worden um ihnen zu ermöglichen, Lasten in rauem Gelände zu transportieren. Halter und Hunde können entweder zu kurzen Tagestouren oder längeren Campingtouren losgehen und den Hund dabei einen Teil der notwendigen Ausrüstung tragen lassen. Rückentragetaschen werden in der Regel aus haltbaren Materialien wie Segeltuch oder Cord hergestellt und sind bei spezialisierten Händlern in den USA erhältlich, oder es sind Schnittmuster für Hundehalter, die sie selbst anfertigen wollen, zu bekommen.

Es ist wichtig, die Last im ersten Stadium des Trainings bei einem Minimum zu halten und sicher zu gehen, dass sie richtig sitzt. Dies beugt Scheuern vor und verteilt die Last so gut es geht über die Schultern. Wie zuvor gesagt, es ist wichtig, den Rücken des Hundes nicht zu belasten.

Es sind unterschiedliche Ausführungen der Tragetaschen erhältlich, von Taschen für Tagesrationen (gewöhnlich aus einem Stück gefertigt, um die Futterschüssel des Hundes, Wasserkanister und Erste-Hilfe-Kasten zu tragen) bis hin zu Expeditionstaschen. Sie werden in der Regel aus einem Geschirr und Packtaschen, die mit Klemmen am Geschirr befestigt werden, hergestellt. Dies erlaubt es, die Lasten in Intervallen zu entfernen, um den Hund ausruhen zu lassen. Ebenso besteht damit die Möglichkeit, sie an Punkten des Weges abzunehmen an denen es sicherer ist, die Last per Hand zu tragen. Der Hund kann dann das Hindernis ohne die zusätzliche Breite, die volle Taschen mit sich bringen, passieren. Es ist wichtig, die Taschen gleichmäßig zu bepacken, so dass nicht eine Seite herunterhängt, den Hund aus dem Gleichgewicht bringt und auf diese Weise unbequem wird, was durch Scheuern schnell zu wunden Stellen führen kann.

Wie bei jeder Zugarbeit braucht der Hund Übung darin, die Packtaschen zu tragen und irgendwelche Lasten zu transportieren. Führen Sie den Hund an den Gedanken heran, dass etwas auf seinem Rücken liegt, indem Sie ihm, während er steht, ein gefaltetes Handtuch über seinen Rücken legen

Die meisten Hunde akzeptieren die korrekt sitzenden Packtaschen schnell.

Ignoriert der Hund das Handtuch, loben und belohnen Sie ihn. Lassen Sie den Hund nun vorwärts gehen, belohnen Sie ihn wieder, wenn er das Handtuch ignoriert. Führen Sie ihn jetzt an die Rückentaschen oder an das Geschirr und die Packtaschen, wie Sie es beim Zuggeschirr machen würden, heran. Hat der Hund sie berochen, legen Sie entweder die Tragetaschen oder nur das Geschirr auf seinen Rücken. Versichern Sie sich, dass der Hund dadurch nicht beunruhigt wird. Zeigt er Anzeichen von Unruhe, nehmen Sie wieder das Handtuch und beginnen von vorne, aber nehmen Sie sich mehr Zeit. Hunde lernen unterschiedlich schnell, wie bei den anderen Übungen brauchen einige nur Minuten um sich an die Tragetaschen zu gewöhnen während andere Wochen gemäßigten Trainings benötigen. Befestigen Sie die leeren Packtaschen der zweiteiligen Ausführung erst, wenn der Hund das Geschirr akzeptiert hat.

Machen Sie einen Spaziergang wenn der Hund sich mit den Tragetaschen arrangiert hat. Beginnen Sie langsam mit dem Beladen. Alte Pullover sind dafür gut geeignet, da sie viel Volumen haben um die Packtaschen auszufüllen, aber nicht zu viel Gewicht. Fügen Sie dann etwas hinzu, was klappert oder raschelt wenn sich der Hund bewegt. Es gibt ihm die Gelegenheit, sich an Geräusche zu gewöhnen die sich bewegende Essenspakete oder Erste-Hilfe-Kästen machen, wenn er unebenes Gelände überquert. Gehen Sie, wie immer, langsam mit viel Lob und Belohnung vor, damit der Hund motiviert bleibt.

Steigern Sie langsam beides, die Last und die Entfernung die die Tragetaschen getragen werden. Ein Wort der Warnung: Untersuchen Sie, besonders in der ersten Zeit des Trainings, immer wieder die Fußballen Ihres Hundes auf Anzeichen von Wundsein. Obwohl der Hund am Anfang vor Bäume, Büsche und was auch immer laufen wird, wenn er versucht, durch Lücken zu schlüpfen, durch die er normalerweise (ohne die Tragetaschen) leicht hindurch passen würde, wird er bald lernen, die zusätzliche Breite einzuschätzen.

Die meisten Neufundländer lieben es spazieren zu gehen (wenn sie sich erst einmal daran gewöhnt haben), da es dem Hund die Gelegenheit gibt, neue Eindrücke und, was noch viel wichtiger ist, neue Gerüche kennen zu lernen. Wenn der Hund merkt, dass Wandern mit Tragetaschen noch mehr Möglichkeiten eröffnet neue Orte und Gerüche zu erkunden, wird er es genießen zu sehen wie die Tragetaschen aus dem Regal genommen werden. Ch. und Can. Ch. Sheridel Crakerjak wurde bei der Teilnahme an Ausstellungen oft Packtaschen tragend gesehen, die seine und seines Besitzers Sachen enthielten. Es brauchte nur ein schnelles Bürsten um die Abdrücke im Fell verschwinden zu lassen.

Die Last, die ein Hund tragen kann, ist abhängig von seinem Alter, seiner Gesundheit, seinem Gewicht und seiner physischen Reife, den Wetterbedingungen und dem Terrain, das durchquert werden soll. Ein Hund von etwa vier oder fünf Jahren, körperlich ausgewachsen, bei bester Gesundheit und in der Kondition zum Packtaschentragen, sollte in der Lage sein, bis zu 50% seines eigenen Körpergewichtes zu tragen, aber bei Beginn der Saison sollte man nicht mehr als 10% verlangen. Hat der Hund nie mehr getan als »einmal um den Block« zu laufen oder hat nur »hinterm Ofen gelegen«, sollte das maximale Gewicht, das man ihn tragen lässt, ca. 10% seines Körpergewichtes betragen. Der Hund sollte mindestens zwölf Monate alt sein, bevor man ihn Lasten tragen lässt und dann, bis zu einem Mindestalter von zwei Jahren, auch nur ein Maximum von 10% seines eigenen Gewichtes. Seien Sie nochmals gewarnt, bestimmte Menschen sehen im Tragen jedweder Last eine Grausamkeit.

Seien Sie sich immer der Verantwortung anderen gegenüber bewusst, wenn Sie auf einer Wandertour sind und halten Sie Ihre/n Hund/e jederzeit, auch nachts, unter Kontrolle. Vielen Menschen mit unterschiedlichen Rassen, macht das Wandern mit ihren Hunden Spaß. Rucksackwandern mit Ihrem Neufundländer ist das i-Tüpfelchen auf der Freude, und Hunde im Allgemeinen scheinen das Helfen zu genießen.

SKIJORING

Dies ist eine Aktivität für den Winter, die die Hunde oft lieben. Gibt es genug Schnee, benutzt der Hundeführer Ski und wird von einem oder mehreren Hunden gezogen. Die meisten Zuggeschirre sind recht leicht so zu ändern, dass man eine Zugleine anbringen kann, aber ein Ortscheit kann auch noch nötig sein. Die Zugleine wird dann entweder mit einem Körpergurt oder einem weiten Gürtel am Hundeführer befestigt. Der Befestigungspunkt ist gewöhnlich ein Sicherheitsverschluss oder -knoten. Führen Sie den Hund langsam, wie vorher beschrieben, an diesen Ausrüstungsgegenstand heran, falls er ihm nicht schon vertraut sein sollte. Hat der Hund das Geschirr akzeptiert, befestigen Sie die Leine am Hundeführer. Anfänglich ist es ratsam, dies im offenen Gelände zu tun.

Lassen Sie den Hund mit einem Helfer an seiner Seite, der den Kommandos, die der Hundeführer gibt, Nachdruck verleiht, vorwärts gehen. Die Hauptkommandos sind: »Vorwärts«, »nach links«, »nach rechts« und am allerwichtigsten »Halt« oder »Stopp«. Hat der Hund die Kommandos gelernt und führt sie aus, können Sie loslegen, aber helfen Sie ihm, wo es möglich ist. Langlaufski sind für diesen Sport am besten geeignet, alternativ können Abfahrtski benutzt werden. Langlaufski erlauben es dem Hundeführer, hinter dem Hund mitzulaufen und ihm so zu helfen, besonders bergauf. Wird mehr als ein Hund trainiert, können sie zusammen angeschirrt werden, was die Faszination erhöht. Wie bei allen Aktivitäten im Schnee besteht die Möglichkeit, dass sich Schneeklumpen zwischen den Fußballen des Hundes bilden und Unannehmlichkeiten bereiten, also untersuchen Sie seine Pfoten während der Exkursion öfter. Als Präventivmaßnahme gegen die Schneeklumpen tauchen Sie die Ballen des Hundes in flüssiges Paraffin und drücken Sie die überschüssige Flüssigkeit aus.

ZUSAMMENFASSUNG

Die Zugarbeit ist dazu da, mit Ihrem Hund Spaß zu haben. Alles dreht sich dabei um die Zusammenarbeit zwischen Ihrem Neufundländer und Ihnen und nicht darum, Gewichte zu ziehen oder um Schnelligkeitswettbewerbe. Gehen Sie im Training langsam und in kleinen Schritten vor und versichern Sie sich, dass Ihr Hund dabei nicht gestresst wird. Gehorsam ist notwendig, nicht die Kontrolle, die ein Begleithund-Champion braucht, sondern der einfache Gehorsam, bei dem Ihr Hund willig auf Ihre Kommandos, die er gelernt hat und versteht, reagiert. Bei der Zugarbeit keine Kontrolle zu haben bedeutet, dass ein Unfall nur eine Frage der Zeit ist.

Gareth B. Williams hat sein ganzes Leben lang mit Hunden gelebt und hat seit 1987 Neufundländer trainiert. Er war beteiligt an der Herausgabe der Urfassung der Wasser- und Zugarbeits-Bestimmungen und richtet in Großbritannien Wasserarbeits- und Zugtests auf höchstem Niveau. Er hat ebenso ein großes Interesse an Verhaltensproblemen und Unterordnung.

Kapitel 8

EINEN WURF AUFZIEHEN

In der Hundewelt gibt es wenig, was so genugtuend (oder so traumatisch) ist, wie einen Wurf Welpen aufzuziehen. Aber wenn Züchten Ihrer Meinung nach bedeutet, auf einen Haufen gesunder, zufriedener Welpen aufzupassen, bevor Sie ihnen nach acht Wochen unter Tränen zum Abschied winken, werden Sie einen großen Schock erleben. Die vorherige Szene erinnert an einige alte Hollywood-Straßenfeger in denen der Nachspann läuft, während der gut aussehende Stallbursche seine Braut im Konfettischauer küsst. Wie jeder mit ein wenig gesundem Menschenverstand weiß, ist es im wirklichen Leben meist so, dass die Probleme danach erst richtig beginnen! Ähnlich ist es mit Welpen. Wenn die Welpen in ihr neues Zuhause wechseln, beginnen Ihre größten Sorgen. So ist es zweifellos eine gute Idee, beides, Ihre Hündin und Ihre eigene Situation, ehrlich einzuschätzen, bevor Sie letztendlich entscheiden, einen Wurf zu züchten oder Ihren Hund als Deckrüden einzusetzen.

IST IHRE HÜNDIN EINE GEEIGNETE ZUCHTHÜNDIN?

Was macht eine Zuchthündin aus? Allzu oft hört man Leute sagen: »Sie war nicht sehr erfolgreich im Ausstellungsring. Aber das macht nichts, ich stelle sie nicht mehr aus. Sie wird eine gute Zuchthündin sein.« Manchmal ist eine Hündin nicht in Ausstellungskondition aufgrund von kosmetischen Schäden. Abgesehen davon ist unsere Meinung, wenn sie nicht gut genug ist ausgestellt zu werden, ist sie nicht gut genug für die Zucht. Dasselbe gilt, wenn es in Ihrem Interesse liegt, mit Ihrer Neufundländerhündin zu arbeiten. Bevor Sie ins Auge fassen mit ihr zu züchten, sollte sie sich bei der Teilnahme an Arbeitstests bewährt haben.

Ist Ihre Hündin einfach ein geliebtes Haustier und Sie denken: »Es wäre schön, einen Welpen von Bessie zu haben«, dann tun Sie sich und dem Tierschutz einen Gefallen und vergessen Sie es! Tierheime überall sind voll mit bedauernswerten Tieren von Züchtern mit demselben Gedanken. Ist Bessies Wesen und ihr Charakter unvergleichlich, gehen Sie wieder zu Ihrem Züchter, um einen anderen Welpen zu kaufen. Der Züchter weiß wahrscheinlich mehr über die Fallstricke des Züchtens als Sie und ist sicherlich besser ausgestattet einen Wurf aufzuziehen. Sollte der Gedanke, dass Sie für einen Welpen mehr Geld ausgeben müssen, Sie abschrecken, sind Sie sicherlich nicht in der finanziellen Situation einen Wurf aufzuziehen. Die Wirtschaftlichkeit eines solchen Unternehmens kann erschreckend sein.

Haben Sie sich dies nun von der Seele geredet und Sie wollen es immer noch auf sich nehmen einen Wurf zu züchten, dann lassen Sie uns nun Ihre Hündin näher anschauen. Sie wird sicherlich mindestens zwei Jahre alt sein, wahrscheinlich sogar älter. Sie ist entweder ein Champion oder sie hat eine anerkennenswerte Anzahl von Championatsschauen gewonnen. So weit, so gut.

Sie hat ein gutes Wesen. Dies ist heutzutage eine wesentliche Voraussetzung für alle große Rassen, insbesondere bei einem Neufundländer, der grundsätzlich ein »liebevolles Wesen, verpackt in einem Hund« sein sollte. Ist sie der Typ Hündin, die sich vor ihrem eigenen Schatten erschreckt oder noch eine halbe Stunde, nachdem sie die Fehlzündung eines Autos gehört hat, nervös bellt? Sicher ist es sogar für den bestens geprägten Neufundländer normal sich zu erschrecken oder zu bellen wenn er ein plötzliches, lautes Geräusch hört, aber mit ein wenig Beruhigung durch den Besitzer sollte er einige Minuten danach alles vergessen haben.

Wie verhält sie sich Fremden gegenüber? Die meisten Neufundländer lieben Menschen mehr als ihre Artgenossen, und eine Hündin, die die schmackhaftesten Leckereien von einem Fremden ver-

Wooddales Louise of Wellfont: Mutter von fünf britischen, einem irischen und einem kanadischen Champion.

schmäht, wenn ihr von ihrem Besitzer erlaubt wurde sie anzunehmen, ist eine ziemliche Seltenheit Ihre zukünftige Zuchthündin ist gesund. Nicht nur im eigentlichen Sinne, sondern im Sinne einer Untersuchung auf erbliche Defekte. Sie besitzt ein Auswertungszertifikat (OFA-Nummer in Amerika, siehe Kapitel neun: Erkrankungen) mit höchstens einer leichten Hüftgelenksdysplasie und sollte auf Herzgeräuschfreiheit untersucht sein. Es wird ebenso klug sein, diese Punkte möglichst bei Vater, Mutter und Wurfgeschwistern zu überprüfen. Bedenken Sie, dass der Welpenkäufer den Züchter möglicherweise zu einem späteren Zeitpunkt belangen könnte. Sie können wirklich nicht vorsichtig genug sein, wenn es um erbliche Defekte geht.

SIND SIE EIN GEEIGNETER ZÜCHTER?
Sie freuen sich, dass Ihre Hündin den Test bestanden hat. Aber, was ist mit Ihnen, dem Besitzer? Sie sollten eine angemessene Rücklage für notwendige Ausgaben wie die Deckgebühr, extra Futter für die Hündin, mögliche Tierarztkosten, Wärmelampe, Wurfkiste und eine Menge Futter für die Welpen haben. Falls Sie ganztägig arbeiten, können Sie mehr als einen Monat Urlaub bekommen oder können Sie es sich leisten, jemanden einzustellen, der bei Ihnen zu Hause ist, während Sie weg sind? Haben Sie einen ruhigen, geeigneten Raum, wo die Hündin werfen kann und wo sie die ersten zehn Tage einigermaßen ungestört ist? Und dann, haben Sie diese Hürde genommen, haben Sie einen anderen Platz, an dem die Welpen heranwachsen, an dem sie herumlaufen können und am Kommen und Gehen im Haushalt beteiligt sind? Am wichtigsten, haben Sie sechs oder sieben verbindliche Vorbestellungen für Welpen? Im heutigen wirtschaftlichen Klima ist es sinnvoll, ein gutes und bleibendes Zuhause für die Welpen sicherzustellen, bevor Sie die Hündin decken lassen. Der Erstzüchter wird noch das zusätzliche Problem haben, nicht bekannt zu sein und deshalb ohne den guten Ruf, den viele erfolgreiche Züchter haben. Sogar wenn Sie die nötigen Voraussetzungen haben, vier oder fünf ältere Welpen bei sich laufen zu haben, wird es schwierig werden, ihnen die nötige Aufmerksamkeit und Erziehung angedeihen zu lassen, die sie in diesem für Eindrücke so empfänglichen Alter brauchen.

DER DECKRÜDE
Das Wort Deckrüde hat unterschiedliche Bedeutungen für unterschiedliche Hundehalter. Im Gegensatz zum Wörterbuch ist ein Deckrüde nicht nur ein Hund, der zum Decken eingesetzt wird. Bei Neu-

fundländern, deren jährliche Welpeneintragungen erheblich unter denen einiger häufig gezüchteter Rassen liegen, muss ein Deckrüde sich seinen Namen durch die Leistungen seiner Welpen verdienen, nicht nur durch seine Fähigkeiten Nachkommen zu produzieren.

IHREN HUND ZUM DECKEN EINSETZEN

Vorausgesetzt, Ihr Hund erfüllt dieselben Gesundheits- und Qualitätskriterien wie bereits vorher für die Zuchthündin besprochen, wie wird Ihr Hund Deckrüde? Oft wird der Rüdenbesitzer vom Züchter des Hundes oder einem anderen bekannten (und hoffentlich respektierten) Züchter darauf angesprochen, die Möglichkeit eines Zuchteinsatzes des Hundes zu diskutieren. Die meisten Halter sind enorm geschmeichelt bei dem Gedanken, dass Ihr Rüde Vater werden soll, und der gesunde Menschenverstand bleibt oft auf der Strecke.

Sicherlich, das erste Mal als wir gefragt wurden, unseren ersten Championrüden als Deckrüden einzusetzen, hätten wir wahrscheinlich auch zugesagt, wenn die Hündin drei Beine und zwei Köpfe gehabt hätte! Aber zufällig war die Hündinnenbesitzerin eine verantwortungsvolle Züchterin, die alles in ihrer Macht stehende getan hatte, um einen gesunden Wurf sicherzustellen. Aber nicht jeder wird so viel Glück haben, und es ist die Zeit wert darüber nachzudenken, ob Sie Ihren Hund als Deckrüden einsetzen wollen.

Erregt Ihr Hund besondere Aufmerksamkeit und hat ein gutes Wesen, werden Sie unzweifelhaft schon viele Deckanfragen gehabt haben. Hatten Sie aber nur eine Anfrage (auch wenn sie vom Züchter des Hundes ist), sollten Sie klugerweise die Sachlage erst abwägen. Hat Ihr Hund erst einmal gedeckt, wird er Hündinnen wahrscheinlich nie wieder im selben Licht sehen.

Der ehemals sanftmütige Hund, der ungezwungen an Ihrer Seite spazieren ging, wird beim Anblick einer läufigen Hündin blitzschnelle Reaktionen an den Tag legen. Leider werden es nicht nur läufige Hündinnen sein, die seine ungewollten Inspektionen über sich ergehen lassen müssen, da er darauf erpicht sein wird, die Ruten aller Hündinnen, auf die er stößt, hoch zu stülpen - nur für den Fall!

Besitzen Sie mehr als einen Rüden und Sie setzen einen oder beide zum Decken ein, kann es das Gleichgewicht zwischen den beiden stören und es kann zu Kämpfen kommen (obwohl man sagen muss, dass dies zwischen Neufundländern nicht so wahrscheinlich ist wie bei anderen, dominanteren Rassen). Einige Rüden entwickeln Appetitlosigkeit, wenn sie eine läufige Hündin in der Nähe wahrnehmen. Und »in der Nähe« kann für einen Neufi-Rüden eine ziemliche Entfernung von Ihrem Standort bedeuten, also können Sie dieses Verhalten immer erwarten, wenn in Ihrer Nachbarschaft eine Hündin läufig wird.

Geruchsmarkierungen können für einen Rüden, der schon gedeckt hat, sehr wichtig werden, und Sie können unter der Unannehmlichkeit leiden, Türrahmen, Schuhe oder alles andere, von dem Ihr Hund meint, dass es den Geruch eines anderen Hundes trägt, säubern zu müssen!

Hat Ihr Hund einmal zur Bevölkerung der Hundewelt beigetragen, tragen Sie, abgesehen von tatsächlichen Veränderungen von einem Tag auf den anderen, einen Teil der Verantwortung für die daraus hervorgegangenen Welpen. Jeder verantwortungsbewusste Züchter wird einen Welpen - sollte es möglich sein - aus der eigenen Zucht zurücknehmen, aber sollte ihm dies aus einem triftigen Grund, wie zum Beispiel aufgrund einer Krankheit, nicht möglich sein, dann wird es Ihre Tür sein, vor der sie als nächstes stehen. Skrupellose Züchter und nicht hundefreundliche Leute sehen in der Deckgebühr nur leicht verdientes Geld. Sie bieten eine Dienstleistung an, unterschreiben ein Formular und verschwinden von der Bildfläche. Nichts könnte weiter von der Wahrheit entfernt sein!

Als Deckrüdenbesitzer erwartet man von Ihnen, Adressen von zukünftigen, geeigneten Welpenkäufern weiterzugeben, die Welpen in Ihrer Nähe zu besuchen, ihr neues Zuhause zu überprüfen und sie ehrlich zu beurteilen. Es liegt ebenfalls in Ihrer Verantwortlichkeit, Informationen über jedweden erblichen Defekt, der, nachdem sich Ihr Hund fortgepflanzt hat, auftritt, Hündinnen- und Welpenbesitzern mitzuteilen.

EINEN DECKRÜDEN AUSSUCHEN

Nun, da Sie sich entschieden haben weiterzugehen und Ihre Hündin zu verpaaren, wie entscheiden Sie, welchen Deckrüden Sie einsetzen wollen? Es ist sehr unwahrscheinlich, dass der beste Rüde für Ihre Hündin um die nächste Ecke leben wird und sogar noch unwahrscheinlicher, dass er in Ihrem Besitz ist. Hypothetisch stehen Ihnen die schönsten Rüden des ganzen Landes zur Auswahl, also lassen Sie sich nicht dazu verleiten einen Hund zu wählen, weil er »geeignet« ist. Es macht dieselbe Mühe und ist genauso teuer, einen mittelmäßigen Wurf aufzuziehen wie einen guter Abstammung.

Haben Sie Ihre Hündin bei einem namhaften Züchter gekauft, sollte Ihre erste Maßnahme sein, sie oder ihn um Rat zu bitten. Der Züchter wird sicherlich mehr Erfahrung darin haben zu sagen, welche Linien gut zueinander passen. Es ist wichtig, dass Sie Ihre Hündin kritisch betrachten. Haben Sie ihre Fehler (es gibt immer welche!) gefunden, können Sie die Hunde, die dieselben Fehler aufweisen, aussortieren. Ihr Züchter wird Ihnen wahrscheinlich eher eine Linienzucht empfohlen haben, das heißt einen Deckrüden einzusetzen, der entfernt mit Ihrer Hündin verwandt ist, als eine »Out-Cross«-Verpaarung (zwei nicht miteinander verwandte Tiere) oder eine Inzestverpaarung (Vater x Tochter, Schwester x Bruder oder ein ähnlich eng miteinander verwandtes Paar). Also werden Sie nach einem Hund suchen, der einige gemeinsame Vorfahren mit Ihrer Hündin hat. Lange bevor irgendeine Entscheidung gefallen ist, werden Sie wahrscheinlich zwei oder drei Hunde im Kopf haben. Nutzen Sie diese Zeit vernünftig, um sich die bisherigen Nachkommen, die sie hervorgebracht haben, anzusehen. Nur weil ein Rüde während des letzten Jahres die meisten Anwartschaften auf einen Championatstitel gewonnen hat, heißt das nicht notwendigerweise, dass er der beste Rüde für Ihre Hündin ist.

Die besten Deckrüden sind die, die beständig ihren Typ an die Nachkommen weitergeben, unabhängig davon, mit welcher Hündin sie verpaart werden. So gesagt, hat Ihre Hündin einen groben Fehler oder fehlt es ihr an Esprit, erwarten Sie nicht, dass der Rüde Wunder vollbringt. Es ist eine ironische Tatsache des Lebens, wenn ein weniger gutes Exemplar gesehen wird, sind die Leute schnell dabei zu sagen: »Wussten Sie, dass dieser Hund von Ch. Sowieso abstammt?« und dabei vergessen, dass die Mutterhündin wirklich nicht erwähnenswert ist!

Sehen Sie sich ebenfalls die Mütter der Nachkommen, mit denen Sie sich befassen, an. Variieren sie stark in Typ und Qualität, aber die Nachkommen sind sehr gleichmäßig im Typ, wird Ihre Suche wahrscheinlich vorüber sein. Erstzüchter, die eine Hündin haben die, sagen wir, zu lang in den Läufen ist, werden ziemlich oft nach einem Rüden suchen, der zu kurz in den Läufen ist, um dieses Merkmal zu kompensieren. Wenn Züchten nur so einfach wäre! Hat Ihre Hündin einen Fehler, seien Sie nicht versucht, noch einen Fehler in die Linie hineinzubringen, da der Wurf sich aufspalten kann und die eine Hälfte den Fehler ihrer Mutter und die andere Hälfte den ihres Vaters hat.

Ein Deckrüde sollte seinen Titel aufgrund des Wertes seiner Welpen erhalten. Der deutsch-gezogene Ch. Samson Von Soven of Swanpool ist sowohl Vater von neun Champions im Vereinigten Königreich als auch von australischen und neuseeländischen Titelinhabern.

Nur wenn Sie Glück haben, werden Sie in unserem hypothetischen Beispiel Welpen mit korrekt langen Läufen bekommen. Hat Ihre Hündin eine sehr hohe Rutenhaltung, verpaaren Sie sie deshalb mit einem Rüden, der nicht nur selbst, sondern auch dessen Geschwister und seine Eltern eine korrekt mittelhohe Rutenhaltung haben. Sie werden immer noch einige Welpen mit einer hohen Rutenhaltung bekommen, aber Sie haben sich wenigstens nicht noch einen Fehler in die Linie geholt.

Haben Sie sich für einen Rüden entschieden, setzen Sie sich mit seinem Besitzer in Verbindung um zu fragen, ob sie oder er es in Betracht ziehen würde, Ihre Hündin mit ihrem/seinem Rüden zu paaren. Rufen Sie nicht an und sagen: »Ich habe daran gedacht, Rüden für meine Hündin zu benutzen.« Es zeugt von guten Manieren, erst zu fragen!

DIE LÄUFIGE HÜNDIN

Sie werden, bevor Ihre Hündin läufig wird, einen guten Überblick haben, wann sie »dran ist«. Die meisten Hündinnen tendieren zu Zyklen zwischen fünf bis acht Monaten, und Sie sind bis zu einem gewissen Grad in der Lage vorauszuplanen. Sobald sie läufig ist, benachrichtigen Sie die Deckrüdenbesitzer, so dass sie es einrichten können, zur richtigen Zeit zu Hause zu sein. Wenn sie am Beginn der Läufigkeit ist, werden Sie sehen, dass ihre Vulva geschwollen ist und einen dunkelroten, blutigen Ausfluss zeigt. Säubert sich die Hündin besonders sorgfältig, kann es sein, dass Sie die ersten ein oder zwei Tage des blutigen Ausflusses übersehen. Ein guter Tipp ist es, sie, sobald sie nach dem Schlafen aufsteht, bevor sie die Möglichkeit hat sich zu säubern, schnell mit einem weißen Papiertaschentuch oder Watte abzutupfen.

Besitzen Sie auch einen Rüden, ist es möglich, dass er in diesem Stadium wenig oder gar kein Interesse an ihr zeigt. Aber seien Sie gewarnt, der Status quo kann sich ziemlich schnell ändern, also lassen Sie sie nicht alleine zusammen. Tatsächlich ist es wahrscheinlich am besten, sie von Beginn ihrer Läufigkeit an zu trennen.

Etwa vom zehnten Tage der Läufigkeit an werden Sie eine Veränderung in der Farbe des Ausflusses sehen. Er wird entweder rosa oder strohfarben sein und dies zeigt an, dass die Hündin bald zur Paarung bereit ist. Das Verhalten der Hündin kann sich in dieser Zeit ebenfalls ändern, indem sie beginnt zu jaulen, um andere Rüden in der Nähe zu alarmieren, mit anderen Hündinnen »flirtet« und auf sie aufreitet oder ihre Rute zur Seite nimmt, wenn ihr Besitzer ihren Rücken berührt. Darauf erpicht, den passenden Tag der Hündin nicht zu verpassen, jagen die meisten Leute zum Rüden los, sobald sie sehen, dass sie ihre Rute zur Seite hält oder sich für eine andere Hündin hinstellt, damit diese aufreiten kann. Aber es ist normal, dass eine Hündin ein paar Tage bevor sie so weit ist, mit einem fremden Rüden gepaart zu werden, für eine andere, ihr bekannte Hündin, steht.

Haben Sie sich damit einverstanden erklärt, Ihren Rüden zum Decken einzusetzen, werden Sie einen Anruf des Hündinnenbesitzers erhalten, der Sie informieren wird, dass sie läufig ist. Sind es vorausdenkende Menschen, wird man Ihnen mitteilen, dass es der zweite oder dritte Tag ihrer Läufigkeit ist. Sind es unbedachte Leute werden sie Ihnen sagen: »Sie wird übermorgen zum Decken bereit sein!« und bringen so Ihre Planungen durcheinander.

Obwohl die Hündin gewöhnlich zum Rüden gebracht wird und der Hündinnenbesitzer die ganze Fahrerei leisten muss, kann doch das Decken einen ganzen Vor- oder Nachmittag der Zeit des Deckrüdenbesitzers in Anspruch nehmen. Hat der Hündinnenhalter einen besonders weiten Anfahrtsweg, mögen Sie sich verpflichtet fühlen, ihn für eine Nacht (oder sogar zwei) unterzubringen, also ist es gut im Voraus zu wissen, wann sie zu erwarten sind. Sie sollten sie dann noch darauf hinweisen, die Hündin von allen Rüden fern zu halten und vor dem Decken keine Fernhaltesprays oder andere Maßnahmen bei ihr anzuwenden.

Heute gibt es viele wissenschaftliche Methoden auf dem Markt, den optimalen Deckzeitpunkt der Hündin zu bestimmen, so ist man in der Lage, viel Raterei zu vermeiden. Persönlich haben wir zwei verlässliche Methoden gefunden - einen »wissenden« Deckrüden und den guten, altmodischen Scheidenabstrich bei Ihrem Tierarzt.

Ein Abstrich ist eine so simple Maßnahme, dass wir erstaunt darüber sind, wie wenige Züchter diese Methode anwenden. Der Tierarzt nimmt einen einfachen Abstrich aus der Scheide (Vulva) der Hündin und bringt ihn auf einem Objektträger aus. Er ist sehr schnell angefärbt und dann unter dem Mikroskop angeschaut. Es werden über den Zeitraum von einigen Tagen mehrere Abstriche gemacht. Die Veränderung der Zellform zeigt den Zeitpunkt der Ovulation an. Einige Deckrüdenhalter bestehen auf einem Abstrich, um sicherzugehen, dass die Hündin keine Infektionen hat. Es hat also einen doppelten Vorteil, eine zusätzliche Untersuchung über den Zeitpunkt der Ovulation durch Ihren Tierarzt machen zu lassen. Der Deckrüdenbesitzer kann nach dem Attest fragen, um es zu lesen, bevor überhaupt etwas passieren wird.

DAS DECKEN

Hat ein Rüde vorher noch nicht gedeckt, ist es wichtig, dass jemand mit Erfahrung beim Decken zur Verfügung steht. Idealerweise sollte sein erster Deckakt mit einer erfahrenen Hündin, die ihm die nötige Unterstützung gibt, stattfinden. Aber dies ist selbstverständlich nicht immer der Fall. Hat man eine jungfräuliche Hündin, ist es umso wichtiger, jemanden dabei zu haben der weiß, was sie oder er tut.

Bevor man den Rüden und die Hündin zusammenbringt, werden Sie einen geeigneten Platz aussuchen müssen, an dem die Hochzeit stattfinden soll. Es sollte ein ruhiger Raum von angemessener Größe (so dass die Hündin nicht eingeschüchtert wird) mit einem rutschfesten Bodenbelag sein. Beide Hunde sollten ein festes Halsband tragen, und Sie werden ebenfalls einen Maulkorb (oder ein Stück Bandage, die als solcher benutzt werden kann), ein Gleitmittel wie Vaseline und evtl. eine Art Rampe, für den Fall, dass zwischen Rüde und Hündin ein starker Größenunterschied besteht, benötigen.

Werden die beiden zusammengebracht, sollte es in einem recht weitläufigen Bereich geschehen. Lassen Sie den Rüden an der Leine, während die Hündin sich frei um ihn herum bewegen darf. Mit ein wenig Glück wird es nicht lange dauern bis sie die ersten Annäherungsversuche macht und mit ihm zu flirten beginnt, indem sie mit der Pfote seine Brust berührt, um dann zurückzuspringen und mit dem Vorderkörper auf die Ellbogen herunterzugehen oder von ihm wegspringt, um ihn zum Spielen aufzufordern. Zu diesem Zeitpunkt hat die Person, die den Rüden an der Leine hält, einen guten Eindruck davon, ob der Hund die psychische Reife besitzt fortzufahren oder nicht. Musste der Hundeführer die Leine (und sich selbst) um den nächsten Zaunpfosten wickeln, um an seinem Platz stehen zu bleiben, ist es ein gutes Zeichen dafür, dass der Hund verstanden hat, was von ihm erwartet wird. Aber sollte der Hund die Gegenwart der Leute und die Leine als ein Signal empfinden spazieren zu gehen und ignoriert die Hündin vollkommen, haben Sie eine schwere Aufgabe vor sich!

Hat der Rüde erst einmal Erfahrung im Umgang mit einer läufigen Hündin, wird er jedes Mal einem bestimmten Verhaltensmuster folgen. Einige Rüden werden während der gesamten Läufigkeit der Hündin nach ihr schmachten und eifrig versuchen, sie bei jeder sich bietenden Gelegenheit zu decken. Andere können etwa bis zum neunten Tag ihr gegenüber sehr aufmerksam sein und sie dann für die nächsten fünf oder sechs Tage ohne Unterlass bedrängen.

Die besten Deckrüden sind die, die kein offensichtliches Interesse an der Hündin zeigen bis sie wissen, dass sie »bereit« ist. Da wir so einen Rüden besaßen, wissen wir nur zu genau, wie praktisch es ist, wenn ein übereifriger Halter seine Hündin zu früh gebracht hat. Natürlich kann es auch sehr peinlich sein, wenn Ihr ganzer Stolz seinen Kopf offensichtlich gelangweilt wegdreht, wenn ihm eine Hündin zugeführt wird, die nur für ihn eine sechs- oder siebenstündige Reise hinter sich hat! Aber lehnen Sie sich beruhigt zurück, derselbe Hund wird sich durch Türen beißen, um zu der Hündin zu gelangen, wenn er weiß, dass die Zeit reif ist.

Das Verhalten der Hündin bestimmt ebenso, wie einfach alles vonstatten gehen wird. Die meisten Liebhaberhunde, die vorher noch keinen Kontakt zu einem Rüden hatten, werden am schwierigsten zu verpaaren sein. Aufgezogen, um sich wie eine »junge Dame« zu benehmen und jedwedes sexuelle Spiel strikt untersagt, ist es kaum überraschend, dass sie es nicht dulden wollen, wenn ein fremder Rüde auf sie aufreitet. In manchen Fällen kann eine Hündin nur dann »Prinzessin Rühr-Mich-Nicht-

An« spielen, wenn ihre Besitzer anwesend sind. Hat man die Besitzer außer Sichtweite ins Haus geschickt, kann sie die Moral eines Hallodris entwickeln! Unglücklicherweise allerdings gibt es Fälle, in denen eine Hündin sich nicht freiwillig decken lässt. Dies ist etwas, was die Hündinnenhalter entscheiden müssen. Wollen Sie fortfahren mit einem erzwungenen Deckakt, oder sind Sie bereit die ganze Sache zu vergessen?

In vielen Fällen ist die Hündin einfach zu früh gebracht worden, und nach ein paar Tagen wird sie dramatische Veränderungen zeigen. Manchmal grummeln und knurren Hündinnen ständig, wenn der Rüde in der Nähe ist, während ihr Hinterteil mit einer zur Seite gehaltenen Rute eine ganz andere Botschaft aussendet! Aber für den Fall, dass sie so furchtbare Angst hat und hoch gehalten werden muss mit einem Maulkorb auf und ihre Rute zwischen den Läufen eingeklemmt hält, dann ist es wahrscheinlich Zeit, dem ein Ende zu setzen.

Egal wie begierig die Hündin ist, es ist doch besser, ihr einen Maulkorb aufzusetzen. Die meisten Leute wickeln einen elastischen Verband um ihren Fang und verknoten ihn unter ihrem Kinn, die losen Enden werden unter den Ohren durchgeführt und hinter dem Schädel zusammengebunden. Sogar die eifrigsten Hündinnen können mit dem Kopf herumfahren, um nach dem Rüden zu schnappen (selten um ihn zu beißen), und ein Hundeführer oder Helfer, der dabei im Wege ist, kann ernsthaft verletzt werden.

Ist der äußere Rahmen gegeben, benötigen Sie mindestens drei Leute. Eine Person (vorzugsweise der Halter) um die Hündin vorne mit einer Hand an jeder Seite des Halsbandes zu halten, eine bereit, an der Seite der Hündin zu knien, um sie zu unterstützen oder den Rüden zu lenken und noch eine, um den Rüden zu halten. Sie mögen über das Maß der benötigten menschlichen Hilfe erstaunt sein und wir haben oft den Einwand gehört: »Wie würden sie es in der freien Natur machen?« und »Streunende Hunde decken Hündinnen ohne jede Hilfe«.

Beide Aussagen tragen einen Funken Wahrheit in sich, aber wenn Sie sich einen prächtigen, gesunden Neufundländer mit einem wunderbar gepflegten Haarkleid ansehen, beginnen Sie zu verstehen, dass diese Prachtexemplare nicht durch willkürliche Verpaarungen in freier Natur hervorgebracht wurden. Ist Ihre einzige Absicht, Hunde von der Qualität von solchen Streunern, die Sie auf den Straßen finden, zu produzieren, dann haben Sie einen großen Fehler gemacht dieses Buch zu kaufen.

Sind alle Helfer in der vorgesehenen Position, lässt der Rüdenführer ihn bis zur Rute der Hündin vorwärts gehen, alternativ kann der Hundeführer auch vom Rüden bis zum Hinterteil der Hündin geschleift werden, was abhängig davon ist, ob der Rüde vom Typ »Oh, nun gut, wenn ich wirklich muss« oder »Du hältst sie, ich decke sie« ist.

Reitet der Rüde von hinten auf die Hündin auf, kann der Helfer das Halsband loslassen, versucht er aber, sich naiv seinen Weg um sie herum zum Kopf zu erarbeiten, kann er vorsichtig zum richtigen Ende zurückgezogen werden. Versuchen Sie nicht ihn rückwärts zu ziehen, da er übernatürliche Kräfte entwickeln wird und sie beide können mit einem Bandscheibenvorfall enden! Muss der Rüde weggeführt werden, stellen Sie sich neben die beiden und ziehen Sie ihn zur Seite weg.

Zu diesem Zeitpunkt kann die Vulva der Hündin mit einem Gleitmittel wie Vaseline eingeschmiert werden, wenn der Rüde ein Neuling ist. Schmiert man sie früher ein, kann man einen jungen Rüden verwirren, da der Geruch der Hündin überdeckt wird. Hat man einen erfahrenen Rüden, kann es sofort aufgebracht werden. (Sind Sie empfindlich, können Sie Einweghandschuhe dabei tragen.)

Wenn der Rüde erneut aufreitet, schiebt die Person, die neben der Hündin kniet, ihren Arm (Handfläche nach oben) lang unter dem Bauch der Hündin durch, bis sie mit den Fingerspitzen die Scheide der Hündin erreicht. Wird ein leichter Druck ausgeübt, wird die Vulva nach oben gezogen und sie öffnet sich leicht. So wird es für den Penis des Hundes leichter sein einzudringen. Ist der Rüde immer noch nicht auf dem richtigen Kurs, wird ein leichtes Bewegen des Beckens der Hündin das Ergebnis verbessern. Es ist verständlich, dass der erste Deckakt ein wenig unkomfortabel für die Hündin sein wird und sie kann in der kritischen Phase anfangen sich zu wehren, also sollten alle Beteiligten darauf vorbereitet sein. Nach ca. dreißig Sekunden beginnen die Schwellkörper an der

Basis des Penis anzuschwellen, das Hängen beginnt dann, wenn die Hündin die Schwellkörper innerlich umklammert. Vergrößern sich die Schwellkörper außerhalb der Scheide, ist das Eindringen kein voller Erfolg und es ist wichtig, das Paar solange wie möglich zusammenzuhalten (ideal sind etwa fünf Minuten), so dass die Spermien die besten Voraussetzungen bekommen die Eier zu erreichen. Zu diesem Zeitpunkt etwa, unabhängig davon, ob ein Hängen stattgefunden hat oder nicht, wird der Rüde sich vollkommen entspannen und sein ganzes Gewicht wird auf dem Rücken der Hündin liegen. Für einige Hündinnen ist dies sehr unangenehm und kann sie aus der Fassung bringen. Wann immer wir bei einem Deckakt zugegen sind, ziehen wir es vor, sobald er beginnt sich zu entspannen, die Läufe des Rüden auf den Boden zu stellen (neben das Vorderteil der Hündin). Dies muss von einer recht starken Person getan werden, da die Vorderläufe den Brustkorb der Hündin fest umklammern. Wieder auf dem Boden werden die beiden wahrscheinlich ruhig nebeneinander stehen bis das Hängen vorüber ist.

Einige Hunde wollen sich instinktiv umdrehen, indem sie einen Hinterlauf über die Kruppe der Hündin heben bis sie Rute an Rute stehen. Will er sich umdrehen, helfen Sie ihm vorsichtig dabei, aber zeigt er keine Absicht dies zu tun, seien Sie nicht besorgt, es ist nicht wichtig und es wird keinen Unterschied dafür bedeuten ob eine Befruchtung stattfindet oder nicht. Persönlich finden wir, dass es ein Vorteil für einen älteren Deckrüden sein kann sich nicht umzudrehen, und das Risiko einer Beinverletzung wird vermindert. Aber wir finden auch, dass junge Hunde geneigt sind, ständig das Gesicht oder die Ohren der Hündin zu belecken wenn sie sich nicht umgedreht haben, und das kann manche Hündin irritieren und bringt sie dazu zu schnappen oder sie beginnt zu zappeln.

Das Hängen selber kann nur fünf Minuten oder, in seltenen Fällen, zwei Stunden und länger dauern. Zirka zwanzig bis dreißig Minuten ist normal und wir kennen nichts, das man machen könnte, um den Prozess zu beschleunigen. Also, haben Sie entschieden, draußen zu decken und ein Gewitter bricht aus, dann werden Sie ganz einfach nass!

Ist das Hängen vorbei (und das passiert plötzlich), werden sich beide Hunde sofort säubern und es ist eine gute Gelegenheit zu kontrollieren, ob es Anzeichen für Verletzungen oder Blutungen gibt. Der Rüde sollte ruhig weggeführt werden, bevor er erneut beginnt, Interesse an der Hündin zu zeigen. Es ist normal, dass der Penis des Rüden nicht sofort wieder einschachtet, und obwohl es ein ungewohnter Anblick für einen Neuling ist, wird er sich langsam, ohne kalte Waschungen, zurückbilden.

Die Hündin sollte ebenfalls an einen Ort gebracht werden, wo sie fortfahren kann sich zu säubern, und es kann ihr etwas zu trinken gegeben werden. Der durch-und-durch Hundemensch der Vergangenheit glaubte daran, das Hinterteil der Hündin für einige Sekunden anzuheben und sie mindestens für eine halbe Stunde nach dem Decken vom Urinieren abzuhalten, um sicherzustellen, dass sie befruchtet wird. Obwohl seitdem belegt wurde, dass diese Praxis keine wissenschaftliche Basis hat, kann man damit keinen Schaden anrichten, also falls es entweder den Rüden- oder den Hündinnenhalter glücklich macht, tun Sie es!

Gelegentlich ist der Rüde so eifrig, dass er einen Samenerguss hat, bevor der Deckakt zustande gekommen ist. In solchen Fällen kann man beide Tiere für eine halbe Stunde trennen, bevor ein neuer (gewöhnlich kontrollierender) Versuch gemacht werden kann.

ERSTE ANZEICHEN DER TRÄCHTIGKEIT

Viele überbesorgte Halter reden sich und ihrer Hündin nach dem Decken ein, dass sie tragend ist. Allzu oft sind wir gerufen worden uns eine Hündin anzusehen, die angeblich in der neunten Trächtigkeitswoche sein soll, nur um eine selbstgefällige, übergewichtige Neufi-Dame vorzufinden, die nicht trächtiger ist als der Mann im Mond.

Es gibt viele Hinweise für ein positives Ergebnis. Altmodische Züchter achten darauf, wie schnell die Läufigkeit beendet ist. Je schneller die Läufigkeit zu Ende ist, umso größer die Wahrscheinlichkeit, dass die Hündin trägt, war die Theorie. Es ist eine Praxis, der wir nie zugetan waren, da wir Hündinnen hatten, die zu solch unterschiedlichen Zeitpunkten ihrer Läufigkeit deckbereit waren, dass wir meinen, das Resultat würde ungenau sein. Für jemand anderen mag es aber der Weg sein.

Manche Züchter behaupten, drei Wochen nach dem Decken findet eine Veränderung der Zitzen der tragenden Hündin statt. Sie scheinen eine dunklere Farbe zu haben und stärker hervorzustehen. Zwischen dem vierundzwanzigsten und achtundzwanzigsten Tag der Trächtigkeit kann Ihre Hündin vom Tierarzt palpiert werden, und sind Welpen vorhanden, wird er kleine »Golfbälle« (oder große »Murmeln«) ertasten können. Diese Methode die Hündin zu untersuchen, hat uns unser Tierarzt viele Male geduldig erklärt, aber bis heute sind wir nicht in der Lage, irgendetwas in unseren Hündinnen fühlen zu können! Persönlich glauben wir, der sicherste Weg, den ungeborenen Welpen nicht ungewollten Schaden zuzufügen, ist einen guten Tierarzt zu bemühen, um eine Hündin zu palpieren.

Für die Besitzer, die im Voraus wissen wollen was passiert, gibt es die Möglichkeit einer Ultraschalluntersuchung. Nicht alle Tierarztpraxen haben so ein Gerät, aber die meisten Großtierpraxen werden eines besitzen, da es ein hilfreiches Mittel ist, um Trächtigkeiten bei Schafen festzustellen. Wir haben unsere Tiere nie einer Ultraschalluntersuchung ausgesetzt, aber wir haben genug darüber gehört um zu erkennen, dass die Ausrüstung nur so gut ist wie der, der sie bedient; Fehler sind schnell gemacht. Die bekannte Allgemeinrichterin Ann Arch hat uns einmal von der Besitzerin einer kürzlich Ultraschall untersuchten Hündin erzählt, die stolz bekannt gab, dass ihre Hündin zwei Welpen trug. Eine spätere Ultraschalluntersuchung enttarnte die »Welpen« als die Nieren der Hündin.

Ultraschalluntersuchungen von Hündinnen sind eine Art Küken-Zählen bevor sie geschlüpft sind, hat man sieben Welpen gesehen, heißt es nicht automatisch, dass sieben lebende Welpen geboren werden. Einige können von der Hündin absorbiert werden, einige können tot geboren werden und andere können schwere Geburtsfehler haben. Dies mag sich alles sehr deprimierend anhören, aber unglücklicherweise gibt es keine Garantien im Umgang mit lebenden Wesen. Wenn Sie Ihre Hündin einer Ultraschalluntersuchung unterziehen möchten und es beruhigt Sie, dann tun Sie es. Wir meinen, ist sie tragend, großartig! Es wird sich bald zeigen. Falls nicht, mehr Glück für das nächste Mal, aber für die Hündin muss das Leben weitergehen wie immer.

Eine leichte Erhöhung der Futtermenge ist etwa fünfeinhalb bis sechs Wochen nach dem Decken angebracht, füttern Sie ein Fertigfutter, ist es ebenso gut, einfach zu einem hochwertigeren Produkt zu wechseln. Wir haben die Erfahrung gemacht, eine Hündin nach sechs Wochen als nicht tragend anzusehen und sie zu einer Championatsschau zu melden, scheint ein todsicherer Weg zu sein, bald einen Wurf zu haben. Die Ausstellungsleitung wird Ihren Scheck nie schneller einlösen, als wenn sich »über Nacht« herausstellt, dass Ihre Hündin tragend ist.

DIE PFLEGE DER TRÄCHTIGEN HÜNDIN

Sind Sie nun sicher, dass Ihre Hündin tragend ist, können Sie eine Veränderung in ihrem Fressverhalten feststellen. Es bewegt sich zwischen »Ich esse für zwölf, also hilft mir besser einer« und »Ich bin ein wenig sensibel heute, aber Du könntest mich mit ein paar Sardinen und Rühreiern locken«.

Wir finden, eine hochwertige Hundevollnahrung zu verabreichen ist die einfachste und nahrhafteste Methode eine tragende Hündin zu füttern. Eine langsame Steigerung der Futtermenge von 10% bis auf 50% während der letzten drei Wochen der Trächtigkeit ist angemessen. Die meisten Komplettfuttermittel haben eine aufgedruckte Fütterungsanweisung, lassen Sie sich nicht in Versuchung führen diese Richtlinie beträchtlich zu übersteigen. Eine gierige Hündin wird einfach übergewichtig und schlecht in Form sein und dadurch vielleicht eine schwere Geburt haben.

Eine wählerische Hündin ist viel schwieriger zu füttern und ganz besonders dann, wenn der Besitzer überzeugt ist, dass sie verhungern wird. Versuchen Sie, soweit machbar, ihr ihr normales Futter zu geben, aber fügen Sie etwas Schmackhaftes hinzu um ihr einen Anreiz zu bieten. Hündinnen, die viele Welpen tragen oder die die Welpen sehr hoch im Bauch tragen, haben oft nicht genügend Platz, damit der Magen sich ausdehnen kann. Deswegen ist es sinnvoll, der Hündin öfter kleinere Mahlzeiten anzubieten als zwei normale Mahlzeiten täglich. Sogar die wählerischste Hündin wird nicht hungern. Sie sind sehr verschmitzt und wissen, dass ihnen eine Reihe verlockender Dinge angeboten werden. Solche Hündinnen können sehr anstrengend sein, zwei Tage lang fressen sie bestes Filet und dann drehen sie am dritten Tag den Kopf weg und gucken entschieden angeekelt. Aber es besteht ein deutlicher Unterschied zwischen wählerisch und unwohl sein. Verweigert eine Hündin Wasser, ist lethargisch, hat an nichts Interesse oder hat Ausfluss, ist die Tierarztpraxis der einzige Ort an dem man sein sollte.

Im Großen und Ganzen aber sollte es auch für sie bei der täglichen Routine bleiben, sie ist kein Invalide. Sie braucht ihre Spaziergänge um bei guter Kondition zu bleiben und einen Abbau der Muskulatur zu vermeiden. Ihre Hündin wird Ihnen zu verstehen geben, wie weit sie laufen will und ob sie einen Ball oder Stock holen will oder nicht. Weiß man genau, dass die Hündin tragend ist, ist es sicherlich nicht ratsam, Berge zu besteigen oder auf eine fünfzehn Kilometer lange Wandertour zu gehen!

Behalten Sie den normalen Pflegerhythmus bei - da sie nun nicht mehr in der Lage sein wird, auf den Pflegetisch und wieder herunter zu springen, machen Sie es auf dem Boden. Viele Halter bemerken an ihrer Hündin ein dichteres Fell, was regelmäßige Pflege umso wichtiger macht. Der Gebrauch von insektiziden Sprays sowie anderer Anwendungsformen ist bei einer tragenden Hündin nicht ratsam, also wird Bürsten der einzige Weg sein ihr Fell in Ordnung zu halten.

Sicher wird Ihre Hündin einige Monate vor dem Decken eine Auffrischungsimpfung erhalten haben und es besteht keine Notwendigkeit, ihrem Organismus zusätzliche Giftstoffe zuzuführen. Einige Tierärzte empfehlen tägliche Wurmkuren für die letzten zehn Tage der Trächtigkeit um sicherzugehen, dass Mutter und Welpen wurmfrei sind. Wir befolgen diese Methode und obwohl wir bei unseren Welpen einen leichten Rückgang im Geburtsgewicht verzeichnen, haben wir im Allgemeinen keine Anzeichen von Würmern bei der Hündin und den älteren Welpen. Ihr Tierarzt hat eindeutige Vorstellungen zu diesem Thema und da er in dieser Zeit der beste Freund Ihrer Hündin sein wird, ist es ratsam, das was er sagt zu befolgen.

VORBEREITUNGEN FÜR DAS WERFEN

Sie haben einen ruhigen Raum als »Entbindungsstation« vorbereitet, und etwa zehn Tage oder eine Woche vor dem großen Ereignis bringen Sie Ihre Hündin jeden Tag für kurze Zeit dorthin. Erlaubt man ihr ebenfalls, dort zu schlafen, wird sie es als ihren eigenen Bereich ansehen. Es sollte eine Wurfkiste bereitstehen. Sie kann leicht von einem handwerklich begabten Familienmitglied aus Sperrholz oder ähnlichen Materialien, die man in jedem Baumarkt bekommt, gebaut werden. Alle, die nicht über solche handwerklichen Fähigkeiten verfügen, können fertige Wurfkisten kaufen. Sie sind natürlich teurer, gewöhnlich aus haltbarem, hygienischem Material gefertigt und können jahrelang benutzt werden.

Bauen Sie Ihre Wurfkiste selber, achten Sie darauf, dass die Seiten lang genug sind, so dass die Hündin darin in allen Richtungen ausgestreckt liegen kann. Sie sollte drei feste, mindestens kniehohe Seiten haben, während die vierte bis zur Hälfte herunterzuklappen (oder abzunehmen) sein sollte. Der Grund dafür ist es, der Hündin zu ermöglichen, die Wurfkiste zu verlassen, ohne ihr Gesäuge ständig über den Rand der Kiste zu scheuern, während die verbleibende Hälfte die Welpen zurückhält und sie vor Zugluft schützt. Es ist sehr nützlich, einen Welpenschutz in Form einer Abstandsleiste anzubringen, so dass die Welpen sicher am Rand der Kiste liegen können, ohne von der Mutterhündin gequetscht und totgelegt zu werden. In der Nähe der Kiste sollte sich eine Steckdose befinden und über ihr ein Balken oder Haken, um eine Wärmelampe anbringen zu können.

Die letzten Wochen der Trächtigkeit sollten genutzt werden, um von Freunden, Verwandten und Nachbarn alte Zeitung zu erbitten. (Übrigens ziehen wir es vor, Zeitungen von Leuten zu nehmen, die keinen Hund haben weil wir befürchten, uns Krankheitserreger einzuschleppen.) Haben Sie nun stapelweise Zeitungen und denken, Sie haben es ein wenig übertrieben, werden Sie feststellen, dass Sie noch doppelt so viele brauchen werden! Genauso wichtig sind flauschige Synthetik-Welpendecken - es ist notwendig, einen guten Vorrat davon zu haben.

Ebenso werden Sie ein Thermometer, einige Welpensaugflaschen, eine Dose Welpenersatzmilch, künstliches Kolostrum, eine Flasche flüssiges Kalzium und Desinfektionsmittel für die Babyflaschen benötigen. Scheren oder trimmen Sie das Gesäuge der Hündin in der Woche vor der Geburt und falls nötig, den Bereich um die Scheide und die Hosen. Waschen Sie die Zitzen mit einer guten antiseptischen Seife und trocknen Sie sie gründlich. Es reduziert die Möglichkeit, dass Parasiteneier von den Welpen geschluckt werden.

DIE GEBURT DER WELPEN

Sie sollte, den Lehrbüchern zufolge, dreiundsechzig Tage nach dem Decken stattfinden. Dummerweise lesen Hündinnen keine Lehrbücher, und Sie können die Welpen vom sechsten Tag vor diesem Datum bis einige Tage danach erwarten. Während der letzten Woche sollte die Temperatur der Hündin täglich gemessen werden. Die normale Temperatur liegt zwischen 38,0° C und 38,5° C und fällt bis unter 37,0° C während der letzten vierundzwanzig Stunden vor der Geburt. Obwohl Ausnahmen vorkommen, ist dies ein recht verlässlicher Hinweis darauf, wann der Wurf zu erwarten ist, und jetzt können Sie Ihre Wurfkiste in Ruhe mit Zeitungspapier auslegen. Aus unserer eigenen Erfahrung können wir sagen, dass die Temperatur bis nahe 37° C im Vorfeld des Werfens fällt, um dann wieder auf die normale Temperatur heraufzuschießen und wir krempeln uns dann, in Erwartung der Geburt, die Ärmel auf. In der Regel gibt es mindestens einen falschen Alarm, wenn sich das Verhalten der Hündin verändert und sie unruhig wird. Es vergeht nach etwa einer Stunde wieder und ist nichts im Vergleich zu den Anzeichen, die sie zeigt, wenn die Geburt wirklich losgeht, aber viele Menschen, die ihren ersten Wurf erwarten, sind verständlicherweise besorgt wenn ein falscher Alarm ausbricht.

Wenn das Werfen wirklich beginnt hechelt die Hündin stark, kratzt in ihrem Wurflager herum, steht auf und legt sich zahlreiche Male wieder hin und kann durch nichts beruhigt werden. Es ist normal, dass sie ständig nach draußen will, und bis zu einem gewissen Grad sollte sie es auch dürfen, während der Halter ihr in kurzem Abstand folgt. Seien Sie nicht versucht, die Hündin draußen im Garten zu lassen, denn sie wird wahrscheinlich zu einem natürlichen Hundeverhalten, große Löcher zu buddeln um darin zu werfen, zurückkehren. Sie im Nachhinein dazu zu überreden, in dem von Ihnen eingerichteten Wurfbereich anstatt in ihrem eigenen zu werfen, ist ein schwieriges Unterfangen. Da ist dann noch die zusätzliche Sorge, dass sie unter einem Holzhaus oder einer Baumwurzel gräbt, um dort, wo niemand sie erreichen kann, ihre Welpen zu gebären.

Hündinnen, die stubenrein sind, fühlen sich offensichtlich anfänglich nicht wohl mit dem, was Sie möglicherweise als Beschmutzen der Wohnung betrachten können. Aber ist erst der erste Welpe geboren, fühlen sie sich wohler bei der ganzen Sache.

Zur rechten Zeit werden Sie Ihre Hündin pressen sehen. Wie viel Aufstand sie dabei macht, hängt von der Hündin ab. Manche hören einfach einige Sekunden auf zu hecheln, beißen ihre Zähne zusammen und schon erscheint ein Welpe. Andere geben sich etlichen langen, stöhnenden Wehen hin, so dass der Halter vom Zusehen fast einen Leistenbruch erleidet. Solange die Hündin nicht zu oft oder über ca. vierzig Minuten ohne Erfolg presst, wird alles normal für sie sein. Einige Hündinnen pressen liegend oder halb sitzend, während andere aufstehen um zu pressen, also denken Sie nicht, dass Sie die Hündin dazu bringen müssen sich hinzulegen, wenn sie sich stehend wohler fühlt. Man sollte auch bedenken, dass ihr angeborenes Verhalten sie dazu bringt, in einer dunklen, ruhigen und vertrauten Ecke zu gebären. Ein aufgeregter, panischer Halter wird ihr keine Hilfe sein.

Wenn der Welpe geboren wird, sehen Sie eine mit dunkler Flüssigkeit gefüllte Blase in der Vulva erscheinen. Einen Augenblick später sollte diese Blase, die den Welpen enthält, ganz ausgetrieben sein. In diesem Stadium hängt das Leben des Welpen von seiner Fähigkeit selbständig zu atmen ab. Seine Verbindung zur mütterlichen Sauerstoffzufuhr wird während der Geburt unterbrochen, und deshalb hängt es von Ihnen als Hebamme ab sicherzustellen, dass die Fruchtblase geöffnet und der Kopf des Welpen freigelegt wird. Gelegentlich kann es vorkommen, dass der Welpe zu dreiviertel durch die Scheide heraus ist, dann aber dort durch den Rest der Blase und die Nabelschnur, die noch nicht ausgetrieben sind, hängen bleibt. In so einem Fall zerreißen wir die Fruchtblase immer, um den Kopf des Welpen zu befreien. Ist er in der Lage zu atmen, macht es nichts aus, dass alles andere noch ein oder zwei Minuten dauert. Der Halter kann dadurch helfen, dass er das zur Fruchtblase liegende Ende der Nabelschnur - nicht den Welpen - sanft von der Scheide wegzieht. Es sollte in einer sanften Kurve abwärts gezogen werden, wie Sie es mit einem Welpen tun würden, der mit den Schultern hängen geblieben ist.

Gelegentlich wenden sich erstgebärende Hündinnen sofort ihrem neuen Welpen zu, zerreißen die Blase, lecken den Welpen energisch und fressen die Nachgeburt. Aber häufig starren sie sie entsetzt, mit dem Ausdruck »Ich erinnere mich nicht, das je gegessen zu haben!« an und es ist wichtig, dass jemand Kompetentes zur Verfügung steht, der den Welpen vor dem Ertrinken schützt. Die Verwirrung ist wahrscheinlich der Hauptgrund, dass erstgeborene Welpen nicht überleben, obwohl es für einen Welpen ziemlich normal ist, ohne Nachgeburt geboren zu werden.

Nimmt die Hündin keine Notiz von ihrem Welpen, zwingen Sie sie nicht dazu, sondern fahren Sie fort ihn abzutrocknen. Sein Quieken wird eventuell eine Reaktion bei der Mutter auslösen, passiert dies, treten Sie zurück und geben Sie ihnen Zeit, eine Verbindung aufzubauen. Wenn die Hündin zufrieden ihren Welpen wäscht und an der Nabelschnur kaut um sie zu kürzen, können Sie sie dazu bringen sich hinzulegen und ihr den Welpen zum Saugen an einer Zitze anlegen. Zu Beginn können neugeborene Welpen sehr dumm erscheinen und ihren Kopf von der angebotenen Zitze wegdrehen. Sie werden aber ihre eigene Zitze finden und haben sie sich erst einmal festgesaugt, ist es schwierig sie wieder abzuziehen.

Sie werden bemerkt haben, dass wir bis jetzt das Wiegen der Welpen noch nicht erwähnt haben und das mit Absicht. Jeder, der im Haushalt für die Wäsche zuständig ist, kennt den Gewichtsunterschied zwischen nassen und trockenen Stoffen. Wiegt man einen nassen Welpen, erhält man ein ungenaues Ergebnis und wollen Sie die Welpen in dieser Zeit täglich wiegen, werden Sie sich am nächsten Tag, wenn es so aussieht als ob sie abgenommen haben, unnötigem Stress aussetzen.

Wir haben während der Geburt die Wärmelampe an, und die Welpen sind schnell warm und trocken. Wird der nächste Welpe ausgetrieben, legen wir die vorangegangenen in eine kleinere Kiste die innerhalb der Wurfkiste steht. Zwischen den Geburten kann die Hündin Wasser oder sogar etwas Milch trinken um ihr Energie zu liefern. Wir empfehlen, der Hündin während der Geburt keine feste Nahrung zu verabreichen für den Fall, dass für die restlichen Welpen ein Kaiserschnitt nötig sein sollte. (Wenn auch eine Hündin von Freunden, die bei uns ihre Welpen bekam, zwischen dem Austreiben jedes einzelnen Welpen freudig Schokoladenwaffeln und Tee zu sich nahm, keine Probleme dadurch bekam.)

Wenn alle Welpen geboren sind (oder wenn wir meinen es sind alle da - in einer Zeitspanne von zwei bis zwölf Stunden!), wiegen wir sie und kontrollieren das Geschlecht. Sind keine wieder erkennbaren Merkmale vorhanden, markieren wir sie an unterschiedlichen Stellen mit einem Tupfer Nagellack (und passen auf, dass der Lack getrocknet ist, bevor der Welpe zur Hündin zurückgelegt wird). Er kann dann nach Bedarf aufgefrischt werden.

Sind mehr Welpen als Zitzen vorhanden und die Hündin hat reichlich Milch, wird es lebenswichtig sein, die Welpen abwechselnd anzulegen, damit alle satt werden. Es kommt selten vor, dass die Hündin gar keine Milch produziert, und obwohl der Tierarzt ihr ein Hormonpräparat verabreichen kann, um die Sache in Gang zu bringen, werden Sie ihnen in der Zwischenzeit das künstliche Kolostrum geben müssen und damit beginnen, sie per Hand zu füttern. Welpen mit der Flasche zu füttern ist eine entmutigende, nie endende Aufgabe und es ist doppelt so schlimm, wenn einer von ihnen stirbt.

Über dieses Thema der Handaufzucht von Welpen sind Bücher geschrieben worden, also werden wir nicht näher auf dieses umfangreiche Gebiet eingehen und der hilfreichste Hinweis, den wir gefunden haben ist, dass man aufpassen muss, dass das Loch im Nuckel nicht zu groß ist. Ist der Milchfluss zu stark, kann die Milch leicht in die Lungen des Welpen gelangen und ihn ertränken oder Husten. Atemnot und sogar tödliche Infektionen auslösen.

Der Geburtsprozess ist keine saubere Angelegenheit und Sie werden große Mengen Zeitungen verbraucht haben um »aufzuwischen«. Ist die Geburt beendet, können nun einige neue Lagen Zeitungspapier ausgebreitet und teilweise mit einer flauschigen Synthetikdecke abgedeckt werden. Stellen Sie sicher, dass die Hündin bequem auf der Seite liegt und die Welpen der Reihe nach an ihren Zitzen liegen. Nun werden sie Stunden damit verbringen einfach an ihrer Zitze anzuliegen um, so oft sie wach werden, erneut zu saugen. Am besten belässt man Mutter und Welpen in dieser Lage so lange es geht, und man sollte so klug sein, den Wurfbereich nicht zu verlassen. Neufi-Mütter können außergewöhnlich tollpatschig sein und sollten während der ersten Woche (und manchmal auch länger) ständig unter Beobachtung stehen.

Einige Hündinnen putzen ihre Welpen unaufhörlich und überprüfen jedes Quieken, während andere entspannter sind und eine »Grundreinigung« in unregelmäßigen Abständen vornehmen. Es kann erschreckend aussehen eine Hündin dabei zu beobachten, wie sie einen Welpen putzt während er an der Zitze festhält, da sie gewöhnlich sein Hinterteil in die Luft schubst und sein Nacken, im Bemühen die Zitze nicht zu verlieren, eine eigenartige Position einnimmt. Aber es ist kein Eingreifen erforderlich, und zur Rettung des Halters gibt es eine beruhigende Tasse Tee oder einen großen Scotch oder zwei! Während des Putzens stimuliert die Zunge der Hündin die Blase und den Darm des Welpen. Dies ist eine zweite erschreckende Erscheinung, da der erste Stuhlabsatz des Welpen aussieht, als ob ein Stück des Darms ausgeschieden wird. Es ist aber normal und nichts, worüber man sich Sorgen machen müsste.

Es ist angebracht, die Hündin direkt nach dem Werfen (abhängig von der Tageszeit) vom Tierarzt untersuchen zu lassen, und dies ist auch der Zeitpunkt, an dem kranke oder fehlerhafte Welpen aussortiert werden sollten. Für Welpen mit Gaumenspalten oder Deformationen dieser oder jener Art ist es besser, in diesem Stadium eingeschläfert zu werden als zu leiden und dann nach einer Woche oder später zu sterben. Einige Züchter lassen auch fehlgezeichnete Welpen oder zwei oder drei andere Welpen töten (in Deutschland nach dem Tierschutzgesetz verboten. Anmerkung der Übersetzerin), wenn es ein sehr großer Wurf ist. Wir würden uns bei der Ausführung dieser Praxis nicht wohl fühlen. Aber jeder hat ein Recht auf seine eigene Meinung, und damit ist zu diesem Punkt wahrscheinlich genug gesagt.

Ihre Aufgabe für die nächsten zwei Wochen wird es nun sein, sich um die Hündin zu kümmern und dafür zu sorgen, dass die Welpen warm gehalten und angemessen gefüttert werden. Ruhige Welpen sind zufriedene, satte Welpen. Liegen sie dicht aneinander gedrängt und schreien, hängen Sie die Wärmelampe etwas niedriger, aber verteilen sie sich und liegen einzeln, dann hängen Sie sie etwas höher. Geht alles gut, wird Ihre Rolle nur passiv sein - das Welpenbett zu wechseln, die Hündin zu füttern und die Welpen auf Krankheitshinweise zu untersuchen. Kurz gesagt, am besten ist es, sich so wenig wie möglich einzumischen. Einige Hündinnen verbringen die ganzen ersten zwei Wochen auf der Seite liegend und müssen im wahrsten Sinne des Wortes gezwungen werden, nach draußen zu gehen um ihr Geschäft zu erledigen. Dies sind gewöhnlich die vorsichtigen Mütter, die sorgsamer damit umgehen sich auf einen Welpen zu legen oder nicht. Andere Hündinnen ziehen es nach vier oder fünf Tagen vor, nicht mehr in der Wurfkiste zu liegen, aber sobald ein Welpe schreit oder sauber gemacht werden muss, kommen sie zurück. Dies sind die Hündinnen, die ihre Nerven testen, wenn sie durch die Wurfkiste stampfen und plötzlich mit einem Seufzer zusammenfallen, egal ob die Welpen unter ihr schreien und strampeln.

AUFZUCHT DER WELPEN

Kurz nachdem die Welpen die Augen öffnen (mit zehn bis vierzehn Tagen) werden sie beginnen, sich für Futter zu interessieren. Im Alter von drei Wochen sollte ihnen auch schon ihre erste feste Nahrung angeboten worden sein. Da wir unsere erwachsenen Hunde mit Fertigfutter füttern, bekommen auch unsere Welpen ein Welpenfertigfutter. Es gibt einige auf dem Markt und sie haben den Vorteil, dass man sie mit warmem Wasser einweichen kann, so dass sie breiig werden. Versuchen Sie den Welpen das erste Mal zu füttern, brauchen Sie für einen Wurf von acht Welpen oder mehr nur einen Teller voll Brei vorzubereiten. In diesem Alter können die Welpen nur sehr wenig zu sich nehmen und Sie werden

Bis zur Abgabe in ihre neuen Heime sind die Welpen entwöhnt und fressen aus ihren eigenen Näpfen.
Foto: Keith Allison.

feststellen, dass das meiste sich auf den Welpen und auf Ihnen verteilen wird (die Hündin wird hoffnungsvoll in der Nähe sitzen und darauf warten, hereinzukommen um »sauber machen« zu dürfen!).

Nehmen Sie den Welpen zu Beginn auf den Schoß und tauchen Sie Ihren Finger in das Futter, bevor Sie ihn dem Welpen anbieten. Zuerst wird er versuchen, das Futter von Ihrem Finger zu saugen. Der nächste Schritt ist, den Welpen mit dem Teller auf den Boden zu setzen, während Sie Ihren Finger ins Futter tauchen und die Fingerkuppe leicht aufwärts halten. Der Welpe wird immer noch versuchen an Ihrem Finger zu saugen, aber nimmt dabei auch kleine Mengen Futter auf. Haben Sie diese Übung nun mit allen Welpen wiederholt, werden Sie in der Tat sehr voll geschmiert sein und die Welpen werden aussehen wie ein Kleinkind, das unbeaufsichtigt ein Schokoladeneis essen durfte. Wir finden, es ist hilfreich, eine Schüssel mit warmem Wasser und ein Tuch parat zu haben, um die Welpen, wenn sie fertig sind, abzuputzen. Geben Sie den Welpen das feste Futter, bevor sie von der Mutter gefüttert werden dürfen.

Wir beginnen damit, die Welpen am ersten Tag einmal zu füttern, am zweiten Tag zweimal usw., bis sie dann fünf Mahlzeiten am Tag bekommen. Bis dahin werden sie mit einigem Genuss fressen, obwohl sie danach immer noch nach jedem Mahl gesäubert werden müssen. Es ist wichtig, das Futter ziemlich feucht und klumpenfrei zu halten, bis sie ein brauchbares Gebiss haben und vernünftig schlucken können. Die meisten Welpenfutterhersteller geben allgemeine, gedruckte Richtlinien, wie das Futter verabreicht werden soll und diesen Anweisungen kann man zuverlässig folgen. Wenn Sie jedem Welpen einen eigenen Napf geben, werden Sie mehr Informationen darüber erhalten, wie viel jeder Einzelne frisst.

ENTWURMEN

Wir behandeln unsere Welpen im Alter von zwei Wochen gegen Rundwürmer und wiederholen es alle zwei Wochen bis zu einem Alter von acht Wochen. Danach entwurmen wir die Welpen, die wir behalten, einmal im Monat, bis sie sechs Monate alt sind und dann alle drei bis vier Monate.

DEN WURF BEURTEILEN

Haben die Welpen ein Alter von drei Wochen, werden die für gut befundenen, zukünftigen Welpenbesitzer lautstark an Ihre Tür klopfen und sie sehen wollen, und sie wollen auch die Ersten sein, sich ihren Welpen auszusuchen. Für die Welpen ist es gut, mit so vielen Menschen wie möglich Kontakt zu haben, aber persönlich bezweifeln wir, ob es gut ist, einen Welpen so früh auszuwählen. Wir hören Menschen oft stolz verlautbaren, dass sie ihren Welpen im Alter von zwei Tagen ausgesucht haben und er ein Champion geworden ist. Es ist wahrscheinlich eher ein Glücksfall als der sechste Sinn oder eine besondere Fähigkeit des Halters.

Sind die Welpen älter als acht Wochen, kann der Züchter ihre Qualität einschätzen.

So gesagt wird der Züchter, der seit der Geburt ständig mit dem Wurf zusammen war, wahrscheinlich einen etwas geschulterten Blick für die Welpen haben als jeder andere. Es wird in der Regel einen geben, der ein Blickfang ist und jedes Mal, wenn Sie ihn hoch nehmen und denken »das ist ein hübscher Welpe«, wird es derselbe sein.

Lassen Sie sich nicht durch die Größe des Welpen täuschen. Es passiert schnell, sich in den größten im Wurf zu verlieben. Weil sein Wachstum etwas fortgeschrittener ist, wird sein Kopf größer, breiter und tiefer aussehen. Seine Knochen und Pfoten werden beeindruckender aussehen, aber er ist einfach zu diesem Zeitpunkt einen Schritt in der Entwicklung voraus. Falls Sie noch nicht überzeugt sind, denken Sie einfach zurück an Ihre Schulzeit, da gab es diesen Riesen, der alle überragte und erinnern Sie sich an das leichteste, dünnste Kind in Ihrem Jahrgang. Würden Sie sie jetzt treffen, wird sich aller Wahrscheinlichkeit nach die Situation umgekehrt oder angeglichen haben. Diese Theorie ist noch zuverlässiger, wenn es sich um Wurfgeschwister handelt. Beurteilen Sie jeden Einzelnen in den Proportionen zu seinem eigenen Körper und achten Sie nicht auf seine Größe im Vergleich zu den anderen im Wurf, es sei denn, es ist ein unnormal kleiner Welpe.

Haben Sie diesen Wurf ganz speziell gemacht, um daraus eine Hündin zu behalten, aber Sie sind nicht so erpicht auf die einzige Hündin im Wurf, denken Sie gründlich darüber nach, ob Sie wirklich stattdessen einen Rüden behalten wollen. Kommen Sie nicht in die Versuchung irgendeinen zu behalten, wenn er nicht der Richtige ist.

Bitten Sie den Deckrüdenbesitzer sich den Wurf anzusehen. Sie oder er wird zweifellos viele der Welpen ihres/seines Rüden gesehen haben und kann Ihnen einige wertvolle Hinweise auf die guten und schlechten Punkte der Welpen geben.

DIE WURFEINTRAGUNG

Zwischen dem Herkules-Akt hinter den Welpen sauber zu machen, sie zu füttern und zu reinigen, werden Sie den »Papierkram«, den Ihr nationaler Zuchtverband für die Wurfabnahme durch einen ausgebildeten Zuchtwart verlangt, zu erledigen haben.

Sie müssen für die Wurfabnahme folgende Unterlagen bereithalten: Die Ahnentafel der Mutter, den Deckschein, die Impfpässe der Welpen mit dem Nachweis einer SHLP-Impfung, die Namen der Welpen, die Mitgliedskarte Ihres Neufundländer-Klubs. Werden im Wurf über acht Welpen aufgezogen, benötigen Sie ein Attest Ihres Tierarztes über den Gesundheitszustand von Mutterhündin und Welpen und letztendlich noch eine Bestätigung vom Amtstierarzt, wenn sich mehr als drei geschlechtsreife Hündinnen in Ihrem Besitz befinden. Es müssen ein Futterplan und allgemeine Anweisungen als Leitfaden für die neuen Besitzer erstellt werden.

Die meisten nationalen Klubs geben ihren Züchter einen fast uneingeschränkten Freiraum, wenn es zur Namensgebung für die Welpen kommt, und das Ergebnis ist eine große Auswahl von verrückten, wunderbaren und manchmal entsetzlich unpassenden Namen.

Bedenken Sie, dass Ihr Welpe seinen Namen ein ganzes Leben lang trägt und eine Wahl, jetzt aus der Laune eines Augenblicks entsprungen, kann Sie über Jahre verfolgen. Beabsichtigen Sie mehr als nur einen Wurf zu züchten werden Sie merken, dass irgendein System notwendig ist. Graham Birch (Wellfont-Zwinger) gab uns den Rat: »Halten Sie die Namen einfach und eingängig. Wird der Welpe ein absoluter Gewinner, wird jeder in der Lage sein, sich an seinen Namen zu erinnern«.

(Die deutschen Zuchtverbände schreiben vor, dass alle Welpen eines Wurfes Namen erhalten, die mit denselben Anfangsbuchstaben beginnen. Die Anfangsbuchstaben für die Welpen verschiedener Würfe folgen alphabetisch aufeinander. Jeder Züchter muss mit dem Buchstaben A beginnen. (Anmerkung der Übersetzerin)

Lange und schwer zu buchstabierende Namen führen zu Missverständnissen und unter Umständen zu Ungenauigkeiten in den Ahnentafeln. Wir befolgten Grahams Rat und benannten jeden Wurf in alphabetischer Reihenfolge. Bei uns funktioniert dies gut, aber andere ziehen eine themenbezogene Namensgebung vor. So eine Herangehensweise kann genauso effektiv sein und sagt Ihnen sofort, wer Mutter und Vater waren.

Besonders wirkungsvolle Leitmotive bei Neufundländern war der Wurf mit den Namen italienischer Weine im Ashness-Zwinger von Frau Wilson und, in den frühen 80ern, der Gold-Wurf in Frau Colgans Karazan-Zwinger.

VERSICHERUNG

Eine Haftpflichtversicherung ist ein Muss, wenn ein Welpe verkauft wird. So viele Dinge können

Auch nachdem die Welpen das Haus verlassen haben, ist der Züchter verantwortlich für sie bis an ihr Lebensende.

schief gehen, und für nur eine geringe Prämie ist man wenigstens für mögliche finanzielle Schäden gerüstet. Es gibt eine Reihe von Versicherungen, die Ihnen einen Antrag auf Versicherungsschutz ausstellen werden. Es könnte nicht einfacher sein. Der Züchter zahlt die Prämie für den ersten Monat an dem Tag, an dem der Welpe das Haus verlässt, die Versicherungsgesellschaft nimmt dann Kontakt mit dem neuen Besitzer auf und bietet ihm die Möglichkeit, die Versicherung um zwölf Monate zu verlängern.

In Großbritannien bietet der Zuchtverband ein freies Versicherungprogramm an, vorausgesetzt, der neue Halter schreibt den Welpen innerhalb von zehn Tagen nach dem Kauf auf seinen Namen um. Es ist gleichgültig, welche Versicherungsgesellschaft oder -methode Sie in Anspruch nehmen. Hauptsache, der Welpe ist versichert. In Ländern wie Amerika und Australien haben Versicherungen eine etwas andere Bedeutung. Einige wenige kommerzielle Gesellschaften bieten eine Krankenversicherung für Tiere an und es ist ebenfalls möglich, Ihren Hund mit über die Hausratversicherung zu versichern. Wenn eine Krankenversicherung auch eine Einschränkung ist, insbesondere für Halter mehrerer Hunde, ist es für einen durchschnittlichen Hundehalter doch einen Gedanken wert. Züchter sollten sicherstellen, dass die Welpenkäufer von dieser Möglichkeit Kenntnis haben, da viele Tierärzte dies oft vergessen!

Die braune, weiß-schwarze und schwarze Farbe wird in den meisten Teilen der Welt anerkannt.

DIE ABGABE DER WELPEN

Es ist ein ziemlich trauriger Tag für viele Züchter. Das Leben hat sich in den vergangenen acht Wochen um diese kleinen Lebewesen gedreht und es ist verständlich, sich ein wenig als Beschützer zu fühlen wenn für sie die Zeit kommt, abgeholt zu werden. Aber denken Sie daran, dass Sie als ihr Züchter für sie bis zum Tage ihres Todes mitverantwortlich sind. Praktisch bedeutet das, dass Sie den Übergang von Wurfmitglied zum Familienmitglied für den Welpen so leicht wie möglich machen. Ein Vorrat seines üblichen Futters und Wassers, seine gewohnte Schüssel und vielleicht ein Stück von der Welpendecke wird dem Welpen helfen, sich in seiner neuen Bleibe wie Zuhause zu fühlen. Zusammen mit den restlichen Unterlagen wird der Hinweis auf Fütterungszeiten, bekannte Worte, die gebraucht wurden, und andere Alltäglichkeiten eine gewohnte Routine herstellen, die vom neuen Halter dann entsprechend seinen Wünschen langsam umgestellt werden kann.

Sind alle Welpen (außer Ihrem) abgeholt worden, verkaufen Sie Ihren Fernseher und kaufen Sie sich eine neue Mikrowelle. Haben alle geeigneten Welpenkäufer sich Ihre Anweisung, in Verbindung zu bleiben, zu Herzen genommen, werden Sie die nächsten zehn oder zwölf Jahre keine warme Mahlzeit mehr beenden oder in Ruhe eine Fernsehsendung sehen, ohne dass das Telefon ständig klingelt.

EINE KURZER BLICK AUF DIE FARBVERERBUNG

Die Genetik ist ein komplexes Gebiet, über das schon von Personen mit höherem Wissensstand als unserem geschrieben wurde. Aber Neufundländerzüchter müssen über ein Grundwissen der Farbvererbung verfügen. Schwarz ist die dominante Farbe der Neufundländer. Mit anderen Worten, ein Neufundländer kann immer, unabhängig von seiner eigenen Farbe, schwarze Nachkommen erzeugen (vorausgesetzt, er ist mit einem Hund unterschiedlicher Farbe verpaart worden, falls er nicht selber schwarz ist). Ein genetisch reinerbig schwarzer Hund trägt kein anderes Farbgen und kann somit keine braunen oder weiß-schwarzen Hunde hervorbringen. Er sieht genauso aus wie ein schwarzer Hund, der ein Gen für braun oder weiß-schwarz (Scheckung, Anmerkung der Übersetzerin) trägt, und somit kann man nur durch Hinsehen nichts über einen Neufundländer sagen. Einfach ausgedrückt, wird ein reinerbig schwarzer Hund am Genort für die braune Farbe mit BB beschrieben und ein Brauner mit bb, zeigt die nachfolgende Tabelle, wie die Farben vererbt werden wenn man die beiden miteinander paart.

Wurf X

	b	b
B	Bb	Bb
B	Bb	Bb

Wurf Y

	b	b
B	Bb	Bb
B	Bb	Bb

Wurf Z

	B	b
B	**BB**	**Bb**
b	**Bb**	**bb**

	B	b
B	**BB**	**Bb**
B	**BB**	**Bb**

	s	s
S	**Ss**	**Ss**
S	**Ss**	**Ss**

	S	s
S	**SS**	**Ss**
s	**Ss**	**ss**

Diese Tabellen zeigen, dass alle daraus entstehenden Welpen schwarz sein werden, aber alle werden ein Gen für die braune Farbe tragen und nun ihrerseits in der Lage sein, braune Welpen hervorzubringen, wenn sie mit einem geeigneten Partner verpaart werden. Wird ein Tier aus dem Wurf X mit irgendeinem aus dem Wurf Y verpaart, wird das Folgende passieren: Einige der geborenen Welpen werden reinerbig schwarz (schwarzes Haarkleid, BB), die meisten werden schwarz sein und braun tragen (schwarzes Haarkleid, Bb), und einige werden ein braunes Haarkleid (bb) haben.

Wird ein reinerbig schwarzer Hund (BB) mit einem schwarzen Braunträger (Bb) gepaart, wird das Ergebnis folgendermaßen aussehen: Alle Welpen werden ein schwarzes Haarkleid besitzen, aber annähernd die Hälfte des Wurfes wird reinerbig schwarz (BB) sein, während die anderen braun (Bb) tragen werden. Da das Gen für braun rezessiv ist, kann es nicht hervorgebracht werden, wenn es nicht in beiden Elterntieren genetisch vorhanden ist.

Die Tabellen veranschaulichen in genau der gleichen Weise, wie die weiß-schwarze Färbung vererbt wird. Reinerbig schwarz wird am Genort für die weiß-schwarze Farbe mit SS dargestellt, während das der weiß-schwarzen Färbung mit ss bezeichnet wird (s = Scheckung oder Spotting, Anmerkung der Übersetzerin: Wieder ist der Wurf schwarz, aber alle Welpen tragen das Gen für die weiß-schwarze Farbausprägung und werden, mit dem passenden Partner verpaart, in der Lage sein, weiß-schwarze Welpen hervorzubringen. Werden nun zwei schwarze Scheckungsträger (Ss) miteinander verpaart, wird sich der daraus resultierende Wurf in derselben Weise aufspalten wie bei den schwarzen, brauntragenden Hunden:

Ein Viertel der Welpen wird reinerbig schwarz sein und ein schwarzes Haarkleid besitzen (SS). Eine weitere Hälfte wird ebenfalls schwarz sein, aber ein Gen für die weiß-schwarze Färbung (Scheckung) tragen (Ss). Das verbleibende Viertel wird ein weiß-schwarz gescheckktes Haarkleid aufweisen (ss).

Werden zwei braune oder zwei weiß-schwarze Hunde miteinander verpaart, können sie nur Welpen ihrer eigenen Farbgebung hervorbringen, aber von hier an wird der ganze Prozess sehr kompliziert. Wird ein brauner Hund mit einem weiß-schwarzen verpaart, wird jeder der Welpen ein schwarzes Haarkleid aufweisen, aber er wird je ein Farbgen von jedem Elternteil tragen.

Außer den schlichten Haarfarben gibt es noch andere Farbtöne, Spitzenfärbungen (Points) oder Zeichnungen, die ein ähnliches genetisches Muster aufweisen.

Züchter sollten aber im Hinterkopf haben, dass sich Aussagen wie »die Hälfte des Wurfes«, »ein Viertel des Wurfes« oder Ähnliches auf einen Durchschnittswert einer genügend großen Anzahl von 100 und mehr Würfen beziehen. Es hatte jemand seine schwarze, Scheckung tragende Hündin (Ss) mit einem schwarzen, Scheckung tragenden Rüden verpaart, die er dann einer Ultraschalluntersuchung unterzog. Nachdem acht Welpen gezählt wurden, war er sehr erfreut. »Das bedeutet, es werden zwei weiß-schwarze Welpen fallen« war seine Antwort. Er hielt, bis zu dem Tag an dem die Hündin vier schwarze und vier weiß-schwarze Welpen warf, eisern an dieser Meinung fest!

Kapitel 9

GESUNDHEIT

Man sagt, dass Halbwissen eine gefährliche Angelegenheit sein kann und für Neufundländerhalter trifft dies in Bezug auf tierärztliche Belange besonders zu. Besorgte Neufi-Besitzer diagnostizieren eine Vielzahl von seltenen Erkrankungen an ihrem Hund - ein Umstand, der durch die Fähigkeit kluger Hunde die Situation zu ihrem Vorteil zu nutzen, nicht verbessert wird!

Obwohl eine große Anzahl Neufundländer ihr Leben lang kaum einen Tierarzt bemühen müssen, ist es kein Schaden, bestimmte Symptome zu erkennen oder sich erblicher Leiden bewusst zu sein, wenn Sie mit dem Hund züchten wollen.

DER GESUNDE MENSCHENVERSTAND
Viele der Erkrankungen werden von kurzer Dauer sein und es wird hoffentlich keine tierärztliche Hilfe vonnöten sein, aber es ist wichtig beurteilen zu können, wann tierärztliche Hilfe nötig ist und wann der gesunde Menschenverstand genügt.

Wenn Ihr Neufi erbrochen oder einen einmaligen Durchfall hatte, aber keine erhöhte Temperatur und keine offensichtlichen Schmerzen oder Nöte, wird für vierundzwanzig Stunden eine Diät mit abgekochtem Wasser, gefolgt von kleinen, aber häufigen Mahlzeiten am folgenden Tag, wahrscheinlich alles sein, was nötig ist. Versuchen Sie sich zu erinnern, was er vor dem Ereignis gefressen hat (und das beinhaltet alles Ekelerregende, was er während eines Spaziergangs verschlungen hat), aber es wird wahrscheinlich nicht nötig sein, seine Futtersorte zu wechseln.

Lahmheit kann ebenfalls eine Erscheinung sein, die heute da und morgen wieder weg ist. Lahmen ist eine Gangart beim Hund, die er an den Tag legt, um eine schmerzende Gliedmaße zu entlasten und bei einer nur unbedeutenden Verletzung wird es hilfreich sein, seinen Auslauf zu begrenzen. Übrigens ist es erstaunlich, wie wenige Menschen erkennen können, welches Glied schmerzhaft ist - die Pfote, die schnell wieder auf den Boden gesetzt wird, den Zustand verdeutlicht und den Hauptteil des Gewichts aufnimmt, ist nicht die in Mitleidenschaft gezogene. Wir haben auch schon Leute sagen hören: »Er geht lahm, aber er hat keine Schmerzen«; eine der dümmsten Behauptungen überhaupt. Lahmt ein Hund, tut er es, weil er Schmerzen hat, wobei die Lahmheit ihm erleichternd hilft. Vorausgesetzt, dass ein Hund nicht aus Gewohnheit, infolge einer Langzeitverletzung oder einer Operation (oder es kann auch durch eine Arthritis verursacht sein) lahmt, tut er es aufgrund von Schmerzen.

Medikamente zu verabreichen bereitet den Haltern manchmal Probleme (obwohl viele Neufis, in der Annahme, sie bekämen eine Belohnung, freudig Tabletten schlucken). Wir haben nie versucht etwas zu erzwingen, stattdessen verpacken wir sie in etwas Butter oder Frischkäse. Das funktioniert so gut, dass jedes Mal, wenn der Kühlschrank geöffnet und die Butter herausgenommen wird, garantiert rasch eine Reihe Neufis ordentlich in Hab-Acht-Stellung da sitzt und auf eine Belohnung hofft.

RASSESPEZIFISCHE ERKRANKUNGEN UND BESCHWERDEN
ERKRANKUNGEN DER OHREN
Das schwere, herunterhängende Ohr des Neufundländers, umgeben von dichtem Haar (oft durchnässt vom Schwimmen), ist ein angeborener Ort für Probleme. Vorsorge ist oft effektiver als die Behandlung von Ohrenleiden, somit ist es genauso gut sich anzugewöhnen, routinemäßig die Ohren Ihres Hundes zu reinigen. Bei Ihrem Tierarzt können Sie einen Reiniger kaufen, er ist auf die empfindliche Auskleidung abgestimmt, und Sie sollten sich nicht dazu verleiten lassen etwas anderes zu benutzen. Der Reiniger ist einfach anzuwenden. Spritzen Sie die Flüssigkeit vorsichtig in den Gehörgang, es ist hilfreich, wenn der

Hund dabei auf der Seite liegt. Massieren Sie dann für einige Momente den unteren Bereich des Ohrs. Sie werden wahrscheinlich quatschende Laute dabei hören. Wenn Sie fertig sind, wird Ihr Hund sich schütteln, um die Flüssigkeit und anderen Schmutz aus seinem Ohr herauszubefördern. Sie können den Ohrlappen und die Haare mit Watte abputzen, um die Ohrregion durch die Mischung aus Reiniger und Ohrenschmalz nicht fettig aussehen zu lassen. Einige Neufis sträuben sich ziemlich heftig gegen das Reinigen der Ohren und verstecken ihren Kopf in einer Ecke oder unter ihren Pfoten. Sind Sie sicher, dass Sie nicht zu rau waren, liegt es wahrscheinlich daran, dass die Flüssigkeit zu kalt ist. Stellen Sie die Flasche deshalb, bevor Sie beginnen, in eine Schüssel mit lauwarmem Wasser.

INFEKTIONEN: Vermuten Sie, dass Ihr Hund eine Ohrentzündung hat, werden Sie mit ihm zu Ihrem Tierarzt gehen müssen, der wahrscheinlich Tropfen und Tabletten verschreiben wird, mit präzisen Hinweisen, wie und wann sie anzuwenden sind. Liegt eine Entzündung vor, wird Ihr Hund sich an den Ohren kratzen und den Kopf schütteln und ihn eventuell zu einer Seite schief halten. Die Haut im Ohr kann entzündet und rot sein, während der wachsartige Ausfluss dunkelbraun oder schwarz sein wird. Das Ohr wird ebenso stark riechen.

OHRMILBEN: Die Symptome von Ohrmilben sind ähnlich denen einer Infektion, obwohl kein Geruch und keine Entzündung vorkommen muss. Schüttelt der Hund den Kopf und kratzt sich (und Sie haben eine Katze), ist es fast sicher aufgrund von Ohrmilben. Ein Besuch bei Ihrem Tierarzt wird das Problem bald beheben - aber vergessen Sie nicht, auch die Katze zu behandeln!

OHRHÄMATOM (BLUTOHR): Ein Hämatom ist eine Blutblase. Hämatome treten an den Ohrlappen auf und sind leicht zu erkennen, denn das Ohr sieht aus als ob es aufgepumpt wäre, fühlt sich weich und wie ein Luftballon an. Diese Beschwerden können nach einer Verletzung oder Beißerei auftreten, aber am häufigsten entwickeln sie sich nach extremen Attacken von Kopfschütteln aufgrund von Ohrmilben. Das ständige Schütteln lässt eine Ader im Ohrlappen platzen und das Blut sammelt sich in einer Blase, da es sonst keine Möglichkeit hat abzufließen. Ihr Tierarzt wird durch das Hineinstechen einer Nadel eine Drainage legen. Ist das Ableiten der Flüssigkeit nicht ganz erfolgreich, bleibt ein »Blumenkohlohr«. Einige Tierärzte lösen das Problem, indem eine kleine Öffnung gemacht und das Ohrleder rundherum genäht wird; dies übt Druck zur Unterstützung der Drainage aus und unterbindet das Wiederauffüllen der Blase.

EPILEPSIE

Dies ist eine Funktionsstörung, die mit Anfällen, die entweder das Ergebnis einer Hirnverletzung sind oder ohne offensichtlichen Grund auftreten, einhergeht. Es gibt viele Neufundländer, die nachweislich an Epilepsie leiden, aber es sind nicht so viele, dass man sagen könnte es sei ein rassespezifisches Problem. Dieses Leiden tritt normalerweise bei jungen Hunden (unter vier oder fünf Jahren) auf und so können recht effektive Maßnahmen ergriffen werden, sie nicht in die Zucht gelangen zu lassen.

Die Größe des Neufundländers macht die Anfälle zu einem betrüblichen Problem für die Halter, weil sie oder er nicht in der Lage ist, damit fertig zu werden. Am besten berührt oder bewegt man den Hund während eines Anfalls nicht, aber wartet ruhig bis er vorüber ist. Epilepsie muss von Ihrem Tierarzt behandelt und die Anweisungen präzise befolgt werden.

AUGENERKRANKUNGEN

ENTROPIUM (ROLL-LID): Dies ist ein Reizzustand, bei dem sich das Augenlid (gewöhnlich das untere) nach innen rollt und die Wimpern auf der Kornea scheuern. Das Symptom ist ein ständig tränendes Auge, das in einigen Fällen schon bei jungen Welpen zu beobachten ist. Eine chirurgische Korrektur kann bei einem schweren Fall nötig werden. Drei Arten von Entropien kommen vor - congenitale (angeborener Zustand), spastische (dies ist eine sekundäre Erscheinung infolge eines anderen schmerzhaften Leidens, die den Hund zwingt sein Auge zuzupressen) und durch ein Trauma hervorgerufene (als Folge einer Verletzung oder Operation im Augenbereich).

Eine Behandlung der Hauptbeschwerde ist die beste Vorgehensweise für ein spastisches Entropium, während eine Operation die Antwort für die anderen beiden Formen ist. Züchter in den Vereinigten Staaten und in Kanada achten besonders darauf, dass eine Reihe von Augenerkrankungen untersucht werden und viele züchten nicht mit den Hunden ohne eine Klassifizierung der CERF (Canine Eye Registry Foundation/Stiftung zur Registrierung Caniner Augenuntersuchungen).

EKTROPIUM: Am besten beschreibt man dies für einen Laien als das Gegenteil eines Entropiums. Das untere Augenlid ist zu groß und zu lang und passt sich so dem Augapfel nicht genau an. Die verletzliche Lidbindehaut wird freigelegt und ist oft rot, aufgrund von ständigem Kontakt mit dem Staub in der Luft, Grassamen und anderen Fremdkörpern. Ist die Konjunktivitis ernst und wiederholt sich, ist eine Operation das Mittel der Wahl. Aber vergessen Sie nicht, dass ein Hund, der sich einer Operation unterziehen musste um ein normales Leben zu führen, kein idealer Zuchtkandidat ist. (Im Vereinigten Königreich wird jede operative Korrektur letztendlich dem Zuchtverband gemeldet und der Hund darf nicht ausgestellt oder mit ihm gezüchtet werden.)

HERZERKRANKUNGEN
Wir entschuldigen uns nicht dafür, dass wir diesem Thema, das uns sehr am Herzen liegt, viel Raum widmen. Das Herz ist solch ein wichtiges Organ, dass wir meinen, dass Züchter alles tun sollten, um sich Wissen darüber anzueignen und somit zu vermeiden, Welpen mit lebensbedrohlichen Erkrankungen zu züchten.

DILATATIVE CARDIOMYOPATHIE (DCM): Es ist eine Erkrankung des Herzmuskels, bei der sich das Organ erweitert und schwach schlägt. Die Blutzirkulation wird mangelhaft, was dazu führt, dass der betroffene Hund nicht mehr belastbar ist. Einige erleiden sogar Bewusstseinsverluste. Ein unregelmäßiger Herzrhythmus (Arrhythmie) kann festgestellt werden, und das Fortschreiten der Krankheit kann zu Herzversagen führen, wenn sich Druck im Herzen aufbaut und zu Flüssigkeitsansammlungen im Körper führt. Die Flüssigkeit kann sich manchmal in den luftgefüllten Lungenbläschen ablagern (pulmonale Oedeme) und es fällt auf, dass der Hund beginnt zu husten und Anzeichen von Kurzatmigkeit zeigt. Flüssigkeit kann sich ebenfalls im Bauchraum ansammeln, was den Hund aussehen lässt, als hätte er einen Blähbauch. DCM ist tödlich, aber kann manchmal durch unterschiedliche Methoden eingedämmt werden, bis entweder der plötzliche Tod eintritt oder das Tier als Folge von unkontrollierbarem Aussetzen des Herzens eingeschläfert werden muss. Die Symptome können zunächst nicht sichtbar sein bis die Krankheit fortgeschritten ist, deshalb ist es wichtig, das Herz Ihres Hundes, im Bemühen die Anzeichen frühestmöglich zu erkennen, regelmäßig untersuchen zu lassen. Aber eine DCM-Diagnose kann in ihrer frühesten Phase kaum durch eine einfache Untersuchung Ihres Tierarztes erfolgen, der weder ein Kardiologe noch ein Zauberer ist und man sollte auch nicht von ihm erwarten, dass er Unregelmäßigkeiten feststellen kann, die oft nur, nachdem spezielle Tests durchgeführt wurden, offenbar werden.

Der Verdacht Ihres Tierarztes auf DCM bedeutet, dass Ihr Hund sich schon im frühen Stadium von Herzunregelmäßigkeiten befindet und eine Reihe von Untersuchungsmethoden, um die Diagnose zu bestätigen, angewendet werden können. Dies bedeutet wahrscheinlich die Erstellung eines Elektrokardiogramms (EKG) um zu sehen, ob ein unregelmäßiger Herzrhythmus vorliegt, ein Röntgenbild muss gemacht werden, um zu sehen, ob das Herz vergrößert oder Wasser in der Lunge ist und eine Doppler-Echokardiographie (Dopplersonographie), die eine Ultraschalluntersuchung des Herzens ist, muss erstellt werden. Die Ultraschalluntersuchung zeigt den Blutfluss durch das Herz und die Herzklappen und ist die sensibelste aller Methoden zur Diagnose von DCM.

Obwohl die DCM bis zu einem gewissen Grad durch Medikamente und entsprechende Lebensweise behandelbar ist, ist sie letztendlich tödlich. Diese Erkrankung zeigt die Tendenz, in bestimmten Linien vorzukommen und es ist für Züchter nur vernünftig, einige Hunde aus der Zucht herauszunehmen (auch wenn sie Champions sind).

SUBVALVULÄRE AORTENSTENOSE (SAS):

Sie ist eine Abnormität des Herzens, bei der sich fibröse (faserige) Gewebe in den Herzklappen oder deren Nähe bilden und sie dadurch verengen. Die Verengung (Stenose) bewirkt, dass das Blut schneller durch die Klappe getrieben wird und daraus Turbulenzen (Geräusche) resultieren, die man beim Auskultieren (Untersuchung mit dem Stethoskop) hören kann. Je lauter das Geräusch, umso höher ist der Grad der Erkrankung. Stark betroffene Hunde können kollabieren oder bei körperlicher Anstrengung kann es zu plötzlichen Todesfällen kommen. Die schlimmsten Fälle sterben gewöhnlich in frühem Alter, aber in den gemäßigten Fällen scheint es, wenn sie ausgewachsen sind, keine generelle Verschlechterung mehr zu geben.

Die jüngste Untersuchung des Problems durch den Neufundländer-Klub im Vereinigten Königreich ergab, dass die Anzahl der betroffenen Hunde bei 20% lag (obwohl nicht alle Zwingerinhaber ihre Hunde testen ließen) und die Krankheit, Expertenaussagen zufolge, erblich ist, man kann nicht abstreiten, dass dies ein Leiden ist, das sorgfältig überwacht werden muss. Der Züchter sollte Welpen vor der Abgabe vom Tierarzt untersuchen lassen, aber denken Sie daran, Ihr Tierarzt ist kein Kardiologe und bemerkt möglicherweise nur die lauteren Geräusche. Ähnlich unfair ist es bei ausgewachsenen Hunden, von Ihrem Tierarzt zu erwarten, ein nur geringgradiges Geräusch zu erkennen. Einige Welpen entwickeln ein verdächtiges »wirbelndes« Geräusch in ihrer Brust, was im Alter von drei bis vier Monaten wieder verschwindet. Dies sollte nicht mit Stenosengeräuschen verwechselt werden, sollte es aber irgendeinen Zweifel geben, ist es besser zu einem Kardiologen zu gehen.

Untersuchungen auf Anzeichen von SAS werden von Kardiologen ab einem Alter von zwölf Monaten durchgeführt. Es ist eine einfache Untersuchung, die ein Abhören des Herzens mit dem Stethoskop und eine Einstufung des gehörten Geräusches beinhaltet. Einem herzgeräuschfreien Hund wird ein Attest mit dem Auswertungsergebnis 0/6 und einer Bestätigung, dass kein Geräusch zu hören war, ausgestellt.

Andere bekommen Ergebnisse mit den Werten 1/6, 2/6 usw. bis 6/6 (ein starkes Herzgeräusch). Während es bei den Stufen 1/6, 2/6 und 3/6 unwahrscheinlich ist, dass es einen Einfluss auf die Lebensweise des Hundes haben wird, ist es, wenn man den erblichen Faktor im Gedächtnis behält, unvernünftig mit ihnen zu züchten.

Wie auch immer, bei Ergebnissen von 2/6 und höher kann die Möglichkeit für einen weiterführenden Test mit Dopplersonographie angeboten werden. Dabei wird der Blutfluss durch die Klappen gemessen. Die anerkannte Höchstgrenze der normalen Geschwindigkeit, mit der das Blut durch die Aortenklappen strömt, liegt bei 1,5 m pro Sekunde. Zum Beispiel ein Hund, dessen Wert bei 1,65 m/s liegt, hat eine leichte Aortenstenose, während 2,5 m/s und 6,5 m/s fortschreitend schlechter wäre (wobei der Letztere extrem lebensgefährlich ist).

Verantwortungsbewusste Züchter lassen ihre Hunde in der Regel bei mehr als einer Gelegenheit von einem Kardiologen mit dem Stethoskop untersuchen, um die Möglichkeit eines »goldenen Schusses« auszuschließen. Wie bei allem in puncto Genetik wird es unglücklicherweise immer eine Ausnahme von der Regel geben, und sogar der vorsichtigste Züchter kann gelegentlich einen erkrankten

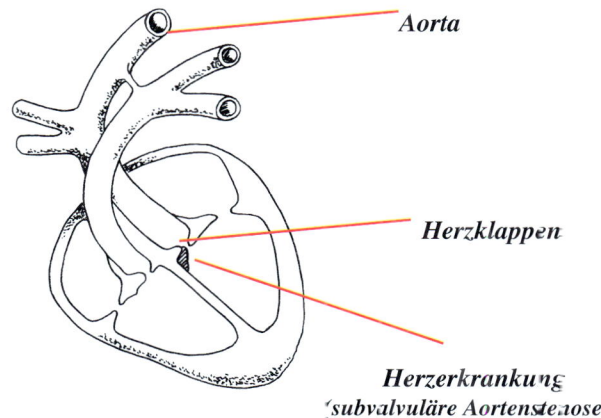

Aorta

Herzklappen

Herzerkrankung
(subvalvuläre Aortenstenose)

Herzerkrankung (subvalvuläre Aortenstenose), erkennbar an fibrösem Membranring.

Welpen züchten. Dessen ungeachtet ist rigoroses Testen und besonnenes Züchten der einzige Weg nach vorne, weg von dieser Krankheit.

ANDERE HERZLEIDEN: Andere Leiden, die bei Neufundländern nachgewiesen wurden, sind Pulmonalstenosen (Verengung der Pulmonalklappe), der Persistierende Ductus Arteriosus (PDA - bei dem ein Blutgefäß bestehen bleibt, das die nicht atmenden Lungen des im Uterus liegenden Welpen umgeht und sich nicht schließt, nachdem der Welpe geboren wurde) und die Trikuspidalklappendysplasie. Diese Leiden kommen nicht sehr häufig vor, aber sind sehr ernst und sollten unter der Beobachtung eines Kardiologen stehen. Tierärztliche Behandlungsmethoden sind heute sehr fortgeschritten und es kann viel getan werden, um die Lebensqualität eines vielgeliebten Haustieres zu verbessern, aber mit einem erkrankten Tier zu züchten, wäre extrem unvernünftig.

HITZSCHLAG

Das dicke Fell des Neufundländers (und allzu oft auch die dicke Speckschicht) macht die Rasse anfällig für einen Hitzschlag infolge von Spaziergängen während der heißesten Tageszeit. Sogar in Großbritannien vermeiden Besitzer ihre Hunde nachmittags auszuführen. In Ländern wie Italien ziehen Züchter es vor, im Monat August keine tragenden Hündinnen zu haben, da die Hitze und der zusätzliche Stress sich für Neufi-Hündinnen als unangenehm erweisen können.

In seiner extremsten Form ruft Hitzschlag Probleme beim Atmen hervor (keuchende Laute, krächzend und mühsam) und der Hund kann kollabieren. Den Hund mit Wasser abspritzen oder ihn in ein Kinderplanschbecken legen, kann ihm ein wenig Erleichterung verschaffen bis der Tierarzt kommt (es sollte kein eiskaltes Wasser genommen werden, da der Hund einen Schock erleiden könnte).

Vorbeugen ist hier die Devise, ebenso wie ein vorsichtiger Umgang mit dem Ausführen im Sommer, Halter müssen sicherstellen, dass angemessene Beschattung für sonnige Tage vorhanden ist. Es muss wohl nicht gesagt werden, dass kein Hund, auch an mäßig warmen Tagen, in einem Fahrzeug gelassen werden sollte.

INNERE ERKRANKUNGEN

MAGENDREHUNG: Dies ist ein wirklicher Notfall der allen Neufi-Haltern drohen kann. Jedes bisschen verschwendete Zeit kann für Ihren Hund den Unterschied zwischen Leben und Tod bedeuten.

Die Symptome der Magendrehung sind leicht zu erkennen: Der Bauch ist hart und aufgebläht; man sieht dem Hund an, dass er sich unwohl und elend fühlt. Es kann sein, dass er versucht zu brechen, kann es aber nicht. Er muss sofort vom Tierarzt behandelt werden, da er rasch in einen Schockzustand verfällt. Der Tierarzt wird den Hund wahrscheinlich ruhigstellen und ihm oral einen Schlauch in seinen Magen einführen, um das Gas entweichen zu lassen. Falls sich aber der Magen schon gedreht hat (hervorgerufen durch die pendelartige Bewegung des Magens wenn der Hund geht), wird eine große Operation nötig. Weil dieser Zustand dazu neigt, sich zu wiederholen, wird der Tierarzt den Magen während der Operation nicht nur umdrehen, sondern auch fixieren. Dabei wird ein Teil des Magens chirurgisch an der Bauchdecke befestigt (abhängig von dem, was der Tierarzt bevorzugt, kann der Magen auch an einer Rippe festgemacht werden oder es wird ein Schlauch an der Magenöffnung platziert). Traurigerweise gibt es Zeiten, zu denen die Drehung die Blutversorgung von verschiedenen Organen unterbrochen hat und die Operation, um das Leben des Patienten zu retten, nicht mehr erfolgreich ist. Nach solch einer Operation ist die post-operative Versorgung lebensnotwendig und zwar indem man Futter und Wasser für vierundzwanzig Stunden vorenthält. Flüssigkeiten und dann ungewürztes, suppiges Futter kann innerhalb von zehn Tagen langsam wieder zur normalen Darreichungsform aufgebaut werden. Es kann nötig sein, den Hund weiterhin für den Rest seines Lebens mit mehreren kleinen Mahlzeiten über den Tag verteilt zu füttern. Manche Leute benutzen einen hohen Futterständer für die Futterschüssel des Hundes.

Trotz beträchtlicher Forschung scheint es keine Vorgehensweise zu geben, die vollkommen vor dem Auftreten dieses Leidens schützt. Die allgemein verbreitete Überzeugung diktiert Folgendes:

1. Füttern Sie zwei oder drei Mahlzeiten am Tag.
2. Füttern Sie eher eingeweichtes als trockenes Futter.
3. Vermeiden Sie Futter mit einem hohen Flockenanteil.
4. Erlauben Sie keine anstrengenden Bewegungsarten unmittelbar vor und nach dem Füttern.

Unglücklicherweise erleiden einige Neufis, trotz der besten Vorbeugemaßnahmen, immer noch eine Magendrehung, deshalb sind auch Schuldgefühle des Halters fehl am Platz.

DIARRHÖE ODER ERBRECHEN: Gibt man der Neigung des Neufundländers alles zu fressen - wie ekelhaft auch immer - nach, ist es kein Wunder, dass sie gelegentlich Anfälle von Übelkeit und Durchfall bekommen. Sofern der Hund nicht teilnahmslos ist oder Schmerzen hat, es ein junger Welpe ist oder Blut im Kot sein sollte, ist es nicht nötig etwas anderes zu tun als ihn für vierundzwanzig Stunden nicht zu füttern (und dem Hund in einigen Fällen Kaolin und Morphin zu geben).

BLÄHUNGEN: Sie sind definitiv ein Problem großer Hunde, aber obwohl peinlich wenn der Chef zum Essen kommt, sollten Sie trotzdem dankbar sein, dass das Gas durch den Darm entweichen kann und nicht im Bauch gestaut wird! Kohletabletten können hier recht hilfreich sein, ebenso wie in manchen Fällen eine Futterumstellung.

EKTOPARASITEN

Flöhe, Läuse und Zecken sind die verbreitetsten Probleme. Flöhe sind gegen unsere Ausrottungsversuche sehr widerstandsfähig und es ist unwahrscheinlich, dass Sie jemals völlige Flohfreiheit erreichen. Es sind viele Präparate erhältlich, um den Hund und seine Umgebung, wie Teppiche und die Einrichtung, zu behandeln. Aber Menschen empfinden es immer noch als einen Affront gegen ihre persönliche Hygiene zuzugeben, dass ihr Hund Flöhe hat und sie tun nicht sofort etwas dagegen. Flöhe und Zecken kann man sich auf jedem Spaziergang von anderen Hunden und Viehbestand einfangen oder es kann eine Kolonie an einer warmen Stelle unter Ihrer Heizung schlüpfen! Wenden Sie routinemäßig antiparasitäre Präparate an - dies ist der beste Weg das Problem zu kontrollieren. Ein Flohbiss kann manchmal allergische Reaktionen beim Hund hervorrufen, und wenn an diesen Stellen ständig geknabbert wird, entzünden sie sich und nässen, so dass diese Bereiche getrimmt und mit einer Salzlösung gewaschen werden sollten. Ein effektives Abwehrmittel gegen Flöhe in der Haushaltseinrichtung ist, zerdrückte Mottenkugeln in den Staubsaugerbeutel zu füllen, es gibt noch viele weitere pflanzliche und natürliche Lösungen.

Zecken findet man dort wo Rotwild, Schafe oder Rinder leben und sie können Ihren Hund mit verdrießlicher Regelmäßigkeit befallen. Sie können ebenfalls die Lyme-Borreliose übertragen, eine schwächende Langzeiterkrankung. Sitzen Zecken schon einen Tag oder mehr an einer Stelle fest, sind sie durch ihre hellere Färbung und ihren vollgesaugten Körper sehr leicht zu finden. Das Insekt durch Herausziehen zu entfernen ist keine gute Idee, da der Kopfbereich manchmal in der Haut stecken bleibt und eine Infektion hervorrufen kann. Die beste Entfernungsmethode ist das Herausdrehen der Zecke mit einer im Zoohandel erhältlichen Zeckenzange oder einem angefeuchteten Finger. Nach den neuesten Erkenntnissen nie Fett oder Alkohol benutzen!

ENDOPARASITEN

WÜRMER: Rund- und Plattwürmer (u. a. Bandwürmer) sind gewöhnlich in Hunden zu finden es sei denn, sie werden regelmäßig entwurmt. Im Gegensatz zum allgemeinen Glauben muss der Hund nicht mager sein, einen aufgetriebenen Bauch und ein struppiges Fell haben. Bis heute hat noch niemand eine Kampagne zur Rettung von Rund- und Plattwürmern ins Leben gerufen und sie sind keine gefährdete Art, also können Sie sie ruhig schonungslos behandeln!

Wir behandeln unsere Welpen ab einem Alter von zwei Wochen gegen Rundwürmer bis sie zwölf Wochen alt sind. Von da an werden sie alle drei bis vier Monate zusammen mit den ausgewachsenen Hunden mit einem Mittel, das auch gegen Plattwürmer wirksam ist, behandelt. Wir wechseln die

Marke des Wurmmittels nach zwei- bis dreimaliger Behandlung für den Fall, dass sich die Effektivität des Mittels vermindert. Tabletten können, wie am Anfang dieses Kapitel beschrieben, sehr leicht verabreicht werden, flüssige Wurmmittel werden am einfachsten mit einer Einwegspritze verabreicht. Halten Sie den Kopf Ihres Neufis leicht nach oben und träufeln Sie den Inhalt der Spritze sanft in die Lefzentasche des Hundes. Er wird die Flüssigkeit schlucken, aber nicht ohne großes Drama! Hasst Ihr Neufi den Geschmack des Wurmmittels wirklich, legen Sie die Flasche in den Kühlschrank bis sie kalt ist und der Geschmack sich dadurch verringert hat.

Hunde in wärmeren Ländern können ebenfalls von Herzwürmern befallen sein. Dies kann Husten und einen Verlust an Energie hervorrufen, kann aber durch Befolgen der Anweisungen Ihres Tierarztes kontrolliert und behandelt werden.

DAS FORTPFLANZUNGSSYSTEM
LÄUFIGKEITEN: Einige Hündinnen werden ziemlich regelmäßig alle sechs Monate läufig, andere können Abstände von bis zu zehn und elf Monaten ohne irgendwelche Anzeichen von Läufigkeit haben. Wollen Sie mit Ihrer Hündin züchten, wird es hilfreich sein, wenn Sie sich durchweg alles über die Läufigkeiten und Verhaltensweisen notieren. Falls aber eine Hündin, die bis dahin einen regelmäßigen Sechs-Monats-Rhythmus hatte, einmal zwei Monate später läufig wird, brauchen Sie keine Sorge zu haben (es sei denn, dass die Hündin einen ernsthaft kranken Eindruck macht), aber Sie werden Ihren Zuchtplan ändern müssen. Ähnlich kommen einige Hündinnen auch erst spät in ihre erste Hitze (wir kennen ein paar, die fast zwei Jahre alt waren als sie zum ersten Mal läufig wurden) und auch das ist nichts, worüber man sich Sorgen machen müsste. Wenn Sie einen Rüden besitzen ist es tatsächlich so, dass Sie diese ruhige »hitze-freie« Zeit als eine Segnung ansehen können!

SCHEINTRÄCHTIGKEIT: Viele unkastrierte Hündinnen (oder unvollständig kastrierte!) werden mindestens einmal in ihrem Leben scheinträchtig. Dies kann recht mild verlaufen, aber auch alle Ausprägungen einer richtigen Trächtigkeit aufweisen, wenn die Hündin es verweigert, ihre »Welpen« zu verlassen, um spazieren zu gehen und Milch bildet. In den meisten Fällen wird man sie darüber weg bringen, indem man ihren Tagesablauf mit vielen kurzen, interessanten Spaziergängen ausfüllt. Gibt man ihr Spielzeug als »Babys« und kommt dieser Laune entgegen, wird es sie nur noch mehr verwirren und ist unserer Meinung nach eher grausam. Es kann tierliebender sein, eine Hündin, die regelmäßig scheinträchtig wird, kastrieren zu lassen. Auch gibt es bei einer Hündin, die sich so verhält, keine Garantie für ihre mütterlichen Verhaltensweisen wenn sie wirklich lebende Welpen hat. Unsere Ch. Merrybear Jennah of Sheridel litt an Scheinträchtigkeiten - ihre letzte theatralische Einlage war auf einer Ausstellung, wo wir die Nacht kampiert hatten. Sie weigerte sich glatt, aus dem Wohnwagen, in dem sie ihren »Wurf« hatte, auszusteigen. Aber als wir endlich einen Welpen von ihr hatten, entschied sie, dass diese Realität eine schreckliche Erfahrung war. Sie wurde anschließend kastriert und lebte fröhlich weiter!

PYOMETRA (Eiteransammlung in der Gebärmutter): Dies ist ebenfalls ein Notfall, und die Hündin wird wahrscheinlich operiert werden, um die Gebärmutter und die Eierstöcke zu entfernen (Kastration). Die Hündin ist offenkundig krank, sie zeigt einen bemerkenswerten Anstieg der Wasseraufnahme und häufig wird Erbrechen beobachtet. Sie kann einen rötlich oder eiterfarbenen Ausfluss aus der Scheide haben. Ist kein Ausfluss vorhanden, wird es der Hündin noch schlechter gehen, da die Toxine in ihr zurückgehalten werden. In wenigen, weniger ernsten Fällen können eine orale Behandlung und zusätzliche Injektionen genügen, aber es ist besser sie kastrieren zu lassen, es sei denn, Sie haben geplant mit ihr zu züchten. Dieses Leiden tritt gewöhnlich fünf bis zehn Wochen nach der Läufigkeit auf.

GEBURTSSCHWIERIGKEITEN
EKLAMPSIE (MILCHFIEBER): Diese Erkrankung tritt auf, wenn die Hündin ein Kalziumdefizit

hat, entweder kurz nach der Geburt oder wenn die Welpen zu plötzlich entwöhnt werden. Eine Hündin kann sogar eine Eklampsie entwickeln, wenn sie mit dem Futter Kalzium zugeführt bekommt, und somit ist es manchmal gar nicht zu vermeiden. Es kann vorbeugen, wenn man sicherstellt, dass die Welpen wenig und oft saugen. (Bei Milchkühen kennt man dieses Leiden auch, wenn bei einem einzelnen Melken zu viel Milch abgenommen wird, wobei es aber bei Fleischvieh, das ständig ein Kalb bei Fuß hat, seltener gesehen wird.)

Im Extremfall sind die Symptome Hecheln, Zittern und Bewusstseinsverluste, die zum Tode führen können. Eine intravenöse Kalziuminjektion aber zeigt fast augenblickliche Ergebnisse. In milderen Fällen kann die Hündin einfach nur ruhelos sein, hecheln und ihre Welpen übertrieben putzen. Ihr Tierarzt kann hier eine orale Therapie verordnen.

MASTITIS (GESÄUGEENTZÜNDUNG): Das Gesäuge der Hündin ist heiß, rot, geschwollen und schmerzhaft, während die Milch eine unnatürlich gelbe Farbe hat und kleine Flocken (Eiter) enthält. Die Welpen werden unruhig und schreien ständig, sie müssen sofort auf Flaschenfütterung umgestellt werden, da sie akut gefährdet sind. Umgehende tierärztliche Behandlung der Hündin ist notwendig.

METRITIS (GEBÄRMUTTERENTZÜNDUNG): Wir haben diese Krankheit nur einmal erlebt (sie tritt normalerweise einige Tage nach der Geburt auf) und möchten es nicht noch einmal erleben. Die Hündin fühlt sich sehr unwohl, hat einen orangefarbenen Ausfluss und hat weder Interesse an ihren Welpen noch an ihrem Futter. Tierärztliche Hilfe zusammen mit viel liebevoller Zuwendung danach ist unverzüglich notwendig.

DIE GEBURT (GEBÄREN): Der erste Wurf (entweder für die Hündin oder den Halter) kann ein Grund zur Sorge sein. Es ist schwer einzuschätzen, was normal ist. Idealerweise sollte Ihnen dabei ein erfahrener Züchter zur Seite stehen, wenn Ihre Hündin Welpen bekommt, was aber nicht immer machbar ist. Haben Sie Zweifel, rufen Sie Ihren Tierarzt an. Fachliteratur: *Technik der Hundezucht, Dr. Dieter Fleig, KYNOS VERLAG.*

WEHENSCHWÄCHE (UTERINE INERTIA): Da Inertia Inaktivität bedeutet, erklärt sich dieser Zustand von alleine. Manchmal, wenn eine Hündin nur ein oder zwei Welpen trägt, ist die Gebärmutter nicht ausreichend gefüllt, um die notwendigen Informationen zum Gehirn zu leiten und es werden keine Wehen eingeleitet. Die Schwäche kann auch aufgrund fehlender Muskeltonisierung und Muskelermüdung auftreten oder sogar ein unnormal großer Wurf kann dazu führen, dass der Uterus sich nicht zusammenziehen kann. Die weniger schweren Fälle können vom Tierarzt durch Hormonspritzen behandelt werden, aber gelegentlich wird ein Kaiserschnitt nötig, um die Welpen auf die Welt zu bringen.

Achten Sie auf die Temperatur der Hündin, wenn sie für vierundzwanzig Stunden unter 37°C fällt, um dann ohne ein Anzeichen der beginnenden Geburt wieder anzusteigen. Nehmen Sie ebenfalls zur Kenntnis, dass es, falls die Hündin in das erste Stadium der Geburt eintritt (hecheln, graben, usw.), aber ihre Temperatur nicht unter 37,2°C gesunken ist, auch zu einer Wehenschwäche kommen kann.

DIE UNFÄHIGKEIT, EINEN WELPEN AUSZUTREIBEN: Gelegentliches Pressen (ein oder zwei Mal alle fünfzehn Minuten), das über eine Stunde andauert, deutet auf Schwierigkeiten hin und sollte es noch eine weitere halbe Stunde anhalten, muss etwas getan werden. Presst die Hündin fast jede Minute kräftig und es wird innerhalb von dreißig Minuten kein Welpe geboren, verausgabt sie sich, ermüdet und braucht tierärztliche Hilfe.

UNFRUCHTBARKEIT (INFERTILITÄT): Unfruchtbarkeit erweist sich oft als Folge der Wahl des falschen Deckzeitpunktes von Seiten des Rüden- oder Hündinnenbesitzers. In dem seltenen Fall, dass der Rüde oder die Hündin nur eingeschränkt fruchtbar sein sollte, macht es Sinn sich daran zu erinnern, dass es kontraproduktiv sein kann, bis zum Äußersten zu gehen, um einen Wurf hervorzubringen, da die daraus resultierenden Welpen ebenfalls betroffen sein können. Rüden können aufgrund von Überhitzung eine temporäre »Sommersterilität« erleiden und es ist besonders wichtig sicherzustellen, dass sie es während langer Autofahrten so kühl wie möglich haben.

Beide, Rüde wie Hündin, können durch die Behandlung mit Corticosteroiden beeinflusst werden, seien Sie also nicht überrascht, wenn das Decken ohne Erfolg bleibt, falls einer von den beiden so behandelt wurde. Für den Fall, dass Ihr Neufi unfruchtbar ist und Sie sich ein Zuchtprogramm aufgebaut haben ist es bedauerlich, aber Sie leben immer noch mit derselben wunderbaren Persönlichkeit wie zuvor.

MONORCHODIE (fehlender Hoden)
KRYPTORCHISMUS (beidseitig fehlender Hoden, Bauchhoden)

Dieser Zustand bedeutet nicht nur eine Unannehmlichkeit für einen seriösen Aussteller sondern es ist, in Bezug auf die Gesundheit des Hundes, ein besorgniserregender Zustand. Sind ein oder beide Hoden nicht abgestiegen bis der Hund ein Jahr alt ist, sollte eine baldige Kastration in Betracht gezogen werden, da die zurückgehaltene Drüse mit einer 50%igen Wahrscheinlichkeit karzinogen wird, wenn der Rüde über sechs Jahre alt ist. Monorchiden sind in der Regel fruchtbar, also ist es wichtig sie kastrieren zu lassen, damit sie diesen Zustand nicht weitervererben können. Kryptorchiden sind steril.

SKELETTERKRANKUNGEN - HÜFTGELENKSDYSPLASIE

Dieses erbliche Leiden kommt bei Neufundländern so oft vor, dass sie die am viertschlimmsten betroffene Rasse in Großbritannien sind. Wie unser Tierarzt unterstreicht, ist es eine Erkrankung der Hüftgelenkspfanne, aber der Femurkopf ist ebenfalls verändert und hat eine quadratische oder abgeflachte Form. Eine Operation zur Durchtrennung des Musculus pectineus kann einem stark betroffenen Hund Erleichterung bringen, aber einige Tiere müssen auch eingeschläfert werden. Einige schwer betroffene Tiere leben ein genauso normales Leben wie mittelmäßig belastete, aber es ist unvernünftig mit ihnen zu züchten (in Deutschland sind Hunde mit mittleren und schweren Ausprägungsgraden von der Zucht ausgeschlossen, Anm. d. Übersetzerin). Die komplizierten genetischen Faktoren verlangsamen die Minimierung dieses Leidens, und Züchter können das Vorkommen von Welpen mit schlechten Hüften auch in Linien erwarten, die für gewöhnlich gute Hüften vererben.

Die Britische Tierärztliche Vereinigung/Hüftgelenksdysplasie-Programm des Zuchtverbandes (British Veterinary Association/KC Hip Dysplasia Scheme (BVA/KC/HD)) werten den vorliegenden Grad der Hüftgelenksdysplasie (HD) mit Hilfe eines Punktesystems aus. Die minimale (d. h. die beste) Punktzahl für jede Hüfte ist 0 und das Maximum (am schlechtesten) ist 53, was einen totalen Rahmen von 0 - 106 Punkten ergibt. Der Durchschnittswert für Neufundländer im Vereinigten Königreich liegt bei 31 Punkten. Dies kann sich z. B. so zusammensetzen: linke Hüfte 14 plus rechte Hüfte 17. Der Halter eines geröntgten Hundes kann sagen: »Die Hüften meines Hundes sind mit einem Wert von 12 Punkten ausgewertet« oder »Die Hüften meines Hundes haben Werte von 5 und 7«, und wenn Sie daran denken, diesen Hund zum Decken einzusetzen, sollten Sie versuchen, seinen totalen Wert herauszufinden (in diesem Fall 12). Es ist hilfreich den HD-Durchschnittswert der Nachkommenschaft eines Hundes, den Sie zum Decken nehmen wollen, zu wissen. Es ist ebenso unvernünftig von einem Deckrüden, der mit 8 ausgewertet ist, aber seine Mutter einen Wert von 68 und alle seine Geschwister Werte von über 50 haben, Nachkommen mit niedrigen HD-Werten zu erwarten! (In Deutschland wird nach einem internationalen Hüftgelenksauswertungssystem verfahren, das von A (dysplasiefreie Hüfte) bis E (Hüfte mit schweren Dysplasien) rangiert. Ausgewertet wird von einem vom Verein für das Deutsche Hundewesen e.V. (VDH) anerkannten Gutachter, Mindestalter zum Zeitpunkt des Röntgens ist achtzehn Monate).

Hüftgelenksuntersuchungen, ein Röntgenverfahren, werden in Narkose oder in ausreichender Sedation von Ihrem Tierarzt durchgeführt, wenn der Hund mindestens ein Jahr alt ist. Der Hund muss auf dem Rücken, das Becken mittig liegen und die Hintergliedmaßen müssen gestreckt sein und parallel zueinander liegen. Gibt es keine Probleme bei der Lagerung, sollte die Prozedur nicht länger als

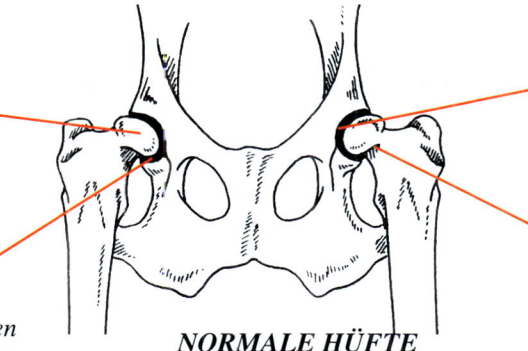

Der Femur-
kopf ist groß,
rund und gut
in das
Acetabulum
(Hüftpfanne)
eingepasst.

Die Hüftpfanne ist
tief und glatt und
umschließt mehr
als die Hälfte des
Femurs.

Der Abstand zwischen
Kopf und Pfanne ist über-
all gleichmäßig.

Die äußere Linie
des Femurs ist glatt
und gut ausgebil-
det.

NORMALE HÜFTE

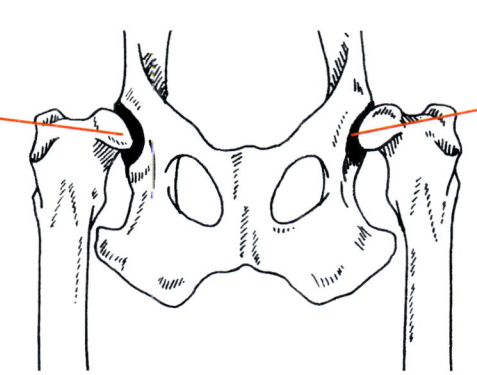

Der Femur-
kopf füllt die
Pfanne nicht
voll aus und
ist bei dieser
leicht befalle-
nen Hüfte
etwas abge-
flacht.

Die Hüftpfanne ist
zu flach und um-
schließt nicht den
Großteil des
Femurkopfes, was
Instabilität in die-
ser schwerbefalle-
nen Hüfte bewirkt.

**DYSPLASTISCHE
HÜFTE**

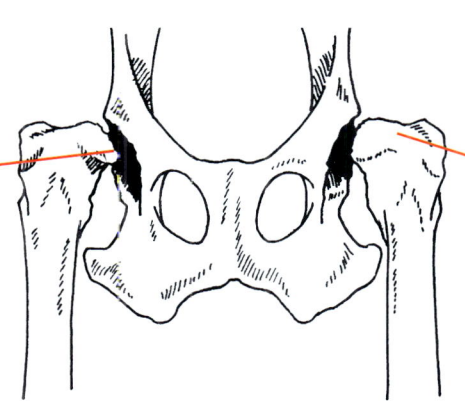

Die Knochenränder
und der Abstand der
Hüftpfanne sind
durch osteophati-
sche Veränderungen
und Knorpel-
schwund unregel-
mäßig geformt.

Im mittleren Alter
sind Kopf und Hals
des Femurs nicht
mehr zu unterschei-
den.

SCHWERE OSTEOARTHRITIS

115

zehn bis fünfzehn Minuten dauern. Die Röntgenaufnahme wird dann an die Auswertungsstelle, die die Hüftgelenksauswertung für alle entsprechenden Rassen im Land erstellt, geschickt.

Das Ergebnis bekommt man im Allgemeinen nach ein paar Wochen. Sie müssen die Ahnentafel und die Eintragungsbescheinigung mit zum Tierarzt nehmen und vor dem Röntgen zeigen. Die Details werden überprüft und auf der Röntgenplatte eingetragen (in Deutschland trägt der Tierarzt noch das Datum des Röntgens auf der Ahnentafel ein und der Hund muss zu diesem Zeitpunkt tätowiert sein, ist er es nicht, muss es nachgeholt werden, da die Nummer auf der Röntgenplatte vermerkt werden muss). Es ist verlockend den Tierarzt nach dem Ergebnis, das man erwarten kann, zu fragen, aber es ist nicht fair eine Antwort zu verlangen, wenn er nicht die nötigen Messapparaturen und die Erfahrung darin hat eine exakte Vorhersage zu machen. Aber er wird Ihnen sagen können, ob die Hüften gut oder eher schlecht sind, also müssen Sie sich mit dem zufrieden geben, bis Sie das Ergebnis erhalten. Das BVA-System wird auch in Australien und Neuseeland angewandt.

In den USA und in Kanada wird ein anderes System, auf der Grundlage der OFA-Verfahrensweise (Orthopedic Foundation for Animals / Orthopädische Stiftung für Tiere), angewandt. Eine OFA-Nummer wird einem Hund zugeteilt, dessen Hüfte als im für die Rasse normalen Rahmen liegend betrachtet wird. Es gibt sieben anerkannte Grade für den Hüftstatus: Vorzüglich (Excellent), Gut (Good), Ganz ordentlich (Fair), Grenzfall (Borderline), Leicht (Mild), Mäßig (Moderate) und Schwer (Severe) (basierend auf dem Prozentsatz in dem der Femurkopf in der Hüftpfanne gelagert ist). Nur die drei ersten Grade haben eine Berechtigung auf eine OFA-Nummer. Hunde werden mit zwei Jahren oder älter ausgewertet. In Teilen Europas und Skandinaviens sind die Bewertungen wieder unterschiedlich und den Systemen der einzelnen Länder entsprechend angepasst.

ELLBOGENDYSPLASIE: Ellbogendysplasie liegt vor, wenn, wie bei der Hüftgelenksdysplasie, das Gelenk nicht genau oder gut genug zusammenpasst um normal zu funktionieren. Das schlecht passende Gelenk übt Druck auf die Stellen aus, die das Hauptgewicht tragen. Mit der Zeit kann der ungleichmäßige Druck eine Reihe von Problemen im Gelenk erzeugen. Diese Beschwerden sind:
• Fragmentierter Processus coronoideus (FPC).
• Osteochondrose dissecans (OCD) - die häufigste Erscheinung bei Neufundländern.

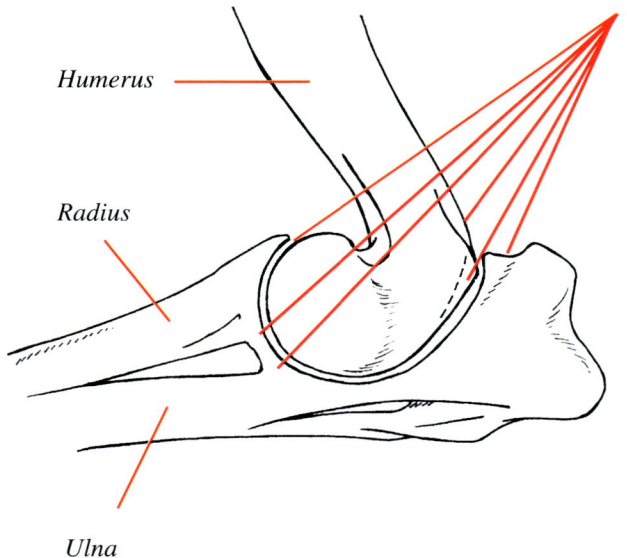

Humerus

Radius

Ulna

Stellen, an denen Arthrose auf dem Röntgenbild gesehen werden können.

ELLENBOGEN-DYSPLASIE

• Isolierter Processus anconaeus (IPA).
• Arthrose.

Sie können einzeln oder miteinander auftreten. Die sich zeigenden Symptome sind Lahmheit (gewöhnlich bei jungen Hunden), obwohl auch ein Dysplasiegrad ohne jedes klinische Zeichen vorliegen kann. Die Anzahl der geröntgten Neufundländer weltweit zeigt einen bedenklichen Prozentsatz betroffener Hunde und es scheint eine hohe Erblichkeitsrate vorzuliegen. Das Ellbogenauswertungsprogramm ist ein hilfreiches Instrument für Züchter, die die Situation im Auge behalten wollen. Die Ellbogen werden einzeln, während der Hund in Narkose oder sediert ist, geröntgt, was zusammen mit dem HD-Röntgen gemacht werden kann. Zum Zeitpunkt der Ellbogenuntersuchung muss der Hund mindestens zwölf Monate alt sein. Dieselben Informationen aus der Ahnentafel werden auf den Röntgenbildern vermerkt und ein ähnlicher Ablauf wie beim HD-Röntgen folgt, wenn die Aufnahmen zum Auswerten geschickt werden.

Die Ergebnisse werden für jeden Ellbogen eine der folgenden Stufen sein:
Frei (es liegt keine sichtbare Arthrose vor).
Grad I (minimale Arthrose).
Grad II (mäßige Arthrose).
Grad III (schwere Arthrose).

Halter von Neufundländern, die aufgrund von OCD operiert wurden, berichten, dass die post-operative Phase besonders schmerzhaft und betrüblich ist und heben deshalb die Wichtigkeit hervor mit Tieren zu züchten, die diesen Defekt mit geringerer Wahrscheinlichkeit vererben.

KREUZBANDRISS: Es gibt zwei Kreuzbänder, das kraniale (kopfwärts gelegen) und das caudale (schwanzwärts gelegen) im Kniegelenk, und das Erstere ist es, was beim Neufundländer am anfälligsten für Verletzungen ist. Betroffene Tiere finden sich an beiden Enden der Fahnenstange - der mittelalte, übergewichtige und eher inaktive Hund oder das sehr athletische und energiegeladene Exemplar. Halter berichten allgemein über einen plötzlichen Schrei des Hundes, bevor er zur Schonung den verletzten Lauf hoch hält. Am folgenden Tag, aber immer noch lahmend, kann der Hund vorsichtig etwas Gewicht auf den auf Zehenspitzen stehenden hinteren Lauf legen. Eine Operation wird in der Regel nötig sein, um das Problem zu beheben, der ein strikt einzuhaltendes Ruhe- und Bewegungsprogramm folgt.

HAUTPROBLEME
ALLERGIEN: Jede vermeintliche Allergie muss vom Tierarzt behandelt werden und kann, abhängig vom Allergen oder den Allergenen, eine Serie von Tests erfordern, um den Auslöser zu bestimmen. Hautallergene werden nicht plötzlich, über Nacht, besser, deshalb ist es wichtig geduldig zu sein und nur das zu füttern, was Ihnen der Tierarzt geraten hat. Flohallergien können, wie bereits vorher erwähnt, durch Vorbeugemaßnahmen kontrolliert werden.

Allergien, die Hautirritationen hervorrufen, können unter die folgenden Kategorien fallen:
• Kontaktallergien, z. B. Decken, Reiniger.
• Futterallergien, z. B. Rindfleisch.
• Inhalationsallergien, z. B. Hausstaubmilben.

EKZEME (HOT SPOTS): Sie sind die häufigsten Leiden über die Neufi-Halter berichten. In seltenen Fällen entstehen sie aufgrund von Futterallergien oder einigen kleineren Traumata, aber meistens sind sie auf die immer gegenwärtigen Flöhe zurückzuführen.

Futterallergien können durch restriktive Diät und regelmäßige Beobachtung des Zustandes kontrolliert werden. Durch Stress entstehende Hot Spots brauchen etwas mehr Aufwand, da die tägliche Routine des Hundes evtl. geändert werden muss, damit er keinem Stress mehr unterliegt.

PFOTENBEISSEN: Es ist eine lästige Angewohnheit, aber bedenken Sie, dass Ihr Hund es nicht aus Spaß an der Freude tut - er reagiert auf einen Juckreiz an seinen Pfoten. Ihn anzuschreien wird das Problem nicht lösen, da er einfach dann damit fortfahren wird, wenn Sie nicht da sind und sich selbst möglicherweise nur noch mehr schadet. Dies ist ebenfalls ein Zustand, der auf eine mögliche Allergie oder Grasmilben hin untersucht werden muss. Sie kann auch durch bakterielle oder Pilzinfektionen, Parasiten oder physische und chemische Irritationen ausgelöst sein.

Einige Halter sind vollkommen zufrieden mit den Ergebnissen der Anwendung einer Hämorrhoidensalbe (wie diese »Kur« aufkam ist eine Frage, die wir aus Höflichkeit nicht stellen wollen!).

DEMODIKOSE: Ein ernster Zustand, hervorgerufen durch eine Milbe, die an den Haarfollikeln des Hundes lebt. Die Milbe kann auf dem Hund leben ohne Schaden hervorzurufen. Aber sie kann krankhaft werden und das Haar zerstören. Sie kann sich auch durch die Haut bohren und dort Infektionen hervorrufen. Diese Beschwerde reagiert auf tierärztliche Behandlung, aber ist bekanntermaßen schwierig zu heilen. Es wird die Meinung vertreten, dass es ein erbliches Leiden ist und mit einem befallenen Tier nicht gezüchtet werden sollte.

SARKOPTESMILBE: Eine andere bohrende Milbe, die Irritationen, Pusteln und haarlose Stellen hervorruft. Eventuell können diese Stellen sekundär durch Bakterien infiziert werden, was Ekzeme hervorruft. Wird hier keine korrekte Behandlungsweise angewandt, finden Sie sich selbst in der Situation, dieses Problem mit Ihrem Hund zu teilen, da sie auf Menschen übertragen werden können und die Krätze hervorrufen. Die Behandlung muss über mehrere Wochen durchgeführt werden.

WARZEN, GESCHWULSTE UND WUCHERUNGEN: Wie die meisten anderen Hunde, ist der ältere Neufundländer anfällig für vereinzelte Geschwulste oder Zysten. Meistens sind sie harmlos, aber Sie müssen es sich vom Tierarzt bestätigen lassen. Ist eine Geschwulst harmlos, lässt man es am besten in Ruhe, aber sollte sie regelmäßig auf Veränderungen überprüfen.

ZÄHNE

Die Zähne Ihres Neufis sollten groß, kräftig, weiß und in einem gesunden rosafarbenen Zahnfleisch eingebettet sein. Um sie in diesem Zustand zu erhalten, müssen sie ihm große Markknochen und Nylonkauspielzeug geben oder seine Zähne putzen (beginnen Sie damit, wenn er noch jung ist, er wird sich schnell daran gewöhnen). Orangebraune, mit Zahnstein bedeckte Zähne sind nicht nur unansehnlich, sondern auch das Zahnfleisch wird sich bald entzünden. Gesunde Zähne und ein gesundes Zahnfleisch sind für alle Hunde unentbehrlich und für eine Zuchthündin doppelt wichtig, da sie beim Putzen über die Bauchnäbel der Welpen Infektionen übertragen kann.

Da Neufis häufig mit Vorliebe Gegenstände in ihrem Fang tragen, sind die Zähne schnell abgenutzt und der Zahnkern liegt offen. Der Tierarzt wird wahrscheinlich bei der jährlichen Nachimpfung die Zähne überprüfen, aber falls die Zahnkerne Ihres Neufis in der Zwischenzeit eine rosa Färbung zeigen sollten und das Zahnfleisch entzündet ist, kann es bedeuten, dass die Nerven freiliegen und promptes Handeln notwendig ist. Abgebrochene oder gesplitterte Zähne sollten ebenfalls vom Tierarzt überprüft werden.

SCHILDDRÜSENFUNKTIONSSTÖRUNGEN

Die Schilddrüsenunterfunktion wird beim Neufundländer in Großbritannien nur vereinzelt gesehen, aber in den Staaten und Kanada hat sich vernünftigerweise aus dieser erkennbaren Rassedisposition eine Routineuntersuchung der Zuchttiere ergeben.

Die Symptome zeigen sich gewöhnlich nicht bevor der Hund ein Alter von vier Jahren erreicht hat. Diese Symptome können so zahlreich und vielfältig sein, dass es keinen Sinn haben würde sie hier alle aufzulisten. Aber Veränderungen im Fell, an der Haut, beim Appetit und im allgemeinen Verhalten werden gesehen. Die Diagnose und Behandlung sollte nur durch Ihren Tierarzt geschehen und nicht nur alleine aufgrund des Verdachtes des Halters behandelt werden, da es sich gewöhnlich um eine Langzeitstörung handelt.

IMPFUNGEN

Heutzutage wird die Grundimmunisierung der Welpen im frühen Alter begonnen und die Halter sind im Allgemeinen darauf erpicht sie zu vervollständigen, so dass die Erziehung und die Sozialisierung begonnen werden können. Hat der Hund erst einmal sein zweites Lebensjahr erreicht, werden die Halter aber bekanntermaßen nachlässiger mit den Nachimpfungen! Unterhalten Sie sich mit einem älteren ehemaligen Züchter über den großen Kummer, den sie hatten, bevor moderne Impfprogramme entwickelt wurden und halten Sie die Nachimpfungen auf dem neuesten Stand.

Impfungen schützen vor Erkrankungen wie:

• Staupe - ein tödlicher Virus, der das Nervensystem angreift und Anfälle und Husten hervorruft, um nur zwei der Besorgnis erregenden Symptome zu nennen.

• Hepatitis - Gelbsucht begleitet von Durchfall, Erbrechen und Bauchschmerzen, in extremen Fällen zum Tode führend. Die Kornea kann ebenfalls geschädigt werden und die Augenfarbe einen bläulichen Schimmer bekommen.

• Leptospirose (Leberform) - eine andere Form der Gelbsucht, die auf den Menschen übertragbar ist Sie ist, wenn sie unbehandelt bleibt, potentiell tödlich.

• Leptospirose (Nierenform) - die Ursache einer potentiell tödlichen Nierenerkrankung.

• Parvovirose - ein Virus, der extremes Erbrechen und Durchfall hervorruft (oft blutdurchsetzt). Es ist tödlich für junge Hunde bis ca. vierzehn Monate und kann ganze Würfe ausmerzen.

• Zwingerhusten - eine sehr besorgniserregende und ansteckende Krankheit für Welpen und ältere Tiere. Hunde jeden Alters können befallen werden und zeigen einen unverwechselbaren, trockenen Husten als ob etwas im Hals stecken geblieben wäre und in einigen Fällen Ausfluss aus der Nase.

WENN TIERÄRZTLICHER RAT NÖTIG IST

Dieses Kapitel soll dem Neufundländerhalter eine Anleitung sein und ihm verstehen helfen, womit er rechnen muss, wenn er mit bestimmten Krankheiten konfrontiert wird. Es soll kein Ersatz für die Diagnose Ihres Tierarztes sein, die auf einem fünfjährigen Studium und praktischen Erfahrungen basiert. Wenn Sie nicht sicher sind, dass Ihr Neufi ein Leiden hat, das durch Erste-Hilfe-Maßnahmen und gesunden Menschenverstand geheilt werden kann, muss er von der einzigen dafür qualifizierten Person untersucht werden.

Diagnostiziert Ihr Tierarzt erbliche Erkrankungen bei Ihrem Hund (was Ihre Zuchtpläne ruiniert), suchen Sie nicht entrüstet nach einem anderen Tierarzt. Erbkrankheiten existieren und deshalb sollte Ihr Tierarzt nicht dafür verantwortlich gemacht werden, dass er sie gefunden hat. Aber Ihr Hund bleibt derselbe, der Ihnen die Rasse hat teuer werden lassen, also behandeln Sie ihn pfleglich solange Sie ihn haben. Und da wir schon bei schlechten Nachrichten sind, es kann eine Zeit kommen, da Sie eine schwierige Entscheidung ob der Lebensqualität Ihres Lieblings treffen müssen. Sogar ernsthaft kranke Neufundländer unternehmen große Anstrengungen ihre Halter zu begrüßen oder etwas ganz besonderes zu tun um allen zu beweisen, dass alles in Ordnung ist. Lebt man mit einem kranken Neufi ist es einfach sich einzubilden, dass seine Beschwerden sich etwas gebessert haben, also beherzigen Sie den Rat Ihres Tierarztes und Ihrer Freunde und denken Sie daran, dass Abschied nehmen manchmal das humanste ist, was man tun kann.

Kapitel 10

NEUFUNDLÄNDER IN GROSSBRITANNIEN

Wir mögen ein wenig voreingenommen sein, aber die Meinung, dass es in Großbritannien schwieriger ist einen Championtitel zu erreichen als in fast allen anderen Ländern der Welt, ist weit verbreitet. Ob es wahr ist oder eine Theorie, die auf Wünschen beruht, ist schwer zu belegen, aber für einen britischen Ausstellungshund ist das Erreichen eines Titel keine unbedeutende Leistung.

Eine ständig wachsende Eintragungszahl von etwa 800 Neufundländerwelpen im Jahr (wobei alle Welpen, oder seltener, nicht alle eingetragen werden) bringt die Rasse auf einen mittleren Popularitätsgrad, und man muss nicht weit fahren um einen Neufundländer zu sehen. Unglücklicherweise bedeutet eine so hohe Anzahl für unsere kleine Insel oft, dass die Hunde mit besorgniserregender Häufigkeit ein neues Zuhause suchen.

Der gegenwärtige Verstädterungstrend bringt viele erfolgreiche Züchter dazu nur wenige Hunde zu halten und selten Welpen aufzuziehen. Beschränkung von Platz und Möglichkeiten lassen Züchter jeden Wurf sorgfältig überdenken, da ihnen bewusst ist, dass sie vielleicht für die nächsten vier Jahre keine andere Chance mehr erhalten. Jene Züchter mögen nicht die beeindruckenste Anzahl an Champions der größeren Zwinger aufweisen, aber in Prozenten gerechnet ist ihr Beitrag zur Rasse oft größer als der der viel größeren Einrichtungen. Die Tatsache, dass Neufundländer durch ihre Natur nicht ideal auf das Leben im Zwinger ausgerichtet sind, bedeutet, dass »Teilzeit«-Züchter bei unserer Rasse vorherrschen.

ASHNESS (Christine Wilson)
Der Ashness-Zwinger hat sich einen Ruf als anspruchsvolle Qualitätszucht erworben. Der Anschaffung eines vielgeliebten Haustieres im Jahre 1983 folgend kamen zwei Hündinnen aus den Zwingern Stormsail und Wellfont in die Familie Wilson. Wellfont Rosanna of Ashness warf, mit Ch. Wellfont Macillon verpaart, einen einzigen weiblichen Welpen, Ashness Naomi, die zum Champion wurde.

Der nächste Wurf aus Stormsail Mountain Ash of Ashness (2 CAC), vom Italienimport Asterion Canis Venatici, ging mit dreizehn geborenen Welpen ins andere Extrem! Ihre Leistungen im Schauring waren beständig und drei von ihnen wurden Champions (einschließlich CAC die auf der Crufts gewonnen wurden und ein BIS auf einer Gruppen-Championatsschau). Weitere drei gewannen CAC's (eine auf einer Club-Championatsschau) und jeder der anderen, seltener ausgestellten, gewann seine Zuchtbuchnummer. Ein Besuch in Kanada im Jahre 1990 resultierte im Import eines weiß-schwarzen Rüden, Topmast's Jimmy Canuk for Jean at Ashness, der selektiv zur Zucht eingesetzt wurde sowie auch ein CAC und zwei Reserveanwartschaften gewann.

Ein besonderer Meilenstein für den Zwinger war der Gewinn des BIS und des Reserve BIS auf der Spezialzuchtschau des Neufundländerklubs durch die Wurfgeschwister Ch. Ashness Lugano of Stormsail und Ashness Aleatico of Bessibear. Beide im Besitz derselben Person, war dies das erste Mal, dass so etwas seit der Einführung der Schau im Jahre 1976 vorkam.

Obwohl Ausstellungsgewinner wie auch Haustiere (nie mehr als sechs), erreichten Ashness-Hunde ebenfalls Zug-Qualifikationen, während Ch. Ashness Terlano seine Sache bei Wassertests gut machte. Ein weiterer Import eines weiß-schwarzen Hundes aus dem Topmast-Zwinger brachte einige wertvolle Blutlinien und wird hoffentlich zum fortlaufenden Erfolg der Ashness-Linie beitragen.

Ch. Ashness Terland ein BIS Sieger.

Foto: Harringtons of Cumbria.

ATTIMORE (Esther Denham)

Esthers erster Neufundländer, eine schwarze Hündin, wurde im Jahre 1965 aus Juliet Leicester-Hopes Wanitopa-Zwinger gekauft. Wanitopa Mermaid erfüllte nicht nur ihre Rolle als Familienhund, sondern war auch eine sehr fähige Arbeiterin, die 1965 die Wassertests gewann, sehr zur Überraschung ihrer Halterin, da sie nie für die Wasserarbeit ausgebildet worden war!

Verpaart mit Lord Hercules of Fairwater erhielt sie ihre erste selbstgezogene Champion-Hündin, Attimore Aquarius, den Rüden Ch. Laphroaig Attimore Aries und Attimore Libra, ein CAC-Gewinner. Ebenfalls in diesem Wurf lag Ragtime Attimore Sirius, der drei CAC's, aber nicht seinen Titel, gewann, da zwei von den Anwartschaften auf zwei unterschiedlichen Veranstaltungen aber unter demselben Richter errungen wurden. (So etwas passiert gelegentlich, wenn in letzter Minute ein Richterwechsel vorgenommen wird oder die in Frage kommende Schau besonders angesehen ist - wie die Crufts oder eine Klubschau.)

Aus der Wiederholungsverpaarung ging Ch. Attimore Minches hervor, an dem sogar respektierte Zuchtrichter wie Mr. Handley, Mrs. Roberts und Mr. Blyth Gefallen fanden. Aquarius wurde schließlich mit der holländischen Importhündin Avalons Ikaros of Littlegrange (im Eigentum von Frances Warren) gepaart und brachte Ch. Attimore Royal Sovereign hervor, der das CAC und BIS auf der Neufundländer-Klubschau 1976 gewann - im ersten Jahr, in dem die Ausstellung den Championatsstatus erhielt. Sovereign war ebenfalls ein einflussreicher Deckrüde, der im Stormsail- und im Shermead-Zwinger Champions hervorbrachte.

Ch. Laphroaig Attimore Aries.

Eine andere Erfolgsgeschichte schrieb Ch. Attimore Cutter (im Eigentum von Mr. und Miss Ward), der auf der nationalen Championatsschau der Arbeitsrassen (National Working Breeds Championship Show) das BIS gewann, zu einer Zeit, als Neufundländer selten für solch hohe Ehren in Betracht kamen.

Es gab Weiß-Schwarze und sogar Braune im Attimore-Zwinger, obwohl die Züchterin sagt, dass das Vorkommen dieser Farbe ein ziemlicher Schock war, da im gleichen Wurf ebenfalls zwei Graue waren. Aber einer der Braunen, Ketch, wurde Championatsgewinner.

Als erfahrene Tierärztin ist Esther sehr auf die Gesundheit der Rasse bedacht und stolz darauf, den zweitniedrigsten HD-Durchschnitt (7,33) in Großbritannien zu haben. Die Arbeitsfähigkeiten der Attimore-Hunde sind konstant geblieben mit insgesamt zehn gewonnenen Wassertests. Die letzte erfolgreiche Wasserarbeitshündin, Attimore Mary Rose, hat die Stufe D bestanden, was ihr zugute kam als sie kürzlich von einer riesigen Welle ins Meer gespült wurde. Glücklicherweise konnte sie sich retten und geht immer noch mit Begeisterung ins Wasser.

CEILIDH (John und Jenny Davie)

Der Ceilidh-Zwinger wurde 1979 mit dem Kauf eines schwarzen, weiblichen Welpen im Wellfont-Zwinger gegründet. Der Welpe wurde Ch. Wellfont Angie und war aus dem berühmten Wellfont A-Wurf, aus dem auch Admiral war. Angie wurde mit dem dänischen Import, Ch. Ursulas White Sails (weiß-schwarz), verpaart und eine weiß-schwarze Hündin, Wellfont Eriskay, wurde behalten. Eriskays Rufname war »Ceilidh«, da ihr Charakter zu den freudvollen musikalischen Abenden passte, die von den Schotten sehr geliebt werden, und er wurde auch zum Zwingernamen der Davies. Eriskay, eine große Hündin, erwarb ihren Titel und wurde Top-Hündin des Jahres 1987. Verpaart mit dem dänischen Import Ch. Ursulas Admiral Ascot bekam sie nur einen Welpen - Ceilidh Solitaire - die ihren vielversprechenden Anlagen dadurch gerecht wurde, dass sie im Alter von nur acht Monaten (!) das Championat gewann. Nach einer ziemlich widerwilligen Verpaarung warf Solitaire schließlich zwei schwarze Rüden von Ch. Wellfont Macillon. Dies waren Ceilidh Carrick of Seaking (ein Res. CAC-Gewinner) und Ceilidh Cruid Mo Cridh, Gewinner eines CAC, von offenen Schaugruppen und Topwelpe im Jahr 1990.

Im Jahr 1988 kauften John und Jenny unterdessen einen weiblichen Welpen von Ch. Wellfont Macillon aus Ursulas Renata of Wellfont. Der Welpe wurde Ch. Krystalcove Karagh for Ceilidh, eine große Persönlichkeit im Ausstellungsring mit exzellenten Bewegungen, die sie an ihre Nachkommenschaft weitergab.

Karaghs erster Wurf von Cruit Mo Cridh brachte neben einem beständigen Championatsschaugewinner auch zwei hervorragende Arbeitshunde, Ceilidh Islay Mist und Ceilidh McTavish hervor, der Letztere war einer der ersten Hunde, der die vierte (höchste) Stufe bei Zugtests er-

Ceilidh Uisge Beatha.   *Foto: Yvonne Kent.*

reichte. Der zweite Wurf, von Ch. Topsy's Offenbach kam extrem gut an mit bislang einem Champion, zwei CAC-Gewinnern und einer Gruppenplatzierung.

Ceilidh-Hunde sind alle auf HD, Ellenbogendysplasie und Herzerkrankungen untersucht, während John und Jenny weiter das solide Wesen ihrer vorherigen Generationen als Ziel haben.

Culnor Lord of the Ring mit seinem braunen Sohn Culnor Snuff-Snuff.

CULNOR (Lucy Stevenson)

Im Alter von elf Jahren begegnete Lucy ihrem ersten Neufundländer und versuchte vergebens ihren Vater davon zu überzeugen, die Erlaubnis, einen Neufundländer in der Familie aufzunehmen, zu geben. Sie musste viele Jahre warten, bis sie 1982 ihren ersten Neufi, Coalfern Windy Ridge at Culnor »Bear« (Ch. Stormsail Matterhorn x Esmeduna's Thorsanne) kaufte, nachdem sie zuerst deren Schauergebnisse recherchierte.

Lucy hatte sehr viel Glück mit Bear. Nicht nur, dass sie auf ihrer ersten Ausstellung die Welpenklasse gewann und später ein Reserve-Championat, sondern sie hatte auch vorzügliche Hüften. Lucy gab auch ihren zwei Schwestern ein Zuhause und diese waren die Basis der Culnor-Linie.

Sie hatte Spaß am Ausstellen, war aber mehr daran interessiert, dass ihre Welpen ein liebevolles Zuhause fanden, wo sie ihr Leben genießen konnten, indem sie ein wenig Zug- oder Wasserarbeit machten. Ein großer Hund, der aussieht wie ein Neufundländer, war immer ihr Ziel, aber noch wichtiger, ein Hund mit einem vorzüglichen Charakter, mit so wenigen gesundheitlichen Problemen wie möglich. Sie meint, Culnor war einer der ersten Zwinger, der all seine HD-Ergebnisse veröffentlichte.

Lucy weigert sich ihren Hunden Stunden und Tage rigorosen Trainings aufzuerlegen, was die hingebungsvolleren Aussteller als besonders notwendig erachten. Ungeachtet dessen haben es ihre Hunde geschafft, über die Jahre mit den Titelinhabern Ch. Culnor Fuzzy Sea-Wuzzy (BIS auf der Hundertjahr-Schau des Newfoundland Club 1986), Ch. Culnor Monsoon Disaster, Can. Ch. Culnor Falls Down Laughing, Irish Ch. Culnor Starshine Dugald on Startrek sowie viele weitere Championats- und Reserve-Championatsgewinner eine ziemlich anerkennenswerte Leistung zu erbringen.

Ihr kürzlicher Import des jungen kanadischen Rüden Greer's Canadian Trader at Culnor (ein Res. CAC) hat sich als erfolgreich erwiesen, da seine Nachkommen bis jetzt sehr vielversprechend aussehen. Lucy hat hauptsächlich Schwarze, aber züchtet und stellt auch Braune aus, von denen der bekannteste der Championatsgewinner Culnor Snuff-Snuff ist. Sie hat in letzter Zeit wieder ein Interesse an Weiß-Schwarzen gezeigt, von denen sie meint, dass sie im Rückgang begriffen sind. Sie arbeitet nicht offiziell mit ihren Hunden, aber das Leben in Meernähe gibt ihr ideale Möglichkeiten sich mit ihnen zu vergnügen und ihren angeborenen Schwimminstinkt zu erhalten.

HAMBLEDOWN (George und Freda Pratt)

Während des Krieges, Freda war fünf Jahre alt, folgte ihr eines Tages ein großer, schwarzer Hund von der Schule nach Hause und belohnte die Familie für die Erlaubnis, über Nacht bleiben zu dürfen, bis zum nächsten Morgen mit zwölf Welpen. Die Familie hatte nicht die Möglichkeiten, sich um die Hunde zu kümmern und sie mussten, sehr zu Fredas Verzweiflung, gehen. Sie tröstete sich mit dem Wunsch, irgendwann einmal einen großen schwarzen Hund zu besitzen.

Der Traum wurde nicht vor 1971 Wirklichkeit, als sie und ihr Mann George einen Neufundländerrüden, Clywoods The Bomber, kauften. Im folgenden Jahr kam eine Zuchthündin dazu und Lady

Delia of Esmeduna wurde mit Bomber verpaart. Aus dem Wurf behielt das Ehepaar Hambledown Boatman (2 CAC's) und seine Schwester Hambledown Pitch and Pigtail, eine Res. CAC-Gewinnerin. Zusammen reisten sie begeistert zu allen möglichen Ausstellungen sowie zu Wassertests, wo die Hunde nicht nur ihr Arbeitstalent demonstrierten, sondern George sich einen Ruf für den Bau der geschmückten Karren, die die Hunde zogen, verdiente.

Zwischendurch wurden lokale Schulen besucht um eine verantwortliche Hundehaltung zu fördern. George und Freda züchteten CAC-Gewinner wie Seafarer (für den Merrybear-Zwinger) und Flagship (Swanpool Newfoundlands). Viele andere CAC- und Res.-CAC-Gewinner, inklusive des Ch. Hambledown Shantyman und des Topgewinners Ch. Hambledown Hornblower, folgten.

Die Hambledown-Hunde waren keine Fremden in Sachen Wohltätigkeitsarbeit, da sie oft mit Geschirr und Sammelbüchsen loszogen, um Geld für das Royal National Institute for the Blind (Königlich Nationales Blindeninstitut) und die Königliche Nationale Seenotrettungsgesellschaft zu beschaffen. (Diese Arbeit war der Anlass für eine Einladung zur Teilnahme an der ersten Parade der Persönlichkeiten, anlässlich der Crufts-Ausstellung und ebenfalls an der zweiten ein Jahr später.)

Über die Jahre nahmen George und Freda an zahllosen Vorträgen und Seminaren teil, um mehr über Hunde generell und den Neufundländer im Besonderen zu lernen. Freda ist heute Championats-Richterin, während beide aktive Teilnehmer und Organisatoren der Walisischen Neufundländer Aktivitätengruppe sind, die sich regelmäßig trifft, um die Hunde schwimmen zu lassen und Erfahrungen auszutauschen. Hambledown-Hunde sind nach den USA, Frankreich, Italien, Spanien und Südafrika exportiert worden und das derzeitige Ziel ist es fortzufahren, Familiengefährten mit hervorragendem Wesen zu züchten.

HIGHFOO (Warwick und Peggy Winston)

Es mag Ihnen verziehen sein, Highfoo mit Zwerghunden in Verbindung zu bringen, da qualitätsvolle Pekingesen ebenfalls unter diesem Namen gezüchtet werden. Aber Warwicks Affinität zu der Rasse Neufundländer bedeutet, dass es gewöhnlich mindestens einen Neufi in der Familie gibt.

Die fast dreißigjährige Kameradschaft der Winstons mit Neufundländern war in Bezug auf das Züchten bewusst begrenzt, aber trotzdem war der Prozentsatz qualitäts- und typvoller Hunde hoch.

Die frühen Hunde basierten auf den bekannten Harlingen-, Harratons- und Esmeduna-Linien, aus denen viele Weiß-Schwarze hervorgingen. Der erste Champion mit dem Winston-Affix war die weiß-schwarze Hündin Ch. Highfoo Harratons Ocean Queen (Suleskerry Sailmaker of Fairwater x Whitehouse Sea Diver). Sie gab, verpaart mit Ch. Sigroc King Neptune, ihre guten Qualitäten auch weiter, was in dem schwarzen Rüden Ch. Highfoo Big Baloo resultierte.

Währenddessen bekam eine andere weiß-schwarze Hündin, Harlingen Puffin of Highfoo (die weitergegeben die Basis der frühen Karazan-Würfe wurde), einen Wurf nach Neptune, und eine schwarze Hündin wurde nach Südafrika exportiert. Sie wurde SA Ch. Highfoo Sea Urchin und war dort für die Rasse, zu einer Zeit als Neufundländer sehr selten waren, extrem nutzbringend.

Die weiß-schwarze Hündin Highfoo Karazan Veuve Cliquot wurde Res. CAC-Gewinnerin und

wurde schließlich mit dem dänischen Importrüden Ch. Ursulas White Sails gepaart und brachte einen reinen weiß-schwarzen Highfoo-Wurf.

Die derzeitige Mitbewohnerin im Haushalt der Winstons ist Ch. Karazan Sugar In My Tea of Highfoo (Ch. Karazan Rockafella x Ch. Shermead Coco Chanel), eine schwarze Hündin, die sich trotz Konkurrenz von topgewinnenden Wurfgeschwistern sehr früh einen Titel erkämpfte. Verpaart mit Ch. Karazan Chocolate Buttons fiel der erste braune Highfoo-Welpe.

Warwicks Mitarbeit im Zuchtverband und dem Northern Newfoundland Club lässt heutzutage wenig Zeit für Zucht und Ausstellungen, aber der Highfoo-Zwinger hat sich seinen Ruf und die Assoziation mit Qualität und gutem Wesen verdient.

Ch. Honeybears Moondust, die erste Hündin, die auf einer Championatsausstellung aller Rassen in England das RBIS gewann.
Foto: Carol Ann Johnson.

HONEYBEARS (Carol Stuckey)

Carol und Peter Stuckey kauften ihren ersten Neufundländer, einen weiß-schwarzen Rüden genannt Monterosa Sir Julian, im Jahre 1978. Obwohl als Liebhabertier gekauft, ging er hauptsächlich auf Fairwater-, Attimore- und Harratons-Linien zurück, die wiederum auf gute Hunde der bekannten (und zu der Zeit schon historischen) Sparry-, Suleskerry und Harlingen-Zwinger zurückgingen. Eine Ausstellung wurde in Angriff genommen und schon bei seiner zweiten Vorstellung gewann er beides, seine Klasse und das Res.-CAC! Es ist wohl nicht notwendig zu sagen, dass Carol nun das Ausstellungsfieber ergriff. Von den zwei folgenden Hündinnen wurde eine aufgrund ihrer schlechten Hüften nie ausgestellt und nie mit ihr gezüchtet, während die andere, mit Namen Ch. Mapleopals Honeybear, der erste Champion der Stuckeys wurde. 1981 geboren, von Ch. Ursulas White Sails x Ch. Mapleopals Sleepy Time Girl, starb Honeybear tragischerweise kurz nachdem sie ihren Titel errang und bevor sie irgendeinen Nachwuchs hervorbringen konnte. In Anerkennung ihres »besonderen« Status wurde der Zwinger nach ihr benannt.

Bei der nächsten Hündin, von der man sich eine Gründungshündin im Honeybear-Zwinger erhoffte, wurde eine Subaortenstenose (SAS) diagnostiziert und ihr wurde eine Lebenserwartung von ca. 12 Monaten vorausgesagt (obwohl sie tatsächlich sieben Jahre alt wurde). Zu diesem Zeitpunkt wollte Carol fast das Ausstellen von Neufundländern aufgeben als sie hörte, dass Phyllis Colgan einen Wurf von Ch. Samson von Söven of Swanpool x Karazan Goldbreeze hatte. Eine Hündin wurde gekauft und als ob sie alle vorausgegangenen Schmerzen wieder gutmachen wollte, wurde Sophia ein Überflieger. Sie gewann ihr erstes CAC mit vierzehn Monaten, machte im gleichen Stil weiter und wurde mit siebzehn Monaten Ch. Karazan Sophia of Honeybears. Ihr zwanzigstes und letztes CAC gewann sie als Veteran auf der Crufts im Jahre 1994, auf dem Weg dahin sammelte sie den Titel Top-Neufundländer 1988 und Top-Neufundländerhündin 1990. Sophia bewies sich auch als Zuchthündin, indem sie etliche Nachkommen hervorbrachte, die höchste Anwartschaften gewannen.

Die bekannteste ist Ch. Honeybears Moondust, die bei zwei Gelegenheiten Res.-BIS auf Championatsausstellungen gewann und damit die einzige Hündin ist, die auf allgemeinen Rassehundeausstellungen diese Ebene je erreicht hat.

Seitdem hat Carol Pouch Cove-Linien hereingebracht und ist Mitbesitzerin des Ch. Karazan Love's a Risky Business sowie Züchter und Besitzer eines jungen CAC-Gewinners, Honeybears Dream Boat. Honeybears ist hauptsächlich bekannt für Schwarze, aber kürzlich ist eine junge braune Hündin zugekauft worden. Die Anzahl der Hunde von Carol und Peter liegt bei ca. 12 Tieren inklusive der Ruheständler. Alle haben Zugang zum Haus und die älteren leben ständig im Haus.

KARAZAN (Phyllis Colgan)

Der Name Karazan ist sicherlich Neufundländerzüchtern auf der ganzen Welt bekannt, nicht nur aufgrund seiner topgewinnenden Hunde, sondern ebenso für fachgerechtes Handling und Vorstellen.

Die zahlreichen Karazan-Champions, die man heute sieht, sind aus allen drei Farbschlägen, aber Phyllis' erste Begeisterung gehörte den auffallenden Weiß-Schwarzen. Die beiden ursprünglichen Hündinnen waren von dieser Farbe und das frühe Zuchtprogramm im Karazan-Zwinger zielte eher auf typvolle Weiß-Schwarze als nur auf gut gezeichnete Hunde hin. In der Tat waren diesem Ziel folgend ihre ersten beiden Champions weiß-schwarz, nämlich Ch. Shermead Fragrant Cloud of Karazan und ihr Sohn, der selbstgezogene Ch. Karazan Bollinger (von Ch. Ursulas White Sails). Fragrant Cloud wurde ebenfalls mit Ch. Wellfont Admiral verpaart und die resultierenden Welpen eroberten den Ausstellungsring im Sturm! Ch. Karazan Golddust of Wellfont gewann ihr erstes CAC mit nur acht Monaten und wurde zur Rekordhalterin der Hündinnen mit 22 CAC's, Gruppenplatzierungen und BIS. Auch ihr Bruder, Ch. Karazan Goldigger, brauchte sein Licht nicht unter den Scheffel zu stellen und errang selbst eine eindrucksvolle Liste von CAC's.

Eine Reise nach Dänemark brachte den Import eines weiblichen braunen Welpens, La Bellas Abba of Karazan, zusammen mit einem schwarzen Rüden, Klondyke of Karazan - der Erste einer Reihe einflussreicher Importe in den Zwinger und für andere Neufundländer-Züchter. Klondyke brachte einen CAC-Gewinner hervor, aber Abba, verpaart mit Admiral, wurde die Mutter des ersten braunen Karazan-Titelhalters namens Ch. Karazan Sweet Charity (als auch anderer bemerkenswerter Gewinner, NZ Ch. Karazan Hot Chocolate inbegriffen) und brachte in jedem Wurf einen CAC- oder Res.-CAC-Gewinner. Eine andere bekannte Abba-Tochter war der Top-Neufundländer 1991, Ch. Karazan Blackberry Blossom.

Eine Bollinger-Tochter verpaart mit dem deutschen Import, Ch. Samson von Söven of Swanpool, brachte einen guten Wurf, in dem auch der hervorragende Zuchtrüde Ch. Karazan Rockafella (Vater von Blossom und vielen anderen Champions) lag. Karazan Gold Breeze wurde ebenfalls mit Samson gepaart und brachte drei Champions - zwei in Großbritannien und einen Rüden, Solomon the Great, in Neuseeland. Eine Champion-Schwester, Ch. Karazan Sophia of Honeybears, war nahe daran Golddust einzuholen und gewann zwanzig CAC's - ihr letztes als Veteran auf der Crufts.

Ein neuerer Import in den Zwinger kam von Peggy Helming aus den USA. Ch. Pouch Coves Repeat After Me At Karazan war für den Zwinger von großem Wert und es gibt keinen Zweifel, dass »Peter« einen speziellen Platz in Phyllis' Herzen innehat. Sie setzte ihn vorsichtig ein, zuerst mit Hündinnen aus der Karazan-Linie, und seine Welpen waren so unverkennbar wie Perlen auf einer Schnur! Diese ersten Jungtiere beweisen sich jetzt im Ausstellungsring, so Ch. Karazan Love's a Risky Business, Ch. Karazan Love On A Carousel und Ch. Karazan Loves a Class Act, alle fest auf oberen Plätzen gebucht, während viele andere CAC- oder Res.-CAC-Gewinner sind. »Peter« gewann im Ring ebenfalls einen 2. Platz im Gruppenwettbewerb auf der Crufts 1996 und im selben Jahr BIS auf der Newfoundland Club Championship Show.

Da Phyllis und John mit diesem offensichtlich erfolgreichen Rezept wohl noch nicht zufrieden waren, importierten sie noch Hunde aus Italien, wo die Zucht derzeit floriert. Mit mehr als 20 Champions, Gruppengewinnern und einem fast jährlichen Titel als Topzüchter, ist der Karazan-Zwinger, solange die Colgans leben, dazu be-

Ch. Karazan Chocolate Buttons.

Foto: E. Gascoigne.

stimmt, eine Größe zu sein, mit der gerechnet werden muss.

KELLIGREWS (Pat und Steward Woolmore)

Pat und Steward bekamen ihre ersten Neufundländer im Jahre 1982, als sie zwei Hündinnen von Barbara Turner (Baranova) kauften.

Sie entwickelten Interesse am Ausstellen und wandten sich an Karl Schmitz' berühmten Von Söven-Zwinger in Deutschland und importierten eine erwachsene Hündin, Quanda von Söven.

Quanda sollte großen Einfluss auf den britischen Schauring nehmen und sie brachte außerdem in einem Wurf drei Champions, und die weiteren Generationen brachten ebenfalls Cham-

Ch. Kelligrews Terre Neuve mit Seaquaybear und Wurfschwester Ch. Kelligrews Nyamza.

pions und CAC-Gewinner. Quanda selbst gewann zwei CAC's und vier Res.-CAC's (die ersten Anwartschaften nur vier Wochen, nachdem sie aus der Quarantäne kam), während ihre Tochter, Ch. Kelligrews Nyamza, die den Woolmores gehörte, sechs CAC's gewann.

Ein anderer Champion aus dem Zwinger, Ch. Kelligrews Eagle at Tidesoak, zog, nachdem er seinen UK-Titel erreichte, mit seinen Besitzern in die Vereinigten Staaten, wo er ebenfalls Erfolg im Schauring hatte. Eine andere Kelligrews Hündin gewann CAC's im Kubear-Zwinger, während Kelligrews Mecatina Vandalia (eine CAC-Gewinnerin) von den Woolmores behalten wurde.

Obwohl es fünf Kelligrews-Hunde gab die BIS gewannen, war der stolzeste Moment der Woolmores, als Ch. Kelligrews Terre Neuve with Seaquaybear das BIS auf der Newfoundland Club Champions Show gewann und seine Mutter Quanda auf der selben Ausstellung beste Veteranenhündin wurde. Die Zucht ruht im Moment, aber die etwa sieben schwarzen Neufundländer genießen weiterhin das Familienleben im Kelligrews-Zwinger.

LISKARN (Gordon Bridges)

Die Gründungshündinnen im Liskarn-Zwinger kamen hauptsächlich aus der Harratons-Linie mit ein wenig Einfluss von Littlegrange, Portadurn und Caladh. Eine von Millthorpe gezogene Hündin folgte später, aber die heutigen Linien basieren mehr auf Karazan- und Pouch Cove-Blut.

Der erste Erfolg eines Neufundländers der Bridges im Ausstellungsring war mit Harratons Black Turmoil, der 2 CAC's gewann. Obwohl Turmoil seinen Titel nicht erlangte, bewies er sich doch als nützlicher Deckrüde, indem er Ch. Harratons Black Algoma, einen besonders soliden Rüden mit freien Bewegungen, hervorbrachte. Turmoil brachte mit Harratons- und Portadurn-Hündinnen ebenfalls CAC-Gewinner - Liskarn Gamblers Chip und Liskarn Celebrity - wobei die Letztere besonderes Pech entwickelte, indem sie, zu einem Zeitpunkt als die Konkurrenz der Hunde stark war, sechs Res.-CAC's zusammentrug.

Turmoils Mutterhündin war ein Kanada-Import, Morycis Omega of Harratons, eine Res.-CAC-Gewinnerin, die später in den Besitz der Bridges kam und ihnen ihren ersten selbstgezogenen Champion (von Harratons Black Piper), Ch. Liskarn Ashley, brachte. In einem frühen Wurf, noch im Eigentum von Mr. Frost, brachte sie ebenfalls CAC-Gewinner für die Sigroc- und Regelsie-Zwinger.

Ein Interesse an allen drei Farben bedeutet, dass die Liskarn-Gewinner-Tiere nicht auf die schwarze Farbe beschränkt sind. Zurzeit kann man den kräftigen weiß-schwarzen Checkmate of Liskarn im Ring sehen, während frühere Hunde wie die Res.-CAC-Gewinnerin, Liskarn Katy Did, Scheckungsträger waren. Liskarn Leroy Brown war der Erste seiner Farbe, der Res.-CAC's für den Zwinger gewann. Später setzte Gordon den Deutschlandimport Seebär vom Drachenfels by Yaffles mit einer halb dänischen Hündin ein, um eine neue Linie mit rezessiv braunen Hunden zu kreieren. In

Ch. und Irish Ch. Liskarn Wanda.

diesem Wurf lag die schwarze Ch. und Irish Ch. Liskarn Wanda, die 1993 außergewöhnlich gute Gewinne machte und ihr letztes CAC gewann, als sie schon fast ein Veteran war.

Ein anderer rezessiv brauner Hund war der Am. Ch. Schooner Aaron of Spillway at Liskarn, den Gordon importierte. Aaron errang im Ausstellungsring ein CAC und ein Res.-CAC und brachte neue Blutlinien für den Liskarn-Zwinger und auch für andere wie Wanitopa, Harratons und Coxbrook.

Heute führt Tochter Lisa (den älteren Ausstellern als tüchtige Junior-Handlerin in Erinnerung), die sich gerade einen Namen für ihr Können macht und bei Haltern anderer Rassen wie auch von Neufundländern im In- und Ausland sehr begehrt ist, die Hunde vor. Der Liskarn-Zwinger ist nicht nur auf Neufundländer beschränkt und viele argumentieren, dass das Engagement für andere Rassen eine eingeschränkte Sichtweite oder Akzeptanz von Fehlern mit sich bringt. Genau wie die anderen fortschrittlichen Zwinger hat Liskarn oft viel versprechenden Nachwuchs, der sein Debüt gibt, und hält ein Auge auf die Zukunft.

MERCHIEN (Roy, David und Sarah Meakin)

Sogar jene mit den geringsten Französischkenntnissen können nicht umhin zu erkennen, warum die Familie Meakin »Merchien« als Zwingernamen gewählt hat. Nicht nur, dass der Name aus den Heldentaten des Neufundländers geboren ist, auch auf natürlichen Arbeitswillen und einen beständigen Charakter legt man im Merchien-Zwinger ganz besonderen Wert.

Der erste Ausstellungssieger der Familie, 1978 aus Mike und Audrey Ludlows Mapleopal-Zwinger gekauft, war Mapleopal Black Velvet. Sie stammt von dem bekannten Ch. Stormsail Matterhorn ab und gewann mehrere Res.-CAC's.

Velvet war ebenfalls ihre Gründungs-Zuchthündin und brachte, gedeckt von Shermead High Flyer, Ch. Merchien Sea Jewel (die regelmäßig exzellente Nachzucht im Nutbrook-Zwinger brachte) und eine Res.-CAC-Gewinnerin, Merchien Sea Princess. Für ihren zweiten Wurf wurde Velvet mit Ch. Shermead Half as Lucky zusammengebracht, woraus Ch. Merchien Barney Bear resultierte, der, obwohl er seinen Titel in jungen Jahren errang, ebenfalls elf Res.-CAC's auf dem Weg einsammelte! Die Familie Meakin stellte einen Weiß-Schwarzen - Sea Rambler of Merchien - mit einem besonders augenfälligen Gangwerk, erfolgreich aus. Durch Ramblers Zeichnung und seinen gesamten Typ gewann er viele Male die Landseer-Trophäe des Newfoundland Clubs.

In den letzten Jahren zog die Familie Meakin mit ihren Hunden nach Frankreich, aber der Kontakt zu britischen Hunden wird aufrechterhalten, da Roy ein anerkannter Ausstellungsrichter im Vereinigten Königreich ist. Sobald der neue Bestand aufgebaut ist, werden Merchien-Hunde auch in französischen Ausstellungsringen zu sehen sein.

MERRYBEAR (Gordon Cutts und Patrick Galvin)

Merrybear ist ein Zwingername, der zum Synonym für Ausstellungserfolge in Großbritannien wie in Übersee geworden ist. Fast ein Vierteljahrhundert ist vergangen, seit der erste Merrybear-Neufundländer die Türschwelle überschritten hat. Dieser erste Hund, Hambledown Seafarer, gewann 2 CAC's und ein Club BIS und hat einen Maßstab gesetzt, der heute noch gilt.

Der erste Merrybear-Champion - Camiyou, eine Braune - war ein Meilenstein, da sie die erste braune Hündin in Großbritannien war, die zum Champion wurde. Sie eroberte Neuland, weil sie die erste Braune war, die ein BOB auf der Crufts und auf einer offenen Klub-Schau gewann. Ihr Vater sowie der ihres jüngeren Bruders, Ch. Merrybear Dunhill (braun), war der ehemalige Rasse-Rekordhalter Wellfont Admiral. Ihr Wurfbruder Merrybear Charlie Brown at Mixbury war ebenfalls ein CAC-Gewinner.

Seitdem gab es andere braune Champions, die Titel für die Zwinger Sheridel, Truesparta und Nutbrook gewannen und die jüngst bei Gordon und Patrick gebliebene braune, Ch. Merrybear Carrie, gewann die Auszeichnung Top Bitch 1996.

Die schwarzen Champions haben sich ebenfalls einen Ruf erworben, der wahrscheinlich bekannteste ist der BIS-Gewinner Ch. Merrybear Luigi (Vater der Champions Carrie, Q'pid und der CAC-Gewinner Penny Farthing und Chianti), ein Riese von Hund, dessen mitreißendes Ausstellungstalent den Zuschauern gut bekannt war. Seine Mutter, Ch. Wellfont Natashquan Nakina of Merrybear, war eine von drei Wellfont-Champions, die bedeutende Siege für den Zwinger errangen. Merrybear-Hunde haben in anderen Ländern ebenfalls ihre Titel gewonnen, darunter bis heute zwei australische und ein neuseeländischer Champion.

Neue Blutlinien sind wichtig für den Zwinger, ein Import in früher Zeit war die braune Hündin Valborg of Merrybear (die erste Braune die BOB in der Championklasse gewann). Sie war auch die Mutter von drei Merrybear-Champions. Spätere Importe, ebenfalls aus Dänemark, waren die schwarzen Geschwister Ch. Newfhouse Scandinavian Warrior for Merrybear (Top Neufundländer 1995, 1996 und ein beständiger Gruppensieger) und Ch. Newfhouse Scandinavian Princess for Merrybear, die 1995 ihrem Bruder ebenbürtig war. Beide haben gute Nachzucht für Merrybear gebracht, darunter einige Top-Gewinner, die heute ihre Zeichen setzen. Zwei weitere Importe aus dem Manio Massas Cayuga-Zwinger in Italien werden in naher Zukunft ebenso zu sehen sein.

Trotz des immensen Erfolges ist der Merrybear-Zwinger kein kommerzieller Zuchtbetrieb und im Ruhestand lebende »Oldies« verbringen ihren Lebensabend im Luxus. Die Partner sind beide Ausstellungsrichter im Vereinigten Königreich wie im Ausland und ihr umsichtiger Optimismus wird von allen, befreundeten Ausstellern, Richtern und Haltern von Liebhabertieren, geteilt. Der Neufundländer ist berühmt für seine Würde, Sensibilität und Kraft - alles Attribute, die auch auf die Merrybear-Partnerschaft angewendet werden könnten.

MILLTHORPE (Anne Springthorpe)

Annes erster Neufundländer wurde 1980 als Liebhabertier im bekannten Harratons-Zwinger gekauft. Als der Hund etwa zehn Monate alt war, entschied sich Anne dazu, einige Ausstellungen zu besuchen und im folgenden Jahr gewann Harratons Lady Olivia ihr erstes Res.-CAC für den Millthorpe-Zwinger. Die frühen Jahre waren hauptsächlich auf weiß-schwarze Hunde beschränkt, Annes erster Liebe. Sie war erfolgreich mit dem Import des CAC-Gewinners Joey van Bellandseer at Harraton sowie mit dem besonders gut gezeichneten Harratons Sea Christobelle, der wahrscheinlich jede der für einen Weiß-Schwarzen möglichen Anwartschaften gewann. Anne spürte, dass die Zukunft der Weiß-Schwarzen im Ausstellungsring zu dieser Zeit begrenzt zu sein schien und begann sich stattdessen auf die Schwarzen zu konzentrieren. Das Konzentrieren auf die schwarzen Harratons- und Karazan-Linien brachte gute Ergebnisse durch die Nachzucht von CAC-Gewinnern wie Thomas Tank, Santa Rosa und Noble Fir. Braune wurden ebenfalls gezüchtet, insbesondere eine, Ch. Chocolate Sundae of Karazan, die die Auszeichnung Joint Top Bitch in ihrem besten Jahr gewann.

Verpaarungen der letzten Jahre wurden mit den dänischen Importen Chs. Topsy's Oliver Twist und Offenbach gemacht, die Res.-CAC gewinnenden Nachwuchs brachten. Pouch Cove-Hunde wurden über den Karazan-Zwinger ebenso in die Zucht gebracht, und einige vielversprechende Jungtiere werden möglicherweise ihr Debüt im Ausstellungsring geben. Außer »Joey« besaß Anne auch noch andere Importhunde. Diese beiden kamen aus den USA - die schwarze Riptides Miss England for Millthorpe (Mutter von Sundae und Rosa) und der braune Rüde Ebontides Atlantic Crossing at Millthorpe (ein Sohn des Am. Ch. Kendian Cadbury). Trotz des besonnenen Zusammenführens von

Millthorpe Noble Fir.   *Foto: Bull.*

Blutlinien sind Millthorpe-Hunde in erster Linie Familienhunde, inklusive der Veteranen, die sich vom Ausstellungsleben zurückgezogen haben.

NUTBROOK (Anne Merrick)

Nutbrook Neufundländer wurde 1978 als kleiner, exklusiver Zwinger gegründet. Der Name wurde 1984 offiziell als Voranstellung registriert als die schwarze Neufundländerhündin Tranquil Waters den Affix auf ihrer ersten Championatsausstellung errang. (Dieses System ist heute im Vereinigten Königreich geändert.) Tranquil kam aus dem ersten Wurf und war von La Bellas Winston, der 1982 speziell zur Verpaarung mit ihrer Mutter, Ch. Merchien Sea Jewel, aus Dänemark importiert worden war. Ein Wurfbruder, Nutbrook Thomas Telford, wurde Best Puppy in Show auf der walisischen Championatsschau der Arbeitshunde. Winston setzte seine Erfolgsgeschichte fort, indem er bester Deckrüde von *Our Dogs* im Jahre 1986 wurde, während er zwischenzeitlich Ch. Nutbrook Navigator of Karatarn, die CAC-Gewinner Nutbrook Chalico und Nutbrook Cressy und die Res. CAC-Gewinner Nutbrook Miller Mundy und Nutbrook Kit Crewbucket hervorbrachte, alle aus Ch. Stormsail Maumee of Swanpool.

Ein Wurf von Shermead Argy Bargee for Nutbrook JW (CAC- und Res.-CAC-Gewinner, Top Puppy 1986 von *Our Dogs* und des Newfoundlad Clubs), Sohn von La Bellas Winston mit Ch. Merchien Sea Jewel brachte Nutbrook Willow Wren JW hervor, der *Our Dogs* und Newfoundland Club Top Puppy des Jahres 1987 wurde.

Weitere Generationen von Nutbrook-Nachzuchten brachten einen beständigen Strom von Jugend-, Zuchtbuch- und Top Puppy-Gewinnern hervor unter anderem Ch. Nutbrook Dudley Tunnel und NZ Ch. Nutbrook Montgomery Canal.

Nach einer Pause vom Ausstellen und Züchten, während Anne sich darauf konzentrierte, Neufundländer im In- und Ausland zu richten, wurde ein anderer Winston-Sohn, Bouderee Romani Rokra of Nutbrook, mit Ch. Merrybear Q'pid of Truespata gepaart. Anstelle des Deckgeldes wurde eine braune Hündin aus dem Wurf ausgesucht. Sie gewann ihr drittes CAC auf der Crufts-Ausstellung 1996 und wurde damit Ch. Merrybear Ariadne Nutbrook, die mit ihrer Wurfschwester Merrybear Armanie Nutbrook die neue Gründungshündin für Nutbrook ist - die Nutbrook-Linie wurde bis zu diesem Zeitpunkt über die Rüden fortgeführt.

Nutbrook Chalico und Ch. Stormsail Maumee of Swanpool - zwei der Pensionäre bei Nutbrook.

Foto: John Hartley.

Nach dem Richten des »Gold Cup«, die dänische Neufundländer Klub-Schau, im Jahre 1994, importierte Anne eine schwarze Hündin, Braendegardens Streethay Nutbrook, die in ihrer Klasse auf der Crufts-Ausstellung 1996 gewann. Zur gleichen Zeit wurde New-Fuur-Lands Russell Newbery Nutbrook (Int. Ch. New-Fuur-Lands Blockbuster x Int. Ch. Biserka vom Riesrand) importiert. Dieser Rüde ist schon jetzt ein CAC- und Res.-CAC-Gewinner mit gewonnenen Res. BISs auf Clubschauen und Best Puppy in Show auf der Newfoundland Club Championship Show.

Nutbrook steht derzeit in partnerschaftlicher Verbindung mit dem italienischen Cayuga-Zwinger und zeigt einen kanadisch-gezogenen weiß-schwarzen Rüden, Hollibrooke Maverick St. Cayuga, der sicherlich, zusammen mit den anderen Jungtieren, eine viel versprechende Zukunft vor sich hat.

Ch. Kelligrews Terre Neuve With Seaquaybear. Ein Sieger in Großbritannien und in Deutschland.   *Foto: Gascoigne.*

SEAQUAYBEAR (Richard und Valerie Scothern)

Val und Richard lebten in Deutschland, als sie in den späten 70ern begannen, sich für die Rasse zu interessieren. Etliche Besuche auf Ausstellungen brachte sie zu dem berühmten Ferro von Söven. Als Ferro mit Golda von Söven verpaart wurde, hatten die Scotherns das Glück, einen der resultierenden Welpen - Quay von Söven - zu bekommen.

Wenige Jahre später kehrten die Scotherns mit Quay nach Großbritannien zurück und begannen ihn auf Championatsausstellungen zu zeigen. Quay errang nicht nur seinen Titel (der erste Deutschland-Import der dies schaffte), sondern wurde auch ein erfolgreicher, selektiv eingesetzter Deckrüde. Der beste Wurf nach ihm war mit Attimore Crows Nest of Mapleopal, im Eigentum des Startrek-Zwingers, der fünf Champions hervorbrachte. Weitere Champions fielen im Kelligrews- und Stormsail-Zwinger und ein weiterer CAC-Gewinner im Karazan-Zwinger. Den Vorteil der von-Söven-Linie nutzend, Haarkleid und Hüften in der Rasse zu verbessern, kauften die Scotherns einen anderen Rüden aus der gleichen Linie - Kelligrews Terre Neuve With Seaquaybear (Ch. Samson von Söven of Swanpool x Quanda von Söven) - und auch er errang seinen Titel, ebenso wie BIS auf der Neufundländer-Klub-Schau. Aufgrund arbeitsmäßiger Verpflichtungen kehrten die Scotherns erneut nach Deutschland zurück, wo sie ebenfalls beide Hunde bis zu BIS-Gewinnen in Braunschweig (Quay) und CAC, CACIB und Res-VDH-Anwartschaften (Terre Neuve) ausstellten - wodurch sie eine einzigartige Position für britische Aussteller einnahmen. Eine endgültige Rückkehr nach Großbritannien brachte den ersten Seaquaybear-Wurf aus Kelligrews Catalina With Seaquaybear, aus dem ein Res.-CAC-gewinnender Rüde behalten wurde (davor gehörte ihnen auch Ch. Wellfont Natashquan Nakina bevor sie an den Merrybear-Zwinger weitergegeben wurde).

Andere junge Nachzuchten beinhalten zwei Nachkommen des dänischen Importes Ch. Topsy's Offenbach (aus einer Tochter von Terre Neuve), von denen eine bereits ein Res. CAC erhalten hat. Val und Richard ziehen schwarze Neufundländer vor, aber träumen davon, in der Zukunft einen bezaubernden Weiß-Schwarzen zu besitzen.

SHERIDEL (Hedd and Del Richards)

Nachdem wir die letzten Jahre in den 70ern damit verbrachten die erfolgreichsten Züchter unter die Lupe zu nehmen, kauften wir unseren ersten Neufundländer, eine weiß-schwarze Hündin, im

Mapleopal-Zwinger von Mike und Audrey Ludlow. Mapleopal Sea Maiden war ein großartiger Familienhund mit wundervollem Charakter und wir waren von der Rasse verzaubert. Sie brachte uns einen guten Start im Ausstellungsring und wurde rassebester Welpe, gewann später ein Res.-CAC. Traurigerweise starb sie jung bevor sie Nachwuchs hatte.

Währenddessen ist unsere Neufundländerpopulation durch eine Hündin aus der gleichen Linie und eine junge, nicht registrierte, in Not geratene Hündin gewachsen. (Seitdem sind wir nie ohne einen »Notfall« gewesen.)

Eine Kehrtwendung ereignete sich als wir einen Rüdenwelpen von Graham und Sue Birch (Wellfont) kauften. Aus ihm wurde Ch. Wellfont Macillon und Top Rüde im Jahre 1988 sowie Top-Deckrüde einige Jahre in Folge - er wurde Vater von acht UK Champions.

Später kauften wir die dänische Importhündin Wooddales Louise of Wellfont, die, mit Macillon, der Grundstein der Sheridel-Linie wurde. Der erste Wurf der beiden war von der Art, von der alle Züchter träumen. Die fünf ausgestellten Welpen gewannen alle CAC's - Carizma gewann zwei und Captivation eins - aber, die drei Rüden wurden alle Champions. Ch. Sheridel Crakerjak gewann auch seinen kanadischen Titel, als seine Besitzer dorthin auswanderten; Ch. Sheridel Chieftain blieb in Großbritannien; Ch. und Irish Ch. Sheridel Crawford wurde dadurch zur Legende, dass er 39 CAC's, Gruppensiege und BIS, sowie jede für einen Neufundländer mögliche Anwartschaft gewann.

Wir wiederholten diese Verpaarung später, um unsere Ch. Sheridel Elouisa of Swanpool zu bekommen. Als Folge aus Gewinnen des C- und E-Wurfes wurde Louise Top-Zuchthündin aller Rassen und wir bekamen den Titel Top-Züchter. (Auch im folgenden Jahr war Louise unter den Top Ten.)

Da wir das Züchten nur begrenzt betrieben, bedeutete dies, dass wir oft Werbung für Neufis machten, die von anderen gezüchtet worden waren, aber von Sheridel-Deckrüden abstammten. Macillon brachte unseren Ch. Krystalcove Kouros of Sheridel hervor, der selbst Vater unserer Ch. Dingro Enchantress of Sheridel (Tochter von Captivation und Allgemeine Top-Hündin 1994) war. Macillon war ebenfalls der Vater des zweifachen CAC-Gewinners Leumasleiloc Limara of Sheridel (ein Wurf, der zwei andere Gewinner voller Anwartschaften beinhaltete) und den Res.-CAC-Gewinner Honeybears Babbling Book of Sheridel.

Die bis jetzt einzige Braune, Ch. Merrybear Jennah of Sheridel, war zugekauft, aber über ihre Mutter mit Macillon verwandt. Ein Crawford-Sohn, Beauberry Biggles of Sheridel, wurde CAC-Gewinner und brachte, verpaart mit Limara, den I-Wurf mit Ch. Sheridel Inxess of Sealake und Sheridel Imagination of Abbeydore, ein Res.-CAC-Gewinner, obwohl alle zur Zeit der Entstehung dieses Buches noch sehr jung waren.

Ein Zuwachs für den Zwinger ist Ch. Ceilidh Auchentoshan of Sheridel, den wir für den besten Hund halten, den wir je besessen haben. Er ist ein Macillon-Enkel (aus Kouros Schwester) von Ch. Topsy's Offenbach und ist eine Kombination aus exzellenten dänischen Linien.

Gesundheitszeugnisse sind für uns sehr wichtig, darum wird der gesamte Zuchtbestand rigoros auf erbliche Defekte, speziell Herzerkrankungen, untersucht. Bis heute haben Hunde im Eigentum oder von Sheridel gezüchtet insgesamt 85 CAC's gewonnen.

SHERMEAD (Val Adey)

Einer der eher älteren, aktiven Zwinger in Großbritannien, dessen erster Wurf 1967 geboren wurde. Der früheste Bestand gründete sich auf Sparry- und Storytime-Linien, es wurden Champion-Rüden aus den Sigroc- und Littlegrange-Zwingern eingesetzt. Der Zwinger widmete sich der Zucht von beiden, typvollen schwarzen wie weiß-schwarzen Hunden mit exzellentem Charakter, aber durch den Einsatz von unterschiedlichen Zuchttieren brachte er die ersten beiden, in Großbritannien nach dem Krieg geborenen braunen Welpen hervor. Shermead Brown Beauty kommt bis heute in allen braunen Stammbäumen vor. Trotz der Klassifizierung als »älterer« Zwinger hat Val dem widerstanden, in der Entwicklung stehen geblieben zu sein, und hat durch eigene Importe und jenen, die in anderen Zwingern beheimatet sind, neue Blutlinien eingeführt.

Ch. Sheridel Chieftain.　　　　　　　　　　　　　　　　　　*Foto: John Hartley.*

　　Shermead Bijou of the Thatched Roof, die 2 Res. CAC's gewann, kam aus Holland und war eine Tochter von Shermead Lively Lad, der selbst den Titel Bester Rüde auf einer Weltsieger-Ausstellung gewann. Lancelot of Shermead wurde aus Finnland importiert und brachte einige Champions, während La Bellas Quark und La Bellas Mischa aus Dänemark kamen. Quark gewann ein Res. CAC und ist der Vater von Ch. Nutbrook Dudley Tunnel, der heute als Veteran immer noch CAC's gewinnt. Kürzlich kamen Naristo's Aeneas aus Norwegen und Shermead Chablis D'Empyree aus Holland in den Shermead-Zwinger.

　　Über die Jahre hat der Shermead-Zwinger Champions aller drei Farbschläge hervorgebracht. Ch. Shermead Fernando war der erste weiß-schwarze Championrüde in der Nachkriegszeit und der weiß-schwarze Ch. Shermead Fragrant Cloud of Karazan brachte einige Champions im Karazan-Zwinger. Die braune Ch. Shermead Coco Chanel of Karazan war beste Zuchthündin 1996. Ihre Schwester, Shermead Zippyda Dooda brachte exzellenten braunen Nachwuchs im Shermead-Zwinger in Frankreich und beide sind prächtige Exemplare dieses Farbschlages. Ch. Shermead Half as Lucky war ein ruhmreicher Deckrüde, er brachte Ch. Laphroaig Islay Mistress und Ch. Merchien Barney Bear zusammen mit einigen CAC- und Res.-CAC-Gewinnern hervor. Ch. Shermead Nuts in May war die Mutter des zweifachen CAC-Gewinners Shermead Argy Bargee for Nutbrook - der Vater von Ch. Merrybear Luigi.

Shermead Jelly Baby.   Foto: Derek Whitehouse.

Auch heute sieht man Shermead-Neufundländer im Ausstellungsring. Ch. Shermead Mudlark ist auf dem Höhepunkt seiner Karriere, während Shermead Fleur in ihrer Zeit das CAC der Hündinnen auf der Crufts 1995 gewann und Shermead Fortune Cookie (ebenfalls Gewinner zweier CAC's und Wurfschwester von Fleur) die Veteranenklasse gewann. Fleurs Söhne, Shermead Kadarka und Shermead Kess, sind erfolgreich ausgestellt worden und ihre Nachzucht kann im Ring angeschaut werden.

Wollte man alle topgewinnenden Shermeadhunde auflisten, wäre es ein zeitintensives Unterfangen und Val und ihr Mann John (beide Spezialzuchtrichter) legen mehr Wert darauf in die Zukunft zu schauen, neue Blutlinien einzuführen und den Typ und den Charakter, der so wichtig für den Neufundländer ist, zu bewahren. Aus diesem Grund hat Val ihren Zwinger in England mit dem Muscadine-Zwinger von David und Heather Butcher zusammengeschlossen, während Val und Johns Tochter Sharon erfolgreich im Zwinger in Frankreich züchtet. Vals Ziel ist es weiterhin, Neufundländer des unverkennbaren Shermead-Typs zu züchten.

STARTREK (Gill Barker)

Der erste Startrek-Neufundländer war eine weiß-schwarze Liebhaberhündin, die chronisch dysplastisch war, was auch der Grund dafür ist, dass eine gute Gesundheit Vorrang in Gills Zuchtprogramm bekam.

Startrek-Hunde gibt es nicht in großer Anzahl, da nur wenige Würfe gezüchtet wurden. Sie waren aber enorm erfolgreich, im ersten Wurf waren drei UK und zwei irische Champions, ein Gruppensieger und ein Crufts Gruppenfinalist. Zehn der zwölf Wurfgeschwister errangen entweder CAC's oder Zuchtbuchsiege und gaben ihre guten Eigenschaften weiter an die nächste Generation. Ch. Little Kodiak Bear of Trinityfair brachte drei Champions für den Trinityfair-Zwinger und war selbst Top Zuchthündin im Jahre 1993. Ch. Startrek Trek to the Stars war Vater des Irish Annual Champion Culnor Starshine Duglad on Startrek (selbst ein wertvoller Vererber) und des weiß-schwarzen Marshill Davos. Startrek Calamity Jane hatte nur einen Wurf (mit Ch. Kelligrews Carbonear of Trinityfair), der den irischen Ch. Startrek Uhuras Song at Riverbears und den CAC-Gewinner Startrek Beam Me Up Scotty, der selbst einige überragend gewinnende Swanpool-Welpen hervorbrachte, beinhaltete.

Startrek Tribble Trouble brachte, verpaart mit Ch. Merrybear Luigi, einen Wurf, der teilweise aus Weiß-Schwarzen bestand aus dem der Res.-CAC-Gewinner Joalta Silver Skydragon stammt. In Irland haben nun die beiden ursprünglichen Champions Jefferson Starship und Midnight Cowboy in der dritten Generation Einfluss auf die Sieger.

Die Kombination der von Söven-Linie mit dem alten Mapleopal-Stamm hat sich als gut herausgestellt und Gill ist sehr zufrieden mit den Weiß-Schwarzen die nun gezüchtet werden. Startrek-Hunde besitzen nicht nur äußerliche Schönheit, sondern einige sind ebenso erfolgreich bei der Wasser- und Zugarbeit.

Gill ist extrem vorsichtig, ein neues Zuhause für ihre Welpen zu suchen und verlangt einen lebenslangen Kontakt zu ihnen. Sie ist sehr unverblümt in der Verurteilung von übermäßiger Zucht und dem

Mitglieder von Startrek's erstem Wurf: Ch. Startrek Trek To The Stars, Startrek Calamity Jane, Ch. Little Kodiak Bear of Trinityfair und Ch. Startrek Captain James Kirk.

übermäßigen Einsatz von Deckrüden und hofft, dass Startrek wegen seiner Qualität und nicht wegen seiner Quantität in guter Erinnerung bleibt.

STORMSAIL (Peter und Judy Oriani)

Seit fast dreißig Jahren im Besitz von Neufundländern, ist der Stormsail-Zwinger wohl einer der Zwinger in Großbritannien mit dem beständigsten Erfolg. Der erste Hund der Orianis, als Liebhabertier von Esther Denham (Attimore) gekauft, bewies große Arbeitsfähigkeiten und gewann Wassertests auf zwei Veranstaltungen. 1972 kam mit Ch. Bachalaos Bright Water of Stormsail der erste Ausstellungshund, auch Gruppenfinalist, in den Zwinger. Als Zuchthündin war sie hervorragend mit fünf Champions (drei UK und zwei neuseeländische) in einem Wurf.

Seit dieser Zeit gab es zwölf selbstgezogene Stormsail-Champions, darunter vier BIS- und Res.-BIS-Sieger auf Spezialzuchtschauen. Viele Stormsail-Hunde erhielten ihre Titel oder CAC's für die Arktikos-, Ashness-, Kubear-, Nutbrook-, Swanpool-, Ursas- und Wellfont-Zwinger, während andere für Erstlingsbesitzer siegten - ein wirkliches Maß für Qualitätshunde.

Die Orianis sind traditionell bekannt für ihre schwarzen und weiß-schwarzen Linien (der Res.-CAC-Sieger Stormsail Sacred Spirit wurde auf Klubschauen sechsmal bester Weiß-Schwarzer), aber ein Neuzugang der letzten Zeit ist ein Brauner aus dem Cumngo-Zwinger. Peter und Judy versicherten umgehend, dass braune und weiß-schwarze Linien nicht miteinander verpaart werden.

Der Stormsail-Zwinger besteht aus weniger als dreizehn Hunden beider Geschlechter, die alle mit im Haus leben. Gezüchtet wird nur, um die Linien zu er- und Nachzucht zu behalten. Gesundheitszeugnisse sind sehr wichtig für die Orianis und es ist möglich, einen acht Generationen umfassenden Stammbaum mit den HD-Auswertungen zu lesen. Letztlich hat man im Zwinger mit Ellbogen- und Herzuntersuchungen begonnen, wobei alle Ergebnisse, wie bei der HD-Auswertung, veröffentlicht

Ch. Stormsail Mattherhorn JW (links) und Ch. Stormsail Wetterhorn JW, die ersten beiden selbstgezüchteten Champions der Stormsail Zwinger.

werden. Bis heute gab es vierzehn Champions, zehn CAC- und sieben Res.-CAC-Gewinner aus diesem Zwinger.

STORYTIME (Douglas und Barbara Henry)
Storytime besteht unter diesem Namen seit 1955. In jenen Tagen waren es Pudel - Toy, Miniatur und Standard - und Kinder! Abends versammelten sich beide, Kinder und Hunde, zum Geschichtenerzählen, daher auch der Name. Die Henrys haben ebenfalls englische Toy Terrier und Französische Bulldoggen gezüchtet und ausgestellt und hielten Afghanen als Liebhabertiere. Für welche Rasse sie sich auch immer engagierten, Wesen und Charakter waren die beiden wesentlichen Faktoren und im Jahre 1957 erwarben sie ihren ersten Neufundländer. Der erste Welpe war kein Ausstellungshund, aber eine exzellente Zuchthündin und innerhalb von zwei Generationen stellten sich Erfolge auf Ausstellungen ein. Als zwei der wenigen Mitglieder des Newfoundland Clubs machten sie sich viele Gedanken um die Zucht, nicht, um notwendigerweise Siegerhunde zu züchten, aber mit Umsicht und in der Hoffnung die richtigen genetischen Linien auszuwählen um den perfekten Neufi zu erschaffen.

Das Paar hatte im Jahre 1965 seinen ersten Champion mit Storytime Whaler der aber niemals zur Zucht eingesetzt wurde. Ch. Storytime Black Pearl of Esmeduna (1967) wurde zusammen mit Storytime Figurehead (CAC) zur Basis des sehr erfolgreichen Zuchtprogramms von Colin und Jean Whittaker, das während der 60er, 70er und 80er Jahre viele Champions hervorbrachte. Storytime Cachelot (Whalers Bruder) ging nach Dänemark und wurde Vater der beiden ersten dänischen Champions. Zwei Weiß-Schwarze gingen in die USA, wo sie ein Zeichen in der Rasse setzten. In den 60er Jahren schickten die Henrys ebenfalls Welpen nach Australien, Neuseeland und Südafrika. Seit den 70ern haben sie aufgrund anderer Verpflichtungen weniger gezüchtet und ausgestellt. Obwohl ihre Rüden im Zuchtbuch des Zuchtverbandes stehen, gibt es keinen gegenwärtigen UK Champion. Ungeachtet dieser Tatsache haben sie in den letzten fünfzehn Jahren 4 CAC's und Res.-CAC's gewonnen. 1993 wurde Storytime Knot nach Italien geschickt, wo er schnell ein Junior-CACIB-Sieger wurde. Er ist der Vater vieler qualitätsvoller Welpen, darunter auch Weiß-Schwarze, von denen einer zurzeit auf höchstem Niveau Siege erzielt.

Storytime züchtet noch immer auf Wesen und Gesundheit, nicht notwendigerweise mit Champions, aber mit solchen, deren Stammbäume ergeben, dass ihre Gene zusammenpassen könnten. Der Standard ist das Maß für die Zucht und alle Hunde sind auf HD und Herzfehler untersucht. Sie sind bestrebt Hunde zu züchten, die aussehen wie hübsche Rüden und Hündinnen. Die Henrys meinen, dass der Ausdruck des Neufis alles über den Hund sagt und außerordentlich wichtig ist. Diese Hunde sollten so aussehen als ob sie einen Karren ziehen, im Wasser arbeiten und an allen Familienausflügen teilnehmen könnten. Die sehr gelegentlichen Würfe werden mit der größten Sorgfalt und persönlichen Zuwendung aufgezogen.

Der Storytime Zwinger ist fast 40 Jahre alt.

SWANPOOL (Delia Sarson)

Der erste Swanpool-Neufundländer wurde 1974 gekauft, war ein Liebhabertier und einige Ausstellungshunde folgten. Es waren hauptsächlich Rüden, und der erste Swanpool-Wurf wurde nicht vor 1990 geboren - ein weit entferntes Ereignis für die, die ihren ersten Wurf planen, noch bevor ihr Welpe durchgeimpft ist! Delias erster bedeutender Erfolg kam mit Hambledown Flagship, der seinen Junior Warrant und ebenfalls 2 CAC's unter respektierten Zucht- und Allgemeinrichtern errang.

Swanpool Sweet Shakira.

1982 importierte Delia einen Rüden, Samson, aus dem bekannten von Söven-Zwinger in Deutschland. Er wurde Ch. Samson von Söven of Swanpool der BIS und Res.-BIS auf Klubschauen gewann, wurde zum höchst gewinnenden Neufundländer im Jahre 1987. Aber als Zuchtrüde setzte Samson erst wirklich sein Zeichen: Er war der beste Deckrüde in den Jahren 1987, 1988 und 1990, im Ganzen brachte er neun UK-Champions hervor - ein Rekord auch nach heutigen Maßstäben. Er hatte in seiner Nachzucht auch je einen australischen und neuseeländischen Champion, ebenso wie viele andere britische CAC-Gewinner. Samson war besonders wirkungsvoll in der Verbesserung der Hüftgelenke und gab auch seine exzellente Knochenstärke, sein Haarkleid und am wichtigsten, sein wunderbares Wesen weiter.

1987 erwarb Delia die Hündin Sheridel Carizma of Swanpool dazu, die mit Samson durch die Ferro-Linie verwandt war. Sie gewann 2 CAC's ein Klub-BIS und ist die Mutter des SA Ch. Swanpool the Great Marquess of Mileoak (bester Hund aller Rassen in Südafrika im Jahre 1992). Eine andere Wurfschwester, Sassonia (von Bouderee Romani Rokra of Nutbrook), wurde schließlich mit ihrem Großvater, Ch. Wellfont Macillon, rückverpaart und brachte die braune Hündin Swanpool Sweet Shakira (beste braune Hündin auf der offenen Klubschau 1995).

Heute besteht der Swanpool-Zwinger aus einer Auswahl weniger schwarzer und brauner Hündinnen, inklusive der Tochter des dänischem Imports New-Fuur-Lands Russell Newbery Nutbrook, die alle als Haustiere leben.

TRINITYFAIR (Lindsay May)

Nach der Heirat und der Aufgabe ihrer Karriere entschloss sich Lindsay ihre Hundefamilie eines vielgeliebten Border Collies zu vergrößern. Ihr Ehemann wollte einen Dobermann und sie einen Jack Russell Terrier, also schloss man einen Kompromiss - einen Neufundländer. Ein Mittel aus beiden wäre schwer zu finden gewesen.

Im Mai 1985 suchten sie eine Hündin aus Gill Barkers Wurf vom Import Ch. Quay von Söven x Attimore Crows Nest of Mapleopal aus. Sie nannten den Welpen Trinity (Ch. Little Kodiak Bear of Trinityfair), nach Trinityfair, einem wunderbaren Rappen, der Lindsay gehörte - daher auch der Affix.

Sie begeisterten sich schnell für die Rasse, und nach großem Erfolg im Ausstellungsring entschlossen sie sich, nach einem anderen Welpen, einem Rüden zu suchen, der in Linie mit Trinity verpaart werden konnte. Glücklicherweise verpaarten die Woolmores die Importe Quanda von Söven und Ch. Samson von Söven und so wurden die Mays stolze Eigentümer von Barnaby - Ch. Kelligrews Carbonear of Trinityfair.

Im Jahre 1987 konnten sie zu ihrer Freude Adi - Ch. Startrek Captain James Kirk - im Alter von achtzehn Monaten, in ihrem Zuhause willkommen heißen. Er war Championatsschau-Gruppensieger, Res.-BIS auf der Newfoundland Club Championatsausstellung und vielfacher BIS-Gewinner auf offenen Schauen.

Ch. Trinityfair Cap'n Carebear, einer der nur drei Rüden, die auf einer Championatsausstellung für alle Rassen den Best in Show Gewinner stellten.   Foto: Trafford.

1988 fiel Bear (Ch. Trinityfair Cap'n Carebear) aus Trinity und Barnaby. Er erfüllte mehr als die Träume des Paares durch BIS-Siege auf vielen offenen Ausstellungen und Erreichen seines Junior Warrants.

In der Championklasse erzielte er einen Reserve-Gruppen-, einen Gruppen-Sieg und BIS auf der Leicester City Championatsschau 1992 und beschloss dieses Jahr als bester Neufundländerrüde. Er war ebenfalls ein Endrundenteilnehmer bei Pro Dogs und in Championatswettbewerben. Zwei Hündinnen aus dem gleichen Wurf wurden ausgestellt und erhielten Res.-CAC's.

Nach dem Erlangen ihres Titels brachte Trinitys zweiter Wurf zwei Champions mit Ursas JW, eine davon Ch. Trinityfair Qualitayre, die, vor ihrem tragischen Tod im Alter von drei Jahren, allgemeine Top-Siegerhündin im Jahre 1993, Res.-BIS der Newfoundland Club Championatsausstellung und Endrundenteilnehmerin der schottischen Auswahl zum Besten Ausstellungshund des Jahres war.

Der andere war Ch. Trinityfair Shooting Star, der erste weiß-schwarze Champion seit sieben Jahren und im Moment der einzige lebende weiß-schwarze Champion in Großbritannien. Zwei seiner wichtigsten Siege waren Best Opposite Sex und BIS jeweils auf Klubschauen. Ein anderer Bruder war Trinityfair Northern Dancer, 1 CAC und 4 Res.-CAC's von denen er eines auf der Crufts errang.

Durch die Siege von Carebear und den oben beschriebenen Hunden hatten die Mays das Glück beste Züchter des Jahres 1993 zu werden und stellten auch mit Trinity die beste Zuchthündin des Jahres 1993.

Bis heute haben sie eine zweite, eine dritte und eine vierte Generation von ihren anfänglichen drei Neufis, darunter auch Trinityfair Spinning Jenny (2 CAC's bis heute) und ihre Töchter Trinityfair Lady Inga (1 CAC) und Trinityfair Valdisaire, die sich mit sieben Monaten für die Auswahl zum besten Welpen des Jahres qualifizierte und sich im alljährlichen Finale unter den ersten zehn befand. Schwarz ist ihre Hauptfarbe, aber sie besitzen auch einen weiß-schwarzen Rüden, Trinityfair Dynamo Domi und einen großen braunen Jungrüden, Trinityfair Border Piper, der sich auch schon an Erfolgen im Ausstellungsring erfreut.

Ihr gesamter Bestand an Zuchttieren hat anerkennenswerte HD-Ergebnisse. Trinityfair ist kein großer Zwinger und es wird nur gezüchtet um die Linien zu erhalten. Ihre Hunde leben hauptsächlich im Haus. Sie sind alle auf HD und Herz untersucht und die Mays ermuntern alle ihre Welpenbesitzer, dies ebenfalls zu tun. Sie nehmen mit ihren Hunden nicht aktiv an Wasserwettbewerben teil, aber auf der einen Veranstaltung an der sie teilnahmen, bestanden Barnaby und Trinity die ersten beiden Wassertests im Alter von sieben Jahren, ohne dafür trainiert zu haben. Einer von Carebears Söhnen, Fhirabhata Tamble Brutus, hat sich in Unterordnungs-, Wasser- und Zugtests bewiesen.

WANITOPA (Juliet Leicester-Hope)
Juliets Wanitopa-Zwinger ist einer der älteren Zwinger die auch heute noch aktiv sind. Ihr erster Neufundländer war Ch. Bonnybay Jasmine im Jahre 1961. Sie war eine großartige Repräsentantin ihrer Rasse und errang im Jahre 1964 ihren Titel und gewann die ersten Wassertests. Sie war die Gründungshündin des Zwingers und steht am Anfang der heute bestehenden neun Generationen umfassenden Tochterlinie.

Wanitopa Madam Butterfly: RCC Gewinnerin mit neun Monaten.   Foto: Alan V. Walker.

Der Name »Wanitopa« ist ein Wort aus nordamerikanischer Indianersprache und bedeutet »Sonnenlicht über dem Wasser«, und mit solchen Verbindungen wird es keine Überraschung sein zu hören, dass Juliet Neufundländer in den USA wie auch in Australien gehörten und sie auch dort ausgestellt hat.

Es gab Wanitopa-Champions in allen drei Farben, unter denen Ch. Wanitopa Bistow of Wellfont der erste braune Champion in Großbritannien war. Bistow errang seine Titel auch in Irland und in Norwegen. (Wanitopa Pure Delight, Bistows Mutter, war eine weiß-braune Hündin, und während ihre Farbe eher als untypisch anzusehen ist, waren es ihr allgemeiner Körperbau, ihr Haarkleid und ihr Typ mit Sicherheit nicht - was sie unter Beweis stellte, indem sie viele ihrer Qualitäten an ihren Sohn weitergab!)

Vor Bistows Geburt besaß Juliet Attimore Ketch, den ersten Braunen, der in Großbritannien ein CAC gewann. Ebenfalls zu erwähnen wären die weiß-schwarzen Champions Wanitopa Moonlight und der weitgereiste Multi-Titelinhaber Wanitopy Comedy, der Juliet über die Kontinente begleitete.

Unter den schwarzen Champions befand sich Wanitopa Trudy, die das BOB auf der Crufts gewann, Wanitopa Wayward Wind of Laphroaig, der erfolgreich für den Zwinger von Kay Gibson war. Wanitopa Bosun Boy und Wanitopa Gentle Giant (der auch im Vereinigten Königreich CAC's gewann) errangen auch australische Titel.

Juliet importiere einige Hunde nach Großbritannien, wie man es auch von jemandem erwartet, der Qualitätshunde auch in anderen Ländern kennen gelernt hat. Jasmine und Comedy kehrten mit ihr nach Hause zurück, aber weitere Importe waren Endenglen's Born Free (USA) und Shadfields Rutherford House und Dory O's Harbour Grace, beide aus Kanada. In neuerer Zeit importierte Juliet eine weiß-schwarze Hündin, in gemeinsamem Eigentum, aus Italien und die resultierende Kombination aus alten und neuen Linien wird von dieser erfahrenen Züchterin mit Spannung erwartet.

WELLFONT (Graham und Sue Birch)

Graham und Sue Birch begannen die Neufundländerzucht im Jahre 1976 mit zwei Hündinnen aus dem Mapleopal-Zwinger. Mapleopal Who Loves Ya Baby und Mapleopal Snow Boots wurden beide mit mäßigem Erfolg ausgestellt. 1978 importiere das Paar einen braunen Rüden, La Bellas Ibrahim, aus Dänemark. Who Loves Ya Baby (Lucy) hatte zwei Würfe nach ihm. In Lucys erstem Wurf lagen acht Welpen - vier von ihnen wurden UK Champions - ein Rekord von Champions aus einem Wurf der bis heute aufrechterhalten wird. Ch. Wellfont Ambassador begann dann, als er dorthin umzog, seinen australischen und neuseeländischen Titel zu gewinnen. Ebenfalls in dem Wurf lag Ch. Wellfont Amanda und Ch. Wellfont Angie.

Das bekannteste Mitglied aus dem A-Wurf war aber Ch. und Irish Ch. Wellfont Admiral mit 26 CAC's; er erzielte viele Rekorde und brach den siebzig Jahre lang gehaltenen Rekord der Anzahl der gewonnenen CAC's. Sein erstes CAC und BOB errang er im Alter von achteinhalb Monaten, sein zweites CAC auf der Crufts im Alter von zehn Monaten und sein Titel folgte kurz darauf mit nur dreizehn Monaten. Er war bester Neufundländer in den Jahren 1980, 1981 und 1982 und gewann BIS auf der St. Patricks Day-Championatsausstellung sowie viele Gruppensiege in Großbritannien als auch in Irland. Zusätzlich zu seinem Erfolg im Ausstellungsring zeugte er eine Reihe auf höchstem Niveau gewinnende und Champion-Nachzucht.

Der Titel des besten Neufundländers wurde vom Wellfont-Zwinger von 1980 bis 1986 gewonnen mit unvorstellbarerweise fünf verschiedenen Neufis:

1983 war es Ch. Karazan Golddust of Wellfont (eine Admiral-Tochter).

1984 Ch. Irish und Nor. Ch. Wanitopa Bistow of Wellfont (Sohn von Ambassador und der ersten braunen Championhündin im Vereinigten Königreich).

1985 war das Jahr von Ch. Int. und Dk. Ch. Ursulas Admiral Ascot.

1986 sah man Ch. Wellfont Napoleon (ein anderer Admiral-Sohn) die Auszeichnung gewinnen. Napoleon war auch der erste Neufundländer, der auf einer allgemeinen Rassehunde-Ausstellung im Vereinigten Königreich das BIS erlangte. Wellfont-Neufundländer importierte einige Rüden und Hündinnen, die sehr erfolgreich im Ausstellungsring wie in der Zucht waren. Viele kamen aus dem berühmten Ursulas-Zwinger von Brigitte Gothen. Ursulas Brigitte, Figaro, White Sails (weiß-schwarz) und Admiral Ascot gewannen alle ihre Titel, während Ursulas Renata einige Champions, am erwähnenswertesten darunter Napoleon, hervorbrachte. Ebenfalls aus Dänemark kam die Hündin Wooddales Louise, auch sie

Ch. Wellfont Napoleon, der erste Neufundländer, der in England Best in Show auf einer Championatsausstellung aller Rassen wurde.

war eine überragende Zuchthündin und die Mutter von fünf UK-Champions. Die meisten dieser Rüden und Hündinnen stehen hinter vielen der heute auf höchstem Niveau gewinnenden Hunde. Der Wellfont-Zwinger wird, obwohl er heute nicht mehr aktiv im Vereinigten Königreich züchtet, aufgrund des Eindruckes, den er im Ausstellungsring durch die Verbindung der besten englischen Blutlinien mit der Krönung der dänischen Zucht hinterlassen hat, in Erinnerung bleiben.

EINE AUSWAHL DER RESTLICHEN

Gleich im ersten Wurf einen Champion zu züchten ist eine ziemliche Errungenschaft und spricht Bände über die Recherchen, die betrieben wurden, den Wurf zu planen. Dann ein erfolgreiches Zuchtprogramm fortzuführen, ohne eine große Anzahl von Hunden zu halten, ist umso lobenswerter. Ein Beispiel für solch geschickte Züchter ist die Familie Downes (BEAUBERRY), die aus Wellfont-Linien den Ch. Beauberry Shimona und aus ihr CAC- und Res.-CAC-gewinnende Hunde hervorbrachte. Christine Griffith (CASAVERDE), heute in Irland zu Hause, brachte vor ihrem Umzug die top-gewinnende Ch. Casaverde Aphrodite hervor und hatte auch mit ihren Wurfgeschwistern Erfolge und später mit deren

Ch. Casaverde Aphrodite.
Foto: John Hartley.

Ch. Kubear Flamenco.   *Ch. Topsy's Offenbach. Foto: Soren Wesseltoft.*

Nachkommen und Enkelkindern, die Gewinner von Res Green Stars in Irland sind. Shonagh Cruikshanks (DANABJORN), kein Züchter, aber seine wertvollen Importe aus Dänemark gewannen nicht nur selbst Titel und Gruppensiege, aber brachten auch großes für viele andere britische Zwinger - weitere vier dänische Importe bringen eine Fülle an Blutlinien, die sich als ebenso wichtig für zukünftige Generationen erweisen können. David und Maxine Munday (KUBEAR), die Züchter von Ch. Kubear Flamenco - nur einer von drei auf höchstem Niveau gewinnenden Hunden aus dem ersten Wurf ihrer Champion-Hündin - und ein sehr viel versprechendes Jungtier aus der dritten Generation John und Gloria Burrows (MAYOSS), Züchter von Ch. Cinderelli of Karazan, die ebenfalls mit ähnlich gezogenen Rüden Erfolg hatten. Linda Sussams (SEALCOVE), eine Championatsschau-Richterin die sich seit den 70ern für die Rasse engagierte, aber bis 1990, dem Jahr in dem Ch. Sealcove Crystal (eine Kombination aus Stormsail- und Karazan-Linien) geboren wurde, der Verlockung eines Wurfes widerstand und deren Jungtiere nun schon Res.-CAC's gewinnen. Und Gary und Ann Coldwell (ZENTAUR), deren CAC-Gewinner Karazan Whisper den Ch. Zentaur Hot Gossip (aus einem Wurf in dem andere CAC- und Res.-CAC-Sieger lagen) hervorbrachte, ebenso wie sie einen Beitrag zur Form anderer junger Res.-CAC-Gewinner geleistet haben.

Beauberry Biggles of Sheridel.

Foto: Dave Freeman.

Kapitel 11

NEUFUNDLÄNDER IN NORDAMERIKA

In den USA befindet sich die Neufundländerzucht in Bezug auf die Qualität unzweifelhaft auf dem Höhepunkt. Die Professionalität und der Stolz, die von so vielen Züchtern und Ausstellern an den Tag gelegt werden, werden in anderen Ländern oft beneidet. Trotz des Images der Tüchtigkeit denken die wenigsten US-Züchter an den Profit, und die Verbesserung der Rasse bleibt ein schönes Hobby.

Etwa 2500 Welpen werden jährlich in das Zuchtbuch des AKC eingetragen, was den Neufundländer zu einer mäßig verbreiteten Rasse macht (es werden noch einige Welpen ohne Papiere gezüchtet, aber der AKC hat keine Informationen über deren Anzahl). Der AKC fördert die Hundehaltung aktiv und bringt eine Reihe von Broschüren heraus, die zahlreiche Fragen von Haltern über Zucht, Ausstellen, Richten, Training oder viele andere Themen beantworten. Die Ausstellungbroschüre beschreibt die Unterschiede zwischen Wettkämpfen, allgemeinen Rassehundeausstellungen und Spezialzuchtschauen und hebt hervor, wie ein Hund die nötigen 15 Punkte für den Championtitel gewinnen kann.

Es gibt mehr als zwanzig Neufundländerklubs, die das ganze Land abdecken. Der bekannteste US-Klub ist der Newfoundland Club of America, der mehr als 1200 Mitglieder hat. Der NCA veranstaltet die nationale Spezialzuchtschau - eine Veranstaltung, die bis zu 700 Hunde und Aussteller aus den USA, Kanada und aus Übersee anlockt.

Als Resultat solch hoher Meldezahlen hat der NCA ein System entwickelt, an jene Rüden und Hündinnen, die eine besondere Anerkennung verdienen, eine Sonderehrung zu verleihen. An bis zu fünf Rüden und Hündinnen kann, nachdem das BOB vergeben wurde, diese Auszeichnung verliehen werden. 1985 führte der NCA ebenfalls ein Registriersystem für besondere Zuchtleistungen (ROM, Register of Merit) ein, um einige Rüden und Hündinnen, die sich selbst als außergewöhnliche Vererber von Champions unter Beweis gestellt haben, zu würdigen.

Der NCA regelt auch Arbeitsveranstaltungen wie Wasserarbeit, Zugtests und Fährtenhundprüfungen. Außerdem besteht ein Gesundheits- und Langlebigkeitsausschuss, um Informationen und Berichte aufzuzeichnen, wenn Veröffentlichungen über den Gesundheitszustand angegangen werden müssen.

Viele US-Neufundländer haben lange Aufreihungen von mysteriösen Buchstabenkombinationen vor und hinter ihrem Namen, also finden Sie im Folgenden eine Liste ihrer Bedeutungen, die Neulinge als hilfreich empfinden werden.

VN - Vielseitigkeits-Neufundländer. Um diese Ehrung zu verdienen, muss der Hund sein AKC-Championat (Ch.), seinen WRD- (NCA-Wasserrettungshund), CD- (AKC-Begleithund) und DD-Titel (AKC-Zughund) gewinnen.

Zusätzliche Titel sind: TDD (NCA-Team-Zughund), TDI (internationaler Therapiehund), CGC (sozialverträglicher Hund), TT (wesensgetesteter Hund), T (Fährtenhund), UD (Gebrauchshund) und OTCH (Unterordnungs-Champion).

Seit die National Speciality (nationale Spezialzuchtschau) im Jahre 1967 eine unabhängige Veranstaltung wurde, haben einige außergewöhnliche Hunde bei mehr als einer Gelegenheit das BOB gewonnen. Zu diesen Hunden zählt auch VN Ch. Shiprock Legacy Wheeler Dealer (im Eigentum von

Linda Morley und Vicki Wakefield), der zwei Jahre in Serie gewann und einen Präzidenzfall geschaffen hat, weil er der erste Speciality-BOB-Sieger war, der den VN-Titel trug. Zufällig war sein BOS (Best of Opposite Sex - Beste des anderen Geschlechts) in beiden Jahren die Hündin Ch. Cypress Bay Can Do Cassandra.

Eine frühere Erfolgsgeschichte war die von Am. Can. Ch. Edenglen's Banner, dem die Auszeichnung in den Jahren 1967 und 1968 zuteil wurde. Banner war nur einer von vielen Speciality-BOB- oder -BOS-Gewinner aus diesem Zwinger.

Ein anderer Gewinner der Spezialzuchtschau war Am. Can. Ch. Seaward's Blackbeard, der die Ehrung nicht nur in den Jahren 1982 und 1984 erhielt, sondern auch dadurch Neufundländergeschichte schrieb, dass er mit seiner Hundeführerin Gerlinde Hockla als einziger Vertreter seiner Rasse das BIS in Westminster gewann.

Die zahlreichen heutigen Neufundländerzüchter sind im Ausstellungsring und bei Arbeitswettbewerben ebenso erfolgreich wie darin, die besonderen Hürden der Region in der sie leben zu bewältigen. Viele haben geholfen, Bücher und Übungsanleitungen zu schreiben, während andere aktiv an den Vorbereitungen der Veranstaltungen, die bei Neufi-Haltern so beliebt sind, teilgenommen haben. Der Rest dieses Kapitels beinhaltet einen Blick auf die heutigen Top-Zwinger. Der zur Verfügung stehende Rahmen erlaubt es nicht, alle Züchter und Halter, die es verdient hätten erwähnt zu werden, aufzulisten, aber eine Zusammenfassung enthält: Connie Allison (ALLISON ACRES), Ken und Dallas Anderson (DALKEN), Lisa Allen und David Van Couvering (WHISPERBAY), Mr. und Mrs. David Barber (BARHARBER), Joan Bendure (BENHIL), Mr. und Mrs. Tom Broderick (AMITY), Barbara Finch (TUCKAMORE), Christine Griffiths-Grey (SKIPJACK), Hannah Hayman, Suzanne Jones (MOONCUSSER), Dr. und Mrs. Krokum (SHADYBROOK), Mary Price (PADDLEWHEEL), Brenda und Rick Santiago (MUDDY CREEK), Alana Shirley (BRITANNIA), Elizabeth Stackhouse (STEAMBOOT), Penelope Stuckey (PEPPERTREE) und Mr. und Mrs. Dwight Summers (SKIMEISTER).

FÜHRENDE ZWINGER IN DEN USA
KALIFORNIEN
EBONTIDE (Janice Kiseskey Anderson)

Ebontide wurde von Janice im Jahr 1980, nachdem sie fast ein Jahrzehnt mit Neufundländern gelebt hatte, gegründet. Sie entschied sich dafür, mehr als nur Halter und Bewunderer zu sein. Die Hunde, mit denen Janice den Zwinger gründete, kamen aus Edenglens- und Riptide-Linien. Sie mochte den Typ und die Tadellosigkeit dieser prächtigen Tiere. Diese Linien wurden die Grundlage des Zwingers und gaben Ebontide über die Jahre alles Erwartete und mehr. Kombiniert mit den besten Linien des Landes trugen sie zur Schönheit, Gesundheit und Arbeitsfähigkeit ihrer Hunde bei.

Janice war vorsichtig und besonnen bei der Planung ihres Zuchtprogramms. Es wurde ihr früh zur Verpflichtung, Qualität und nicht Quantität zu züchten. Jeder Wurf wurde sehr sorgfältig geplant, sie sind nicht sehr zahlreich und jeder beinhaltete die besten Qualitäten der Rasse. Sie war erfolgreich in der Zucht von schwarzen und braunen Neufundländern.

In den späten 70ern begann Janice mit Neufundländern aus ihrer Familie an Unterordnungsübungen teilzunehmen. Sie erzielte ihren ersten Titel mit Edenglen's Sea Mist CD und arbeitete weiter auf diesem Gebiet, war aber fasziniert vom Ausstellungsring. 1978 erwarb Janice einen Neufundländer, der im Miteigentum des Riptide-Zwingers stand. Aus »Stellas« Wurf kamen zwei Welpen, die der Beginn des Ebontide-Zwingers waren: Riptide's Kamakazi Kid (»KK«) und Heather.

Auf der Spezialzuchtschau des amerikanischen Neufundländer-Klubs im Jahre 1990 betrat Janice den Ausstellungsring. Es wurde zu einer erregenden Erfahrung durch die Platzierung von Kalanu's Stella of Lifebuoy und KK's Sieg in der Welpenklasse. Diese beiden waren die ersten der vielen Hunde, die amerikanische und ausländische Championate errangen. Janice züchtete und stellte, mit der Hilfe und Unterstützung ihres Mannes Peter, viele Neufundländer bis zur Erlangung ihrer

BISS Am. Ch. Pooh Bear's Stormalong, sie wird immer noch als eine der Top-Ten-Vererber in den USA bewertet.

BISS Am Ch. Pooh Bear's Katie.

Championate, inklusive Arbeits- und Auslands-Titel, aus. Sie hat auch für andere im gesamten Westen ausgestellt.

Die außergewöhnlichen Qualitäten der Ebontide-Hunde haben sich wieder und wieder im Ring bewiesen. Spezialzuchtschau- und Gruppensiege plus Arbeits- und Vielseitigkeitstitel gewinnende Hunde und ein Nummer-1-Neufundländer stehen auf Ebontides »Ehrenliste«. Der Platz erlaubt es nicht, alle erfolgreichen Hunde von Janice aufzulisten, aber über die Jahre haben ihre Siege ihr viele Auszeichnungen, wie bester Zuchtzwinger, bester Züchter, bester Deckrüde, beste Zuchthündin und einige Leistungsprämierungen für die Qualität ihrer Hunde, ihre Talente und ihre Hingabe für die Rasse gebracht.

Janice hat ebenfalls Neufundländer auf Wettkampf- und Spezialzuchtschauniveau gerichtet und hat ihre Richterlizenz beantragt. Obwohl selbst eine erfolgreiche Züchterin, sucht Janice den Erfahrungsaustausch mit Grant und Virginia Hoag und auch Helena Linn vom Edenglens-Zwinger. Ihre Loyalität gegenüber der Rasse ist Beweis für ihr fortwährendes Engagement beim NCA (Mitgliedschaft seit 1980), wo sie zurzeit im Gesundheits- und Langlebigkeits-Komitee arbeitet.

POOH BEARS (Shelby K. Guelich)

Der Pooh Bear-Zwinger wurde 1970 gegründet, als es sehr wenige Neufundländer in Nordkalifornien gab. Zu dieser Zeit besaß Shelby Edenglen's Jonathon, ein Topsieger, und kaufte kurz danach einen anderen Rüden und zwei Hündinnen von der Ostküste. Der Mangel an Neufundländer-Zwingern an der Westküste bedeutete, dass Pooh Bear förderlich war, die Rasse vielen potentiellen Haltern von Liebhaber- und Ausstellungshunden näher zu bringen.

Ch. Timhurst Sally Forth of Pooh, eine großrahmige Hündin, wurde mit Ch. Britannia's Union Jack gepaart, um Ch. Pooh Bear's Stormalong, einen sehr erfolgreichen Deckrüden, der noch immer zu den Top-Ten-Vererbern in den USA zählt, hervorzubringen. Stormalong war der erste an der Westküste gezogene Gewinner der nationalen Spezialzuchtschau seit 1930. Sally's Bruder, Ch. Halirock Timhurst Timber, vererbte sich ebenfalls gut im Pooh Bear-Zwinger und ist der Großvater von Shelby's Liebling Ch. Pooh Bear's Katie.

Als Gruppen- und Spezialzuchtschau-Siegerin hält sie den ungeschlagenen Rekord an der Westküste und hat ein ebenso wunderbares Wesen. Leider lief Katie's Linie aus, als Shelby in ihren Nachzuchten auf Herzprobleme stieß.

Heute gehört nur eine Hündin zum Pooh Bear-Zwinger, nämlich Ch. Seabrook Sissy Pooh Bear, gezüchtet von den Seabrook- und Tabu-Zwingern. Wenn sie in der Welpenkiste so erfolgreich ist wie im Ausstellungsring, wird diese eine Hündin die zukünftigen Ziele des Zwingers erreichen, ohne dass an Expansion gedacht werden muss. Shelby stellt das Wesen hoch auf ihre Liste wichtiger Neufundländer-Eigenschaften. Alle Pooh Bear-Hunde sind in erster Linie auf Gesundheit und Wesen gezüchtet und erst in zweiter Linie auf Leistungen im Schauring.

TABU (Michael und Lucille Lomax)

Der Tabu-Zwinger befindet sich in den küstennahen Hügeln unweit von Carmel, Monterey und Salinas, Kalifornien. Der Zwingername stammt ursprünglich von Preston und Mary Hollander, die den Namen ihres geliebten Neufi-Paares Ch. Nabu (ein Beau Geste-Sohn), gerufen »Boo«, und Ch. Beaupre's Good Tern, gerufen »Tabby«, kombinierten. Die Hollanders züchteten vor 1975, das Jahr in dem das Ehepaar Lomax den Zwingernamen übernahm, sechs Würfe, die eine respektable Anzahl Champions brachten.

Ihre Neufundländerfamilie gründete sich mit einem Liebhaber-Neufi, Gawain, einem Neufundländer in Not, den sie bis zum Begleithund-Titel ausbildeten und durch ihn der Rasse verfielen. Der nächste kam von den Hollanders. Eine hübsche Hündin, Ch. Tabu's Nantucket Sleighride, und etwa zur selben Zeit eine ebenso hübsche Hündin von Shelby Guelich.

Pooh Bear's Paddywhack brachte das Wesen und die Gesundheit, die das Paar als Grundlage für ihren Zwinger gesucht hatte. Im Jahr 1980 fielen innerhalb von 24 Stunden die ersten beiden Würfe und brachten den Ball ins Rollen. Im Zwinger wird nur gezüchtet um zu »behalten«, und man hat die ernste und schwierige Kunst des Züchtens nie anders als ein teures Hobby verstanden. Mit der Hilfe vieler Freunde, alles Schlüsselfiguren über die Jahre, wurde die Liste der Champions länger und länger. Darunter BIS-Siege auf allgemeinen Rassehundeausstellungen und Spezialzuchtschauen, Sieger der National Speciality, Gruppensieger und platzierte Hunde, für besondere Zuchtleistungen registrierte Rüden und Hündinnen (ROM) und einen besonderen Vielseitigkeits-Neufi, Ch. Tabu's Pooh Berry Blossom.

Besonders bedeutungsvolle Hunde waren Ch. Tabu's Mr. Otis Regrets, Bos'n Bo Terra Nova Rhea (Minnie) und ihre Tochter Ch. Pooh Bearabella. Belle's Sohn, Ch. The Bombardier, hat wunderbar im Tabu-Zwinger vererbt. Andere Abkömmlinge von Otis und Minnie haben den Stammbaum des Tabu-Zwingers um viele Zweige erweitert. Dem Zwinger sind OFA- und Herzuntersuchungen eine tiefe Verpflichtung, und die Tiere leben gewöhnlich ein langes, aktives Leben. Tabu war in erster Linie immer besorgt um die Gesundheit und Langlebigkeit und versuchte immer, einen gemäßigten Hund zu züchten um diese Ziele zu erreichen.

Die wichtigste Mentorin Tabus war Shelby Guelich und in den letzten Jahren Kathy Griffin vom Seabrook-Zwinger, die Belle und ihre Nachkommen an den richtigen Orten unterbrachte. Ihre harte Arbeit und ihr Scharfsinn haben die Türen zu einer aufregenden Zukunft geöffnet.

Das Ehepaar Lomax arbeitet mit Belles Töchtern, Enkeln und einigen wunderbaren Hündinnen aus anderen Zwingern. Mit Ch. Seabrook's Paxton for Tabu und Ch. The Noel Ursula wurde in Linie gezüchtet und Nachzuchten hervorgebracht, die ihre Championate vor dem Alter von achtzehn Monaten erreichten.

Der letzte BISS-Sieger auf der südkalifornischen National Speciality im Februar 1997 war Ch. Seabrook's Don Juan of Tabu, und er ist Teil einer namhaften BISS-Liste mit Tabu- und Seabrook-Namen.

Die meisten davon haben ihren Ursprung in den magischen Verpaarungen von Otis und Minnie, Belle und Weston und später in der Halbgeschwisterverpaarung von The Bombardier und Lola. Ch. Black Tie Optional at Tabu, Oppie, gewann das BOB der Veteranen auf der Northstar Speciality im Dezember 1996, während Int. und Ital. Ch. Seeabrook's Headmaster at Tabu erst kürzlich unter der fähigen Hilfe von Kathy die Bedingungen für seinen amerikanischen Championtitel vervollständigte.

COLORADO

DRYAD (Kitty und Maynard Drury mit ihrer Tochter Mary Dewey)

Kittys erster Hund war ein Neufundländer, den sie 1923 von ihrer Großmutter bekam, als sie sieben Jahre alt wurde. Der Hund wurde Gyp gerufen und war, bei aller Liebe, kein sehr guter Vertreter seiner Rasse. Ihr erster Ausstellungs-Neufi war Ch. Harlingen Viking of Waseeka, 1928 gekauft von Mrs. Powers vom Waseeka-Zwinger. Kitty stellte ihn selbst bis zu seinem Championtitel aus.

*Am. Ch. Tabu's Pooh Bearabella mit der neun Wochen alten
Am. Ch. Seabrook Sissy Pooh Bear.*

NEUFUNDLÄNDER IN NORDAMERIKA

Die Gründungstiere der Drurys waren Waseeka's Crusoe und Ch. Waseeka's Hesperus (Nanny). Die Verpaarung dieser beiden brachte Ch. Dryad's Fan, Ch. Dryad's Admiral, Ch. Dryad's Coastwise Gale und die BIS-Neufundländerhündin Ch. Dryad's Coastwise Showboat (Chloe). Das Ehepaar züchtete über 50 Champions, darunter drei BIS-Neufis und brachte die Gründungshunde vieler heutiger Zwinger hervor. Sie züchteten auch viele ROM-Hunde und den Hund, der den ersten Gebrauchshundtitel (UDT) der Rasse errang.

Ihre Tochter, Mary Drury Dewey, war die beste Junior-Hundeführerin auf der National Speciality des NCA 1955 in Greenwich, sie führte dabei ihren Welpen Dryad's Lighthouse Eeam vor. Diese Hündin gewann, vorgeführt von Maynard, den Titel BOS (Beste des anderen Geschlechts) auf der NCA-National im Jahr 1959.

Mary übernahm den Zwinger 1973 und hat die Dryad-Linie durch das Hervorbringen von über 30 Titelhaltern fortgeführt. Der Hervorragendste von ihnen war Ch. Dryad's Flagship ROM, der beste Ausstellungshund des NCA 1985, der ebenfalls im selben Jahr vom NCA zum Idol des Jahres erklärt wurde. Er war drei Jahre in Folge Auslesehund auf der National Speciality des NCA und ebenso ein vielfacher BIS-Sieger.

Im Jahre 1996 gab es drei mehrfach gruppenplatzierte Hunde: Ch. Dryad's Seafarer of Douglas Mountain, Ch. Dryad's Royal Blue Onyx und Ch. Dryad's Royal Statesman. Ein schöner Rekord für einen Zwinger, der nur einen Wurf im Jahr aufzieht! Der Dryad-Zwinger befindet sich zurzeit in Conifer, Colorado, im Herzen der Rocky Mountains. Die Deweys hielten nie mehr als fünf Neufundländer auf einmal, haben aber fortwährend würdevolle, treue und willige Hunde gezüchtet.

CONNECTICUT
NASHAU-AUKE (Janet und der späte Ronald Thibault)

Nashau-Auke ist ein mohikanischer Name (ein Tribut an Jane Thibaults Großmutter) und bedeutet »Zwischen zwei Flüssen«. Es ist mehr als dreißig Jahre her seit die Thibaults versuchten, sich für den Kauf einer schwarzen Dänischen Dogge oder eines Pyrenäenberghundes zu entscheiden. Das zufällige Zusammentreffen mit einem Neufi beendete das Dilemma, und Little Bear's Cinderella kam in die Familie. Ihr Interesse an Unterordnungsarbeit brachte ihr einen Unterordnungstitel (CD) noch bevor der nächste Hund von den Cherns, Little Bear's Dauntless, nach Nashau-Auke kam und der erste Champion des Ehepaares wurde.

Andere Gründungshunde waren Ch. Little Bear's Cutty Hunk (Ch. Little Bear's Hard Tack x Ch. Little Bear's Windjammer) und Shipshape's Nana of Nashau-Auke (Edenglen's Sea Clipper x Shipshape's Sea Urchin).

Ein Rüde, den die Thibaults erfolgreich zum Decken einsetzten, war Wilma Lister's Ch. Shipshape's Cutty Sark, die Kombination von Little Bear- und Shipshape-Linie brachte den Thibaults einen Ruf, um den sie jeder seriöse Züchter beneiden würde. Die Anzahl der hervorgebrachten Champions ist viel zu groß, um hier aufgezählt zu werden, aber ein erwähnenswerter Neufundländer ist Ch. Koki Winota de Nashau-Auke. Sie war eine Top-Vererberin für die Thibaults und durch ihre Nachzuchten auch für viele andere führende Zwinger. Weitere, die es verdienen genannt zu werden, sind Ch. Kinunka de Nashau-Auke - Vater von 12 Champions - und Am. Can. Ch. Koko de Nashau-Auke, ein Hund,

Am Ch. Nashau-Auke Dream Catcher
Foto: Ashbey.

Am. Ch. Nashau-Auke Screaming Eagle.

der hoch in der Achtung seiner Züchter steht. Auch Ch. Canoochee de Nashau-Auke schrieb eine große Erfolgsgeschichte, ein BIS-Gewinner, Top-Vererber und am Ende seines besten Jahres sehr hoch platziert in seinen Bewertungen.

Von den vielen Titelinhabern im Nashau-Auke-Zwinger war die Mehrheit selbst gezogen und einige wenige waren grau obwohl die Thibaults dazu standen, vornehmlich Schwarze zu züchten. Trotz des großen Erfolges bleibt Nashau-Auke eine Familienangelegenheit, und jedes Mitglied kümmert sich um die ca. 20 Neufundländer im Eigentum des Zwinger. Leider ist Ronald kürzlich verstorben und wird sehr vermisst.

GEORGIA
HALIROCK (Joan und Roger Foster)

Joan und Rogers erste Bekanntschaft mit der Rasse war in den 60er Jahren, als sie hinter einem Kombi herfuhren, aus dessen Fenster eine riesige schwarze Rute hing! Sie folgten dem Wagen, bis sie auf die menschlichen und hündischen Insassen des Fahrzeugs trafen und waren sofort in seinen Bann gezogen.

Ihre ersten beiden Neufis kamen aus dem bekannten Little Bear-Zwinger - der erste ein Liebhabertier und der zweite ihr erster Champion, Little Bear's Chula Vista. Sie wurde letztendlich mit Can. Ch. Dryad's Bounty verpaart, um ihren ersten selbstgezogenen Ch. Halirock's Avalanche hervorzubringen.

Zugeständnisse an das Arbeitsleben bedeuteten, nach Kalifornien umzuziehen, wo sie ihr Zuchtprogramm fortsetzten und Ch. Edenglen's Beau Geste mit Vista verpaarten. Von den resultierenden Welpen gewann Ch. und Can. Ch. Halirock's Boulder BOW auf einer nationalen Spezialzuchtschau, während seine Wurfschwester, Ch. Halirock's Britannia, den Ch. Britannia's Union Jack im Britannia-Zwinger hervorbrachte.

Die Fosters kauften eine außergewöhnliche Hündin von Kitty Drury aus dem bekannten Dryad-Zwinger. Ch. Dryad's Anthony's Penelope bewährte sich im Ausstellungsring und brachte, verpaart mit Beau, drei Championhündinnen im C-Wurf der Fosters hervor. Insgesamt war Penny die Mutter von sieben amerikanischen und drei kanadischen Champions - viele von ihnen OFA-ausgewertet. Die Fosters waren so beeindruckt, dass sie auch Pennys Schwester, Ch. Franco Cassandra, die ebenfalls OFA-ausgewertete Champions - insgesamt vier - hervorbrachte.

Der Umzug nach Vermont brachte eine Expansion des Zwingers und noch entschlosseneres Hinarbeiten auf die Solidität ihrer Hunde mit sich. Trotz der Tatsache, dass die Fosters gute selbstgezogene Rüden besitzen, kauften sie auch OFA-ausgewertete Deckrüden, um neue Dimensionen in ihr Zuchtprogramm zu bringen.

Dies offensichtlich erfolgreiche Rezept hat über die Jahre eine Summe von 57 Champions erbracht. Einige haben mexikanische oder dänische Titel, während viele von ihnen sowohl amerikanische als auch kanadische Champions sind, die ebenfalls OFA ausgewertet sind.

Im Jahr 1991, als die Fosters nach Atlanta, Georgia, zogen, hörten die Zuchtaktivitäten auf. Nichtsdestotrotz sind diese wertvollen Linien nicht verloren, sondern werden vom Tyche-Zwinger in Buffalo, Minnesota, fortgeführt.

Eine Gruppe von Halirock-Neufundländern.

HAWAII
ALII SHORES (Ursula Yee)

Ursulas Liebe und Hingabe zum Neufundländer begann im Jahr 1970, als sie einen Rüdenwelpen des ersten Neufundländerwurfes, der auf Hawaii geboren wurde, kaufte. Unglücklicherweise war der Welpe, Leo, dysplastisch. Er wurde kastriert und lebte ohne Probleme bis zum Alter von neun Jahren.

1972 wurde von Leos Züchter eine schwarze Hündin aus dem Pouch Cove-Zwinger erworben, die nach der obligatorischen Quarantänezeit (120 Tage) bei Ursula lebte. Es wurde beschlossen, diese Hündin mit Ch. Little Bear's Breakaway zu paaren und 1975 wurde ein Wurf mit neun Welpen geboren. Das war der Beginn der Alii Shores-Neufundländer, und seit dieser Zeit wurden andere Neufies aus Zwingern in Kanada und den USA importiert und haben am Zuchtprogramm teilgehabt. Outtrail's Abi Gail Adams, eine wunderbare, vier Jahre alte, schwarze Hündin kam im Jahr 1980 in den Zwinger. Sogar noch heute besitzen Ursulas Neufis viele von Abi Gails Qualitäten, die sie als Gründungshündin ansieht und die ihre erstklassige Intelligenz, Wasserarbeitsfähigkeit, Welpenaufzucht, Anpassungsfähigkeit, ihr Wesen und andere gute Eigenschaften an ihre Nachkommen weitergab

Ursula legte immer Gewicht darauf, die stärksten Hündinnen zu behalten und aufzuziehen und sie mit sorgfältig ausgesuchten Rüden zu paaren. Berücksichtigt man, dass Hawaii ein abgelegener Ort ist um Neufundländer zu züchten, war ihr wichtigstes Anliegen die Gesundheit der Tiere, aber sie hat erfolgreich solide Hunde, die dem Rassestandard entsprechen, gezüchtet. Ihr Zuchtbestand ist auf Hüftgelenks- und Ellbogendysplasie geröntgt und OFA ausgewertet, die Augen sind untersucht, das Herz von einem Kardiologen auf Herzerkrankungen untersucht. Ihre Farben sind schwarz und weiß-schwarz. Unter den hervorragenden Hunden, die sehr zum Zuchtprogramm von Alii Shores beigetragen haben ist Ch. Topmast Hi Tide O'Alii Shores, ein Weiß-Schwarzer aus dem Topmast-Zwinger in Kanada, und Ch. Black Venture HMS Alii Shores, ein herausragender, schwarzer Rüde, der seinen Nachzuchten viel Vornehmheit und Eleganz in anmutigen Bewegungen mitgegeben hat. Black Venture war der Spielgefährte der Nachbarskinder bis zum letzten Tag seines zwölfjährigen Lebens. Andere großartige Neufis sind Alii Shores Special Delivery ROM (eine Abi Gail-Tochter von Tribute to Piper Alii Shores) und Ch. Alii Shores Madam Keeley.

Ch. Alii Shores Chief Eagle Plume (Linus) hatte 1996 einen exzellenten Schaurekord. Er wurde Nummer 1-Neufundländer und Nummer 5 der Arbeitshunde im hawaiianischen Ausstellungssystem. Sein Halbbruder Shaquille wurde Nummer 9 der Arbeitshunde. Die Halbschwester von Linus, Ch. Alii Shores Madam Keeley, hatte in diesem Jahr ebenfalls gute Ausstellungserfolge und errang unter ande-

LINKS: Die Alii Shores in Hawaii.

RECHTS: Am. Ch. Alii Shores Chief Eagle Plume.

BIS Ch. Burnigstar's Grand Slam.

ren Ehrungen das BOB auf der Neufundländer Spezialzuchtschau.

Seit 1996 hat Alii Shores 32 Champions und 6 Unterordnungstitel auf seiner Rekordliste. Da Neufundländer Familienhunde sind und gewöhnlich nicht im Zwinger gehalten werden, beschränkt Ursula sich darauf, selbst nur acht erwachsene Tiere zu halten, um ihnen die nötige Zuwendung und das Umfeld bieten zu können. Einbezogen sind auch die im Ruhestand lebenden Hunde, die im Meer spielen und sonnenbaden können. Die Haltung eines Neufis in Hawaiis warmem Klima ist eine Herausforderung. Ihr Haarkleid wächst nicht so dicht und lang und hat wenig Unterwolle. Sie wechseln das Fell zweimal im Jahr, und Haarbüschel fliegen das ganze Jahr im wehenden Wind! Flöhe und braune Hundezecken sind eine ständige Plage, aber glücklicherweise gibt es neu entwickelte Produkte, um diese Schädlinge unter Kontrolle zu halten.

Einen Neufi auf eine Ausstellung vorzubereiten und ihn in Schaukondition zu bringen, bedeutet ein Bad jede Woche und Üben in den kühleren Morgen- und Abendstunden. Weil die Hunde auch im Meer schwimmen, benötigt Ursula viel Zeit für Süßwasserspülungen und zum Trocknen. Aber zu viel Sonne bleicht das Fell des Hundes aus und gibt ihm einen rötlichen Schimmer. Sie stellt ihre Hunde auf etlichen allgemeinen Rassehundeausstellungen und auf der jährlichen Neufundländer Spezialzuchtschau aus. Es werden jährlich zwanzig allgemeine Rassehundeausstellungen veranstaltet: zwölf in Honolulu, Oahu, sechs auf Hawaii und zwei auf Maui.

Alii Shores-Neufundländer sind rund um die Welt gereist, von Singapore bis Holland, Paris und Japan. Einige sind nach Australien und Neuseeland gegangen, und ein vielversprechendes Jungtier lebt in Buenos Aires.

ILLINOIS
BURNINGSTAR (Rebecca und John Black)

John und Rebecca und die Rasse des Neufundländers begannen ihr gemeinsames Leben 1977. Nach Jahren des Lernens, die Rasse zu verstehen und zu schätzen, fiel 1989 ihr erster Wurf unter dem Zwingernamen Burningstar.

Die Gründungshündin war Ch. Darbydale Burningstar Becky ROM, die 1986 aus dem Darbydale-Zwinger von Carol Bernard Bergmann gekauft wurde. Diese Hündin wurde mit VN Ch. Viking's IOU Harley CD, WRD, TDD, im Besitz von Mrs. Clyde Dunphy, verpaart. Dieser Wurf brachte fünf AKC-Champions, zwei davon wurden Vielseitigkeits-Neufundländer und einer war Multi-BIS-Hund. Diese Gründungshündin (Rufname Star) bekam ihr ROM aufgrund dieses Wurfes. Star hatte großen Einfluss auf das Zuchtprogramm und brachte zwei weitere Würfe von unterschiedlichen Rüden und zwei weitere AKC-Champions mit mehreren Arbeitstiteln. Stars bekannteste Nachzucht ist der Multi-BIS-Rüde Ch. Burningstar's Grand Slam. Er ist am bekanntesten für seine spektakulären Gänge, die viele Male das Auge der Richter in ihren Bann zog und ihm eine Ehrung für besondere Zuchtleistungen auf zwei nationalen Spezialzuchtschauen einbrachte.

Einige seiner Wurfgeschwister waren ebenfalls erfolgreich einschließlich Ch. Burningstar Lady Abanakis, die ihr Championat auf drei aufeinander folgenden Schauen und Siegerhündin (Winner's Bitch WB) und Beste des anderen Geschlechts (BOS) auf allen drei Ausstellungen

Am. Ch. Burning Star Lady Abanakis.
Foto: Booth.

Am. Ch. Burning Star Dark Continent.
Foto: Fox & Cook.

errang. Ein Rüde, Ch. Burningstar's Dark Continent, war, aus der Klasse »Ausgestellt vom Züchter« kommend, Reserve-Siegerhund auf der nationalen Spezialzuchtschau des NCA, während ein anderer Rüde, VN Ch. Burningstar's Bodacious DD, WRD, CD, Sieger auf einer regionalen Spezialzuchtschau wurde.

Die Schwarzen nehmen an Zug- und Wasserarbeit teil, aber konzentrieren sich vornehmlich auf den Ausstellungsring. Ihre Tochter Aubrey hat zweimal das Junior Handling auf einer nationalen Spezialzuchtschau gewonnen und führte Grand Slam im Alter von zwölf Jahren auf seiner ersten nationalen Spezialzuchtschau vor.

Burningstar hat bis heute nur schwarze Neufundländer gezüchtet. Eine andere Hündin, die eine Rolle im Zuchtprogramm gespielt hat, ist Ch. Darbydale's Burningstar Beri, eine Vollschwester zu Star. Beri hat sowohl AKC-Champion- als auch Arbeitstitel-Nachzuchten und einen Fund, der ausgebildet ist, seinem an den Rollstuhl gefesselten Besitzer zu assistieren. Mit einer Star-Tochter, Burningstar's Silhouette, und einer Beri-Tochter, Ch. Burningstar's Forget Me Not, wird gegenwärtig im Zwinger gezüchtet. Insgesamt leben sechs Neufundländer und ein Pointer im Burningstar-Zwinger. Die Hunde sind hauptsächlich bei der Familie im Haus, und man kann sie oft faulenzend auf der Couch, dem Lieblingssessel oder der Lieblingsdecke finden.

KENTUCKY
NIKOMA (Buddie und Karen West)

Die Wests bekamen ihren ersten Neufundländer im Jahr 1980, als sie einen auf einer Ausstellung sahen und Nachforschungen über die Rasse anstellten. Nachdem sie sich in das wunderbare Wesen und die Würde des Neufundländers verliebt hatten, besaßen sie bald zwei Neufundländer und stellten sie auch aus.

Sie ließen ihren Zwingernamen 1982, das Jahr in dem ihr erster Wurf fiel, eintragen. Sie suchten sich den Namen Nikoma aufgrund seines indianischen Ursprunges aus, weil sie dachten, es würde der Geschichte des Neufundländers entsprechen. Dieser erste Wurf brachte den ersten Champion der Wests, Ch. Nikoma's Reuben James, der sein Championat mit achtzehn Monaten erreichte.

Die Wests können die Überlegung, die den größten Einfluss auf ihr Zuchtprogramm hatte, genau benennen. Es geschah 1981, als sie an ihrer ersten nationalen Spezialzuchtschau in Clarksville, Indiana, teilnahmen und dort zwei prachtvolle Rüden sahen, die enormen Eindruck auf sie machten. Sie waren die Sieger der Klasse Rüden 12 bis 18 Monate und der der Veteranenklasse Rüden. Der erste Hund war Brunhaus Bobby of Topmast (heute Am. Can. Mex. FCI UCI Int. Ch.) und der zweite war sein Vater, Topmast's Pied Piper (heute Am. Can. Ch. und ROM). Sofort entschieden sie, einen Welpen von Bobby haben zu wollen, was aber erst vier Jahre später in Erfüllung ging, als sie die Hündin Abbeyacre's Rita of Nikoma (Am. Can. Ch. Brunhaus Bobby of Topmast x Can. Ch. Topmast's Abigail Adams) kauften, die später die Gründungshündin ihres Zuchtprogrammes wurde. Sie war eine

schwarze, rezessiv weiß-schwarze Hündin und beendete ihr Championat, vorgeführt von Buddie, im Alter von zwei Jahren mit Leichtigkeit.

Zu diesem Zeitpunkt begannen die Wests Weiß-Schwarze sowie Schwarze zu züchten. 1988 kauften sie einen wunderschönen weiß-schwarzen Hündinnenwelpen, Peppertree's

Ch. Nikoma's Kayla
Eden of Shadow Bear.

Abbyacre Rosalee (aus Rita's Wurfschwester Ch. Abbyacre's Kati x Ch. Abbyacre's Duncan McIver). Sie schloss ihr Championat ebenfalls im Alter von zwei Jahren, vorgeführt von Buddie, ab.

Ab diesem Zeitpunkt drehte sich das Zuchtprogramm um diese beiden bildschönen Hündinnen, die Schwarze und Weiß-Schwarze hervorbrachten. Im Zwinger ist man bestrebt, auf Solidität, Ausgewogenheit, hervorragende Gänge und gutes Wesen, das die Wests zu Beginn zu der Rasse hinzog, zu züchten. Sie begannen 1994 mit der Unterordnungsarbeit und erreichten ihren ersten Unterordnungstitel (CD) im folgenden Jahr und hoffen darauf, in dieser Richtung fortzufahren und sich mit ihren Hunden mehr dem Arbeitsfeld widmen zu können.

Die Wests sind Eigentümer und/oder Züchter der folgenden titelinnehabenden Neufundländer:
Am. Ch. Nikoma's Reuben James (schwarz)
Am. Ch. Abbyacre's Rita of Nikoma, OFA (schwarz)
Am. Ch. Nikoma's Amos Moses, OFA (schwarz)
Am. Ch. Peppertree's Abbyacre Rosalee, OFA, (weiß-schwarz)
Am. Ch. Nikoma's Kayla Eden of Shadow Bear (weiß-schwarz)
Am. Ch. Nikoma's Brilliant Disguise, OFA (schwarz)
Can. Ch. Nikoma's Norton of Moonfleet, Am. + Can. CD, DD, OFA (weiß-schwarz)
Am. Ch. Nikoma's Afloat at Peppertree (weiß-schwarz)
Nikoma's Maggie Mae CD, OFA (schwarz)
Am. Ch. Nikoma's Just One Look, OFA (schwarz)
Am. Ch. Nikoma's Double Stuff, OFA (weiß-schwarz).

Nikomas Zuchtprogramm der Zukunft dreht sich um vier junge, vielversprechende Hündinnen, zwei Rosalee-Töchter (beide weiß-schwarz), eine Rita-Tochter (schwarz, rezessiv weiß-schwarz) und eine Rita-Enkelin (schwarz, rezessiv weiß-schwarz).

NEW JERSEY
KILYKA (Betty McDonnell)

Betty kaufte ihren ersten Neufundländer 1964 von Kitty Drury aus dem Dryad-Zwinger. Seit dieser Zeit züchtet, trainiert und stellt sie ihre Hunde aktiv aus. Sie trainiert, pflegt und führt ihre Hunde selbst vor und so hat sie ein selbstgesetztes Limit, nie mehr als acht Hunde zu halten und im Schnitt sind es vier bis sechs. Seit Betty ebenfalls an Arbeitswettbewerben teilnimmt, müssen ihre Hunde vielseitige Tiere sein.

Gute Gesundheit sowie physische und psychische Solidität sind Bestandteil aller Kilyka-Neufis. Betty erwartet von allen ihren Hunden ein harmonisches Zusammenleben. Ihr bevorzugtes Neufi-Wesen kann als liebenswert und sanft, aber trotzdem aktiv und athletisch, beschrieben werden. Betty denkt, dass sie für ihre Ansprüche an die Vielseitigkeit keine Kompromisse im Typ eingehen muss.

Viele ihrer Hunde wurden den Erwartungen gerecht. Zehn Neufis, die sie besaß oder zog, sind zu ROM-Hunden (Titel für besondere Zuchtleistungen) ernannt worden. Fünfzehn ihrer selbstgezogenen Hunde haben sich ihren Vielseitigkeitstitel erarbeitet. Betty besaß oder züchtete über 75 Champions und eine ähnliche Anzahl an Unterordnungstitelinhabern. Zwei Kilyka-Neufis waren BOB auf nationalen Spezialzuchtschauen und zwei waren Beste des anderen Geschlechts (BOS) während eine Reihe Auslese-Bewertungen gewonnen haben. In der Unterordnungsarbeit haben zwölf von Bettys Neufis auf hohem Niveau auf nationalen Spezialzuchtschauen gewonnen. Obwohl Betty ihre Hunde nicht persönlich ausstellt, haben zwei Kilyka-Hunde auf allgemeinen Rassehundeschauen das BIS errungen und viele standen in den Top-Ten in den USA und Kanada.

Die einflussreichsten von Bettys Neufundländern waren zwei Hündinnen - beide Sibyl gerufen! Ch. Shipshape's Sibyl UDT, ROM ist, als Mutter von vierzehn Champions, 2 ROM-Hunden und zahlreichen Unterordnungstitelinhabern, die beste amerikanische Zuchthündin. Sie kommt in fast allen Stammbäumen von Bettys Hunden und in der Mehrheit der höchstsiegenden und besten Zuchthunde vor (hauptsächlich, weil sie die Mutter der Pouch Cove-Gründungshunde war). Bettys Lieblingsneufi

Vier VN Champions im Eigentum des Kilyka-Zwingers. Foto: Weber.

war VN Ch. Kilyka's Sibyl UD, WRD, DD, ROM. Sie gewann Beste des anderen Geschlechts auf der nationalen Spezialzuchtschau 1988 und Tests auf hohem Niveau in den Jahren 1986 und 1987.

Betty arbeitete achtzehn Jahre im Vorstand des Newfoundland Club of America und war vier Jahre lang die Präsidentin des Vereins. Zurzeit ist sie Zuchtrichterobfrau. Während der Zeit ihrer Mitarbeit im Standardkomitee hat sie bereits drei Überarbeitungen des Rassestandards miterlebt, außerdem arbeitet sie auch im Komitee für erläuterte Rasseführer. Seit 1996 ist Betty als Neufundländerrichter in der AKC-Richterliste eingetragen. Sie richtet auch Wasser- und Zugarbeitstests und ist Co-Autorin von zwei Büchern über Neufundländer.

POUCH COVE (Peggy und Dave Helming)

Der Name Pouch Cove gebietet heutigen Neufundländerliebhabern in allen Ländern wohl sofortige Aufmerksamkeit. Der Ruf, der Erfolg und der unverkennbare »Typ« der Pouch Cove-Hunde werden weltweit anerkannt und begehrt. Diese Erfolgsgeschichte ist das Ergebnis von jahrzehntelanger, geschickter Zucht, die im Jahre 1968 begann.

Peggy und Dave wuchsen mit einer Vielzahl von Tieren auf. So war es keine Überraschung, dass sie sich im Sport der Rassehundezucht engagierten. Ihre erste Zuchthündin, Ch. Katrina of Pouch Cove, eine Enkelin von Ch. Newton, wurde liniengezüchtet auf Ch. Dryad's Yogi Bear CD, einen Newton-Sohn. Diese Kombination brachte Pouch Coves ersten Champion, Waldo of Pouch Cove CD, hervor. Waldo wurde 1972 BOB auf der Westminster-Schau und BOB auf der nationalen Spezialzuchtschau im selben Jahr. Dies war eine sehr positive Erfahrung und der Beginn dessen, was heute Neufundländerlegende geworden ist.

1970 kaufte das Paar eine wunderbare Hündin, Ch. Kilyka's Jessica of Pouch Cove CD, ROM, von Betty McDonnell. Sie ging auf Kitty Drury's Dryad-Zwinger zurück. Als Jessica sich zu entwickeln begann erkannten sie, dass sie der Typ war, den sie selbst züchten wollten. Einige Jahre später kamen sie auf den Kilyka-Zwinger zurück und kauften eine andere Sibyl-Tochter von einem anderen Deckrüden. Ch. Kilyka's Becky Jo of Pouch Cove, die vom selben Typ war wie Jessica und so zum Fundament für ihre Zucht wurde.

Der Neufundländer, der tatsächlich das begann, was heute als Pouch Cove-Typ bekannt ist, war Ch. Pouch Cove's Gref of Newton Ark ROM. Gref brachte qualitätsvolle Welpen in fast jedem Wurf. Bis heute ist er der Vater von über 50 Champions, viele von ihnen sind Arbeitstitelinhaber, und er kommt in so gut wie jedem Pouch Cove-Stammbaum auf der ganzen Welt vor. Insgesamt hat Pouch Cove fast 200 Champions und Arbeitstitelinhaber gezüchtet. Einige bemerkenswerte Tiere des Pouch-Cove-Bestandes sind:

Ch. Tuckamore's Dutch of Pouch Cove BIS
Ch. Seasons's Autumn of Pouch Cove BIS
VN Ch. Kilyka's Aphrodite of Pouch Cove ROM

153

Ch. Motion Carried of Pouch Cove BISS, ROM
Ch. Barharber's Rosco of Pouch Cove BISS
Ch. Mooncusser's Reef of Pouch Cove BISS, ROM
Ch. Amity's Bearfoot of Pouch Cove ROM
Ch. Highland Bear of Pouch Cove ROM
Ch. Keepsake of Pouch Cove BISS, ROM
Ch. Pouch Cove's Jacks or Better BISS
Ch. Pouch Cove's On All Fours ROM
Ch. Ad Lib of Pouch Cove ROM
Ch. Pouch Cove's Token
Ch. Pouch Cove's Midnite Bay BIS
Ch. Pouch Cove's Call of the Wild BIS
Ch. Pouch Cove's Girl Most Likely BISS
Ch. Pouch Cove's Calls the Question BIS
Ch. Pouch Cove's American Maid ROM.

In Europa hatte der Dk. Ch. Yankee Peddler of Pouch Cove einen tiefgreifenden Einfluss auf die Neufundländer in Dänemark. Ch. Highland Skye of Pouch Cove war höchst einflussreich in Italien und UK Ch. Pouch Cove's Repeat After Me at Karazan beginnt gerade sein Vermächtnis in England.

Am. Ch. John's Big Ben of Pouch Cove ROM. Die NCA vergibt eine ROM-Auszeichnung nur an außergewöhnliche Vererber.

Zwei Rüden der Szene aus allerneuester Zeit, die eine Hauptrolle in der Rasse des Neufundländers auf der ganzen Welt gespielt haben, sind Ch. John's Big Ben of Pouch Cove ROM und Ch. Pouch Cove's Favourite Son ROM. Sie sind die besten Zuchtrüden aller Zeiten, und ihr Erbe wird sich noch viele Jahre auf die Neufundländer weltweit auswirken. Sie sind wahre Standardträger für die Rasse (die Qualitäten von Favourite Son sind derart, dass viele potentielle Welpenkäufer einen »genau wie ihn« verlangen und sein Rufname »Jake« ist international bekannt, sogar denen, die ihn niemals lebend gesehen haben!)

Das Pouch Cove-Zuchtprogramm versuchte immer, eine Balance zwischen dem Stammbaum und dem Phänotyp des Hundes zu halten. Jeder potentielle Wurf wird erst auf dem Papier ausgearbeitet bevor »Störungssuche« durch den Stammbaum gemacht wird. Für Dave und Peggy ist das ultimative Ziel, eine Kombination aus Qualität und dem minimalsten Risiko für Gesundheitsprobleme zu erschaffen. Die meisten werden dem zustimmen, dass sie ihrem Bestreben gerecht wurden.

NEW YORK
JOLLY ROGER (Roger und Barbara Frey)
Der erste Neufundländer der Freys, Can. Ch. Clarenhill Beau Brumel CD, ist im Jahr 1971 von Al und Jane Duffett gekauft worden. Wie die meisten Neulinge, die den ersten Hund dieser Rasse besitzen, war alles, was Roger und Barbara wollten, ein großer, wunderschöner Welpe, mit dem sie an Ausstellungen teilnehmen konnten. Stellen Sie sich ihre Verwirrung vor, als bei der Teilnahme an einem Newfoundland Club-Picknick eine Frau auf sie zukam, die Beau zuerst bewunderte und dann kaufen wollte. Diese Frau, stellte sich heraus, war Kitty Drury, die Eigentümerin des berühmten Dryad-Zwingers und den Freys wurde klar, was für einen vielversprechenden Welpen sie gekauft hatten. Beau gewann bei Zeiten seinen kanadischen Titel und wurde drei Jahre später der Vater von Rogers und Barbaras ersten Wurf. Ein anderer Welpe kam aus dem Clarenhill-Zwinger dazu, und der frühe Erfolg beider Hunde bestärkte das Interesse der Freys am Ausstellen und an der Zucht.

Die ersten Würfe basierten auf Dryad- und Edenglens-Linien, aber in den späten 70er Jahren wurde die Outrail-Linie eingefügt. Dies geschah eigentlich unbeabsichtigt, da Barbara und Roger die Hunde des Zwingers versorgten, als der Besitzer krank war. Beeindruckt von der offensichtlichen Solidität dieser Welpen, behielten sie zwei von ihnen. Beide errangen ihren Titel und hatten den Vorteil gesunder Hüften. Durch Auskreuzen dieser Linien mit ihrem existierenden Bestand und darauffolgend die Rückkreuzung der Töchter auf ihren Vater, Am. Can. Ch. The Hostage of Jolly Roger, wurde ein guter Hüftstatus beibehalten.

Von diesem Zeitpunkt an bemühten sich die Freys Hunde zu züchten, die eine überdurchschnittliche Intelligenz und fehlerfreie Bewegungen der Vor- und Hinterhand zusammen mit einem kräftigen Knochenbau, gutem Haarkleid und dunklen, wohlgeformten Augen besaßen. Ihr Ziel war, die guten Qualitäten beider Elterntiere zu erhalten. Einige Hündinnen, die bei den Freys gut vererbten, waren Greengates Caribe Kerry (Mutter von zwei Champions), ihre Tochter The Ransom of Jolly Roger (sie brachte ihnen ihren ersten Spezialzuchtschausieger) und Greengates Jolly Rachel (Mutter von drei Champions). Ch. Sunberry's Ramblin Rose war ihre erste Weiß-Schwarze und brachte gesunden, gut gezeichneten Nachwuchs. Einer von ihnen, Ch. Jolly Roger's Beau Maverick, siegte in seiner Klasse 1993 auf der nationalen Spezialzuchtschau und wurde Bester der Sieger auf einer regionalen Spezialzuchtschau.

Sowohl durch Besitz und Einsatz von Jolly Roger-Zuchthunden als auch durch das Auskreuzen auf Linien wie z. B. Topmast und Little Creek verbesserten die Freys Köpfe und Beinlänge. Der Am. Can. Ch. Aoteo's Saint Sebastian Bay wurde

Am. Can. Ch. Jolly Roger's Broadway Ruby.

Am. Can. Ch. Jolly Roger's Honour Bound.
JC Foto.

ebenfalls eingesetzt im Bestreben, zu ihrem geliebten Dryad-Typ zurückzukommen. Diese Verpaarung brachte ihre exzellente Hündin Am. Can. Ch. Jolly Roger's Broadway Ruby - eine zweimalige Auslesesiegerin auf NCA-Spezialzuchtschauen.

Etwa fünfzehn Champions später sind die Freys immer noch im Ausstellungsring und der Arbeitsarena aktiv und sind stolz auf ihre Neufis, seien es BIS-Sieger oder Therapie-Hunde.

NEWFPORT (May und Jack Bernhard)

Im Jahre 1968, auf einer Schau in New Hampshire, sahen May und Jack einen Neufundländer und entschieden sich, einen dieser großen Rüden besitzen zu wollen. Er entwickelte sich zu einem Liebhabertier, aber führte seine Besitzer in die Welt der Ausstellungen ein. Ihr zweiter Neufi, Ch. Hidden Lake's Cassiopeia (Cassie), eine große, wunderschöne Hündin, Tochter von Ch. Little Bear's Sailer Port O'Call (einer der großen Neufis seiner Ära aus dem berühmten Zwinger von Margaret und Vadim Chern), wurde zur Gründungshündin von Newfport.

155

Am. Ch. Newfport's Fleet Commander.

Cassies erster Wurf war vom Sieger der nationalen Spezialzuchtschau, Ch. Indigo's Fritzacker. Diesem Wurf entstammen einige Gruppenplatzierte, zwei sind Multi-Gruppensieger, Ch. Newfport's Fleet Commander (Clyde) und seine Wurfschwester Ch. Newfport's Megean, Siegerin der Zuchthündinnen- und Veteranenhündinnen-Klasse auf der nationalen Spezialzuchtschau 1981.

Clyde brachte zuerst den Multi-Gruppensieger Ch. Newfport's Noah's Ark, dann Megean, die gruppengewinnenden Wurfbrüder Ch. Newfport's Maximillian und den bekanntesten selbstgezogenen Champion des Zwingers, Newfport's Outward Bound (Byron), hervor. Er und Maximillian waren beide Auslesehunde auf zwei nationalen Spezialzuchtschauen. Byron gewann auch die Zuchtrüdenklasse auf denselben Nationals und ist Vater von Int. Ch. Tarbell's Jethro.

In Bezug auf die Anzahl der gezogenen Würfe und Hunde die im Zwinger blieben, hielt sich Newfport in einem eher bescheidenen Rahmen, sie besaßen nie mehr als neun Hunde. Ein Teil ihrer Bekanntheit basiert auf Langlebigkeit, die meisten Tiere erreichen ein Alter von zwölf Jahren und einer wurde vierzehn Jahre. Eine Zeit lang hatten die Bernhards fünf Senioren, alle über zehn Jahre alt. Sie haben bis zu ihrem letzten Wurf, in dem ein Weiß-Schwarzer, Ch. Newfport's K.C. Waterworks, lag, immer nur Schwarze gezüchtet.

Im Jahre 1986, mit Unterstützung der späten Kitty Drury, wagte Jack den Sprung in die Richtertätigkeit und hat seitdem die Ehre gehabt, auf der nationalen Spezialzuchtschau 1990 und in vier europäischen Ländern, Dänemark, Frankreich, Deutschland und Italien, zu richten. Heute richtet er ebenfalls viele andere Arbeitsrassen. May begann ihre Richterkarriere 1994 und richtete auf einer regionalen Spezialzuchtschau im folgenden Jahr. Sie hat ebenfalls Einladungen nach Frankreich und Italien erhalten und richtet andere Arbeitsrassen.

OREGON
SWEETBAY (Judy und Ellis Adler)

Judy und Ellis begannen 1972 im westlichen Staat Oregon mit der Zucht ihrer Sweetbay-Neufundländer. Ihr eigentliches Ziel, gesunde, intelligente und wesensfeste Neufundländer zu züchten, hat sich während der Jahrzehnte nicht geändert. Die Halter von Sweetbay-Hunden arbeiten in allen für Neufundländer möglichen Bereichen. Jene, die an diesen Aktivitäten Interesse haben, wählen oft Sweetbay-Tiere, weil sie wirklich in der Lage sind, alles zu meistern und sind weltbekannt für das Erringen von mehr Unterordnungs-, Zugarbeits- (Karrenziehen), Wasserrettungs- und Fährtenhund-Titeln (Fährte und Rettung) als irgendein anderer Zwinger in der Geschichte der Rasse.

Im Jahr 1996 bestand Sweetbay's Noah CD, TD, WD seine Begleithundprüfung (Unterordnung). Dies ist an sich nicht ungewöhnlich, aber es war der 500. Titel eines Sweetbay-Hundes seit der Gründung des Zwingers - eine unglaubliche Errungenschaft, da der Zwinger nur sehr wenige Welpen jährlich hervorbringt - und einer, der die Adlers und die Halter von Sweetbay-Hunden sehr stolz machte und ihnen viel Freude bereitete.

Sweetbay-Hunde sind bekannt für ihre Behändigkeit und Präzision und sie arbeiten mit viel Freude. Jedes Jahr sind die Sweetbay-Hunde in den Top-Ten der Unterordnungs-Neufundländer zu finden. Nanette Wiesners ganz besondere Hündin, OT Ch. Sweetbay's Gretl TD, war (und ist es immer noch) der einzige Neufundländer, der jemals die höchstmögliche Punktzahl von 200 in Unterordnungswett-

Sweetbay's Rio - Am. Can. CD, Am. Can. TD, Am. Can. WRD, Am. Can. DD.

bewerben in den USA erreichte. Gretl und einige andere Sweetbay-Hunde haben sich die jährliche Hochleistungs-Auszeichnung bester Unterordnungs-Neufundländer (US) viele Male verdient.

Die Neufis der Adlers sind ebenfalls für ihre außergewöhnlichen Wasserarbeitsfähigkeiten bekannt. Ein Rüde, Sweetbay's Briare CDX, Can. CD, TD, WRD, DD, im Eigentum von Lee Udelsman, hat das höchste Niveau der Wasserarbeitsprüfungen in den USA beispiellose neun Mal bestanden.

Fährtenarbeit, die sportive Variante von Such- und Rettungsarbeit, bietet den Sweetbay-Hunden ein Feld, ihre Verhaltensweisen, Entschlossenheit und Triebe zu testen. Fast die Hälfte aller titelinnehabenden Fährten-Neufis in den USA tragen den Sweetbay-Zwingernamen und sind auch im Besitz des sehr komplizierten TDX-Titels (fortgeschrittener Fährtenhund).

Die Adlers sind der Meinung, dass ein ausgewogener Neufundländer ein Muss und ein lieber, intelligenter und hübscher Hund eine Freude ist. Aber, sie nehmen nicht nur an Arbeitsveranstaltungen teil, sondern auch an Ausstellungen und Sweetbay-Hunde haben über die Jahre dutzende von amerikanischen und kanadischen Championaten gewonnen. Elf Sweetbay-Hunde haben die angesehene Ehrung, die Auszeichnung Vielseitigkeitsneufundländer verliehen zu bekommen, erlangt.

Judy und Ellis haben viele Bücher über den Neufundländer herausgegeben, darunter der Bestseller *The Newfoundland Puppy; Early Care, Early Training (Der Neufundländerwelpe, Frühe Pflege, Frühes Training)* eine unbezahlbare Hilfe für neue oder erfahrene Welpenhalter) und sie organisieren Trainings-Workshops über die ganzen USA und in Kanada zu allen Aspekten des Trainings und der Pflege von Neufundländern. Sie richten auf vielen Niveaus Neufundländer-Arbeitstests und lernen viel aus Erfahrungen und es macht ihnen Freude, dieses Wissen mit anderen zu teilen.

Sweetbay-Hunde sind in der Tat bekannt für ihre Arbeitsfähigkeiten und die Freude, und die Schnelligkeit, die sie bei diesen Aktivitäten an den Tag legen, bringen ihnen viel Anerkennung. Aber erst als Familienhunde zeichnen sie sich richtig aus. Ihre Fähigkeit im Haushalt zu helfen, die Post hereinzubringen, die Kleinen zu beaufsichtigen und den Küchenboden von Essenskrümeln, die von der Arbeitsplatte gefallen sind, zu säubern ist eindrucksvoll!

PENNSYLVANIA
CYPRESS BAY (Debbie und Marv Thornton)

Cypress Bay-Neufundländer wurden 1984 in Monterey, Kalifornien, gegründet, aber 1987 nach Newton, Pennsylvania, verlegt. Auf Schwarz spezialisiert, wird versucht, zumindest drei bis fünf Würfe pro Jahr zu machen. Gezüchtet wird auf Gesundheit und Gänge. Alle Welpen werden über eine Warteliste an Halter, die sich zuvor qualifiziert haben, verkauft. Ältere Hunde sind manchmal zu haben, wenn sie nicht in das Zuchtprogramm des Zwingers passen oder wenn eine ausgewählte Person außergewöhnlich viel Zeit und Energie für diesen »Besonderen« aufbringen kann. Computererstellte Stammbäume kann man auf Anfrage für jeden Cypress Bay-Hund bekommen und ein Deckrüdenservice besteht für anerkannte Hündinnen. Der gesamte Zuchtbestand stammt aus OFA-ausgewerteten Linien und hat Herz- und Gesundheitsatteste.

Diese vorsichtige Haltung brachte den Erfolg im Ausstellungsring. 1993 gewann Cypress Bay Can Do Cassandra das WB, Beste der Gewinner und Beste des anderen Geschlechts auf der Batavia

Am. Ch. Cypress Bays Cosette of Tabu ROM.

Newfoundland National Speciality. Im folgenden Jahr errang Cassy wieder Beste des anderen Geschlechts auf der nationalen Spezialzuchtschau in Michigan. Cassy's Tochter, Ch. Cypress Bay's Dai of Summer, war Auslesehündin auf der Wisconsin National im Jahr 1995, und eine Anzahl von Cypress Bay-Hunden haben in letzter Zeit auf nationalen Spezialzuchtschauen ihre Klassen gewonnen.

WASHINGTON
NAKISKA (Ingrid und Chris Lyden)

Nakiska-Neufundländer begann seine Aktivitäten im Frühling 1988, als die Lydens ihre Gründungshündin Kiska kauften. Sie war ein erfolgreicher Ausstellungshund, lief WB und Beste der Sieger 1991 auf der nationalen Spezialzuchtschau des NCA. Außerdem zeichnete sie sich im Arbeitsbereich der Rasse aus und sie brachte, beginnend im Jahr 1990, zwei wunderbare Würfe hervor. Unglücklicherweise starb VN Ch. Tatoosh's Huggable Nakiska CD, WRD, DD, ROM unerwartet nach ihrem zweiten Wurf, aber sie hinterließ einen bleibenden Einfluss auf das Zuchtprogramm des Zwingers. Von den dreizehn Welpen, die Kiska brachte, wurden sieben amerikanische Champions, andere machten Punkte und neun haben multiple Arbeitstitel inne. Alle gegenwärtigen Hunde der Lydens sind entweder Kiskas Kinder oder Enkel und sie sind bestrebt Hunde zu züchten, die ihre guten Eigenschaften besitzen während sie über sorgfältig ausgesuchte, linienfremde Deckrüden noch bessere Merkmale einzubringen versuchen.

Zurzeit wird im Zwinger nur in kleinem Rahmen von ein bis zwei Würfen pro Jahr, in der Hoffnung zu expandieren, sobald die Zeit es zulässt, gezüchtet. Sie züchten nur schwarze Hunde im Bemühen Tiere hervorzubringen, die dem Standard entsprechen, gesund sind und das bezaubernde Neufundländerwesen besitzen. Nakiska-Hunde werden im Schauring gezeigt und haben Erfolg, aber es wird auch von ihnen erwartet zu schwimmen, Karren zu ziehen und Unterordnungsarbeit zu leisten. Mit den Lydens leben zurzeit vier Vielseitigkeits-Neufundländer und ein paar andere Hunde, die nah davor stehen. Sie ziehen Hunde, die enthusiastisch jedes Ziel angehen, vor, aber wichtiger noch ist der korrekte Typ. Sie mögen kräftige Köpfe, eine feste Oberlinie, exzellente Winkelungen und eine korrekte Halslänge. Die Hunde müssen sich kraftvoll bewegen und korrekte Schrittlängen haben. Nakiska züchtet auf gutes Haarkleid und hat in den letzten Jahren sorgfältig darauf selektiert. Sie wollen Hunde hervorbringen, die konkurrenzfähig sind wo immer sie den Ring betreten, die aber ein Wesen haben, dass es eine Freude sein lässt mit ihnen auf dem Sofa zu schmusen.

Wichtige Nakiska-Hunde sind außer Kiska noch:
VN Am. Can. Ch. Nakiska's Sir Humphrey Too CD, WRD, TDD, Can. WRD
Ch. Nakiska's Parting Gift WRD, DD
VN Ch. Nakiska's Touch of Magic CD, WRD, DD.

Diese drei sind alle erprobte Vererber, und die ersten beiden waren auch im Ausstellungsring besonders erfolgreich. Zwei sensationelle Nachwuchshunde sind Can. Ch. Nakiska's Akvavit (schon erprobter Vererber und hat mit fünfzehn Monaten schon einen bedeutenden Punktestand erreicht) und Nakiska's No Choice About It (Beste des Wettbewerbs und Res.-Siegerhund in der

Am. Can. Ch. Nakiska's Sir Humphrey Too. Mikron Fotos.

Am. Can. Ch. Hugybear's Chicory Chip.

Klasse von 6-9 Monaten auf einer Spezialzucht-schau, die erst vor kurzem stattfand). Beide stammen von Ch. Nakiska's Parting Gift WRD, DD. Sie haben Wurfgeschwister, die ebenso bedeutende Punktestände aufweisen, und die Lydens sind von Parting Gifts fortlaufendem Erfolg als Zuchthündin begeistert.

WISCONSIN
HUGYBEAR (Joyce Ryan)

Der Hugybear-Zwinger wurde 1972 als »Familiensache« gegründet. Gesundheit, Typ und Wesen wurden immer als gleich wichtig angesehen. Qualitätsvolle Ausstellungshunde, Zuchtbestand und Liebhabertiere sind aus der fortlaufenden Suche nach den letzten Forschungsergebnissen und dem Verstehen der caninen Genetik entstanden. Joyce Ryans Ausbildung im Bereich der Krankenpflege dient als Basis für Zuchtentscheidungen, Futterberechnungen und die Anerkennung der Wichtigkeit von Untersuchungen genetisch bedingter Leiden. Sie arbeitet ebenfalls mit im NCA-Komitee für Gesundheit und Langlebigkeit Der Hugybear-Zwinger hat viele Hunde mit Arbeitstiteln hervorgebracht. Gegenwärtig ist es VN Hugybear's Northern Lights - eine weiß-schwarze Hündin. Joyce fördert die Arbeitsfähigkeit der Rasse und unterstützt Workshops für die Ausbildung und Förderung von Hundeführern, um AKC- und NCA-Arbeitstitel zu erringen. Über die titelerringenden Hunde bestätigt der Zwinger die Einhaltung des Standards.

Ein Ziel im Zwinger ist es, weiterhin den Typ und die Substanz der weiß-schwarzen Hunde zu verbessern. Der schwarze Gründungsdeckrüde - Am. Can. Ch. Hugybear's Chicory Chip - gab dem Zuchtprogramm Typ, Größe und außergewöhnliches Wesen, während der weiß-schwarze Am. Can. Ch. Hugybear's Georgeous George CGC Gesundheit, leichte, athletische Bewegungen und sein wunderbares Schautalent dazu beitrug.

Joyce' Ansicht nach ist das neue Jahrtausend eine großartige Gelegenheit, leichter Informationen auszutauschen und die Möglichkeit zur Erhaltung des Neufundland-Hundes wahrscheinlicher denn je zu machen. Der Zwinger hat sich der Aufgabe gewidmet, die besten Lebensqualitäten für seine Hunde, und damit für ihre Besitzer, zu sichern.

SEABROOK (Wayne und Kathy Griffin)

Eingebettet in zwanzig Morgen Land entlang des Chippewa in Chippewa-Falls, Wisconsin, liegt das Zuhause von Wayne und Kathy und den Seabrook-Neufundländern. Die leicht geschwungenen Hügel und das Ackerland bieten ein exzellentes Klima, um Neufundländer aufzuziehen und Freude an ihnen zu haben. Der Zwingername Seabrook entstand eigentlich eher aus einer Laune heraus. Als die Griffins ihren ersten Neufundländer kauften, lebten sie im Staate New Hampshire und in der Nähe befand sich das Seabrook-Atomkraftwerk.

Der erste Neufundländer kam 1981 in ihr Leben, und kurz danach teilte sich ein zweiter Neufi das Zuhause mit ihnen. Es dauerte nicht lange und die Griffins waren fasziniert vor der Rasse. Ihr Interesse an erfolgreichen Deckrüden in der ersten Zeit führte Wayne und Kathy zu Shelby Guelich vom Pooh Bear-Zwinger, der Züchterin eines außergewöhnlichen Rüdens, Ch. Pooh Bear's Stormalong. Ihr erster großer Durchbruch kam im Jahre 1987, als Shelby und Lou Lomax vom Tabu-Zwinger ihnen eine außergewöhnliche junge Hündin, Ch. Tabu's Pooh Bearabella ROM, schickten.

Belle war auf jede Art hervorragend. Sie war vollkommen im Typ, gesund, hatte ein wunderbares Wesen und das gewisse Etwas, das sie zu einer großartigen Ausstellungshündin machte. Sie wurde

Am. Ch. The Bombardier.

1990 und 1999 Beste des anderen Geschlechts auf der nationalen Spezialzuchtschau des NCA und war ebenfalls die höchstgewinnende Hündin (WB) des NCA im selben Jahr.

Die Griffins wären zufrieden gewesen, nur ihr Leben mit dieser wunderbaren Hündin zu teilen und sie mit Freuden auszustellen, aber Belle bewies sich als ebenso sensationelle Zuchthündin. Sie wurde die beste Zuchthündin des NCA im Jahre 1993 und hatte einen Sohn und eine Tochter, die beide 1995 Anerkennung vom NCA als Top-Deckrüde und -Zuchthündin fanden - Ch. The Bombardier ROM und Ch. Tabu Seabrook Nobelle Prize DD, ROM. Eine Wurfschwester von Nobelle Prize, Ch. Tabu's Belle Fleur Seabrook, ist eine der besten Zuchthündinnen des Jahres 1996.

Obwohl Belle 1995 starb, hinterließ sie den Griffins ein Vermächtnis in ihren Söhnen, Töchtern und Enkeln, die sie in Seabrook umgeben.

KANADA

Obwohl Kanada der vermeintliche Geburtsort der Rasse ist, ist der Neufundländer überraschenderweise keine der zahlenmäßig populären Rassen im Land. Aber ein Blick in die Zeitschrift *Newf News* des Newfoundland Club of Canada bringt eine Anzahl von engagierten Züchtern, verstreut über die enorme Ausdehnung des ganzen Landes, zum Vorschein. Dem NDCC gehören einige regionale Zuchtvereine, namentlich Alberta, Britisch Kolumbien, Zentralontario, Manitoba, Nordontario, Saskatchewan und Südostontario an. Diese Klubs veranstalten eine regionale Spezialzuchtschau pro Jahr.

Obwohl Kanada ähnliche Regeln wie die Vereinigten Staaten hat, hat es auf viele Arten seine eigene definierte Identität. Der kanadische Zuchtverband (Canadian Kennel Club, CKC) lässt Neufundländerwelpen zur Eintragung zu, die einem der folgenden Farbschläge angehören: schwarz; braun mit weißen Abzeichen; grau mit weißen Abzeichen; grau mit schwarzen Abzeichen; weiß und schwarz; braun; braun mit schwarzen Abzeichen: grau, schwarz und weiß und schwarz mit weißen Abzeichen.

In kanadischen Ausstellungsringen dürfen aber nur Schwarze und Weiß-Schwarze gezeigt werden, obwohl Schwarze mit weißen Abzeichen oder dunkel gezeichnete Weiß-Schwarze akzeptiert werden können (Im Jahre 1972 brachte ein entsetzter Premier von St. Johns einen Ratsbeschluss durch, dass die Regierung absolut dagegen sei, dass ihr offizielles Wappentier in irgendeiner anderen Farbe als schwarz oder weiß-schwarz dargestellt wird).

Jeder, der einen CKC-eingetragenen Neufundländer in einer dieser Farben besitzt, kann ihn als Deckrüden einsetzen oder einen Wurf mit der Hündin machen. Die einzige Ausnahme von dieser Regel ist, wenn der in Frage kommende Neufi als »Nicht-Zuchttier« eingetragen ist. Diese »Nicht-zucht«-Vereinbarung, eine Bedingung die vom Züchter des Hundes initiiert wird, kann lebenslang festgelegt sein oder im gegenseitigen Einverständnis aufgehoben werden, nachdem das entsprechende CKC-Formular ausgefüllt und eingereicht ist.

Kanadische Züchter haben auch ein hohes Bewusstsein für erbliche Defekte wie Hüftgelenks- und Ellbogendysplasie, Herzerkrankungen und Augenprobleme. Viele Hunde haben OFA-Nummern und sind CERF-ausgewertet bevor sie in die Zucht gehen.

Viele kanadische Neufundländer werden auch in den USA ausgestellt und haben beide Titel inne.

Ebenso wie Ausstellungsanwartschaften können Neufundländer auch Titel für Zug-, Wasser- und Fährtenarbeit gewinnen. Kanadische Neufundländerliebhaber konnten 1997 ein besonderes Jahr genießen, nämlich als der Cabot-Jahrestag gefeiert wurde. 1497 beauftragte König Heinrich VII. einen italienischen Seefahrer, Giovanni Caboto, auszusegeln um neues Land für England zu akquirieren. John Cabot, wie man ihn später nannte, entdeckte im 15. Jahrhundert an Bord seiner Caravelle *The Matthew* unerwarteterweise das »neugefundene Land« und den dazugehörigen Kontinent.

Ein Nachbau der *The Matthew* wurde in Großbritannien angefertigt um von Bristol nach London und dann nach Neufundland zu segeln, um den Erfolg und den Mut von Cabot zu ehren. Die Rasse des Neufundländers wurde als Schiffsmaskottchen ausgewählt, und sechs nordamerikanische Neufundländer wurden ausgewählt, um bei den Feierlichkeiten mit an Bord zu sein. (Die britischen Hunde, die für den ersten Streckenabschnitt an Bord gingen, konnten aufgrund der Quarantänebestimmungen nicht nach Neufundland segeln.) Der Tag wurde durch die Gegenwart einer Vielzahl von Neufundländern und ihrer Halter, die zur Begrüßung der *The Matthew* auf Neufundland warteten, abgerundet.

FÜHRENDE ZWINGER IN KANADA
CASTANEWF KENNELS (Denise und Marc Castonguay)
Der CastaNewf-Zwinger wurde 1985 von Denise und Marc Castonguay gegründet. Denise war fast ihr ganzes Leben Hundeliebhaberin - ihre Mutter züchtete Glatthaar Foxterrier. Die Neufi-Linie basierte in erster Linie auf Kilyka- und Pouch Cove- Bestand und beinhaltet Shadybrock- und, in letzter Zeit, europäische Blutlinien.

Im CastaNewf-Zwinger wird limitierte und selektive Zucht schwarzer Neufundländer betrieben. Das Ziel ist es, einen »ganzen Hund« zu züchten, d. h. einen, der physisch und psychisch solide, gesund, mit natürlichen Verhaltensweisen und dem Standard angepasst ist. Denise verficht die natürliche Methode der Hundeaufzucht. Ihre Philosophie ist es, solide gesunde Welpen zu züchten deren Persönlichkeit denen der späteren Besitzer entspricht. Denise ist stolz darauf, immer für ihre Welpenkäufer da zu sein um ihnen mit Rat und Tat zur Seite zu stehen, ihre Fragen zu beantworten.

Denise ist nicht nur im Ausstellungsring aktiv, sondern auch auf dem Arbeitsfeld. Sie nimmt an Wasserarbeitswettbewerben, Zugtests und an der Unterordnungsarbeit teil. CastaNewf-Hunde schneiden im Schauring gut ab und tragen zahlreiche Arbeitstitel im Anhang an ihren Namen. Einige zum CastaNewf-Clan gehörende Hunde sind, zusammen mit zahlreichen anderen Championats- und Arbeitstitelinhabern:
Am. Can. Ch. Kilyka's Premier of CastaNewf, Am. Can. CD, Am. Can. DD, Am. WD, Can. WRD, ein Klassensieger von nationalen und regionalen Spezialzuchtschauen.
Am. Can. Ch. CastaNewf'sWitch 'O Wadin, Am. Can. CD, Am. Can. DD, eine Klassensiegerin von regionalen Spezialzuchtschauen und Gewinnerin des Titels Beste des anderen Geschlechts
VN Am. Can. Ch. CastaNewf's Curtain Call, Am. CD, AM DD, Am. WD, Am. WRD, Can. WRD, ein Klassensieger von nationalen Spezialzuchtschauen und Therapie-Hund.
Can. Ch. CastaNewf's Mister November, ein Klassensieger von nationalen und regionalen Spezialzuchtschauen.
Can. Ch. CastaNewf's So To Speak, ein Klassensieger von regionalen Spezialzuchtschauen.

Denise ist ebenfalls sehr bewandert wenn es darum geht, Zuchtfragen auch in der Theorie zu bearbeiten. Zu der Zeit als das Buch geschrieben wurde, war sie Präsidentin des Newfoundland Dog Club of Canada (Region Britisch Kolumbien), die 2. Vizepräsidentin des Newfoundland Club of Canada und sitzt gegenwärtig im Komitee für Arbeitshunde des NDCC. Denise hat in fast jedem Arbeitswettbewerbskomitee des NDCC, Region BC, in den letzten acht Jahren mitgearbeitet und hat bei Wasser- und Zugarbeitsveranstaltungen in Kanada und den Vereinigten Staaten gerichtet. Marc ist eher ein Mann hinter den Kulissen, hat aber eine Periode als Präsident des NDCC, Region DC, gearbeitet und währenddessen einige CastaNewf-Hunde zu ihren Titeln geführt.

Die Philosophie des CastaNewf-Zwingers ist es, Neufundländer zu züchten, die nicht nur in der Erscheinung typische Vertreter ihrer Rasse sind, sondern auch ihre natürlichen Arbeitsfähigkeiten behalten haben.

CINALI KENNEL (Biljana Garland)

Cinali wurde 1978 gegründet und ist seit 1989 dauerhaft eingetragen. Seine Gründungshündin aus dem Bearbrook-Zwinger, Ch. Bearbrook Little Sheiba, bestätigte sich nicht nur als exzellenter Begleiter, sondern auch als super Zuchthündin. Ihr zweiter Wurf brachte Biljanas ersten selbstgezogenen BIS-Sieger. Bis heute hat Cinali achtzehn Champions und zwanzig BIS-Siege auf allgemeinen Rassehunde Championatsschauen gewonnen, von fünf unterschiedlichen Hunden, auf seinem Konto. Sie sind:

Can. Am. Ch. Cinali's Lucky Strike
Can. Am. Ch. Cinali's Power Play
Can. Ch. Bearbrook's Talisman of Cinali
Can. Ch. Cinali's Custom Made
Can. Ch. Cinali's Fortune Teller.

Einige der Hunde des Zwingers haben ebenfalls Championatspunkte in den USA. Cinali-Hunde waren immer schwarz bis auf einige weiß-schwarze Welpen in den letzten Jahren aus schwarz rezessiven Eltern. Die Zusammenarbeit mit dem Bearbrook-Zwinger war außergewöhnlich fruchtbar und hilfreich bei der Einführung der besten kanadischen und amerikanischen Blutlinien. Cinali-Welpen wurden über ganz Kanada, den USA und Südamerika verkauft. Hunde mit erstklassigem Wesen und Intelligenz, guter Gesundheit und Konformation waren immer das Ziel im Zwinger.

GREER NEWFOUNDLANDS (Robert J. und Fay L. Greer)

1970 erwarb Fay einen Neufi-Welpen von dubioser Herkunft. Ihre Mutter war groß, schwarz und struppig, aber Fay liebte ihre Größe und ihre Erscheinung, und als sie ausgewachsen war folgte eine andere und die Greers hingen an der Angel.

Ihr erstes Engagement im Zusammenhang mit der Rasse war die Unterordnungsarbeit. Ein Begleithundtitel (Companion Dog CD) jagte den nächsten und die Punktezahl war immer hoch genug, um Greer-Neufis in ihren einzelnen Wettbewerben unter den ersten Dreien zu platzieren. Das Paar ließ ihren Unterordnungstitel tragenden Neufi decken, und aus ihrem ersten Wurf stammte der erste wirkliche Schauhund. Ein Rüde und eine Hündin wurden behalten und von einem befreundeten Hundeführer ausgestellt.

Die erste Ausstellung brachte dem Zwinger einen »Besten Welpen« in der Arbeitsgruppe (während dieser Zeit waren Hüte- und Arbeitsgruppen noch kombiniert). Der Welpe, wie auch ihr Bruder, erreichten ihr kanadisches Championat ganz leicht und erreichten dabei auch Gruppenplatzierungen. Traurigerweise verloren die Greers die Hündin durch eine Magendrehung, bevor sie in das Zuchtprogramm integriert werden konnte.

Fay und Robert sehen sich nicht als Großzüchter und ihr Wunsch ist es, Hunde mit solidem Körperbau und Wesen zusammenzubringen. Sie züchten in der Absicht, einen oder mehrere Welpen zu behalten, d. h., dass jede Paarung sorgfältig durchdacht ist. Während der letzten zwanzig Jahre haben sie insgesamt 27 Würfe gezüchtet. Aus diesen Würfen wurden 35 Neufis kanadische Champions. Zwanzig von diesen kanadischen Champions erreichten auch US Championate und

Can. Ch. Greer's Lucky Oreo Dream.

neun von ihnen erarbeiteten sich kanadische und amerikanische Arbeitstitel. Die Greers sind auch stolz, ihren besten US Vielseitigkeits-Neufi, im Eigentum und ausgebildet von Metta May Sherfick, bekanntzugeben. Sieben Neufis wurden im Laufe der Jahre vom Zwinger dazugekauft. Sie erreichten ihre Titel in Kanada oder den USA. Darunter drei Registrierungen für besondere Zuchtleistungen (USA ROM). Im Jahr 1991 waren der zweitbeste Neufi in Kanada und der drittbeste in den USA von den Greers gezüchtet. Dies war etwas ganz Besonderes, da beide Neufi in ihren jeweiligen Ländern exklusiv von ihre Haltern vorgeführt wurden. Am. Can. Ch. Greer's Tyler of Blackgold wurde in Kanada von Terry Ann Lambert gezeigt und Am. Can. Ch. Greer's Special Export wurde in den USA von Richard und Sandy Donnay ausgestellt. Andere eifrige Halter haben ihre Greer-Neufundländer zu ihren Schönheits-, Unterordnungs-, Zug- und Wasserarbeitstiteln geführt.

Zwei Hunde aus dem Zwinger sind aktive Teilnehmer an Kanadas Super Dogs, die im Land herumreisen und vor großen Menschenmengen Agility vorführen. Greer züchtet nur auf Schwarze und Weiß-Schwarze, da dies in Kanada die einzigen akzeptierten Farben im Ausstellungsring sind. Frisches Blut ist für Züchter immer wichtig und die Greers waren erpicht darauf, einen Abkommen des jungen Rüden, Ch. Kelligrews Eagle at Tidesoak, den Fay in England sah, zu haben. Sie fanden heraus, dass Lucy Stevenson (Culnor) Welpen von ihm hatte, und da beide Zwinger neues Blut suchten, kauften sie beide einen jungen Rüden voneinander. Es war Fays Wunsch, mit der neuen Vitalität, die eine Fremdverpaarung in den Zwinger bringt, die daraus resultierenden Jungtiere mit den eigenen Hunden der Greers rückzukreuzen. 1996 erreichten sie ihr Ziel endlich und sind sehr zufrieden mit dem Ergebnis. Andere Züchter, die die Jungtiere der ursprünglichen Fremdverpaarung auf Greer-Hunde rückgezüchtet haben, erzielten gleich gute Resultate.

Der letzte Zukauf der Greers kommt aus dem Riverbears-Zwinger von John und Mary Smith in Irland. Diese kleine Hündin stammte von Fay und Roberts Export nach England, Greer's Canadian Trader at Culnor aus Riverbear's Belle Star. Ihr Großvater ist Eng. Ch. Kelligrew's Eagle at Tidesoak, was bedeutet, dass sie, obwohl sie aus einer Fremdpaarung stammt, sehr gut zu den Greer-Hunden und dem neuen Blut passen wird.

LITTLECREEK KENNELS (Margo Brown) Der Zwingername wurde mit der Absicht, einen Teil des Namens ihres ersten Deckrüden zu beinhalten, ausgesucht. Da ein Fluss am Zwinger vorbeifließt, wurde schließlich »Littlecreek« ausgewählt und ist nun eingetragen im Canadian Kennel Club.

Die Browns kauften ihren ersten Neufundländer, eine Hündin, im Jahr 1971, es folgte ein Rüde, Can. Ch. Little Bear's HMS Challenger, der einen großen Einfluss auf die heutigen kanadischen und amerikanischen Blutlinien hatte. Er hat viele solide Champion-Nachzuchten gebracht und war der Vater der Littlecreek-Gründungshündin, Can. Am. Ch. Arvals Ocean Splendor, die der zweitbeste Neufundländer in Kanada im Jahr 1975 war. Die Browns besaßen und züchteten zahlreiche Champions und Unterordnungstitelinhaber, darunter Spezialzuchtschau- und Multi-BIS-Gewinner. Unter ihnen ist BIS Can.Ch. Littlecreek's Feller O'Fortune der bester kanadischer Neufundländer in den Jahren 1990 und 1991 war und trotz der Tatsache, dass er nur eingeschränkt ausgestellt wurde, war er der zweitbeste kanadische Neufundländer 1992. Sein Wurfbruder, Can. Ch. Littlecreek's Buccaneer, war ebenfalls BIS-Sieger. Zusätzlich erscheinen die Blutlinien des Zwingers in einigen dänischen Hunden, da Tiere in dieses Land exportiert wurden.

Der Zwinger war immer bemüht, solide gesunde Hunde aus respektablen kanadisch-amerikanischen Blutlinien zu züchten. Es ist ein

Can. Ch. Littlecreek's Feller O'Fortune - ein mehrfacher Gruppen- und BIS-Gewinner.

kleiner Zwinger geblieben und hält gegenwärtig nur Schwarze, obwohl Weiß-Schwarze für die Zukunft nicht ausgeschlossen werden. Die Hunde wurden ein Familienhobby, und das Leben dreht sich um Ausstellungs- und Vereinsaktivitäten. Das Hauptinteresse der Browns liegt bei den Ausstellungen, und ihre Tochter, Ann Forth, ist immer die Hundeführerin.

MOONFLEET (Ray und Donna Overman)

Die erste Bekanntschaft des Paares mit einem Neufundländer fand im Jahr 1972 statt, als sie auf ihrer Hochzeitsreise einen vier Monate alten weiß-schwarzen Rüden sahen. Es war Liebe auf den ersten Blick und sie träumten davon, Land zu besitzen um sich eine Zucht aufzubauen.

Später, im selben Jahr, kam Shadow zu ihnen. Sie war ein Paradebeispiel dafür, wie der Neufundländer-Charakter zu sein hat - treu, würdevoll, leistungsfähig, vertrauenswürdig, und vor allem ein guter Freund. Sie wurde nie im Ausstellungs- oder im Unterordnungsring gezeigt aber, im Nachhinein hätte sie leicht ein Champion oder ein hochbewerteter Arbeitshund sein können.

Nachdem sie Shadow aufgrund von Krebs 1981 verloren, kauften die Overmans Maggie, die nicht sehr schön war und ein starkes, eigenwilliges Verhalten besaß. Maggie bewies, dass nicht alle Neufis gleich sind. Aber die Overmans lernten, wie man jeden Neufi trainiert, in den verschiedensten Situationen positiv zu reagieren.

Die Zucht im Moonfleet-Zwinger begann mit dem Kauf von Domino (Select Am. Can. Ch. Our Bearbrook Domino de Dourga), dessen Qualitäten und Gesundheit die Ankündigung der Grundlage des Moonfleet-Typs waren. Ihre anfänglichen Hündinnen stammten aus Bearbrook- und Dulrick-Linien. Obwohl diese Hündinnen gute Gänge und einen guten Körperbau besaßen, fehlte es ihnen jedoch an den Köpfen, die das Paar suchte. Durch die Einkreuzung von BIS Ch. Topmast Thunder Bolt TD, brachten sie seinen schönen, herausragenden Kopf, seine kontaktfreudige Persönlichkeit und seine Felllänge ein und sahen deutlich verbesserte Köpfe in ihren Würfen.

1989 kauften sie Indy (Am. Can. BIS Ch. Haweneyu's Mood Indigo, OFA, CERF). Obwohl Indy das Ergebnis einer Auskreuzung (Topmast x Thunder Bay) ist, bewies er sich dominant in seinen Vorzügen - Größe, Gesundheit und Wesen. Seine Söhne und Töchter beweisen sich im Zucht- und Unterordnungsring sowie in ihren Nachkommen.

Großer Erfolg kam auch über die Einkreuzung von Thunders ingezüchtetem Sohn Norton (Ch. Nikoma's Norton of Moonfleet) in eine gefestigte Hündinnenlinie. Norton wurde, verpaart mit Indys Töchtern, Vater von großen, starkknochigen, soliden Welpen mit überdurchschnittlichen Arbeitsveranlagungen. Zwei Indy-Söhne, Floyd (Ch. Moonfleet's Sigmund Floyd) und Ernie (Ch. Moonfleet's Mark of Excellence), beginnen ihre Laufbahn als Deckrüden. Ihre ersten Würfe sind jetzt alt genug um ihre Schaukarriere zu starten und es werden große Erwartungen in diese Welpen gesetzt. Floyd und Ernie sind Domino-Enkel und, wie ihr Großvater, mehrfache Gruppenplatzierte/-sieger und besitzen Arbeitsqualifikationen.

Moonfleets Zukunft sieht rosig aus. 1990 wurde Rig (Domino-Tochter) mit Indy verpaart. Zwei der Hündinnen aus diesem Wurf wurden mit unterschiedlichen Linien gepaart. Ch. Moonfleet's Dance on the Stars wurde mit Ch. Bearbrook's Talisman of Cinali (ein Multi-BIS-Rüde) verpaart. Aus diesem Wurf resultierte eine hübsche, schwarze Hündin, Dannee (Moonfleet's Dances with Stars).

Eine weiß-schwarze Hündin aus dem Rig/Indy-Wurf wurde mit Topmast Piper Trax

Ch. Ch. Moonfleet's Mark of Excellence.

gepaart. Aus diesem Wurf stammt eine weiß-schwarze Hündin, Eva (Moonfleet's Evening Star).

Etwa zur selben Zeit wurden Dizzie und Bailey (Am. Ch. Talloak's Barnum & Bailey) gepaart. Während Bailey ein Domino-Enkel ist, bringt er doch über beide, Mutter wie Vater, neue Blutlinien mit ein. Zwei Bailey-Kinder, Arnold (Moonfleet's Arnold Schwartznewf) und Edith-Ann (Moonfleet's Earth Angel) sind sehr vielversprechende Welpen.

Schwarz und Weiß-schwarz sind die einzigen Farben im Zwinger, da der CKC keine Braunen oder Grauen im Ausstellungsring erlaubt. Die Arbeitsfähigkeiten der Moonfleet-Hunde sind erwiesen. Sie haben an Unterordnungswettbewerben, Zugtests, Fährtenhundwettbewerben, Wasserarbeit und Agility teilgenommen und haben Zertifikate als Such- und Rettungshunde. Die Overmans vertreten die Meinung, dass Gesundheit in der Zucht in allen Bereichen der Rasse wichtig ist Hüften, Herz, Gebäude, Bewegungen, aber am Wichtigsten von allen ist ein solides Wesen. Sie erwarten von ihrem Zuchtbestand, alle diese Punkte zu erfüllen und argumentieren, dass, wenn man sich einen Aspekt der Rasse heraussucht, man an irgendeiner anderen Stelle etwas verliert.

Zur Zeit residieren sechzehn Neufundländer, von Senioren bis zu vielversprechenden Welpen, im Moonfleet-Zwinger. Moonfleet ist verantwortlich für mehr als 20 Titelhalter (USA, Kanada, Deutschland) und noch viel mehr sind Arbeits- oder Unterordnungstitelinhaber.

TOPMAST (Margaret Willmott)

Margaret bekam ihren ersten Neufundländer 1965. Als sie ihren Titel errungen hatte, begann Margaret 1967 damit, ihren ersten Topmast-Wurf zu züchten. Die folgenden fünf Jahre brachten einigen Erfolg, aber Margs lebenslange Erfahrung in der Viehzucht sagte ihr, dass sie auf dem falschen Weg war, um die Art Solidität zu bekommen, die sie erwartet hatte.

1972 kam Callis Shade of Black ROM in den Zwinger. Sie war nicht der Typ Hündin, die die Mode zu der Zeit bevorzugte, aber sie war intelligent, gesund und solide. Sie wurde rückgezüchtet auf den Großonkel eines herausragenden, typvollen Rüden, der mit ihrem Großvater mütterlicherseits verwandt war. Es war ein gutes Rezept, die Hündin gab ihre guten Punkte weiter und der Rüde korrigierte ihre Fehler. Der erste Wurf brachte Ch. Can. Am. Topmast's Pied Piper ROM, einen Multi-BIS- und Spezialzuchtschausieger. Zwei Hündinnen, Schwestern von Piper, die später ihren kanadischen Champion errangen, wurden zusammen mit einer mütterlichen Halbschwester behalten. Ein Rüdenwelpe aus OFA-exzellenten Eltern wurde zugekauft und wurde Multi-BIS-Gewinner. Pipers Schwester wurde von ihm gedeckt und später mit zwei anderen soliden Rüden und die daraus hervorgegangenen Töchter wurden mit Piper zurückgepaart - damit war der Topmast-Typ entstanden. Testverpaarungen (Bruder x Schwester, Vater x Tochter), um die problematischen rezessiven Gene herauszufinden, wurden oft durchgeführt, aber bis heute hatte man Glück in dieser Beziehung.

1973 zog die Familie Willmott von Ontario auf einen Viehzuchtbetrieb in Penske, Saskatchewan. Seitdem wurden über 150 Titel gewonnen und Topmast-Hunde haben 64 BIS's errungen Topmast-Neufundländer kann man in acht unterschiedlichen Ländern und mehr als 25 amerikanischen Staaten finden. 1990 war ein Topmast-Hund der höchstgewinnende Hund aller Rassen dieses Jahres in Italien. Exporte der letzten Zeit nach England sind ebenso vielversprechend und werden für die Züchter von Weiß-Schwarzen dort sehr wertvoll sein. Margs Besucher sind überrascht wenn sie sehen, dass mehr als zwanzig Neufundländer in einer Morgen- und einer Nachmittags-Meute frei die Prärie durchstreifen können und dann rechtzeitig zu ihren beiden täglichen Fütterungen nach Hause kommen.

Kapitel 12

NEUFUNDLÄNDER WELTWEIT

AUSTRALIEN UND NEUSEELAND

Wie der Neufundländer nach Australien kam, ist nicht klar, aber während der 60er Jahre importierte John Hughes zwei Rüden - Captain Cook of Sparry (schwarz) und Wildfields Endeavour (weiß-schwarz) - und eine Hündin, Storytime Shenandoah, aus Großbritannien. Dies half dabei, die Rasse des Neufundländer von ihrem vorherigen Stillstand zu befreien. Aus der Paarung von Ch. Captain Cook of Sparry mit Shenandoah wurde eine Hündin geboren, Seamaids Tinker Too. Tinker wurde mit Captain Cook rückverpaart und zwei Top-Sieger, Ch. Seamaids Snow Shoe und Ch. Seamaids Panda (F. Wilson), wurden hervorgebracht.

Captain Cook war ein Hund guter Größe mit exzellenten Bewegungen und mit acht Jahren der zweitbeste Hund der Gruppe auf der Sydney Royal Show. Auch davor war er schon BIS-Gewinner. Captain Cook verbrachte die letzten Jahre seines Lebens mit Linda und Ross Windred im Majesty-Zwinger, da John Hughes aufgrund einer Krankheit gezwungen war, die Hunde in neue Heime zu geben. Ch. Seamaids Panda war die Mutter von fast achtzehn Champions und einigen Spezialzucht-schausiegern.

1968 kam Juliet Gibson (heute Leicester-Hope) aus Großbritannien nach Australien und brachte zwei Neufundländer mit - Wanitopa Gentle Giant und Bonnybay Jasmine. Ch. Wanitopa Gentle Giant wurde mit Don und Mary McCaul's Ch. Kingfishereach Sea Wrack (Imp. VK) verpaart und brachte zwei der erfolgreichsten Neufundländer in Viktorias Ringen der kommenden Jahre - Ch. Marydon Shanook (Nairobi-Zwinger) und Ch. Marydon Lady Giant (M. und R. Simpson) - hervor. Der Nairobi-Zwinger importierte Ch. Ragtime Drunk as a Deacon (schwarz) und Pound of Humbugs of Ragtime (weiß-schwarz) aus Großbritannien.

Ch. Marydon Shanook lief BOB auf drei Melbourner Royal-Schauen und auf einer Pal International und war ein wunderschöner Repräsentant der Rasse. Lady Giant war Challenge-Hündin auf zwei Melbourner Royal-Schauen und BOB-Sieger auf einer Pal International sowie BIS auf drei Spezialzuchtschauen in Viktoria.

Giants zweite und vierte Paarung war mit Ch. Seamaids Panda (F. Wilson). Aus diesen beiden Würfen resultierten viele Champions, darunter Planhaven Heidi (W. Ducros), Challenge-Siegerin auf drei Royal-Schauen in Sidney, und einige andere Royal Challenge- und Gruppensieger.

Giant wurde ebenfalls mit Juliet Gibson's eigener Hündin, Eng. Aust. Ch. Bonnybay Jasmine, verpaart. Der bekannteste Welpe aus diesem Wurf war Ch. Wanitopa Bosun Boy (M. und D. McCaul), ein BOB-Gewinner auf der Melbourner Royal-Schau.

Der vorher erwähnte Ch. Wildfields Endeavour CD zeugte seinen ersten und einzigen eingetragenen Wurf 1970 mit Seamaids Tinker Too, im Eigentum des Majesty-Zwingers. Aus dieser Verpaarung ging der Rüde Ch. Majesty The Viking hervor. Obwohl Viking kein großer Rüde war, zeichnete er sich in Haarkleid und Körper aus und passte extrem gut zu den großen Hündinnen der Wanitopa Gentle Giant-Linie. Endeavour verbrachte den größten Teil seines erwachsenen Lebens bei Peggy Eustace.

Über die Jahre sah Australien einige Importe, darunter Edenglens Born Free (Imp. USA) von Frances Wilson, dessen Blut in vielen heutigen Neufundländern vorherrscht. Der Neufundländer hat seine Zeichen hinterlassen, und einige wichtige Zwinger bringen Tiere höchster Qualität hervor. Es gibt heute Neufundländerklubs in Neu-Süd-Wales, Viktoria, Südaustralien und Westaustralien.

Es gibt zwei Neufundländerklubs in Neuseeland. Einer im Norden der Insel: er nennt sich *The Newfoundland Club* und hat zwei Sektionen in Auckland und Wellington. Der zweite Klub nennt sich die *Southern Newfoundland Society* und ist im Süden der Insel. The Newfoundland Club hat etwa 500 Mitglieder, während die Southern Newfoundland Society ca. 130 Mitglieder zählt. Beide Vereine geben eine alle zwei Monate erscheinende Zeitschrift heraus, organisieren jährliche Fotowettbewerbe und auch zahlreiche andere Ehrungen für Ausstellungs- und Vielseitigkeitsleistungen.

The Newfoundland Club veranstaltet eine offene und zwei Championats-Schauen im Jahr sowie einen jährlichen Wasserarbeitstest mit Schleppen- und Karrenzugwettbewerben. Die Southern Newfoundland Society hält eine offene und zwei Championatsausstellungen im Jahr ab und ebenfalls einen Arbeitshundwettbewerb, bei dem Punkte in Unterordnungs-, Zug- und Wasserarbeit gesammelt werden können.

Die wachsende Beliebtheit der Rasse des Neufundländers hat ihn in den letzten Jahren auf den zwanzigsten Platz in Bezug auf die Anzahl der eingetragenen Würfe (ca. 20 Würfe oder 130 Welpen) gebracht. Die Zahl der eingetragenen Zwingernamen beträgt derzeit über siebzig, von denen aber einige nicht aktiv sind.

FÜHRENDE AUSTRALISCHE ZWINGER

AUSSIEBEAR KENNELS (Jenny und Trevor Schofield)

Beide, Jenny und Trevor, besitzen seit den frühen 80ern Neufundländer. Sie begannen mit einem hübschen, schwarzen Rüden, Ch. Rhovaniar Chester, der mit Ch. Mekong Nanook gepaart wurde und zwei Söhne brachte - Ch. Aussiebear Black Duke und Aussiebear Rebel. Sie kauften außerdem eine Tochter von Eng. NZ Aust. Ch. Wellfont Ambassador, Mekong Jentre Jedda, die mit Ch. Aussiebear Black Duke verpaart wurde und eine prachtvolle Hündin - Ch. Aussiebear Pretty Girl - brachte. Sie errang zahlreiche Gruppen- und BIS-Siege, darunter das BIS auf einer allgemeinen Rassehunde-Wochenendschau an beiden Tagen, sowohl samstags wie auch sonntags! Ch. Aussiebear Pretty Girl war ebenfalls Res.-BIS auf einer Klubschau.

Ein zweiter Wurf von Mekong Jentre Jedda und Ch. Aussiebear Black Duke brachte zwei Töchter, Ch. Aussiebear Jentre Lass und Aussiebear Khouylah. Ch. Aussiebear Jentre Lass war schon in sehr jungem Alter BIS auf einer allgemeinen Rassehundeschau. Sie hat seitdem Nachzucht von Ch. Landsblak Lord Nelson, namentlich Aussiebear Jentre Magic und Ch. Aussiebear Commander, der in der Welpenklasse Res.-BIS auf einer allgemeinen Rassehundeschau wurde. Weiterhin errang er das BIS aller Rassen in der Jugendklasse!

KRYSTALCOVE NEWFOUNDLANDS (Vicki und Graham Birch)

Krystalcove Neufundländer wurde 1987 im Vereinigten Königreich von Vicki Carey gegründet. Die Gründungshündin war Ursula's Renata of Wellfont, ein Dänemark-Import. Renata wurde mit Ch. Wellfont Macillon verpaart. Zwei Welpen dieses Wurfes wurden VK-Champions, während ein Dritter ein CAC und ein BOB gewann.

Vicki heiratete Graham Birch (vormals Wellfont Neufundländer) und sie wanderten 1989 nach Australien aus und nahmen Krystalcove Dark Dazzler und Krystalcove Dark and Dreamy (Renata x Macillon) mit. Dazzler wurde australischer Champion, errang einige Gruppensiege und ein BIS auf einer allgemeinen Rassehundeausstellung. Dazzler ist Vater von über zehn australischen Champions.

Der Krystalcove-Zwinger hat seitdem Aust. Ch. Ursulas Indian Son of Dipper aus Schweden und Aust. Ch. Beauberry Black Magic aus Großbritannien importiert. Beide waren im Ausstellungsring extrem erfolgreich. Dipper wurde häufig als Deckrüde eingesetzt und hat in Australien und

Aust. Ch. Krystalcove Dark Dazzler (Imp. UK).

Neuseeland viele erfolgreiche Nachzuchten, darunter auch ein BIS-Gewinner auf einer Spezialzuchtschau. Seit seiner Gründung hat Krystalcove aus Importen und australischen Hunden einen Bestand von 15 Neufundländern, unter anderem Braune und Weiß-Schwarze, aufgebaut.

LANDSBLAK KENNELS
(Lee Wales, Jeanette Mitchel und Pam Lake)

1969 wurde Ch. Planhaven Pioneer CD von Lee Wales aus dem Planhaven-Zwinger gekauft, aber der Landsblak-Zwinger wurde erst in den 80ern, als Lee Ch. Mekong Blazing Sun CD (weiß-schwarz), ihre Tochter Ch. Mekong Bear Ablaze, Ch. Mekong Black Onyx CD und Ch. Mekong Lucky Lunar (eine Enkelin von Topmast Peter Pan, ein Kanada-Import) kaufte, gegründet.

Ch. Mekong Bear Ablaze wurde mit dem Kanada-Import Spokinewf's Sailon to Planhaven verpaart und brachte Ch. Landsblak Lord Nelson, der ein Res.-BIS im Alter von neunzehn Monaten errang, Ch. Landsblak Wild Lady, die 1991 Beste Hündin des Jahres wurde, und Ch. Landsblak Nelson's Lady. Alle drei errangen Gruppen- und Klassen-BIS-Siege. Ch. Landsblak Nelson's Lady (Pam und Golu Lake) wurde mit Ch. Planhaven Thunder Bay gepaart und brachte eine Tochter, Ch. Landsblak Lady Shadow (Beste Hündin des Jahres 1993). Ch. Mekong Lucky Lunar wurde 1987 und 1988 Beste Hündin des Jahres.

1991 kam eine Enkelin des Aust. NZ Eng. Ch. Wellfont Ambassador in den Zwinger. Aussibear Khouylah wurde mit Ch. Landsblak Lord Nelson verpaart und brachte zwei Würfe, die Landsblak englische wie auch kanadische Linien brachten. Jeanette und Lee haben Planhaven und Mekong in ihre Linien integriert und sind weiterhin im Ausstellungsring erfolgreich. Eine Khouylah-Tochter, Ch. Landsblak Magic Moment, beendete ihre Karriere als Gruppenbeste und machte eine Pause, um mit einem schwedischen Import verpaart zu werden um neue Blutlinien hereinzubringen. Ein weiterer Zuwachs, eine bildhübsche weiß-schwarze Hündin, Planhaven Thunderlina, wird die kanadischen und Thunder Bay-Linien fortführen.

MEKONG KENNELS (die späte Shirley Summers und Sue Ann Miner)

Der Mekong-Zwinger entstand in den 70er Jahren mit Ch. Planhaven Presto Peta. Am Ende der 70er hatte Shirley schon einige Champions, und in den frühen 80ern kam Gaedheal Gargantua in den Zwinger und wurde mit Peta verpaart. Dies brachte einige top-siegende Hündinnen, darunter Ch. Mekong Blazing Sun CD (Lee Wales) und Ch. Mekong Midway (Sandy King), jede errang BIS- und Gruppensiege. Beide Hündinnen wurden Beste Hündin des Jahres über einen Zeitraum von sieben Jahren; Ch. Mekong Blazing Sun CD errang den Titel zum ersten Mal, als sie noch keine achtzehn Monate alt war.

Gargantua und Peta brachten auch zwei Wurfschwestern, Ch. Mekong Becky CD und Ch. Mekong Nanook (J. und T. Schofield), beide hatten eine erfolgreiche Schaukarriere.

In den 80er Jahren importierte Shirley, zusammen mit Lee Wales, Engl. Ch. Wellfont Ambassador aus Großbritannien, der auch sein neuseeländisches und australisches Championat errang. Am Ende der 80er stockte Shirley ihren Zwinger noch um eine braune Hündin, Ch. Planhaven Cherry Ripe, auf, und aus dieser Hündin fiel Ch. Mekong Rustic Warrior. Mit BIS's auf allgemeinen wie auch auf Spezialzuchtschauen bewiesen Rusty und seine Mutter, dass Braune sich in Australien behaupten können.

*Engl. NZ, Aust. Ch.
Wellfont
Ambassador
importiert vom
Mekong-Zwinger.*

In den 70er bis 80er Jahren wurden im Mekong-Zwinger erfolgreich doppelt siegreiche Hunde gezüchtet, der im Folgenden aufgeführte Bestand hat nicht nur seine Championate inne, sondern auch Unterordnungstitel:

Ch. Mekong Captain Bligh CD (weiß-schwarz, Lee Wales)
Ch. Mekong Ebony CD (schwarz, Lee Wales)
Ch. Mekong Blazing Sun (weiß-schwarz, Lee Wales)
Ch. Mekong Becky CD (schwarz, Shirley Summers)
Ch. Mekong Black Onyx CD (schwarz, Lee Wales, Beste Hündin des Jahres 1987)

Als Ergebnis von Engagement, Interesse und Hingabe gibt es heute ziemlich viele Neufundländer in Australien, die diese doppelten Titel inne haben, und einige sind fortgeschrittener in der Unterordnung bis hin zu CDX und UD-Niveau.

In den 90ern gingen Shirley und Sue Ann Miner eine Partnerschaft für Mekong ein, und mit dem Neuzugang des Eng. NZ Aust. Ch. Wellfont Ambassador führten sie die Siegeskarriere fort. Shirley starb im April 1995 und Sue Ann arbeitet weiter, um Mekong Neufundländer erfolgreich weiterzuführen.

PLANHAVEN KENNELS (Frances Wilson)

Der Planhaven-Zwinger wurde 1969 gegründet, als ein Wurf von Ch. Seamaids Panda und Ch. Wanitopa Gentle Giant (Imp. VK) fiel. Panda wurde als Welpe von John Hughes, der drei Neufundländer aus dem VK importierte, gekauft.

Aufgrund des sehr engen Genpools machte Frances 1973 eine Reise nach Übersee um zu versuchen, einen Neufundländerrüden zu kaufen um einen Beitrag für die Rasse in Australien zu leisten. Nach Besuchen in England und Europa kam Frances letztendlich zum Edenglens-Zwinger in den USA, wo sie das Glück hatte, Edenglens Born Free kaufen zu können. Guiness, wie er gerufen wurde, kam für die einjährige Quarantäne nach England, die letzten sechs Monate verbrachte er bei Juliet Gibson, die ihn zum Decken einsetzte. Eine hübsche Tochter kam aus dieser Verpaarung, sie errang BOB auf der Crufts. Sein erster australischer Wurf fiel aus Ch. Seamaids Panda und brachte Ch. Planhaven Hard Astern, der Australiens höchstgewinnender Neufundländer dieser Zeit wurde. Er erlief 26 BIS-Siege auf allgemeinen Rassehundeausstellungen und Spezialzuchtschauen.

Guiness brachte auch die ersten Braunen in Australien, als eine Tochter auf ihn rückgekreuzt wurde und daraus Ch. Planhaven Bronze Eagle, ein Res.-BIS-Sieger, fiel. Ein anderer berühmter Sohn war Aust. NZ Ch. Planhaven Big Mac. Er war der erste Neufundländer, der in Neuseeland ein BIS auf einer allgemeinen Rassehundeausstellung gewann, als er dort auf Besuch war um seinen neuseeländischen Titel zu erringen. Später krönte er seine Schaukarriere, als er 1984 das BIS auf der Melbourne Royal, Australiens größter Hundeausstellung, gewann. Mac's bekannteste Tochter war Ch. Planhaven

169

Aust. Ch. Planhaven Thunder Bay: Ein Multi-BIS-Gewinner.

Bonnie Bell, sie errang viermal in Serie das BOB auf der Melbourne Royal (das erste Mal in der Welpenklasse) und wurde dort 1984 Res.-BOB zu ihrem Vater.

Big Mac war ein Top-Deckrüde, wie sein Vater, und seine Abkömmlinge sind zu zahlreich, um sie aufzuzählen. Er war ein wahrer Gentleman und erreichte ein Alter von vierzehneinhalb Jahren. Er deckte, wie sein Vater, bis zu einem Alter von zwölf Jahren. (Guiness lebte, bei guter Gesundheit, bis zum Alter von fünfzehn Jahren.)

Der andere Rüde, der zur selben Zeit wie Edenglens Born Free den Planhaven-Zwinger stark beeinflusste, war der selbstgezogene weiß-schwarze Ch. Planhaven Presto Teddy. Er war ein Top-Ausstellungshund und wurde von einer Reihe von Richtern aus Übersee als einer der weltbesten Weiß-Schwarzen bewertet. Kitty Drury, vom berühmten Dryad-Zwinger, war sehr eingenommen von ihm und verlieh ihm die höchsten Ehren der Rasse. Teddy vererbte extrem gut und wurde, gemeinsam mit Edenglens Born Free, als einer der besten Deckrüden der Rasse eingestuft, da er über zwanzig Champion-Nachzuchten, darunter Ch. Planhaven Bonanza (weiß-schwarz), der erste australisch gezogene Neufundländer der dort, auf einer allgemeinen Rassehundeausstellung, das BIS errang, hatte.

Ch. Planhaven Olde Salt (Roger und Sandy Howell) war Sieger einer Royal und Multi-BIS-Gewinner und brachte mit Ch. Planhaven Cinnamon (liniengezogen auf Born Free) eine solide braune Linie. Tiere dieser Linie leben normalerweise bis zu einem Alter von vierzehn bis fünfzehn Jahren und haben im Allgemeinen gesunde Hüften, was ein zusätzlicher Pluspunkt ist.

Guiness ist der Vater von vielen anderen Champions und BIS-Siegern und er hatte einen wichtigen Einfluss auf die Rasse, indem er die Bewegungen und die Oberlinie seiner Nachzuchten verbesserte.

Ein Sohn von Big Mac, Ch. Planhaven Thunder Bay, war wunderbar standard-konform und es war eine Freude, ihn im Ring in Bewegung zu sehen. Er gewann Spezialzuchtschauen in Neu-Süd-Wales und war Multi-BIS-Sieger auf allgemeinen Rassehundeausstellungen. Ein großartiger Deckrüde. Er brachte Top-Sieger für die Rasse und vererbte in hervorragender Weise gute Bewegungen.

Thunder Bay brachte den rekordbrechenden Ch. Planhaven Thunder Dome, der 52 BIS's auf allgemeinen Rassehunde- und Spezialzuchtschauen gewann. Er war National Dog des Jahres 1991 und 1993 - Australiens höchstpunktender BIS-Hund aller Rassen - und ist bis jetzt das einzige Tier, das zweimal Top-Hund wurde. Er gewann zahlreiche Wettbewerbe für BIS-siegende Hunde. Ein einmaliger Hund. Thunder Dome ging früh, mit sechs Jahren, nachdem er die Neu-Süd-Wales Spezialzuchtschau gewann, in den Ruhestand.

1986 wurden Sailor und Aloha, ein Bruder-Schwester-Paar aus dem Spokinewf-Zwinger in Kanada, die eine willkommene Bereicherung für den Zwinger waren, in Planhaven integriert. Sailor war herausragend in der Verbesserung der Köpfe, der Gebisse und der Augenfarbe. Seine berühmteste Tochter war Ch. Planhaven Kontiki, eine Beste des anderen Geschlechts-Sieger zum BIS-Hund auf der Sydney Royal.

Sailor brachte einige andere gute Gewinner, darunter Ch. Landsblak Wild Lady, Ch. Landsblak Lord Nelson, Ch. Planhaven Aquamarine, Ch. Planhaven Call Me Sam, den gutvererbenden

Planhaven Storm Duke und Planhaven HMAS Curlew.

Verpaart mit Thunder Dome (Sailor's Sohn) brachte Aloha den weiß-schwarzen Ch Planhaven Brand Nu Teddy, ein mehrfacher Sieger der Gruppenbesten und der Haushund in Planhaven und Herr im Haus.

Eine Zuchthündin, die es wert ist erwähnt zu werden, war Planhaven Patchouli, die, gerichtet von Kitty Drury, BIS-Anwärterin war und verpaart mit Presto Teddy viele Champions plus Royal- und Spezialzuchtschausieger hervorbrachte. Gaedheal Bonnie Bear war eine andere Hündin die Champions brachte und zwar Ch. Planhaven Teddy Bear, Ch. Planhaven Teddy Junior und Ch. Planhaven Tedwena.

Der Planhaven-Zwinger liegt in den südlichen Hochebenen, eine im Winter kalte Region mit gelegentlichem Schneefall, also einem idealen Klima für Neufundländer. Frances züchtet auch Chow Chows, Shih Tzus und bis vor kurzem Irische Wolfshunde, aber die Neufundländer sind ihre wahre Liebe.

FÜHRENDE NEUSEELÄNDISCHE ZWINGER

ALPENLIED KENNELS (Fern und Kerry Norton)

1980 kaufte Fern ihren ersten Neufundländer, Ch. Sea Nymph of Matthias, und der erste Wurf fiel ein Jahr später. 1987 importierte sie Regine Sail Away (aus Spokinewf's Sail On to Planhaven) aus Australien und brachte im Jahr 1989 Aust. NZ Ch. Regine Mr Magic zu seinem neuseeländischen Titel, bevor er nach Australien zurückkehrte.

Es gab eine Reihe von Alpenlied-Champions, darunter BIS-Spezialzuchtschau-Sieger Ch. Alpenlied Café Royal und Ch. Alpenlied Dark Raider CDX. Das Alpenlied-Zuchtprogramm hat sich bis heute auf VK-Linien von Wellfont, australischen Linien von NZ Ch. Seafell Caniz James und auch auf die Waterbear-Zucht konzentriert. Fern hat in der Vergangenheit im Komitee der Southern Newfoundland Society gearbeitet.

BJORN (Mopsy und Paul Blake)

Mopsy war Teilhaberin der Trinity Bay-Neufundländer, die 1980 gegründet wurden. Mopsy heiratete wieder und baute zusammen mit ihrem Mann 1989, durch den Import von NZ Ch. Planhaven Hollylea, Planhaven the Pacer und Planhaven Redfire, alle aus Australien, Bjorn-Neufundländer auf.

Ch. Bjorn Race Bearfoot und Ch. Bjorn Edenglens Hylo sind Wurfgeschwister von Holly und Pacer und haben beide Gruppenanwartschaften auf allgemeinen Rassehundeausstellungen gewonnen. Hylo ist auch ein BIS-Sieger auf Spezialzuchtschauen. Mopsy und Paul importierten 1994 NZ Ch. Planhaven Misha, und bis heute hat sich das Bjorn-Zuchtprogramm darauf konzentriert Planhaven-Linien aus Australien zu integrieren.

BONAVISTA (Eve und Graham Walker)

Bonavista ist zurzeit die am längsten bestehende Neufundländerzucht in Neuseeland. Von 1974 bis 1978 war der Präfix eingetragen auf Alan und Eve Hooper, wurde aber auf Graham und Eve umgeschrieben als sie heirateten. Der Bonavista-Zwinger begann 1974 mit dem Kauf von Midnight Lass Quinabbey (aus der Verpaarung von zwei Planhaven-Importen aus Australien).

Im folgenden Jahr importierte Bonavista zwei Neufundländer aus England, NZ Ch. Stormsail Wildhorn und NZ Ch. Stormsail Rothorn. Sie waren Wurfgeschwister von Ch. Attimore Royal Sovereign und Ch. Bachalaos Brightwater of Stormsail. Wildhorn zeugte vor seinem Unfalltod einen Wurf, Nachzucht aus diesem Wurf und aus Würfen von Ch. Stormsail Rothorn wurden zu Gründungslinien von Bonavista. Linien beider Hunde wurden auch Gründungs-Zuchtbestand in anderen neuseeländischen Zwingern, und heute haben viele neuseeländisch gezogene Neufundländer Bonavista-Ahnen im Hintergrund.

Bonavista Lighthouse - einer der Braunen aus diesem erfolgreichen Zwinger.

Das Bonavista Zuchtprogramm nutzte die genannten Linien in Kombination mit Planhaven und mit Würfen von NZ Grand Ch. Wellfont Ironside (Imp. VK), Topsail's Skipper (Imp. Dk), Edenglens Born Free (Imp. USA) und NZ Ch. Seafell Caniz James (Imp. Aust.). Bonavista hat dreißig Champions hervorgebracht, darunter Gruppen- und Schau-Sieger und Newfoundland Club Arbeitstitelinhaber sowie zwei CDX-Titelträger.

GENTLE-BEAR (Anne und Bevan Rogers)

Anne und Bevan kauften ihren ersten Neufundländer, Alpenlied Dark Angel, im Jahr 1983. NZ Ch. Karazan Hot Chocolate, ihr erster Import aus Großbritannien, kam 1985. Nushka war erst der zweite braune neuseeländische Champion. Im Jahr darauf folgte der zweite Import, Aust. NZ Ch. Karazan Solomon the Great (Imp. VK). Nushka brachte 1987 einen Wurf von dem neu importierten NZ Ch. Ursulas Figaro of Wellfont (Imp. Dk) zur Welt und dieser Wurf enthielt fünf Champions, die folgend aufgeführt sind:

Ch. Gentle-Bear Aviosa, Res.-BIS-Gewinner, Gruppensieger von offenen Ausstellungen und Gruppensieger auf allgemeinen Championats-Rassehundeausstellungen

Ch. Gentle-Bear Fidelio, Res.-BIS-Gewinner und Multi-Gruppensieger von allgemeinen Championats-Rassehundeausstellungen

Ch. Gentle-Bear High Society, BIS-Gewinner von Spezialzuchtschauen

Ch. Gentle-Bear Deep Secret, BIS-Gewinner von Spezialzuchtschauen

Ch. Gentle-Bear Grande Amore, Multi-Gruppensieger von allgemeinen Championats-Rassehundeschauen.

Solomon wurde 1989, zum Erreichen seines Titels, in Australien ausgestellt und zeugte dort während seines Aufenthaltes einige Würfe, darunter Ch. Mekong Sweet Revenge. Im selben Jahr importierten Anne und Bevan Karazan Huggybear aus Großbritannien, und im November wurde Nushka der erste braune Neufundländer, der eine neuseeländische Championats-Spezialzuchtschau gewann. (Eine ihrer Töchter gewann Res.-BIS auf derselben Ausstellung.)

Ein Wurf im Jahr 1990, von Ch. Gentle-Bear Aviosa und Solomon, brachte vier Champions, darunter der Multi-Gruppensieger Ch. Gentle-Bear Iceburg, der bis jetzt fünf Spezialzuchtschauen gewann. 1991 wurde NZ Ch. Ursulas Olympus aus Schweden importiert und hat schon eine Spezialzuchtschau gewonnen und ist Gruppensieger und Gewinner einer allgemeinen Rassehundeausstellung.

NZ Ch. Gentle-Bear Perle D'or.

NZ Ch. Kristagale Tempa Tantr'm.

Das Gentle-Bear-Zuchtprogramm hat bis heute mit VK- und dänischen Linien - Ursulas, Karazan, Wellfont und Merrybear - gearbeitet. Anne war Sekretärin der Southern Newfoundland Society und vier Jahre lang seine Präsidentin.

KRISTAGALE (John und Anne Nightingill mit Anne's Kindern Robbie, Pam und Jenny McDonald)

Kristagale begann sein substantielles Engagement in der Rasse des Neufundländers mit dem Import des zweijährigen NZ Grand Ch. Waterbear Xavier (Imp. Aust.). Der Ausstellungserfolg von 'Elliot' beinhaltete vier BIS's auf Spezialzuchtschauen zusammen mit vielen Gruppen- und Schau-Anwartschaften. Er gewann auch die Anwartschaft auf Neuseelands Supreme All Breed Dog (Bester Hund aller Rassen) im Jahr 1990.

Anne und John importierten 1989, tragend von Aust. Ch. Waterbear Dan Ruff, NZ Ch. Planhaven Sea Urchin (Imp. Aust.). Die Geburt dieses Wurfes markiert die Gründung des Kristagale-Zuchtprogrammes. Im selben Jahr importierte Kristagale noch NZ Grand Ch. Waterbear Winchester (Imp. Aust.). Winchester hat nun fünf BIS auf allgemeinen Championats-Rassehundeausstellungen zusammen mit vielen Gruppensiegen und Schau-Anwartschaften und sechs BIS-Siegen auf Spezialzuchtschauen angehäuft und wurde 1993 auch Zweitbester im neuseeländischen Wettbewerb des besten Hundes (Top Dog).

1989 wurde NZ Ch. Waterbear Temptress (Imp. Aust.) importiert und 1990 fiel ein Wurf von ihr und Winchester in dem zwei siegreiche Weiß-Schwarze, Ch. Kristagale Tiz Tempting und Ch. Kristagale Tempa Tantr'm, lagen, die beide eine allgemeine Championats-Rassehundeausstellung und ein BIS auf einer Spezialzuchtschau gewannen. Tantr'm gewann auch Neuseelands 'Pal' Welpe des Jahres (1992).

Kristagale importierte 1990 NZ Ch. Waterbear Akbar (Imp. Aust.) und NZ Ch. Waterbear Dozer (Imp. Aust.) und im folgenden Jahr kam NZ Ch. Waterbear Beauty (Imp. Aust.) in den Zwinger. Alle drei waren auf Spezialzuchtschauen siegreich.

Andere besonders erwähnenswerte Kristagale-Sieger sind:
• Ch. Kristagale D'Screet Move
• Ch. Kristagale Shady Dreams
• Ch. Kristagale Brown Bear
• Ch. Kristagale Temptation
• Ch. Kristagale Bogart.

Alle haben viele Gruppen- und Schau-Anwartschaften errungen. 1993 brachte Kristagale Am. NZ Aust. Ch. Spillways Caleb (Imp. USA) zu seinem neuseeländischen Titel, bevor er zu den australischen Züchtern Alan und Denise Robins (Waterbear Neufundländer) kam.

In eher letzter Zeit (1996) wurde Aust. Ch. Waterbear Abraham, ein Sohn von Caleb, nach Kristagale importiert und hat schon ein Gruppen-BIS gewonnen. Der beträchtliche Aufwand und die Investitionen, die in die Importe und die Zuchtprogramme, in Verbindung mit der erstklassigen Präsentation und dem Geschick in der Vorführung, gesteckt wurde, haben einen außerordentlichen Rekord an Schausiegen gebracht.

NZ Ch. Newfhaven Black Beauty.

NEWFHAVEN (Ellen und Mick Dabner)

Ellen und Micks Bund mit den Neufundländern schloss sich 1983 mit dem Kauf ihres ersten Neufundländers, NZ Ch. Alpenlied Dark Raider CDX. 'Khan' gewann zwei BIS auf Spezialzuchtschauen, ist im lokalen Bereich von Canterbury sehr bekannt für seine Fähigkeiten in der Unterordnung, Wasserarbeit und im Karrenziehen und steht hinter den meisten von Newfhaven gezogenen Würfen und Champions.

Im Jahr 1987 kauften Ellen und Mick ihren ersten Import aus Australien, NZ Ch. Planhaven Oceana Roll aus Spokinewf's Sail On To Planhaven. Aus dieser Hündin fiel Newfhavens bis jetzt erfolgreichste Schausiegerin, NZ Ch. Newfhaven Black Beauty, die Schau- und Gruppenanwartschaften auf allgemeinen Rassehunde-Championatsausstellungen erreichte und ein BIS auf einer Spezialzuchtschau gewann. Ein zweiter Import aus Australien kam 1994, NZ Ch. Waterbear Vic'Torious, der auch schon einige Gruppensiege verzeichnet.

Das Newfhaven-Zuchtprogramm basiert auf einer Kombination von neuseeländischen, Alpenlied/Kristagale-, und australischen, Planhaven/Waterbear-Linien mit einem amerikanischen Einfluss von Am. NZ Aust. Ch. Spillway's Caleb, der der Vater von zwei ihrer Neufundländer ist.

Ellen und Mick haben durch treues und bestimmtes Eintreten für die Arbeitsfähigkeiten der Rasse einen großen Beitrag für den Neufundländer im Süden der Insel geleistet und waren auch in der Unterordnung, Wasser- und Zugarbeit erfolgreich, wie auch darin, Neulinge an der Teilnahme dieser Aktivitäten zu ermuntern.

SEAL COVE (Matt Damm und Gabrielle Barnett)

Für Matt und Gabrielle begann eine sehr starke Freundschaft zur Rasse des Neufundländers im Jahr 1976 mit dem Kauf ihres ersten Neufundländers, Ch. Davyhulme Moksiis (in Neuseeland aus australischen Eltern geboren), die auch 1980 den ersten Wurf, aus einem australisch gezogenen Rüden, im Zwinger brachte.

Ihr erster Import kam 1981, NZ Ch. Nairobi Caniz Belami, 1982 gefolgt von Nairobi Caniz Seiger. Beide kamen aus Australien und waren beide Kinder von Topsails Skipper (Imp. Dk). Im darauffolgenden Jahr kamen zwei weitere Importe aus Australien, namentlich NZ Ch. Mekong Royal Envoy (BIS-Gewinner auf Spezialzuchtschauen) und NZ Ch. Mekong Royal Tradition, beide von Eng. Aust. NZ Ch. Wellfont Ambassador. Im selben Jahr traf ihr erster Import aus England ein, NZ Grand Ch. Wellfont Ironside (von Eng. Ch. Ursulas Figaro of Wellfont und Wanitopa Sepia of Wellfont). 'Ferro' war der erste Neufundländer, der beständig in Ringen auf allgemeinen Rassehundeausstellungen siegte und die höchste Anzahl von BIS's auf allgemeinen Rassehunde-

UK & NZ Ch. Ursulas Figaro of Wellfont importiert vom Seal Cove Zwinger.

Championatsausstellungen, die ein Neufundländer in Neuseeland bis heute je gewonnen hat, errang. Er ist der erste neuseeländische Groß-Champion, und auf seinem Weg dorthin hat er sieben Siege auf allgemeinen Rassehunde-Championatsausstellungen, über siebzig Gruppen- und Schau-Anwartschaften und fünf BIS's auf Spezialzuchtschauen erlaufen.

1984 importierten Matt und Gabrielle NZ Ch. Seafell Caniz James aus Australien und brachten Eng. Aust. NZ Ch. Wellfont Ambassador (Imp. UK) zu seinem neuseeländischen Titel. Im Jahr 1985 kam Ferros Vater, NZ Eng. Ch. Ursulas Figaro of Wellfont (Imp. Dk) aus England und gewann auf dem Weg zu seinem neuseeländischen Titel ein BIS und drei Res.-BIS's auf allgemeinen Rassehunde-Championatsausstellungen und auf zwei Spezialzuchtschauen.

Gemeinsam trugen all diese Importe, durch ihren Einsatz als Deckrüden oder durch ihre Würfe und den während der 80er Jahre daraus folgenden Champion-Nachzuchten von Seal Cove, einen großen Teil zum neuseeländischen Genpool bei. Seal Cove züchtet zurzeit der Drucklegung nicht und stellt auch nicht aus, aber der enorme Beitrag zur Rasse durch ihre Ausstellungserfolge, Präsentations- und Vorführfertigkeiten im Schauring und die zahlreichen Stunden der Klubarbeit in aller Bereichen, verdient eine Anerkennung.

SKANDINAVIEN

In den letzten Jahren sind die skandinavischen Länder, und Dänemark im Besonderen, von britischen Neufundländerliebhabern als eine Art Mekka angesehen worden. Viele Züchter meinten, dass die Kombination von alten und neuen Blutlinien zusammen mit einem bestimmten 'Typ' lebenswichtig für britische Hunde waren.

Heute hat der dänische Neufundländer Klub grob eintausend Mitglieder. Es gibt schätzungsweise fünfzig Neufundländer-Zwinger und ca. fünfhundert Welpen werden jährlich eingetragen. Der Klub hat neun regionale Gruppen, die einige eigene Veranstaltungen wie Unterordnungstraining, Freizeitspiele, Agility und Seminare organisieren. Eine Region hat sogar mit Wasserarbeitswettbewerben, basierend auf den Regularien des amerikanischen Neufundländer Klubs, begonnen.

Bis 1970 wurde der dänische Neufundländer stark von schwedischen, holländischen, deutschen und englischen Hunden beeinflusst, aber seitdem herrscht ein amerikanischer Einfluss vor. Der erste amerikanische Import, Little Bears Royal Top Gallant, gekauft vom Caniz Major-Zwinger, war ein wichtiger Faktor in der Richtung der zukünftigen, skandinavischen Neufundländerzucht. Gallants Sohn, Int. Dk. Ch. Caniz Major Skibber, wurde einer der wichtigsten Ausstellungs- und Zuchthunde in der Geschichte der dänischen Neufundländer. Gemäß der späten Mrs. Maynard K. Drury war er einer der drei besten Neufundländer der Welt! Diese Blutlinie, zusammen mit amerikanischer und kanadischer Zucht, stellt sicher, dass Skandinavien nach wie vor einige der besten Neufundländer in Europa hat.

FÜHRENDE ZWINGER IN DÄNEMARK

BJORNEBANDEN (Winne und Soren Wesseltoft)

Der Zwinger wurde 1977 von Winne und Soren aufgebaut. Ihr erster Wurf war aus Ch. Ursulas Mrs Macmillan von Caniz Major Muntanus. Jede »Zwingerblindheit« beiseite legend, schauten die Wesseltofts auf die USA um Neufis zu importieren und kauften eine Hündin - Birkegardens Andrea Chern - die, obwohl in Dänemark geboren, aus einer Paarung stammte, die in Amerika stattfand. Kurz danach importierten sie auch Edenglens Olivia Newfy John aus den USA. Sie waren nun glücklich mit ihrem Kopftyp, fanden aber, dass der Hals, die Oberlinie, die Hinterhandwinkelung und die allgemeine Ausgewogenheit noch verbessert werden müssten.

Nach einem Besuch im sehr bekannten, amerikanischen Pouch Cove-Zwinger in New Jersey, fanden sie hier den richtigen Neufi-Typ, und im folgenden Jahr war der Hund, der später Dk. Ch. Yankee

Dk. Ch. Yankee Peddler of Pouch Cove, Grün-
dungshund der Bjornebanden-Linie.

Peddler of Pouch Cove wurde, auf dem Weg nach Dänemark. Sie waren nicht nur beeindruckt von seinem Typ und seiner Ausgewogenheit, er erwies sich auch als einflussreicher Deckrüde, besonders, wenn er mit mächtigen Hündinnen verpaart wurde. Insgesamt brachte er dreizehn Champions, vorwiegend Rüden. Zur Zeit als dieses Buch geschrieben wurde, hat Yankee gerade seinen zwölften Geburtstag, mit kaum einem grauen Haar, gefeiert!

In den letzten Jahren hat der Bjornebanden-Zwinger seine Zuchtaktivitäten aufgrund von anderen Verpflichtungen, wie z. B. dem Richten, etwas eingeschränkt. (Soren ist auch ein sehr begehrter Neufi-Fotograf.) Aber sie hoffen, ihre Linie durch ihre beiden jungen Hündinnen, Pouch Cove's Good News und Cayuga's When You Are Smiling, fortführen zu können.

CANNONBEAR (Einar Paulsen)

Der Cannonbear-Zwinger wurde 1980 in Norwegen, vor dem Umzug nach Dänemark im Jahr 1991, gegründet. Trotz wechselnder Länder war aber das Ziel von Cannonbear immer, Neufundländer mit gutem Körperbau und charakteristischem Wesen zu züchten. Die Gründungshündinnen, Ch. Larissimas Edith Piaf (skandinavische Linien) und Ch. Bubbelinas Dekanawida Squaw (kanadisch-armerikanische Linien), waren gute Vererberinnen. Ihre Nachkommen miteinander zu verpaaren, war ein erfolgreiches Rezept um Cannonbears auf den Plan zu bringen, und Championtitel wurden in Norwegen, Schweden, Dänemark und Finnland errungen. Es gab auch einige CAC-Gewinner in anderen europäischen Ländern.

Durch den Einsatz des bekannten Ch. Yankee Peddler of Pouch Cove (Bjornebanden-Zwinger) mit Ch. Bubbelinas Dekanawida Squaw brachte einen beachtenswerten Wurf, der drei BIS-Gewinner enthielt. Ch. Bjornebanden's Try For An Oscar ist einer von ihnen.

Im selben Jahr als Cannonbear nach Dänemark zog, war Oscar Neufundländer des Jahres und Nummer 6 der Besten Hunde aller Rassen. 1992 führte er seinen Erfolg fort, indem er den Titel Rüde des Jahres vom dänischen Neufundländer Klub verliehen bekam. Seine Tochter, Ch. Cannonbear's Cotton Top war 1993 die Nummer Eins-Hündin - eine Leistung, die 1994 von ihrer Halbschwester, Ch. Cannonbear's Entering the Ring, wiederholt wurde.

Der Neuzugang im Zwinger ist der US-Import Pouch Cove's Windwagon Whaler, schon ein CAC-Gewinner in zwei Ländern. Seine Gesundheit und sein exzellentes Wesen kombiniert mit seinem Stammbaum sollten bedeuten, dass er gut zu den Cannonbear-Linien passt.

JEHAJ (Ebba Roed und Jörn Knudsen)

Der Jehaj-Zwinger wurde 1980 mit einer schwarzen Hündin namens Miranigra, gegründet. Seitdem brachte die Vereinigung von Newfhouse Estralita und Fjordblinks Haakon die Gründungshündin des Zwingers: Jehaj Vilhelmina. Sie war eine große Hündin und brachte in ihrem ersten Wurf einige wohlbekannte Hunde wie Jehaj Albert und Jehaj

Ch. Cannonbears Cotton Top,
Ch. Bjornebandens Try For An Oscar,
Ch. Cannonbears Entering The Ring.
Foto: Soren Wesseltoft.

Dk. & Int. Ch. Jehaj Rikard, ein mehrfacher Titelgewinner.

Athena. Das Zuchtprogramm konzentriert sich, damals wie auch heute, auf die Zucht starkknochiger Hunde mit guten Bewegungen. Der Zuchtbestand wird entsprechend dem ersten Eindruck ausgewählt und nicht erst dann, wenn sich das Auge auf die Fehler des Hundes eingestellt hat. Diese Intuition hat sich durch die Zucht von siebzehn Jehaj-Champions als erfolgreich erwiesen. Trotz dieser Tatsache sehen die Knudsons sich als kleine Züchter an, die ihr Hobby genießen, und sind sehr darum besorgt, dass ihre Welpen in guten Heimen gut versorgt werden.

Vilhelmina und Athena waren die besten Zuchthündinnen in Dänemark während der letzten sieben Jahre, und die Züchterin hat insgesamt elf Gold-, acht Silber- und fünf Bronzemedaillen für ihre Leistung bekommen. Die Jehaj-Linie ist besonders stark darin, gute Rüden hervorzubringen (zwölf Champions), und Albert war der Gewinner der deutschen Ausstellung anlässlich des hundertjährigen Bestehens des Klubs. Einige der anderen bekanntesten Jehaj-Rüden sind Herluf, Ludvig und Rikard zusammen mit Albert's Vater Fjordblinks Haakon. Beide, Ludvig sowie Rikard, haben Nachzuchten in England und Rikard war bester Deckrüde des Jahres 1995 im VK. Acht der Jehaj-Champions haben ihre Titel auch in anderen Ländern als Dänemark gewonnen. Alle Jehaj-Hunde sind schwarz, aber tragen das Gen für die braune Farbe.

LA BELLAS (Birthe und Palle Moller-Hansen)

Als Birthe und Palle 1962 heirateten, gingen sie in ein Tierheim, wo sie eine Hündin fanden, die offensichtlich ein Neufundländermischling war. Einige Wochen, nachdem sie sie mit nach Hause genommen hatten brachte sie zwei Welpen undefinierbarer Mischung zur Welt. Durch diese traumatische Bekanntschaft mit dem Neufundländer und der Zucht war ihre »Hunde-Karriere« entschieden!

Sie begannen, einen ausgewachsenen Hund auszustellen und fanden Gefallen an diesem Hobby. Gutem Rat folgend war der nächste Schritt eine Hündin aus Finnland - La Bella of Ros-Loge (die auch den Ausschlag für ihren Zwingernamen La Bellas gab) - und eine andere Hündin aus Holland zu importieren. Sie wurde Dk. Ch. Black Beauty v. d. Papenhof und war die Tochter des bekannten braunen Rüden Int. Ch. Duke v. d. Zeepardje.

Im Jahr 1967 wurde ein schwarzer Rüde, Ian v. St. Florian, aus Deutschland geholt. Black Beauty wurde im darauf folgenden Jahr von ihm gedeckt und der daraus hervorgegangene Wurf war der erste dänische Wurf, in dem braune Welpen waren. Aus dieser Linie kam Dk. und Int. Ch. La Bellas Dodo, Dk. und Int. Ch. La Bellas Faust und der schwedische Ch. La Bellas Goliath. Man findet sie in zahlreichen Stammbäumen vieler europäischer Linien.

1978 exportierten sie einen braunen Rüden, La Bellas Ibrahim, nach England in den Wellfont-Zwinger von Graham und Sue Birch. Er ist der Vater des berühmten Rasse-Rekord-

Dk. Ch. La Bellas Dolittle.
Foto: Soren Wesseltoft.

Dk. Ch. Newfhouse Ready Teddy.

halters Ch. und Irish Ch. Ch. Wellfont Admiral sowie von drei anderen Champions aus dem Wurf. Andere Importe nach England sind La Bellas Winston in den Nutbrook-Zwinger von Ann Merrick, La Bellas Quark in Val Adeys Shermead-Zwinger und die braune Hündin, La Bellas Abba, in den Karazan-Zwinger von Phyllis und John Colgan. Alle brachten Champion-Nachzuchten.

Andere Champions im Besitz von Birthe und Palle waren Dk. Ch. La Bellas Dolittle (schwarz) und Dk. Ch. Kreon v. Porte Amarre, den sie in den frühen 80ern aus Holland importierten. Der heutige, mit Richterterminen gefüllte Kalender der Moller-Hansens, lässt nur noch einen gelegentlichen Wurf zu. Ihre gegenwärtigen Hunde sind braun, schwarz und weiß-schwarz und stammen aus Norwegen, Deutschland und Dänemark. Ein wenig von dem ersten La Bellas-Wurf existiert noch heute in ihren Hunden, aber auch neue Blutlinien sind integriert.

Alle La Bellas-Hunde sind rigoros auf Hüftgelenksdysplasie und auf Augen- und Herzerkrankungen untersucht. Vor allem sind die Moller-Hansens aber darauf bedacht, das gute Wesen zu erhalten.

NEWFHOUSE (Inge Artsoe)

Inge Artsoe bekam ihren ersten Neufundländer 1970 als Geburtstagsgeschenk von ihrem späten Ehemann Peter. Er war ein wunderbares Liebhabertier, aber kein Ausstellungshund. Aber die Rasse war ihr teuer geworden und im folgenden Jahr kam eine Hündin, Caniz Major Rosa Danica, nach Newfhouse. Ihr Vater war der erste dänische Amerika-Import - Little Bears Royal Top Gallant. Rosa wurde mit dem berühmten Int. Dk. Ch. Caniz Major Skibber verpaart, und der erste Newfhouse-Wurf wurde 1973 geboren. Später wurde sie auch mit dem zweiten Amerika-Import, Little Bears Two If By Sea, verpaart und eine Enkelin aus dieser Linie, Newfhouse Estrelita, wurde die Gründungshündin des Jehaj-Zwingers.

Im Bemühen um den Typ, die Gesundheit und das Wesen importierte der Newfhouse-Zwinger Hunde aus Amerika und Kanada und hatte im Jahr 1978 Teil an dem »Fünf-Familien«-Import des kanadischen Rüden Topmast Hannibal.

Im Jahr 1986 kaufte Inge den Welpen Napsigals Rozanne. Hunde in Dänemark müssen zwei Jahre alt sein, bevor sie ihr Championat gewinnen können. Aber Rozanne verschwendete keine Zeit und gewann in diesen ersten zwei Jahren eindrucksvolle neun Anwartschaften, fünf BOB, war zweite der Gruppenbesten und Top-Hündin 1988! Sie beugte sich, im Alter von sechs Jahren, endlich dem Ruf der Welpenkiste und brachte noch drei Würfe.

Der erste (von Int. Multi Ch. New-Fuur-Land's Block Buster) brachte Newfhouse Roly Poly Ursula, einen dänischen und schwedischen Champion. Ihr Wurfbruder Dk. Ch. Newfhouse Ready Teddy war Top-Hund 1995 mit vier BOB's, einem Gruppensieg und BIS 4.

Der zweite Wurf (von Dk. Ch. Jehaj Rikard) war auch sehr erfolgreich. Ein Wurfbruder und eine -schwester gingen in den Merrybear-Zwinger in England: Newfhouse Scandinavian Warrior und Newfhouse Scandinavian Princess errangen bald ihre englischen Titel und schlossen 1995 als Top-Rüde und Top-Hündin ab, was Newfhouse zu den besten Züchtern in Großbritannien machte.

Newfhouse Sweet Savannah blieb in Dänemark, wo sie ein CAC gewann und war auch in Norwegen und Schweden sehr erfolgreich - keine schlechte Leistung für einen Zwinger, der nur hobbymäßig züchtet um die Rassecharakteristiken zu erhalten, und der seine Hunde aus Spaß an der Freude ausstellt.

Multi-Champion New-Fuur-Land's Block Buster.
Foto: Soren Wesseltoft.

NEW-FUUR-LAND (Dorte und Aage Kvols)

Es ist mehr als vierzig Jahre her, seit Dorte Kvols mit zwei Neufundländern, die von einem in Neufundland lebenden Onkel importiert wurden, aufwuchs. Aage machte in den frühen 70ern Bekanntschaft mit der Rasse und kaufte seinen ersten Neufundländer 1975. Zusammen mit Dorte wurde der New-Fuur-Land-Zwinger 1987 auf der kleinen Insel Fuur, mit einer Kombination aus kanadischen, amerikanischen und europäischen Linien, aufgebaut.

Ihr zweiter Wurf (Dk. Ch. Jehaj Albert x Black Dome's Handle With Care) war ein großer Erfolg, da in ihm der bekannte Multi Ch. New-Fuur-Land's Block Buster war. Er gewann sein erstes BOB unter einem amerikanischen Richter auf dem prestigereichen Gold Cup! Seitdem hat er insgesamt zwanzig BOB's, 6 Gruppensiege und BIS's auf internationalen Schauen zusammengetragen. Buster wurde vom dänischen Neufundländer Klub auch zum bestvererbenden Rüden nominiert - fünf seiner Nachzuchten errangen 1995 ihre Titel. Er war, ebenfalls in diesem Jahr, Nummer 2 (aller Rassen) auf der Siegerliste der Vererber des dänischen Zuchtverbandes (DKK).

Der bemerkenswerteste der anderen von New-Fuur-Land gezüchteten Hunde sind Multi Ch. New-Fuur-Land's Eros, der nach Deutschland verkauft wurde (er machte sich dort einen Namen als Deckrüde) und Dk. Ch. New-Fuur-Land's Easy Rider, für über zwölf Jahre der einzige braune Champion in Dänemark.

Andere Hunde, im Eigentum des Zwinger oder dort gezüchtet, haben einen Beitrag in deutschen Ausstellungsringen geleistet und New-Fuur-Lands-Nachzuchten können in vielen Ländern, wie Holland, Schweiz, Slovenien, Japan, Mexico, Israel, Großbritannien und vielen anderen europäischen Ländern, gefunden werden.

URSULAS (Birgitte Gothen)

Ursulas Neufundländer wurde 1961 aufgebaut, was diese Zucht damit zur ältesten Zucht im heutigen Dänemark macht. Zuerst basierten die Hunde auf dänischen, schwedischen und deutschen Beständen. Später basierte das Zuchtprogramm stark auf englischen und amerikanischen Linien.

Der Einsatz von Am. Int. Ch. Caniz Major Skibber brachte einige Gewinner. Der berühmteste war Int. S, N, Nord. Ch. Ursulas Mac Mortensen. Er war ein Multi-Gruppen- und BIS-Sieger und Vater vieler Champions in Finnland, Norwegen und Schweden. Er wurde als Welpe in den Gass Cohn-Zwinger in Schweden verkauft. Seine beiden Wurfschwestern, namentlich Ch. Ursulas Mrs Macmillan und die bekannte Int. Dk. NZ Ch. Ursulas and Mary's Dream, errangen ihre Titel. Sie wurde die Mutter von Eng. Ch. Ursulas Brigitte of Wellfont.

Ein anderer glorreicher Hund aus dem Ursulas-Zwinger war der prachtvolle weißschwarze Int. Dk. Ch. Ursulas Captain Cook (Topmast Hannibal x Ch. Roydsrook Star Maiden). Cook gewann die dänische Spezialzuchtschau 1981 in einem gewaltigen Auftritt mit unter zwölf Monaten. Er gewann weiterhin mehrere BIS's in Dänemark, BIS in Turin (Italien) und in Mexico sowie den Wettbewerb Champion der Champions.

Ch. Tuckamores Big Dipper:
Vater von über 30 Champions.
Foto: Soren Wesseltoft.

SUCH Karilands Sebelon.

Mehrere Exporte im Wellfont-Zwinger in den 80ern erwiesen sich als erfolgreich, darunter der weiß-schwarze Engl. Ch. Ursulas White Sails, der schwarze Rüde Int. Dk., Eng. Ch. Ursulas Admiral Ascot und Eng. Ch. Ursulas Figaro of Wellfont. Figaro ging später nach Neuseeland, wo er ebenfalls ein einflussreicher Deckrüde war.

Währenddessen brachte Ascot's Schwester, eine Spezialzuchtschau-Gewinnerin, Int. Dk. Ch. Ursulas Alexandra, Ursulas Renata zur Welt, die ebenfalls in den Wellfont-Zwinger nach England ging und dort Mutter von mehreren Champions war.

Der Ursulas-Zwinger importierte ebenfalls in dieser Zeit Tuckamore Big Dipper aus Amerika. Er sollte ein großartiger Zuwachs für die Linien in Dänemark werden. Er gewann seinen dänischen, schwedischen, finnischen und internationalen Titel sowie Gruppensiege in Finnland und mehrere Spezialzuchtschauen in Dänemark. Er war ein vorzüglicher Deckrüde und brachte mehr als dreißig Champions und blieb fruchtbar bis zu seinem zwölften Lebensjahr. Ein Sohn aus einem seiner letzten Würfe wurde in den Krystalcove-Zwinger nach Australien exportiert, wo er schnell seinen Titel errang.

Ein anderer Ursulas-Junghund, Black Nestor, wurde von Willie Dobbin (Irland) importiert und hat einige eindrucksvolle Siege erzielt. Mit einer hervorragenden Gesamtsumme von bis jetzt 34 Champions ist der Ursulas-Zwinger immer noch aktiv und im Moment teilen sich neun Hunde das Heim ihrer Besitzerin und Züchterin Birgitte Gothen.

FÜHRENDE ZWINGER IN SCHWEDEN

KARILANDS (Karin und Erland Thorander)

Bevor die Thoranders 1962 ihren ersten Neufundländerwelpen kauften, brachte sie ihr Engagement mit dem Deutschen Schäferhund und dem schwedischen Hundeverband zu der Ansicht, dass ein Hund solide und in der Lage sein muss, korrekt zu funktionieren. Der Rüdenwelpe, Westside Rocco, war ein erfolgreicher Ausstellungshund, der seine internationalen und nordischen (Skandinavien) Titel errang. Zu dieser Zeit variierte der Typ in Schweden sehr und Rocco's Vater kam aus Finnland (wo die Rasse viele von den in schwedischen Hunden fehlenden Merkmalen aufwiesen). Eine Rocco-Tochter und ihre Halbschwester wurden zugekauft. Beide waren aus dem Schweizer Import Int. Nord. Ch. Zara de Novai und sind geröntgt und waren frei von Hüftgelenksdysplasie. Diese drei Neufundländer waren die Basis für die Karilands-Linie. Rocco bewies sich als einflussreicher Deckrüde und brachte eine exzellente Zuchthündin, Int. Nord. Ch. Klovagarden's Lonaja, die einige internationale Champions von unterschiedlichen Rüden brachte. Der wohl bekannteste Rocco-Sohn war wohl Int. Nord. Ch. Karilands Harpo, der Vater von mehr als 25 Champions in Schweden und Norwegen war. Harpo deckte Int. Nord. Ch. Klovagarden's Eboli (eine Halbschwester von Lonaja) und brachte SUCH Karilands Pilar, die Mutter von SUCH Karilands Ystra Yosephine, eine der einflussreichsten Hündinnen der 80er. Pilar war ebenfalls Mutter des ersten schwedischen Neufundländer-Unterordnungschampion, Karilands Odenick.

Im Jahr 1981 wurde den Thoranders, in Anerkennung der Verbesserung der Rasse, die Hamilton-Plakette verliehen. Diese Auszeichnung des schwedischen Zuchtverbandes ist wohl die höchste Ehrung, die ein Züchter in Schweden erhalten kann und wird alle zwei Jahre vergeben.

Ein bedeutender Zuwachs im Karilands-Zwinger im Jahr 1988 war der dänische Gold Cup-Gewinner Borghojs Drummer of America. Trotz der nötigen Quarantänebestimmungen zögerten die

SUCH Lotgardens Petra van Emigrant.

Thoranders nicht, ihn zu kaufen. Es stellte sich als eine weise Entscheidung heraus, da Drummer bald seine schwedischen und internationalen Titel, zusammen mit BIS- und Gruppensiegen, errang. Drummer vererbte seine Größe, Eleganz und vorzügliches Gangwerk und gründete in seiner Tochter eine sehr starke Hündinnenlinie. Verpaart mit SUCH Top Bear's Colette-Canada brachte er SUCH und NUCH Karilands Kalahari und seine Schwester SUCH Karilands Karamba. Die heutigen Karilands-Rüden, SUCH und NUCH Karilands Navajo Nick, SUCH Karilands Sebelon und Sir Sampo sind alle Söhne von Karamba.

Obwohl die Linien jetzt in ihrer neunten Generation sind und mehr dänisches und amerikanisches Blut enthalten, sind doch die alten Gründungshunde immer noch gegenwärtig und werden von den Thoranders gepflegt. Bis heute hat der Zwinger etwa 60 Champions besessen oder gezogen, von denen dreizehn internationale Champions waren.

LOTGARDENS (Ann-Chatrin Holmkvist)
Der erste Lotgardens-Wurf aus der Hündin SUCH Karilands Jawa, gedeckt von Int. Nord. Ch. Karilands Harpo, wurde 1977 aufgezogen, eine schwarze Hündin - Lotgardens Alicia Klyka - die schwedischer und finnischer Champion und auch die Gründungshündin der Lotgarden-Linie wurde, blieb im Zwinger.

Seitdem zielt das Lotgardens-Zuchtprogramm auf breite Rücken und eine gut entwickelte Vorbrust. Ann-Chatrin sagt oft: »Man sollte in der Lage sein, einen Tisch für vier Personen auf den breiten Rücken eines Neufundländers zu stellen!«

Viele Lotgardens-Champions und CAC-Gewinner findet man in Schweden, Norwegen und Finnland. Einer der wichtigsten Hunde dieses Zwingers ist Int. Nord. Ch. Lotgardens Bommeboll (SUCH Ben-Carlow x SUCH, SUCH Lotgardens Alicia-Klyka), selbst ein top-gewinnender Hund, er hat sich auch als einflussreicher Deckrüde bewiesen. Einige andere bemerkenswerte Sieger sind SUCH, NUCH Lotgardens X-tina (Int. Nord. Ch. Framnasgarden's Eskil x SUCH, SUCH Lotgardens Petra van Emigrant), ihre Tochter, Int. Ch. Lotgardens Q-riosa, und ein Sohn von Petra (von NUCH, SUCH Spokinewfs Cariboo Cowboy) SUCH Lotgardens Lord van Cowboy.

Der bekannteste Hund des Zwingers, SUCH, NUCH Lotgardens Wotan von Aussie Bear (Int. Ch. Sikandi Aussie Bear x SUCH Lotgardens Lea Loa Lonaja), gab im Jahr 1993 den Ausschlag für das Engagement mit weiß-schwarzen Neufundländern. Sikandi Aussie Bear wurde aus Australien nach Norwegen importiert und hatte viele Nachfolger. In dieser Zeit brachte der Mangel an Zuchtrüden Probleme mit sich, diesen Farbschlag zu züchten, aber die kürzliche Öffnung der Grenzen nach Europa macht den Einsatz von neuen, interessanten Blutlinien möglich. Wotan brachte auch den Int. Ch. Lotgardens Grodan Boll (aus Amoradas Invisible Touch).

Heute freut man sich im Zwinger, in der Lage zu sein, die Zucht dadurch zu verbreitern, dass nun Linien, die vorher nicht zugänglich waren, einbezogen werden können. Zwei vielversprechende Junghunde gehen schon in diese Richtung. Sie stammen durch Int. Nord. Ch. Tuckamores Big Dipper und Pouch Cove's Patriot of Cayuga aus amerikanischen Blutlinien.

QASHIWAS (Kerstin Einarsson)
Von den drei ersten Hündinnen im Besitz von Kerstin, SUCH Miklagarden's Dancing Queen, Int. S. NUCH Phantoms Byronic Melancoly und Int. S. NUCH Ominmacs Qashiwa (braun), war es die Letztere, die die Gründungshündin des Zwingers wurde (und auch den Namen gab!). Ihre Nachkom-

Eine Gruppe von vier Qashiwas Int. Champions, die die Zuchtgruppe gewannen.

men sind heute noch wichtig in schwedischen Ringen und Zuchtprogrammen.

Der Dänemark-Import SUCH Björnebanden's Roy Rogers harmonierte gut mit der Qashiwa-Linie und hatte einen beträchtlichen Einfluss auf den Zwinger. Qashiwa selber war in Schweden und Norwegen höchstgewinnende Hündin im Jahr 1985, bevor sie mit dem dänischen Rüden NUCH Wooddales Lord Nelson verpaart wurde. Dieser Wurf brachte Qashiwas Chiquitita und ihre Brüder Int. S. NUCH Qashiwas Cassanova und Int. S. NUCH Qashiwas Chalabolic (der letztere feierte sein Ausstellungs-Comeback mit acht Jahren und gewann neun Gruppensiege und zehn andere Platzierungen in Gruppenwettbewerben!). Chalabolic's Tochter, Ch. Qashiwas Kiss Me Quick, war höchstgewinnende Hündin in Schweden, während einer von Cassanovas Söhnen top-siegender Neufundländer in Finnland in den Jahren 1990 und 1993 war, bevor er das BIS in Monte Carlo und auf der Weltsieger-Ausstellung in Barcelona errang.

Obwohl Chiquitita kein Ausstellungshund war, brachte sie, gepaart mit Roy Rogers, drei internationale Qashiwa-Champions, namentlich Johnny Walker (BIS in Morokulien), Jackpot und Jasmine. Alle drei waren BIS-Sieger und haben eine eindrucksvolle Liste von BOB- und Gruppensiegen. Ein anderer Bruder, Ch. Qashiwas Joyful Jack, hatte einen starken Einfluss in Finnland, wo er einen Titel, Deckrüde des Jahres, gewann. Diese Hunde waren die einzigen Nachzuchten von Roy Rogers, die im Zwinger geblieben sind, als er noch in jungem Alter bei einem Autounfall getötet wurde. Aber er brachte etwa zwanzig Champions insgesamt, und der Zwinger nutzte seine Blutlinie durch die Hunde, die von anderen Züchtern gezogen wurden. Insbesondere ein Roy Roger-Sohn, Int. S. N. Dk. Ch. Riaborgen's Dipper Man, brachte, gepaart mit Chiquitita, einige erstklassige Hunde, die immer noch im Qashiwa-Zwinger aktiv sind.

Seit dem ersten Qashiwa-Wurf im Jahr 1984 (in dem der bekannte Sieger NORDUCH Qashiwas Apple Jack lag) gab es mehr als dreißig Champions, sechs davon internationale Titelhalter und viele mehr, die Anwartschaften errangen. Obwohl aus jedem Wurf des Zwingers Anwartschaftsgewinner kamen, hält Kerstin nichts von Wiederholungen der Paarungen. Es ist ihr Ziel, die Rasse vorwärts zu bringen und so wird jede Verpaarung mit dieser Philosophie im Hintergrund geplant. Jetzt, da Schwedens Grenzen nicht mehr geschlossen sind und es nicht mehr so wichtig ist, die besten Hunde in Schweden zu behalten, kann man Qashiwa-Neufundländer auch in anderen Ländern finden.

Obwohl Qashiwa ein Synonym für Ausstellungshunde ist, nahmen doch einige an den ersten

Wasserarbeitstests, die 1985 in Schweden veranstaltet wurden, erfolgreich teil. Gesundheit ist ein wichtiges Ziel für den Zwinger geblieben, und Kerstin ist verständlicherweise stolz auf die Anzahl der Qashiwa-Hunde die HD-frei sind - 78% bis heute.

Während der späten 80er wurden einige weiß-schwarze Welpen gezogen, aber diese Linie wurde nicht weitergeführt. Die ursprüngliche schwarze, rezessiv braune Linie aber bleibt erfolgreich und von großem Nutzen für viele andere schwedische Züchter. Die Qashiwa-Hunde sind keine Außenseiter in Sachen BIS-Siege und Kerstins Riaborgen's Dipper Man errang diesen Sieg 1996 in Morokulien, während

NSUCH Birkorella's Fortuna.

SUCH Qashiwas Big Bubble No Trouble und Int. Ch. Qashiwas Private Collection die Plätze BIS 2 und BIS 4 belegten. Dipper Man gewann auch ein BIS auf einer Klubschau des Verbandes und ist in der sechsten Generation BIS-Sieger aus dem Qashiwa-Zwinger - eine beneidenswerte Errungenschaft!

FÜHRENDE ZWINGER IN NORWEGEN

BIRKORELLA (Astrid Indrebo und Knut Gjersem)
Der Zwinger wurde 1983 mit dem Kauf von N. Ch. Larissima's Emorella, einem bildschönen Welpen gezüchtet von Rigmor und Anne-Kathrine Ulstad, gegründet. Emorella war nicht nur ihre Gründungshündin und ihr erster Champion, sie war auch ihr erster Neufundländer. Sie lebte bis zu einem Alter von zwölf Jahren und hatte zwei Würfe; einen mit N. S. Ch. Nordkjerns Apollon und einen mit tiefgefrorenem Sperma von Topsails Thunder-Skibber, der weltweit erste bekannte Tiefgefriersperma-Wurf bei Neufundländern.

Aus Emorella's erstem Wurf behielt der Züchter zwei Welpen, Int. N. S. Ch. Birkcrella's A Touch of Tatjana und Birkorella's Akantus JomJom a-ha. Touchi wurde im Alter von neunzehn Monaten Champion und ist bis heute die Mutter von sechs Champions, alle HD-frei.

Aus Emorella's zweitem Wurf kamen drei Champion-Hündinnen, N. S. Ch. Birkorella's Emega, die im Alter von nur zwanzig Monaten 1992 ihre Anwartschaft und das BOB auf der gemeinsamen norwegisch-schwedischen Ausstellung in Morokulien (die größte Spezialzuchtschau für Neufundländer in Skandinavien) gewann. N. Ch. Birkorella's Etotti Eureka blieb bei Birkorella und ist die Mutter von Birkorella's Magic Touch (von Twillin Gate Pharlap), die im Alter von sechzehn Monaten schon eine Anwartschaftsgewinnerin ist. Aus diesem Wurf stammt auch N. S. Ch. Birkorella's Ebenne Femme (Bronze-Hündin des Jahres 1993).

Birkorella's Akantus JomJom a-ha brachte N. S. Ch. Birkorella's Fortune, eine Anwartschaftsgewinnerin in Morokulien 1994, Bronze-Hündin des Jahres 1994 und Silber-Hündin des Jahres 1995. Verpaart mit Twillin Gate Pharlap brachte sie 1994 neun Welpen und, eher in letzter Zeit, hatte sie zwei Würfe mit Tiefgefriersperma von Ch. Tuckamore's Big Dipper. Die beiden Dipper-Welpen wurden mit hohen Erwartungen behalten.

Aus Emorella's zweitem Wurf wurde Birkorella's Bright Sunshine O'Majo behalten. Sie wurde mit Ursulas Gideon the Sweet verpaart und brachte einen Welpen, N. Ch. Birkorella's Gaia, Anwartschaftsgewinnerin in Morokulien 1994 und höchstgewinnender Neufundländer in Norwegen im selben Jahr. Astrid und Knut fassen ihr Zuchtprogramm so zusammen: »Wir haben große Visionen, die besten der alten skandinavischen und europäischen Linien mit den amerikanischen Top-Linien zu

NS Ch. Kanikula's Esmeralda Chatta Chutt.

kombinieren um kräftige, gesunde und schöne Hunde mit solider Anatomie und solidem Gangwerk, mit typischem Neufi-Temperament und Arbeitsfähigkeiten zu züchten.«

FERRYLAND (Irene und Johnny Donne)

Ferryland wurde 1981 mit dem Kauf von N. SF. Ch. Sinderella Damsgard of Cariad gegründet. Sie wurde Ferrylands Gründungshündin und ihr erster Champion. In ihren vier Würfen brachte sie mehrere Champions und vorzügliche Zuchthunde. Hunde, die in Ferryland blieben, sind Hunde wie: N. Ch. Ferryland's Avec Grandeur (BIS-Gewinner), N. Ch. Ferryland's Bellevue, N. Ch. Ferryland's En Voyage und die Hündin Ferryland's Aux Petite Sabina, zwei CAC's. In andere Zwinger verkauft wurden die Hündinnen N. Ch. Ferryland's Avant Douze Heures, Ferryland's Bon Matin Therese mit zwei CAC's und Ferryland's Bobine Noir, Ferryland's Emily und Ecolette mit jeweils einem CAC. Alle leisteten für ihre Besitzer im Gas-Cohn-, Growler-, Tessmira- und Toppoloppo-Zwinger einen wertvollen Beitrag zur Rasse.

1994 importierten sie einen Rüdenwelpen, N. Ch. Twillin Gate Silvermoon, aus Belgien (Joringel Christmas Carol x Jubilee You're the Top). Er wurde Champion im Alter von vierundzwanzig Monaten, davor war er Weltjugendsieger in Brüssel, Jugendsieger auf dem Gold Cup 1995 in Dänemark, BOB der NNK-Spezialzuchtschau 1995 in Bergen und BIS 2 der internationalen allgemeinen Rassehundeausstellung des NKK 1996 in Königsberg. Zusammen mit der Hündin Toppoloppo's Dame Edna (Ital. Ch. Pouch Cove's Patriot of Cayuga x Ferryland's Ecolette) wird von ihm erwartet, dass er die Ziele der Ferryland-Neufundländer erreicht.

KANIKULA (Eva Overlien)

Der Zwinger wurde 1983, mit dem Kauf von N. S. Ch. Bubbelina's Chattanooga Choo-Choo (Int. N. S. Ch. Bubbelina's Aegir Skibber x Lifebouy's Penny of Bubbelina) aus Liv und Jan Fridtjofsen's Bubbelina-Zwinger in Norwegen, gegründet. Davor hat Eva ein paar Neufundländer als Begleithunde besessen und hat einen gelegentlichen Wurf, aber ohne großartigen Erfolg, gezogen.

Chattanooga war ihre Gründungshündin und ihr erster Champion, die ihren Titel in Schweden wie in Norwegen errang. Sie brachte den E-Wurf (von Int. N. S. Ch. Top Bear's Arramac) aus dem N. S. Ch. Kanikula's Esmeralda Chatta Chutt (braun), N. S. Ch. Kanikula's Eldar Anorakk (braun) und N. S. Ch. Kanikula's Elmer Automat (schwarz) stammen. Später, verpaart mit Ch. Bjornebanden's Roy Rogers, brachte sie auch den H-Wurf mit den Champions N. Ch. Kanikula's Hundred Mile Rat Race und N. S. Ch. Kanikula's Huntonitt and Rolls Royce, beide schwarz.

Eva ist auf ihren E-Wurf besonders stolz. Elmer mit seiner extrem guten Knochenstärke und seinem guten Wesen und Gängen hat einige sehr gute Neufundländer in Norwegen hervorgebracht. Nord. Ch. Kanikula's Leonora Fjong Luftesnora und N. S. Ch. Toppoloppo's Big Mama Goril (aus Ferryland's Ecolette) sind zwei seiner Töchter im Kanikula-Zwinger. Goril ist Mutter des Neufundländer des Jahres 1995, BW-95 Kanikula's Nicoline Bertinemamelukk. Nicole steht im Eigentum des Toppoloppo-Zwingers und hat 1995 ein CAC auf der Weltausstellung in Brüssel gewonnen. Zu der Zeit, als dieses Buch geschrieben wurde, war sie noch zu jung für einen Titel, ist aber auf dem Weg zu ihren Titeln in Norwegen, Schweden und Belgien.

Einer der letzten Würfe (von Goril und N. S. Ch. Kanikula's Freeway Cruiser) war der O-Wurf. Zwei Rüden und eine Hündin wurden behalten und man hofft, dass Ola Uteligger Fjodor, Oline Baertyttesvingen und Oldsmobile Fridtjof sich in der Zukunft einen Namen für den Kanikula-Zwinger machen werden.

TOPPOLOPPO (Irene und Knut Berglie)

Das Paar kaufte seinen ersten Neufundländer 1981 - Betzy (Hässleholms Yambo x Blacki), die eine Freundin und ein Familienhund war. Sie wurde auf einigen Ausstellungen mit akzeptablen Erfolgen gezeigt, war aber keine Siegerin. Irene und Knut machte das Ausstellen so viel Spaß, dass sie 1982 eine andere Hündin kauften, die gute Erfolge auf Ausstellungen hatte, aber ihre Hüften waren unglücklicherwei-

N. S. Dk. Fin. Nord. Ch. Toppoloppo's Birdy.

se nicht gut genug um mit ihr zu züchten. 1984 kauften sie Galbybygda's Aqua (N. Ch. Larissima's Baccardi x Raelingasen's Bessie), eine Hündin sehr guter Qualität mit gesunden Hüften und Ellbogen, also entschieden sie sich einen Wurf zu machen - ihren ersten, den A-Wurf. Die Welpen wurden im Mai 1987 geboren, aber unglücklicherweise hatten sie nicht ihre guten Merkmale und mit ihr wurde nicht wieder gezüchtet.

Durch die Festlegung ihres Zwingernamens Toppoloppo waren die Berglies festgelegt, erstklassige Neufundländer zu züchten. 1988 fanden sie eine neue Hündin, Ferryland's Ecolette (Ursulas Gideon The Sweet x N. SF. Ch. Sinderella Damsgaard of Cariad). Ecolette gewann ein CAC und mehrere Res-CAC's auf Ausstellungen also entschieden sie sich, wieder einen Wurf zu machen. Im September 1991 wurde der B-Wurf von N. S. Ch. Kanikula's Elmer Automat geboren und brachte N. S. Dk. SF. Nord. Ch. Toppoloppo's Birdy, N. Dk. SF. Nord. Ch. Toppoloppo's Batman, N. Ch. Toppoloppo's Bigwig, N. Ch. Toppoloppo's Bulle v. Basten und N. S. Ch. Toppoloppo's Big Mama Goril. Fünf Champions in vier Ländern im selben Wurf! (Birdy und Batman fehlten je ein CACIB zu ihrem Int. Championtitel). Alle Rüden haben Nachzuchten in Norwegen und, obwohl sie noch jung sind, ist ihre Qualität offensichtlich.

Eine Wiederholungsverpaarung brachte den C-Wurf aus dem eine Hündin, Toppoloppo's Calotta, sehr gute Welpen mit Rüden verschiedener Blutlinien brachte.

Um auf dem erfolgreichen B-Wurf aufzubauen, begann Toppoloppo mit den Cayuga-Neufundländern in Italien (Manlio Massa) zusammenzuarbeiten und Toppoloppo's Batman wurde für eine Zeit ausgeliehen. Es ergab sich die großartige Gelegenheit, den amerikanischen Rüden Int. I. A. N. S. Dk. SF. Nord. Ch. Pouch Cove's Patriot of Cayuga auszuborgen, der für sechs Monate in Norwegen blieb.

Auf Patriots »Arbeitsurlaub« folgte der D-Wurf, geboren im Mai 1995 (von Pouch Cove's Patriot of Cayuga x Ferryland's Ecolette). Die Berglies behielten einen Rüden und eine Hündin, Toppoloppo's Doggens und Toppoloppo's Druen Diadora. Mit nur zwölf Monaten gewann Doggens sein zweites CAC auf der größten Spezialzuchtschau in Skandinavien. Druen Diadora gewann auf der selben Ausstellung ihr viertes und war Beste Hündin und BIS.

Toppoloppo's Mutter Edna wurde an die Züchter ihrer Mutter, die Ferryland Neufundländer, verkauft und im Dezember 1995 verließ Toppoloppo's Daddy Blue mit seinem Vater N. S. Dk. SF. Nord. Ch. Toppoloppo's Birdy Norwegen in Richtung des Vereinigten Königreichs, um die Gründungshunde von Alan und Chris Parkers of Angelhouse Newfoundlands zu werden.

Zur gleichen Zeit, in der sie ihren C-Wurf verkauften, entschieden Irene und Knut sich, eine neue Hündin zu kaufen. Natürlich wählten sie einen Welpen von N. S. Ch. Toppoloppo's Big Mama Goril, gedeckt von N. S. Ch. Kanikula's Huntonitt and Rolls Royce. N. S. Belg. W-95 Kanikula's Nicoline Bertinemamelukk begann ihre Ausstellungskarriere in einem großartigen Stil, sie gewann bis sie zwei Jahre wurde viele Male CAC's und CACIB's in Norwegen und Schweden. Auf der Weltausstellung der Neufundländer 1995 in Brüssel gewann sie das CAC und wurde Belgien-Sieger 1995. Mehrere BOB's auf norwegischen Ausstellungen folgten, was sie zum höchstgewinnenden Neufundländer im Jahr 1995 machte.

Toppoloppo's Ziel ist es, Neufundländer von korrektem Typ, mit typischem Ausdruck, guten Knochen und vor allem mit guter Gesundheit und außergewöhnlichem Wesen zu züchten. Der E-Wurf wird aus Ferrylan's Ecolette von dem berühmten dänischen Rüden Int. Dk. S. N. Nord. Ch. Jehaj Rikard sein.

EINE AUSWAHL DER RESTLICHEN
Einige andere einflussreiche Züchter und Zwinger in Skandinavien waren:
BRAENDEGARDEN (Kirsten und Ingolf Larsen) deren erster selbstgezogener Dk. S. Ch. Braendegardens Frodo sie zu der Yankee Peddler-Linie brachte, die sie so bewundern.
EGEBAEK (Marianne und Karsten Baaner) die in letzter Zeit mit Dk. Ch. Egebaek's First Flame und Dk. Ch. Egebaek's Flashpoint Erfolg hatten und auch einige qualitätsvolle Schwarze aus dieser Linie züchteten.
KAROUSKA (Kari und Leif Jensen) die, trotz der nur minimalen Zuchtaktivitäten, beständig qualitätsvolle Schwarze und Braune züchten, während sie die Gesundheit und den Typ bewahren.
MELDGAARDEN (Uffe Sondergaard) der seit 1979 Neufundländer züchtet und dessen persönliche Favoritin die Goldmedaillen-Gewinnerin Dk. Ch. Meldgaarden's Bachimini (Mutter von Int. Dk. Ch. Meldgaarden's Jigger Joe) sein muss.
SCHIMO (Solvi und Inge Mosand) die nur 32 Welpen während der letzten zehn Jahre züchteten, die aber phänomenalen Erfolg hatten, besonders mit ihrem bekannten N. S. Ch. Schimo Ciao-Ciao Chalabaiz - ein wahrer Charakter, der das Rampenlicht liebt und eine eindrucksvolle Sammlung von Gruppen- und BIS-Siegen hat.
TOPSY (Ernst Lilleris Agerholm und der späte Erling Larsen) der vor Erlings tragischem Tod den dänischen Ausstellungsring mit einer scheinbar nicht enden wollenden Reihe von Champions beherrschte. Topsy-Hunde waren in vielen Ländern erfolgreich und haben sich gut mit anderen Linien kombinieren lassen

FRANKREICH

Während der letzten zwanzig Jahre hat sich die Rasse weiterentwickelt, um das Verlangen nach dem Typ der gezüchteten Hunde zu befriedigen. Hundeausstellungen sind natürlich eine Attraktion für jene, die an der Rasse interessiert sind, aber die Kenntnisse in der Bevölkerung sind ein Resultat der in den vergangenen zwei Jahrzehnten vom französischen Neufundländer-Klub organisierten Wassertests und -vorführungen.

Der französische Neufundländer-Klub ist der einzige offizielle Zuchtverband (in Frankreich ist nur ein Klub für jede Rasse zugelassen) und ist verantwortlich für die Förderung der Rasse. Er wird als öffentlicher Dienst anerkannt, angegliedert an die Zentrale Canine Vereinigung und anerkannt vom Ministerium für Landwirtschaft. Der Klub hat ca. 800 Mitglieder und eine Hundepopulation von etwa viertausend. In den letzten Jahren sind die Hunde aufgegliedert worden in schätzungsweise 80% Schwarze, 17% Braune und 3% Weiß-Schwarze. Die allgemeine Entwicklung und der Gebrauch von wichtigen Blutlinien resultierten in einem wachsenden Interesse und wachsender Qualität in den selteneren Farben.

Viele der heutigen Züchter haben nur einen kleinen Zwinger (zwei bis zehn Hunde), aber es verbleibt ein weit verbreitetes Zuchtprogramm verteilt über das ganze Land. Unter den älteren Züchtern, die die Entwicklung des Neufundländer beeinflussten, sind La Mare Bleue, De Tiad Douar Nevez, Du Moulin de Plainville, Du Manoir de Ricquemesnil, Du Domaine Des Deux Cedres, Du Lac Aux Genets, Des Loges De Pierrefeu und DE LA PIERRE AUX COQS (der Letztere züchtet auch heute noch erfolgreich).

Seitdem wurden viele andere Linien aufgebaut, die bekanntesten sind DU MOUSTERO (Mme. Segonds), LES BLANCS CAILLAUX LEZENNOIS (M. und Mme. Leroy-Napol) LA VALLEE FERON (M. und Mme. Dehais) und OF SEA BIRD SANCTUARY (M. Prunier), nur um einige zu nennen.

Gemeinsam mit anderen europäischen Ländern hat Frankreich in letzter Zeit Gebrauch von amerikanischem Blut gemacht und die Kombination brachte, richtig eingesetzt, einige interessante Resultate. Das Bemühen der französischen Züchter wird zweimal im Jahr auf die Probe gestellt, wenn zwei wichtige Schauen veranstaltet werden, und zwar die jeden Juni in Paris stattfindende französische Championatsschau, organisiert von der Zentralen Caninen Vereinigung und die nationale Züchterausstellung, organisiert vom französischen Neufundländer-Klub. Beide ziehen etwa 300 Hunde im Jahr an.

FÜHRENDE ZWINGER IN FRANKREICH

DU MOUSTERO (Nicole Segonds)

Nicole Segonds kaufte ihren ersten Neufundländer 1972 und wenige Jahre später übernahm sie auch einen jungen Rüden. 1981, als sie vom französischen Klub eine wunderbare Hündin, Shiva de Ricquemesnil, angeboten bekam, entwickelte sich ihr Interesse an Ausstellungen. Shiva, die aus der Schweiz kam, wurde mit Vercors de la Pierre aux Coqs verpaart und brachte einen erstklassigen Rüden, Breizh du Moustero, hervor (nationaler Schönheitschampion). Kurz danach kaufte Nicole eine Hündin aus dänischen Linien - Colline de la Ferme de Kerdoret.

Colline brachte, gepaart mit Breizh, drei Champions in ihrem ersten Wurf und zwar Fest-Noz du Moustero (französischer Ch.), Fargo du Moustero und Feeling Blue du Moustero (Int. und luxemburger Ch.).

Von einer Reise nach Finnland im Jahr 1989 kehrte Nicole mit einer Hündin, Larinkallion Dee Dee Tee (E. T. gerufen), zurück. Gedeckt von Breizh brachte E. T. den sehr eindrucksvollen französischen Champion Golfer du Moustero. Eine Verpaarung von E. T. und einem braunen deutschen Champion, Eskapade's Bacardi, wurde zweimal gemacht und eine Hündin, Jolie-Belle du Moustero wurde behalten. Ein Wurfbruder wurde an die Engrands verkauft, und beide waren auf derselben nationalen Ausstellung erfolgreich. E. T. und Colline leben nun im Ruhestand, aber ihre Nachzuchten residieren noch im Du Moustero-Zwinger, darunter die beiden Rüden Inook und Idem (jeweils Söhne von Ch. Laurent VH Hoogven und Vercors), Idem's Schwester Ioda, die britisch gezogene Shermead Gospel (La Bellas- und Karazan-Linien) und E. T.'s Tochter Jolie-Belle.

Die Zukunft von Du Moustero liegt nun in einer Golfer-Tochter und einer von Gospel's Welpen von Idem. Eine kürzlich unternommene Reise nach Kanada wird wahrscheinlich auf den Import eines Welpen hinauslaufen. Nicole wird sowohl durch ihre Zuchtaktivitäten, durch das Richten, durch die Organisation von Ausstellungen als auch durch ihre Arbeit als Vize-

Int. & Lux.Ch. Feeling
Blue du Moustero.

Der Multi-Titelhalter Ch. Vercors De La Pierre Aux Coqs.

präsidentin des Neufundländer Klub-Komitees auf Trab gehalten.

DE LA PIERRE AUX COQS (M. und Mme. Etienne Engrand)

Dieser Zwinger wurde 1968 gegründet und ist der älteste aktive Neufundländer-Zwinger in Frankreich. Als erfahrene Züchter sind die Engrands sehr erpicht darauf, potentielle Neufundländer-Halter mit umfassender Literatur zu versorgen. Sie raten zu einer natürlichen Kost und einer rigorosen Fellpflege, womit sie in ihrer Zeit so erfolgreich bei der Rasse waren.

Die Pierre aux Coqs-Hunde haben über die Jahre eine enorme Menge Titel gewonnen, und die Engrands wurden auch für ihre Bemühungen geehrt. Es gibt viele französische Titelhalter aus dem Zwinger, aber es gibt eine ebenso eindrucksvolle Liste von internationalen Champions. Darunter der britische Import Int. Ch. Plaisance Night Sentinel und den dänischen Import Int. Ch. Wooddales Fyrst Newfy, sowie die selbstgezogenen Int. Chs. Jolie-Belle und Roz-Belle de la Pierre aux Coqs.

Auch Blutlinien aus anderen Ländern waren nützlich für die Engrands, und die schwedischen Importe von Ch. Klovagardens Rudolf und Klovagardens Asa Alea spielten eine wichtige Rolle in der Historie des Zwingers. Andere alte, aber erfolgreiche Blutlinien, die eingesetzt wurden waren Brigitte Gothen's Ursulas-Hunde und die der Bröckers aus der Luxemburg-Linie. Bis heute haben De La Pierre Aux Coqs Hunde insgesamt 112 CACIB's, 52 Res.-CACIB's 180 CAC's und siebzig Res.-CAC's gewonnen - eine eindrucksvolle Gesamtzahl in jeder Beziehung. Es ist immer noch das Ziel der Engrands, einen soliden Neufundländer mit typischem Wesen und der Seele eines Rettungshundes zu züchten.

DEUTSCHLAND

In Deutschland ist die Rolle des Neufundländers als Wasserrettungshund nicht so wichtig. Obwohl es zwei Arbeitsgruppen in Deutschland gibt (Nord und Süd), gibt es keine Arbeitstitel. Die praktische Seite der Arbeit mit Neufundländern wirft einige Probleme auf, da Hunde oft nicht in öffentlichen Gewässern schwimmen dürfen. Trotz dieser Tatsache trainiert die kleine Gruppe der Enthusiasten ihre Hunde weiterhin.

Zucht und Ausstellungen sind ziemlich streng reglementiert, wobei der Züchter, der einen Wurf machen will, sich an ein Vereinsorgan wenden und dies mitteilen muss.

Der Dachverband aller Rassen und Klubs ist der Verband für das Deutsche Hundewesen (VDH) und dort gibt es zwei offizielle Klubs für die Rasse, von denen der bekannteste der Deutsche Neufundländer-Klub e.V. (DNK) ist, entstanden aus dem Neufundländer-Klub für den Kontinent, gegründet 1893, der äußerst wichtig für die frühe Geschichte der Rasse in Deutschland war. Der andere ist der Verein von Neufundländerfreunden und -züchtern in Deutschland e.V. (VND). Die strikten Regularien des VDH bezüglich der Zucht und des Wohlergehens von Hunden mögen den Rasseliebhabern anderer Länder ein wenig hart erscheinen, aber einige Mitglieder und der Zuchtwart des DNK meinen, dass die Neufundländer beträchtlich mehr Selbstbestimmungsrecht als viele andere Rassen genießen!

Wie in vielen anderen Ländern gibt es eine große Diskussion zu dem Thema, welches der »kor-

Molly Mill's Dark Devil entspannt sich zu Hause.

rekte« Typ des Neufundländers ist. Importe aus Amerika werden alltäglich und einige Züchter bevorzugen den Kopftyp, schwerere Knochen und das geschmeidige Gangwerk dieser Hunde. Andere denken, dass einige der amerikanischen Köpfe ein wenig übertypisiert sind und vermeiden solche Blutlinien. Dieser Unterschied in den Ansichten, meint man, sei gut für die Rasse, da Halter sich ihre bevorzugten Merkmale aussuchen können, während man aus dem Einsatz von nicht verwandten Tieren einen gesunden und vielfältigen Genpool bewahrt.

FÜHRENDE ZWINGER IN DEUTSCHLAND

MOLLY MILL'S NEUFUNDLÄNDER (Gisela M. Decken)

Der Zwinger wurde im August 1984 im Deutschen Neufundländer-Klub eingetragen und der A-Wurf fiel im Mai 1985. Gisela's erster Neufundländer war der 1981 gekaufte Deckrüde Quercy von Söven (Ferro von Söven x Golda von Söven). Die Gründungshündin des Zwingers war Alexa vom Kyllwaldhof (Atticus vom Söhrenwald x Ria vom Kleinen Bär), eine sehr harmonisch gebaute, braune Hündin. Sie war ingezüchtet aus einer Halbgeschwisterverpaarung. Alexa hatte vier Würfe mit einfarbig schwarzen Rüden: Graf von Luxemburg war der Vater des A- und B-Wurfes, der C-Wurf war von Alf vom Reinheimer Teich und der D-Wurf von Jonas von Luxemburg.

Mit Hündinnen der B- und D-Würfe wurde die Linie fortgeführt, als sie mit dem braunen Baron zu Sayn-Wittgenstein (ein Sohn von Enasjöns Jonatan) verpaart wurden, um die Größe zu verbessern. Es fielen Schwarze und Braune und die resultierenden Nachzuchten wurden später mit Elton John vom Trieberg (um die Größe zu stabilisieren) und Whisperbay's Full Confession (um den kurzen Kopftyp zu bewahren und zu stabilisieren, während die Gänge verstärkt werden sollten) verpaart.

Aus dem selben Grund wurden Duschenka, aus dem D-Wurf, und Filly, aus dem F-Wurf, mit Pouch Coves Windwagon Whaler gedeckt. Gisela plant, solange vornehmlich, oder sogar ausschließlich, amerikanische Deckrüden einzusetzen um die Gänge zu verbessern, bis sie mit dem Ergebnis zufrieden ist und einen erkennbaren Typ erreicht hat.

In Molly Mill werden nur selbst gezogene Neufundländer gehalten und im Moment leben insgesamt acht, darunter fünf Zuchthündinnen, zwei Veteranen und ein junger, brauner Rüde. Sohn von Duschenka, im Zwinger. Alle leben in Haus und Garten, da Gisela ihre Hunde nicht in Zwingern hält.

Gesundheit, Intelligenz und dann Schönheit stehen auf ihrer Prioritätenliste, und Ausstellungsteilnahme ist kein Muss für Molly Mill-Neufundländer. Aber die zwei bis vier im Jahr gezüchteten

189

Eine Gruppe Vom Riesrand-Neufundländer.

Würfe sind wohl durchdacht und im Allgemeinen gutaussehend. Schwarz ist die bevorzugte Farbe, aber Braune fallen ziemlich häufig. Bis heute gab es keine Weiß-Schwarzen bei Molly Mill.

VOM RIESRAND (Evi Großhauser)

Evi machte Bekanntschaft mit Neufundländern, als sie in eine Familie heiratete, die diese Rasse über vier Generationen hielt. Seit 1980 sind ihre Ziele konstant geblieben: freundliche und gesunde, dem Standard entsprechende Begleiter zu züchten. Die Riesrand-Linie besteht heute in ihrer siebten Generation und ist weiterhin erfolgreich mit Hunden aller drei Farbschläge.

Eine Reise nach Dänemark im Jahr 1985, als Evi viele eindrucksvolle Nachkommen des herausragenden Skibber sah, entschied den Typ Hund, der angestrebt werden sollte. Die Linien von Black Domes Sir Coxwain und Ferro von Söven wurden kombiniert, und daraus gingen exzellente Exemplare wie Gammel Dansk, Grand Marnier, Girl und Gollo v. Riesrand - Namen, die in den Stammbäumen vieler erfolgreicher Neufundländer gefunden werden können - hervor.

Als der Zwinger seine Aufmerksamkeit auf die Zucht weiß-schwarzer Hunde lenkte, stieß er aufgrund fehlenden Zuchtmaterials auf große Probleme. Die Antwort war, die folgenden Hunde aus Kanada zu importieren: Moonfleet A Saint I Aint, Ch. Tip Top's Amy of Riesrand und Ch. Tip Top's Iggzakly. Einige weiß-schwarze Champions kamen aus diesen Linien. Vom Riesrand hat auch eine eindrucksvolle Liste von achtzehn braunen Champions und die meisten schwarzen Hunde tragen das Braungen.

Alle erfolgreichen Vom Riesrand-Hunde aufzulisten, würde mehr Platz erfordern, als hier zur Verfügung steht und Evi ist verständlicherweise stolz auf ihre Zucht- und Ausstellungserfolge. Aber noch wichtiger ist es ihr, dass ihre Hunde die Fähigkeit besitzen, harmonisch zusammenzuleben - ein Resultat rigorosen Selektierens auf das Wesen.

Int. Dk. VDH, DNK Ch. Ferro Von Söven.

VON SÖVEN (Karl Schmitz)

Karl war von dem ersten Neufundländer, den er als Kind sah, fasziniert und später tief beeindruckt durch die Beschreibung eines Neufundländers in der Novelle *Kleiner Mann* von Hans Fallada. Die Tatsache, dass seine Familie aus einer langen Linie von Züchtern stammt, inspirierte ihn Neufundländer zu züchten.

Der von Söven-Zwinger wurde 1971 gegründet und der erste Wurf fiel 1974 aus Diana vom Broichbachtal von Quintus von Brungerst und brachte Antje von Söven, die zur Basis für den Zwinger wurde. Karl denkt, dass zur Zucht von Hunden hoher Qualität theoretisches Wissen, praktische Erfahrung und ein Gefühl für das, was den Typ ausmacht, erforderlich ist. Um einen Neufundländer guter Qualität zu erschaffen, braucht man seiner Meinung nach die Gene aller Farbvarietäten. Seine Erfahrung hat ihn überzeugt, dass die Zucht auf nur eine Farbe bedeutet, den erforderlichen Typ zu verlieren oder der Standard geändert werden muss.

Von Söven hat im Allgemeinen Hunde hoher Qualität hervorgebracht, darunter mehrere Champions. Der Hund, der Karls Ideal von einem typischen Neufundländer am nächsten kam, war Ferro von Söven, aber für die Rasse ebenso wichtig waren Antje, Hanno, Ulrike, Larry, Quay, Quanda, Rebekka, Samson und, eher in letzter Zeit, Festa, Dino, Dasco und viele andere, die in anderen Zwingern erfolgreich für die Rasse eingesetzt wurden.

Zorro vom St. Lorenz-Strom.

ST. LORENZ-STROM (Brigitte Greisler)

Brigitte besaß Neufundländer seit 1968, als sie im Erzgebirge, in der ehemaligen DDR, lebte. 1972 fiel der erste Wurf des Zwingers von Blacky v. d. Bernhardshöhe (HD A, Junior-Champion) verpaart mit dem Ch. Bär v. Lautertal (HD C).

Das Ziel war, damals wie heute, typische, schwarze Neufis mit liebenswertem Wesen und höherer Lebenserwartung hervorzubringen. Brigitte hatte einigen Erfolg, obwohl es in der ehemaligen DDR oft sehr schwierig war zu züchten. In einem Kollegkurs lernte sie mehr über die Wissenschaft und die Kunst des Züchtens, und dieses Wissen war hilfreich in

Graf von Luxemburg: Im Eigentum des Wässernach-Zwingers.

Verbindung mit dem Führen eines Zuchtzwingers. Brigitte baute sich einen Ruf für ihre Zuchtpläne in der gesamten südlichen Hälfte der DDR auf.

Im Jahr 1971 kaufte sie den Rüden Bär v. Frankental, der nicht nur wichtig für den Zwinger war, sondern auch zu seinen Lebzeiten siebzig Hündinnen belegte und ein großer Prozentsatz seiner Nachkommen war HD-frei. Er gewann seinen Titel 1974/75 und kurz danach auch sein SZG.

Brigitte begann auch damit, Neufundländer und Landseer zu richten und besuchte Zwinger, um Zuchteignungstests durchzuführen. 1984 zog der Zwinger in die damalige BRD um und musste sich an neue Zuchttechniken und -regeln, ohne große Kenntnis der Zucht dort, anpassen.

Trotz der Schwierigkeiten setzte St. Lorenz-Strom seine Zucht mit dem Rüden Adonis v. Grafenstein fort und verpaarte eine Hündin, Esther v. Kap Race (aus der DDR mitgebracht) mit Graf v. Luxemburg. Die daraus resultierenden Welpen waren von hoher Qualität, obwohl unglücklicherweise nur wenige ausgestellt, sondern als geliebte Familienhunde gehalten wurden.

Brigitte begann auch braune Hunde zu züchten und wurde vom VDH als Richter für Neufundländer und Landseer bestätigt. Heute besteht der Zwinger aus zwei schwarzen Rüden, einer braunen und zwei schwarzen Hündinnen.

V. D. WÄSSERNACH (Margit und Peter Krotsch)

Margit und Peter begannen die Neufundländer-Zucht 1983 mit der Hündin Cora v. Sonnenberg (Ch. Ferro v. Söven x Banja v. d. Hohenhorst). Cora gewann ihren VDH, deutschen und internationalen Titel und wurde die Gründungshündin des Wässernach-Zwingers. Ihr größter Einfluss entstand aus dem Einsatz des deutschen, österreichischen, jugoslawischen, VDH und Int. Ch. Graf v. Luxemburg. Graf war ein potenter Deckrüde, der seinen Typ vielen seiner Kinder und Enkel weitergab und einige von ihnen haben ihre Titel in Deutschland und anderen Ländern gewonnen.

Die ersten Würfe (von Cora und Graf) brachten Margit und Peter von Anfang an auf den richtigen Weg. Dann konnten sie, durch die Importe des Rüden Topsy's Orlowski (Dänemark) und George of the Thatch Roof (Niederlande) zusammen mit der holländischen Hündin Brendy van't Durpke, ihre Zuchtbasis erweitern.

Die Familie Krotsch setzte auch andere Rüden erfolgreich ein und Ursulas Happy Hiawatha, Black Moon Jazz von d'Oultremont, Peter's Know Me, Eskapade's Campari und Whisperbays Full Confession brachten sie ihrem idealen Neufundländer ein Stück näher. Peter und Margit würden lieber nur Welpen hoher Qualität in ihren Würfen haben als einen oder zwei Champions und die anderen unterhalb des Standard-Durchschnitts. Auch ist es wichtig für sie, langlebige und gesunde Begleithunde zu züchten.

ITALIEN

Das Interesse an Neufundländern in Italien erwachte, als die Geschichte und eine Rassebeschreibung 1898 vom italienischen Rassehundezuchtverband veröffentlicht wurden. Der erste italienische Neufundländer-Zwinger - Eduino Colnaghis DEL SERCHIO-Linie - wurde aber nicht vor 1920 gegründet. Der erste Deckrüde des Zwingers, Robur v. Radegast, hatte bis etwa 1936 den größten Einfluss auf die Rasse, und auch ein importierter Ch. Siki-Abkömmling aus England spielte eine wichtige Rolle in der Entwicklung der Rasse.

1929 wurde die Society Italiana Terranova (SIT) gebildet und andere Zwinger wie die Dell' Agogna-Linie von Silvio und Agnese Cipolla wurden gegründet. In den Mitt-Dreißigern erreichte die Welpenregistrierung beim italienischen Zuchtverband eine Gesamtzahl von 45, aber viele Züchter und Klubs stellten ihre Tätigkeiten ein oder verloren das Interesse. Der letzte italienische Wurf während des Krieges war im Jahr 1941 mit einer zehnjährigen Pause bis zum nächsten im Jahr 1950 von Aido v. Friedbuhl und Flora v. d. Schurz (im Eigentum von Armando Piaggio of Genova). Aus den früheren Jahren blieb nur der DELL' AGOGNA-Zwinger aktiv. In der Dekade von 1950 bis 1960 wuchs die Anzahl der Eintragungen auf 62 und es waren vorwiegend Dell'Agogna-gezogene Welpen. Im Jahr 1966 brachte die Verpaarung von Serio Dell'Agogna und Bounty of Sparry, namentlich Cora, die erste italienische Neufundländer-Hündin, die ihren internationalen und italienischen Titel errang. Sie stand im Eigentum von Emmy Bruno, der Gründerin des bekannten ANGELI NERI-Zwingers. Zu dieser Zeit gründeten sich viele andere einflussreiche Zwinger, z.B. Luisa Bruzzo's DELLE ACQUE CELE-STI-, Tina Justi Raboqliatta's DEI MOICANI- und Dina Laugeri Zaccone's DELLA VENARIA REALE-Linien tauchten alle während dieser Periode auf, und die Eintragungen erreichten mit 85 Welpen und etwa einem Dutzend Importe ihren Höhepunkt.

Die 70er brachten einen steilen Anstieg der Eintragungen auf gut 350 Welpen und mehr als 60 Importe. Andere erfolgreiche Zwinger begannen ihre Aktivitäten - die bekanntesten waren GEMI-NORUM (Adrianna Griffa), DEGLI ORSI DI S. MICHELLE (Luciano Verdonesi), INCISIE (Baldovino Incisa Di Camerlana), DELLA GABANINA (Francesco Rocca), DEL LAGHETTO (Zerilli Marimo) und DELLA COMMENSURA (Daniella Cavalli Funiciello).

Dem Aufbau des Club Italiano Terranova (CIT) im Jahr 1976 folgend entstand ein zunehmendes Interesse an der Rasse und die Eintragungen stiegen fortlaufend - auf über 350 in einem Jahr. Die letz-

te Hälfte der 80er sah noch mehr neue Zwinger und die Namen CAYUGA (Manlio und Paola Massa), VERTIGO (Beatrice Schiatti), OWASCO (Massimo Baronti) und DEL CASTELBARCO (Fedorra Orebic Malfatti) wurden Neufundländer-Liebhabern zum Begriff.

Heutzutage können die Eintragungen 500 übersteigen und neue Zwinger sind ein alltäglicher Anblick. Im Jahr 1993 wurde ein anderer Klub zur Förderung und Pflege der Rasse ins Leben gerufen - Die Societa Amatori Terranova (SAT), und heute hat man aufgrund der hohen Qualität der Neufundländer eine hohe Meinung von Italien.

FÜHRENDE ZWINGER IN ITALIEN

DEGLI ANGELI NERI (Emmy Bruno)

Während der 60er waren die Neufundländer in Italien dünn gesät, eine Tatsache, die Emmy

Ch. Italiano Internationale Dilys degli Angeli Neri.

Bruno beträchtliche Mühe machte, einen Welpen unterschiedlicher Linien zu erwerben. (Die Bruno-Familie war über mehrere Generationen im Besitz von Neufundländern.)

1966 wurde ein Hündinnenwelpe, Cora, gekauft und wurde die Gründungshündin des Degli Angeli Neri-Zwingers. Obwohl Cora in Italien geboren war, kam sie aus einer Kombination der englischen Sparry- und Perryhow-Linien.

Coras Wurf von Schweizer und Int. Ch. Simbo vom Schwarzen Mutz fiel 1969. Zwei Welpen, die sich besonders auszeichneten, waren Ch. und Int. Ch. Aar (Gründungshund der Delle Acque Celesti-Zwingers) und Ch. It. und Int. Ch. Amanda, die später, verpaart mit einem anderen schweizer Rüden, Asso de la Chassotte, den Ch. It. und Int. Ch. Christian Degli Angeli Neri brachte, der die Qualitäten verkörperte, die Emmy anstrebte.

Ch. It. und Int. Ch. Ethel of the Black Angels (Angeli Neri) war zusammen mit ihrer Schwester

Quintessenza degli Angeli Neri.

eines der typvollsten und erfolgreichsten Paare um den Ausstellungsring zu der Zeit. »Amanda« wurde ebenfalls mit einem anderen schweizer Hund, Karel v. d. Niederburg, verpaart und brachte Ch. Harold Degli Angeli Neri - Gründungshund des Venaria Reale-Zwingers.

Kontakte zu Neufundländer-Züchtern in anderen Ländern brachten den Einsatz einer Anzahl unterschiedlicher Deckrüden - Ch. Int. Ch. Enrik v. Luxemburg, Ch. Basco v. Zonegge, Ch. Mond. Dag und Ch. Erasmus Graf v. Luxemburg, um nur einige wenige zu nennen - mit sich. Erasmus war, verpaart mit Christian's Tochter Suomi Degli Angeli Neri, der Vater des bekannten Z-Wurfes, der fünf Champions beinhaltete - Zenith, Zelda, Zeder, Zingarella und Zeus. (Diese Kombination brachte später auch zwei Champion-Hündinnen, Dilys und Debbye.) Diese Linie wurde durch Int. Ch. Galaxie du Lac Brule's Töchter fortgeführt und eine neue Linie wurde durch die Hündin Olivia v. d. Wässernach, die auch ihren italienischen Titel errang, eingefügt.

Trotz der Anzahl der über die letzten 26 Jahre benutzten Linien haben Emmy's Hunde ihre Qualitäten als Ausstellungs- und Arbeitshunde mit korrektem Wesen behalten.

GEMINORUM (Adrianna Griffa)

Adrianna's erster Neufundländer, Carina Delle Acque Celesti, wurde im Jahr 1980 gekauft, gewann ihren italienischen, internationalen, schweizer und österreichischen Titel und wurde auch die Geminorum-Gründungshündin und ist bis heute der einzige zugekaufte Neufundländer geblieben. Carina hatte vorzügliche Qualitäten, die sie an ihre Töchter weitergab um eine starke Champion-Hündinnenlinie zu entwickeln. Seit jenen Tagen hat Adrianna durch selektives Züchten (oft weniger als einen Wurf im Jahr) fünfzehn Champions in europäischen Ländern, drei BIS-Sieger und einen internationalen und amerikanischen Champion hervorgebracht.

Carina entstammte einer interessanten Kombination von Blutlinien. Ihr Vater vereinte die schweizer und deutschen Zwinger von St. Johanniswald, St. Florian und v. Blattenhof, während ihre Mutter eine Mixtur aus schweizerischen, britischen und amerikanischen (Hilvigs) Linien war. Carinas Großmutter, Ch. Hilvigs Ondine, war in der Tat die erste amerikanische Hündin, die nach Italien importiert wurde und stand im Eigentum des Delle Acque Celesti-Zwingers. Carina's Wurf von Dk. VDH Ch. Ferro von Söven brachte den nationalen Multi-Champion Alhena Geminorum »Lele« und ihren ebenso glorreichen Bruder Alrai Cephai »Rai«. Ein dritter Hund, Asterion Canis Venatici, wurde an eine englische Familie verkauft und, obwohl selten ausgestellt, brachte er Champions für die Stormsail-, Kubear- und Ashness-Zwinger. Weitere Champions ergaben sich, als Carina mit Can. Ch. Dulrick 'n a Tail Spin verpaart wurde.

Als Adrianna zwei Würfe von verschiedenen Hündinnen hervorgebracht hatte, war ihr erlaubt, den Zwingernamen Geminorum (ein Sternzeichen) zu benutzen. Tail Spin trug das rezessive weißschwarze Gen und nachdem seine Tochter Elettra von Can. Ch. Mouska's Love a Lot Bear belegt wurde (ebenfalls rezessiv weiß-schwarz), fiel der berühmte, gut gezeichnete G-Wurf - Gomeisa, GrandBordeaux und Graphias Gallo, die phänomenale Ergebnisse im Ausstellungsring erzielten.

Elettra kehrte noch zweimal in die Wurfkiste zurück - um den schwarzen Wurf von Multi-Ch. Larinkallion Caccacasa (darunter den SF Ch. Leia) und um die schwarzen und weiß-schwarzen Welpen von Int. Am., Can. Ch. Vertigo Highlander, Northern Crown und Nashira, aufzuziehen.

Die Kombination von europäischen und nordamerikanischen Linien (letztendlich auf Littlebear- und von Söven-Hunde zurückgehend) war das erfolgreiche Rezept für Adriannas Zwinger. Geminorum-Hunde sind gewöhnlich ausgewogene, typvolle Exemplare und fähig, in Europa wie auch in Amerika zu siegen.

VERTIGO (Beatrice Schiatti)

Der Vertigo-Zwinger ist besonders bekannt für die weiß-schwarzen Hunde, die dort seit den 80ern gezüchtet werden. Die Gründungshündin, Bonavista Bop Doo Wop (Ch. Topmast's Hannibal x

Drei weiß-schwarze Vertigo-Hunde in Aktion.

Topmast's Peg o' my Heart) war eine Weiß-Schwarze die vollkommen rußfrei war - ein großartiger Vorteil für Züchter dieser Farbe, besonders dann, wenn dieses Merkmal an folgende Generationen weitergegeben wird.

Doo Wop wurde mit einem rezessiv weiß-schwarzen Hund, Ch. Can. It. Int. RIPR Ch. Bearbrook's Barnacle Bill, verpaart, um mit einem anderen rezessiv Weiß-Schwarzen, Ch. Int. RIPR Athletic Grizzly hervorzubringen. Ihr zweiter Wurf war von Ch. Dulrick 'n a Tail Spin um die weiß-schwarzen Champions Berry the Perry und Bear In Mind (Mindy) zu bringen. Mindy mit Am., Can. Ch. Bearbrook's Talisman of Cinali zu verpaaren war eine großartige Erfolgsgeschichte und Ch. Can., Am., It., Int. RIPR Vertigo Highlander wurde geboren. »Lander« war der erste und bis heute einzige italienische weiß-schwarze Rüde, der seinen amerikanischen Titel (in der »Jede andere Farbe«-Klasse auf der amerikanischen National Speciality in New York 1993) gewann.

Seitdem hat Beatrice den reinerbig schwarzen Rüden Owasco Zero Hour 3am von Massimo Baronti zugekauft und er erreichte sehr schnell seine It. Int. und RIPR-Titel. Durch den Kauf von »AM« hat Beatrice Pouch Cove-, Topmast- und Bearbrook-Linien eingeführt.

Vertigo ist wohl der in Europa führende Zwinger für weiß-schwarze Hunde und viele von ihnen tauchen in den Stammbäumen einer Reihe anderer Neufundländer-Zwinger auf.

SÜDAFRIKA

Im Jahr 1972 gab es keine eingetragenen Neufundländer in Südafrika. Gemäß der Zuchtvereinigung von Südafrika wurden in den 40ern einige wenige eingetragen, aber die Rasse war offensichtlich aus-

Das erste Neufund- länderpaar, das 1972 in Südafrika ankam.

gestorben. Die ersten Neufundländer, die 1972 in Südafrika ankamen, waren Greenayre Able Seaman und Plaisance Tillicum, die von den Wilkins vom PENDRAGON-Zwinger aus England importiert wurden. Zu jener Zeit waren Joan und Peter Wilkins auf Pyrenäenberghunde spezialisiert und waren Jeanne Davies, der Sekretärin des British Newfoundland Club, sehr dankbar für ihre Hilfe, ihnen Züchter zu empfehlen und beim Import zu helfen.

Tillicum, die ihren SA-Championatsstatus erlangte, hatte den ersten Wurf im Jahr 1974. Aus diesem Wurf wurden drei zu SA-Champions. 1973-74 besuchten die Buckleys (EAST WINDS) England auf ihrer Hochzeitsreise und hatten die Absicht einen Pekingesen zu importieren, endeten aber damit, eine Neufundländerhündin - Highfoo Sea Urchin - mitzubringen. Sie erreichte ihren SA-Championatsstatus und einige Monate später kam ihre Wurfschwester, Highfoo Sea Anemone. Als ihre Besitzer sie nicht mehr halten konnten, übernahmen die Wilkins sie.

Mrs. Goerts (ENZIANHOF), eine andere Pyrenäenberghund-Züchterin, importierte ebenfalls ein Pärchen Neufundländer von Keith Frost in England - Harratons Lord Luther und Harratons Sea Poppy (weiß-schwarz). Die Buckleys kauften einen Rüdenwelpen bei ihr, und die Wilkins setzten Harratons Lord Luther vom Enzianhof als Deckrüden für SA Ch. Pendragon Frith ein.

Diese frühen Importe waren der Gründungsbestand in Südafrika, und während dieser Zeit herrschte ein beträchtlicher Enthusiasmus unter den Haltern und Züchtern. Einige Neufundländer wurden auf Championatsschauen ausgestellt und Pendragon brachte zwei weitere Neufundländer aus England mit, aber keiner konnte für die Zucht eingesetzt werden.

Im Jahr 1975 besuchte Joan Wilkins England und wohnte bei Jeanne Davies, die zu der Zeit einen Wurf Neufundländer hatte. Sigroc Sir Percivale of Pendragon kam mit seinem neuen Besitzer nach Südafrika. Percy erlangte SA-Championatsstatus und gewann ein BIS 3, was zu dieser Zeit eine ziemliche Errungenschaft für eine wenig bekannte Rasse in Südafrika bedeutete. Percy bewies sich auch als exzellenter Zuwachs für den Genpool und war Vater von vielen Champions.

In den Jahren 1978-79 verlagerten viele Pyrenäenberghund-Züchter ihr Interesse auf der Neufundländer, und die Kretschmers (ROUSSILLION) importierten Neufundländer aus Westdeutschland. Die ersten drei waren Marco von der Spessarthöhe, Boris von der Barbarossaquelle (ein Landseer europäisch-kontinentalen Typs, aber eingetragen als Neufundländer) und Cindy vom Luxhof. Alle drei erreichten SA-Championatsstatus.

Es gab scharfe Konkurrenz im Ausstellungsring. Der deutsche Typ verursachte viel Aufregung und Marco gewann mehrere BIS's. Er wurde über ganz Südafrika ausgestellt, erlangte mehr als einhundert BOB's und war sicherlich ein weitgereister Neufundländer!

Joan Wilkins besuchte England noch einmal und entschied sich schließlich, einen weiß-schwarzen Neufundländer, Karazan Dom Perignon, gezüchtet von Phyllis Colgan, mitzubringen. Er erreichte Championatsstatus und gewann weiterhin ein BIS, zeugte viele Champions und machte den weiß-schwarzen Neufundländer in Südafrika populär.

Der bekannte top-gewinnende weiß-schwarze, südafrikanisch gezogene Ch. Pendragon Crusader (dessen Mutter, Bianca von der Barbarossaquelle, ebenfalls von den Wilkins aus Westdeutschland importiert wurde, eine Wurfschwester von Kretschmers Boris) war ein Dom Perignon-Sohn. Diese Kombination trug einen großen Teil dazu bei, die weiß-schwarze Zeichnung dieser Neufundländer in Südafrika zu verbessern.

Unglücklicherweise beugte sich der KUSA dem Druck einer Minderheit von Haltern und erklärte den weiß-schwarzen Neufundländer zu einer separaten Rasse. Diesen Hunden wurde gestattet, als Landseer neu klassifiziert zu werden, verloren aber den Championatsstatus des Neufundländers. Viele von ihnen wurden umgeschrieben als Landseer und endeten damit, Champions in zwei Rassen zu sein! Dieses Dilemma richtete einen verheerenden Schaden an und limitierte die Rasse, weil man Neufundländer und Landseer nicht miteinander verpaaren durfte. Diese Regelung hatte einen Langzeiteffekt, und als Konsequenz daraus gab es nur sehr wenige weiß-schwarze Neufundländer im heutigen Südafrika und sie werden selten gezüchtet. Diese Regelung wurde geändert, aber die meisten der guten Weiß-schwarzen sind aus Altersgründen gestorben.

1982 importierte Pendragon noch einen Neufundländer aus England. Harratons Bounty war aus amerikanischen und kanadischen Elterntieren und erlangte SA-Championatsstatus und war auch der Vater von vielen Champions. Einer seiner Söhne - SA Ch. Kylekythe Deveron of Pendragon (seine Mutter war Roussillions Jessica) - war höchstgewinnender Neufundländer über drei Jahre.

Ein anderer westdeutscher Import dieser Zeit durch die Kretschmers und Mary Clarke (LOCHENDAL) war Cajus vom Griesheimer Sand. Mary übernahm auch Karazan Gorgeous Georgia, die ursprünglich von den Beresfords importiert worden war. Beide erlangten SA-Championatsstatus und trugen, in Verbindung mit Pendragon-Nachzuchten, zur Anregung neuer Zuchten bei, sodass neue Zwingernamen wie AGNORAK, LENTENVALE, MALIBAR, HAREBAY, ALSTON, KLOOF-BEAR und WILLOWBROOK, um nur ein paar zu nennen, auftauchten. Die Kretschmers importierten einen braunen Rüden, Titus von Kleinenbär, aus Westdeutschland und ein paar Jahre später importierte Alan Nementzik eine braune Hündin, Avalon's Ompholia, aus den Niederlanden und der Zwingername ALSTON wurde gegründet. Alle erlangten SA-Championatsstatus. Alan Nementzik kaufte einen Rüdenwelpen, Ch. Pendragon Invincible, von Pendragon und verpaarte ihn mit seinem braunen Import, SA Ch. Avalon's Ompholia of Alston, und brachte SA Ch. Alston's Anchors Away of Pendragon, im Eigentum und ausgestellt von den Wilkins. Alan hat Südafrika verlassen und lebt nun in Malaysia, aber seine Hunde, Ch. Alston Coppa Warrior und Ch. Avalon's Ompholia (sie ist heute über zwölf Jahre alt) bekamen ein neues Heim bei Monica Plumley.

Evelyn de Reus begann ebenfalls damit, in Südafrika Neufundländer zu züchten, und ihr Zwingername KLOOFBEAR besteht nun in den USA. Ihre weiß-schwarze Hündin Ch. Kloofbear Sea Smudger Cub war sehr erfolgreich im Ausstellungsring.

Die Newfoundland Dog Association in Südafrika wurde 1979 von Peter und Joan Wilkins zusammen mit den Kretschmers aufgebaut.

FÜHRENDE ZWINGER IN SÜDAFRIKA

CARTHEW (Jane Boyle)

Jane kaufte ihren ersten Neufundländer, einen Rüdenwelpen, 1987 von Pendragon und im darauffolgenden Jahr - Pendragon Velvet Dawn. Mit ihrem ersten Welpen, SA Ch. Pendragon Utrillo, konnte unglücklicherweise aufgrund von schwerer Hüftgelenksdysplasie nicht gezüchtet werden. Velvet wurde mit Ch. Kylekythe Deveron of Pendragon verpaart und Carthew Aalix wurde aus diesem Wurf behalten. Velvet wurde von Ch. Swanpool The Great Marquess at Mileoak belegt und brachte vorzügliche Welpen, von denen zwei ausgestellt wurden: Carthew Bricciola, im Eigentum von Grace Marshall, hat einige Gewinne erzielt, aber die meistausgestellte Hündin war Ch. Carthew Born Free of Riverbears im Eigentum von Ken Duffield.

Aalix hatte ebenfalls drei Würfe von Kingston (Great Marquess). Drei der Welpen aus diesem Wurf wurden exportiert - Carthew Enchanted in die Schweiz, Carthew Cutty Sark nach Kanada und Carthew Empress Willow nach England zu Chris Tooley (AAROZEEN).

Jane importierte Avalon's Ilos of Carthew, gezüchtet von Adrian van Zijl, aus den Niederlanden und hat ebenfalls drei Welpen von UK CC-Sieger Aarozeen Ko-Konie (Wurfbruder und Schwestern zu Rumba Beat und Rock Star). Der Vater dieser Welpen war ein britischer Rüde, die Welpen aber in Südafrika geboren, als ihr Eigentümer Chris Tooley sich entschied dahin umzuziehen, obwohl sie zwischenzeitlich wieder nach England zurückgekehrt ist. Jane hat vor kurzem zwei ihrer Welpen unter Joan Wilkins auf einer Championatsschau ausgestellt: Carthew Royal Windsor bekam die Res.-CAC und Carthew Russian Ruscke gewann das CAC, BOB, erster in der Welpenarbeitsgruppe und zweiter der Arbeitsgruppe. Eine ziemliche Errungenschaft für eine zehnmonatige Hündin!

PENDRAGON (Joan, der späte Peter Wilkins und ihre Tochter Cheryl Visser)

Der zuerst gegründete und der am längsten bestehende Neufundländer-Zwinger in Südafrika hatte unglücklicherweise auch seine Höhen und Tiefen. Aufgrund von privaten Familienangelegenheiten wurde nicht viel gezüchtet. Nach dem Verlust ihres Mannes und ihrer Mutter durch einen tragischen Autounfall entschied sich Joan, an der Kapküste in den Halbruhestand zu gehen, hat aber noch drei Neufundländer. Cheryl wurde von Peter übernommen, und Pendragon ist heute auf Joans Namen und den ihrer Tochter eingetragen. Ch. Pendragon Yohimbe (ein Sohn von Ch. Kylekythe Deveron of Pendragon), Pendragon Erins Queen und Carthew Rumba Beat of Pendragon leben alle bei Cheryl.

Pendragon wurde durch seine wunderschönen Weiß-Schwarzen bekannt und züchtete insgesamt siebzehn weiß-schwarze SA Champions, von denen SA Ch. Pendragon Crusader wohl der berühmteste war. Im Alter von fast zehn Jahren war er der von Kapitän Uwe Fischer drittplatzierte Hund in der Arbeitsgruppe auf Südafrikas größten Championatsschau in Goldfield KC. Crusader starb im Alter von zwölf Jahren. »Percy« errang einige Jahre früher auch einen Sieg in einer Veteranengruppe aller Rassen auf derselben Klubschau und auch er starb im Alter von zwölf Jahren, was beweist, dass das südafrikanische Klima der Rasse bekommt.

Ch. Harratons Bounty bewies sich auch als vorzüglicher Deckrüde, er brachte Hündinnen wie Ch. Pendragon Kadensta, Ch. Pendragon Koalblak, Ch. Pendragon Lisette und die Enkeltochter Ch. Pendragon Vital Choice. Ch. Pendragon Illustrious und Ch. Pendragon Invincible of Alston, aus einem

Ch. Pendragon Crusader im Alter von 10 Jahren.

vorhergehenden Wurf von Ch. Thisbe of Pendragon (eine Enkelin von Ch. Sigroc Sir Percival of Pendragon) bewiesen sich auch als Vererber von Champions und Schausiegern.

Im Dezember 1991 importierte Joan SA Ch. Swanpool The Great Marquess of Mileoak von Pam Leech aus England. Kingston war neunzehn Monate alt als er ankam, und er eroberte die südafrikanische Hundewelt im Sturm. Er war während der letzten vier Jahre der höchstgewinnende Neufundländer (übernommen von Ch. Kylekythe Deveron of Pendragon, der im Jahr 1994 starb) und hat einige exzellente Welpen gebracht.

Joan importierte 1995 eine Neufundländerhündin aus den Niederlanden - Avalon's Iokaste of Pendragon genannt Sharon - gezogen von Adrian van Zijl aus einer Linie, die viele Jahre zurückgeht Carthew Rock Star of Pendragon (aus der Verbindung Culnor Joseph at Aarozeen und Aarozeen Ko-Konie, ein Wurfbruder von Carthew Rumba Beat of Pendragon) ist auch ein Mitglied von Joan's Neufundländertrio in ihrem Zwinger in St. Francis Bay. Sie sind wirkliche »See-Hunde«. Hoffentlich wird Kingston noch einen Wurf mit Sharon haben. Wer weiß, was die Zukunft noch bringen wird, da in der Kap-Provinz jedes Jahr ziemlich viele Ausstellungen stattfinden, die alle innerhalb einer passablen Entfernung liegen? Gemäß der Aufzeichnungen hat Pendragon insgesamt vierzig SA-Champion-Neufundländer gezüchtet, darunter die siebzehn, die als Landseer neu klassifiziert wurden.

RIVERBEARS (Marlene und Ken Duffield)

Der erste Neufundländer der Duffields wurde von Jane Boyle gekauft. SA Ch. Carthew Born Free of Riverbears (Pendragon Velvet Dawn x Ch. Swanpool The Great Marquess at Mileoak) bewies sich als

SA Ch. Swanpool The Great Marquess at Mileoak. Bester Hund aller Rassen in Südafrika im Jahre 1991.

ein vorzügliches Exemplar und, extensiv ausgestellt, gewann 24 CAC's im ersten Jahr ihrer Ausstellungskarriere. Seitdem hat sie insgesamt eine rekordbrechende Anzahl von 31 CAC's (die höchste Anzahl einer Hündin), gewann das Halbfinale für den Titel Hund des Jahres und war 17-mal BOB - auch wieder ein Hündinnenrekord! Sie ist gegenwärtig die höchstgewinnende Neufundländerhündin in Südafrika.

Im Jahr 1995 importierten Marlene und Ken einen Neufundländer aus England - Hambledown Cape Finisterre, gezogen von Freda Pratt, sein Vater ist ein dänisch-gezogener Hund, Ch. Topsy's Offenbach. Unglücklicherweise sind die Zucht und das Ausstellungsleben aufgrund einer Familientragödie zeitweise eingeschränkt, aber es ist zu hoffen, dass die Kombination dieser beiden Linien sich irgendwann in der Zukunft als erfolgreich erweisen wird und etwas Besonderes für Riverbear hervorbringt.

Dr. Emmy Bruno - NEUFUNDLÄNDER

»Emmy Brunos Buch über den Neufundländer ist für jeden Hundefreund, besonders natürlich für jeden Freund dieser edlen Hunderasse, ein Genuß. Allein die sorgfältige Auswahl der vielen, wunderschönen, vor allem aber den Typ der Rasse treffenden Fotos, wie auch die reichhaltigen gekonnten Grafiken lassen das Buch für jeden Leser zum Erlebnis werden. Aber dieses Buch ist viel mehr als ein gut gelungenes Bilderbuch. Es ist ein ernsthaftes, ein wissenschaftlich fundiertes und vor allem - dies spricht aus jeder Zeile - ein von tiefer Liebe zu den Neufundländerrassen getragenes Buch.« *Wulf Gewert,* 1. Vorsitzender des Deutschen Neufundländer Clubs e.V.

180 Seiten Großformat (26,5 x 21 cm), 183 Fotos, größtenteils farbig, erstklassige Illustrationen. **DM 86,-**

**Dr. Dieter Fleig
QUO VADIS CANIS?**

**Der Hund, eine vom
Aussterben bedrohte
Tierart?**

Welche Chancen haben unsere Hunde im neuen Jahrtausend? Die deutschen Zuchtzahlen sind seit Jahren rückläufig. Medien, Politiker und Obrigkeit konzentrieren ihre Aufmerksamkeit auf Hundegebell, Hundekot und Unfälle - die Antihundelobby hat viel Boden gewonnen. Umwelt und Änderungen in der menschlichen Freizeitgestaltung sind der Hundehaltung auch nicht gerade förderlich. Wo stehen wir, wie viel Lebensraum bleibt unseren Hunden? Dabei sind Hunde für Kinder, Familien, Alte und Behinderte noch nie so wichtig gewesen wie heute. Eine offene und schonungslose Analyse als Ausgangspunkt für einen erfolgreichen Kampf um den Hund, den besten Freund des Menschen. *Ein Buch, das in die Hand eines jeden Hundebesitzers und Hundefreundes gehört, denn es bietet unendlich viele Informationen - aber auch Argumentationshilfen, für hitzige Diskussionen pro und contra Hund. Dr. Peter Beyersdorf.* 207 Seiten, ca. 100 Fotos. **DM 46,-**